清华国学书系

冯永轩文存

FENGYONGXUAN WENCUN

清华大学国学研究院 主编
余婉卉 选编

江苏人民出版社

图书在版编目(CIP)数据

冯永轩文存/余婉卉选编. —南京:江苏人民出版社,2013.10
(清华国学书系)
ISBN 978-7-214-10864-7

Ⅰ.①冯… Ⅱ.①余… Ⅲ.①史学—中国—文集
Ⅳ.①K207-53

中国版本图书馆 CIP 数据核字(2013)第 246505 号

书　　名	冯永轩文存
选　　编	余婉卉
责任编辑	孙　立
装帧设计	姜　嵩
出版发行	凤凰出版传媒股份有限公司 江苏人民出版社
出版社地址	南京市湖南路 1 号 A 楼,邮编:210009
出版社网址	http://www.jspph.com http://jspph.taobao.com
经　　销	凤凰出版传媒股份有限公司
照　　排	江苏凤凰制版有限公司
印　　刷	南京爱德印刷有限公司
开　　本	652 毫米×960 毫米　1/16
印　　张	26.25　插页 2
字　　数	338 千字
版　　次	2014 年 1 月第 1 版　2014 年 1 月第 1 次印刷
标准书号	ISBN 978-7-214-10864-7
定　　价	47.00 元

冯永轩 1948 年摄于国立西北大学

前排左起第八梁启超、第九王国维、第十赵元任、第七着西服者清华学校第五任校长(1922—1928)曹云祥,第二排第十冯永轩。

前排左起第四张君堃(1887—1909)第五梁启超。第二排右起第二者白衫者冯永轩。

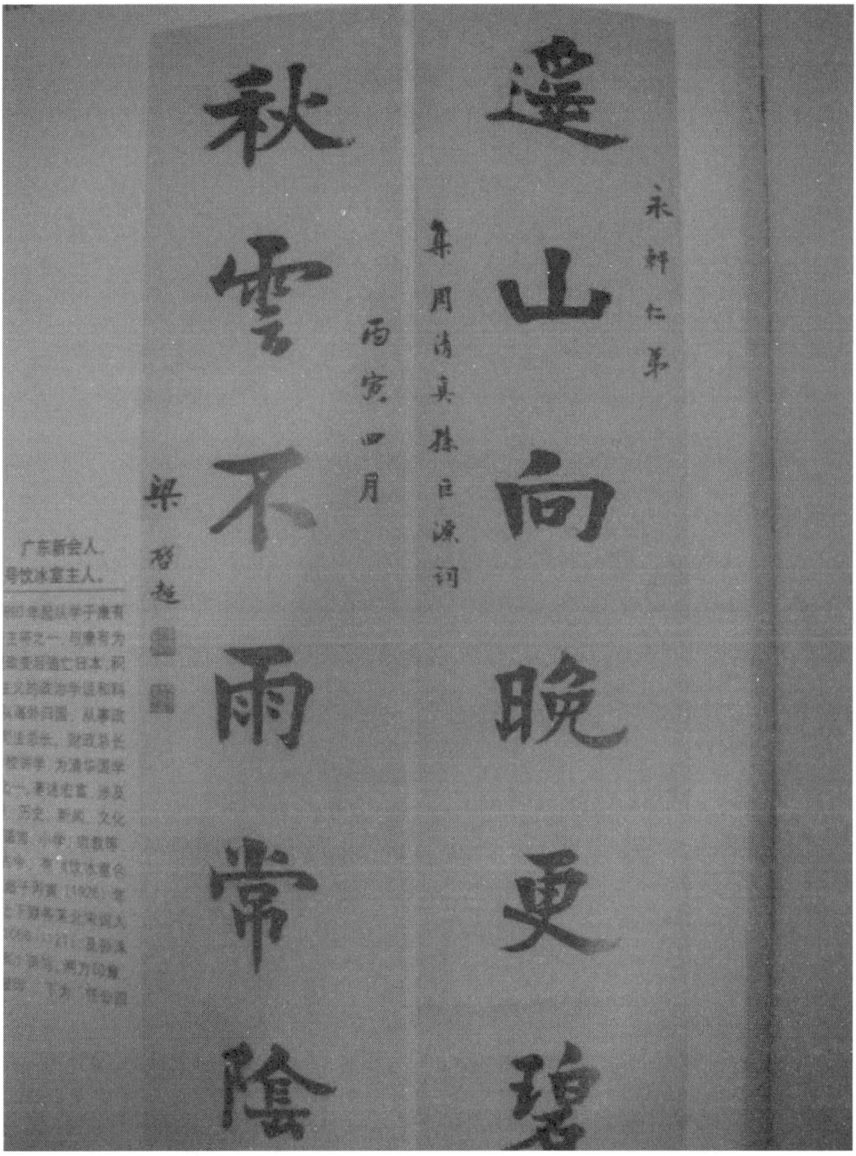
遙山向晚更
秋雲不雨常陰
集周清真孫巨源詞
丙寅四月
梁啓超
广东新会人，
号饮冰室主人。

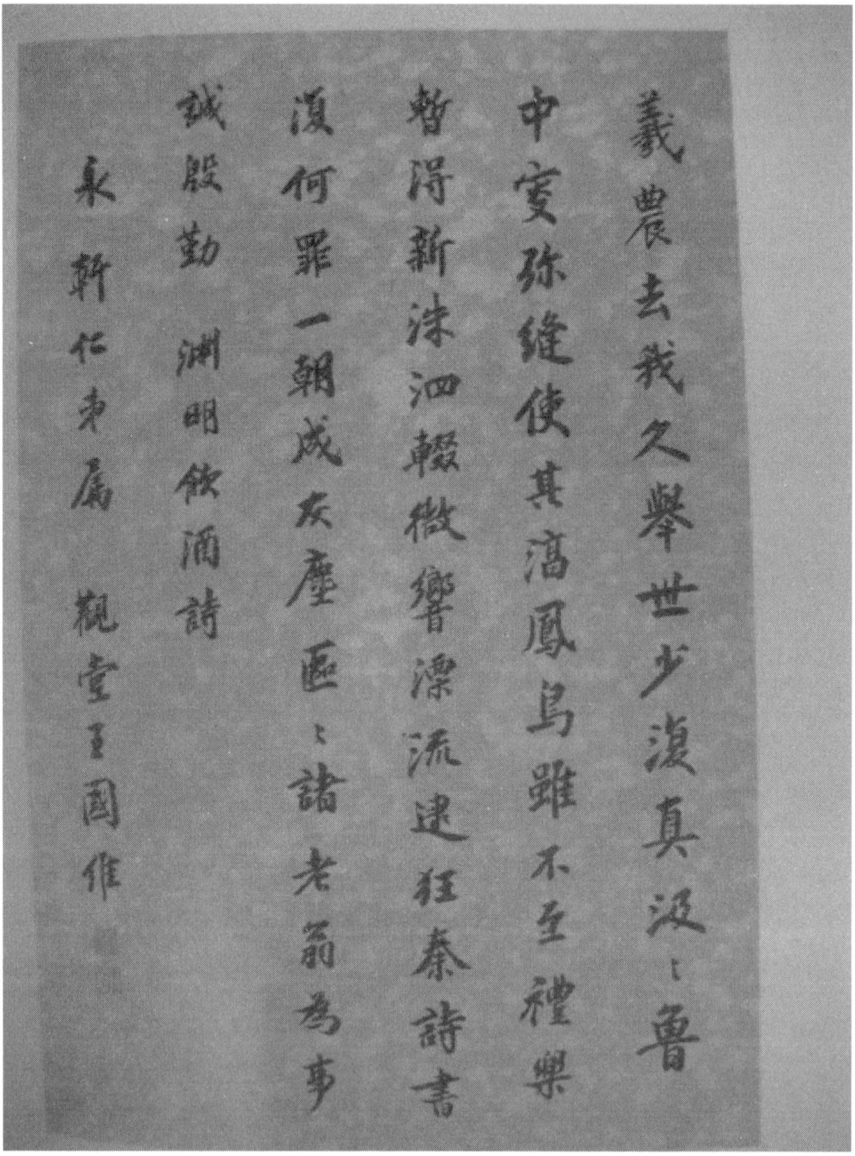
羲農去我久舉世少復真汲汲魯
中叟彌縫使其湻鳳鳥雖不至禮樂
暫得新洙泗輟微響漂流逮狂秦詩書
復何罪一朝成灰塵區區諸老翁為事
誠殷勤 淵明飲酒詩
東軒仁兄屬 觀堂王國維

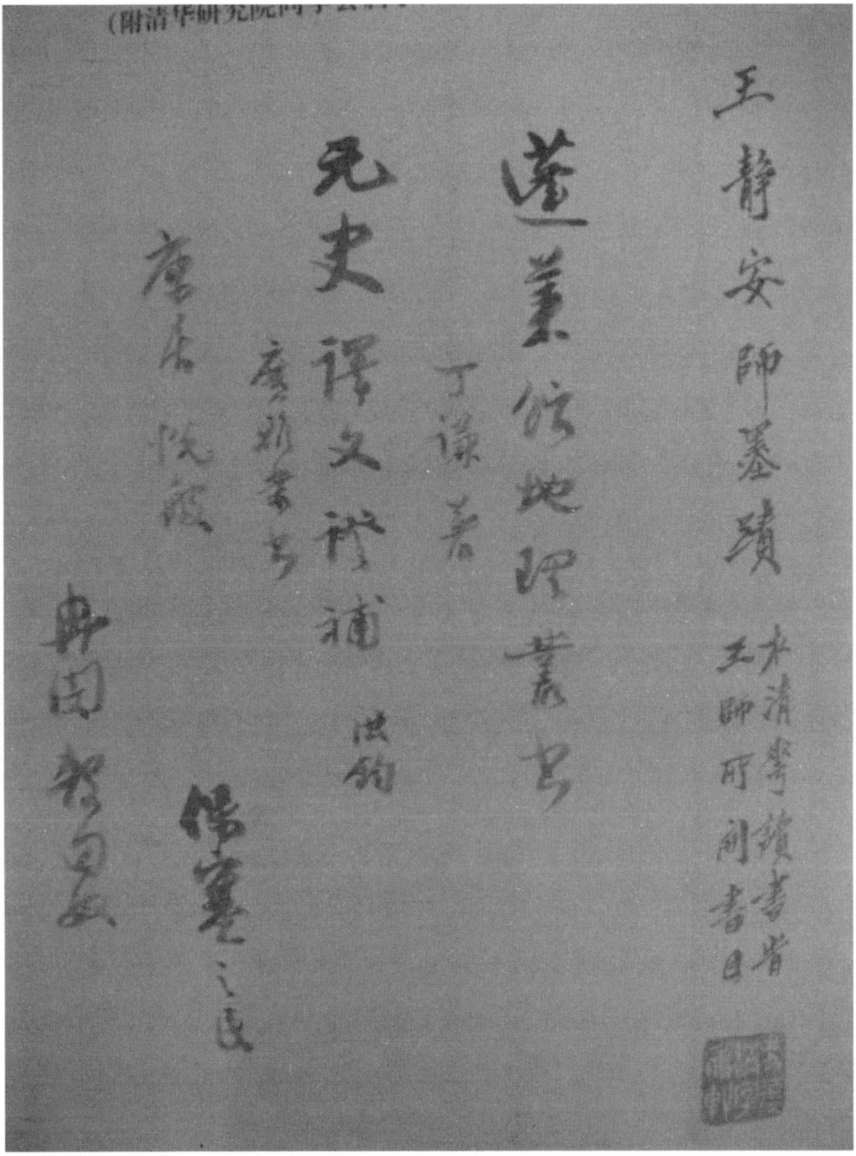

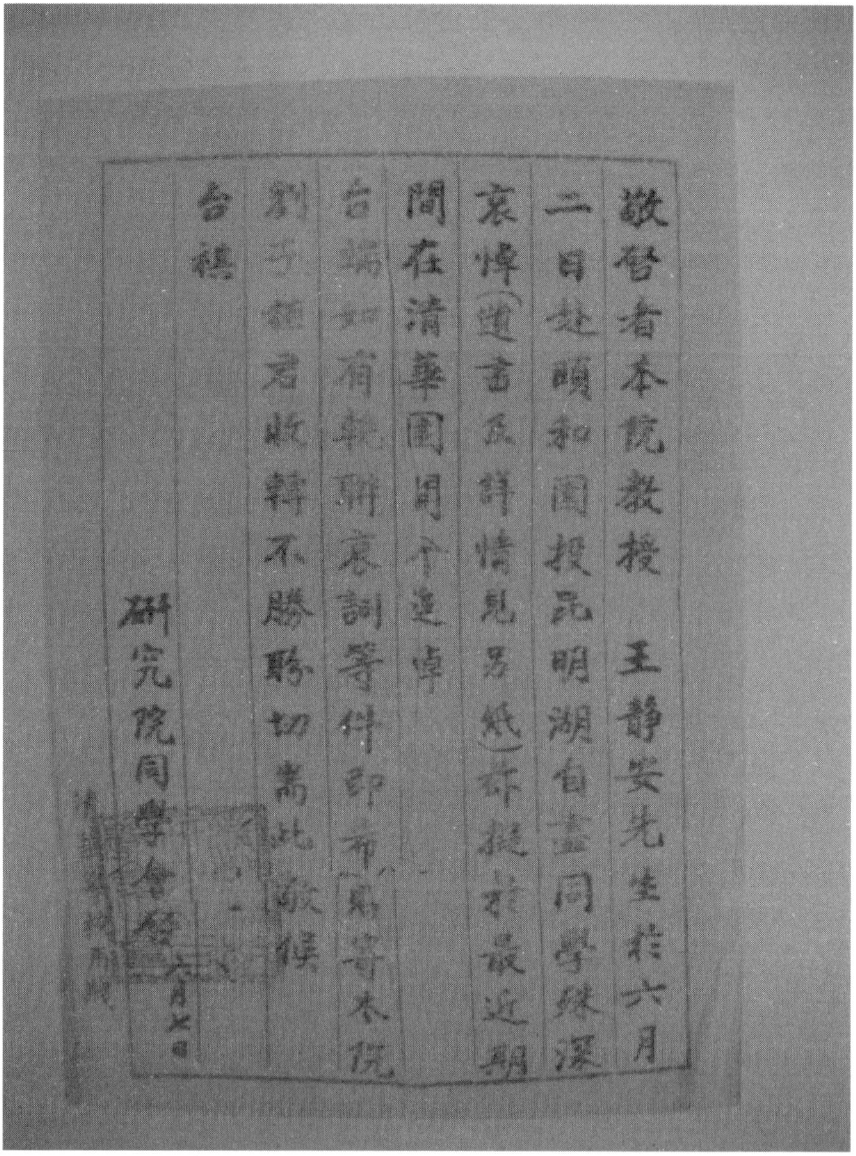
敬啓者本院教授　王靜安先生於六月二日赴頤和園投昆明湖自盡同學殊深哀悼（遺書及詳情見另紙）茲擬於最近期間在清華園開會追悼
台端如有輓聯哀詞等件卽希寄本院劉子植君收轉不勝盼切專此敬候
台祺

研究院同學會啓　六月七日

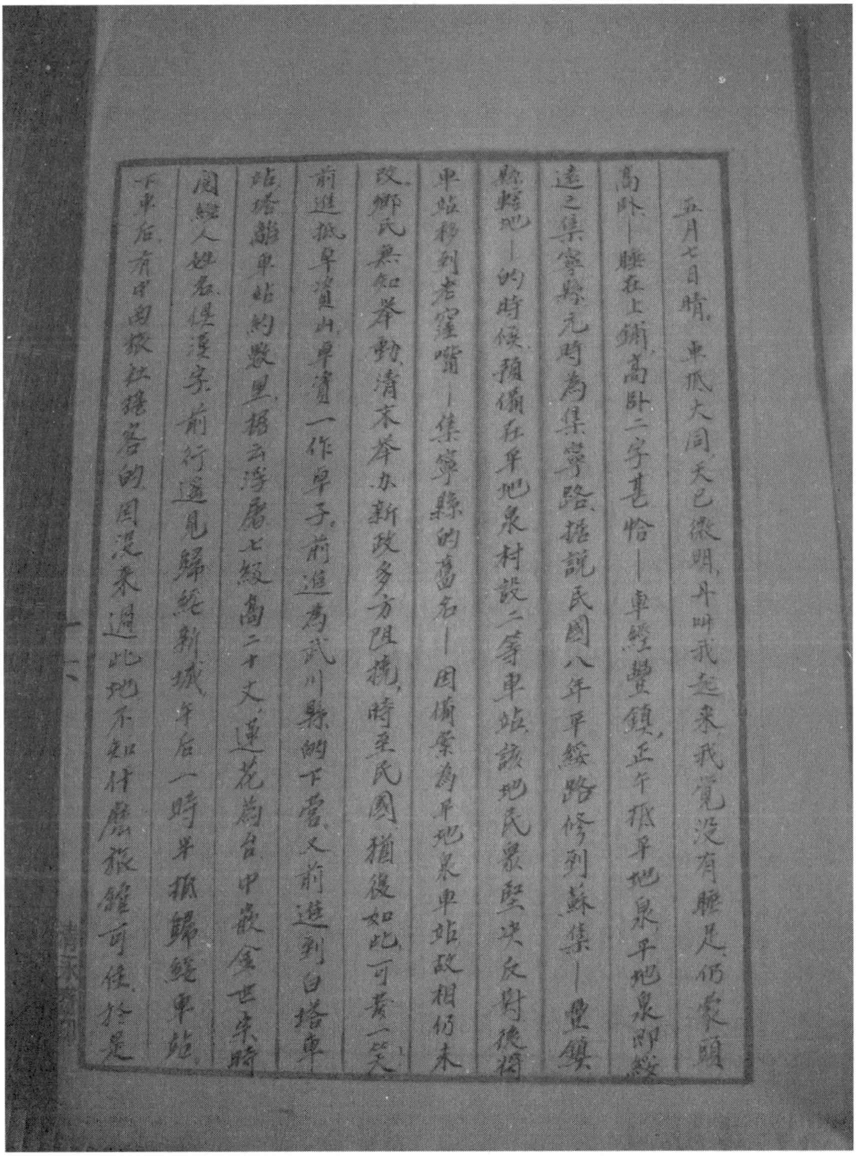
五月七日晴。車抵大同，天已微明，斗叫我起来，我覺没有睡足，仍蒙頭
高卧——睡在上鋪，高卧二字甚恰——車經豐鎮，正午抵平地泉，平地泉即綏
遠之集寧縣，元時為集寧路，據說民國八年平綏路修到蘇集——豐鎮
縣轄地——的時候，預備在平地泉村設二等車站，該地民衆堅决反對，後因
車站移到老窪嘴——集寧縣的舊名——因繁榮為平地泉車站所有，相仿未
改鄉民果知舉動清本舉亦新政多方阻撓，時至民國猶復如此，可發一笑。
前進抵卓資山，卓資一作卓子。前進為武川縣的下營，又前進到白塔車
站，塔離車站約數里，據云浮屠七級，高二十丈，遠遠看花為台中最金世宋時
聞經人世有保漢家，前行遇見歸綏新城，午后一時半抵歸綏車站，
下車后，有中國旅行社接客的，因没来過此地，不知什麽旅館可住，於是

冯永轩日记手稿

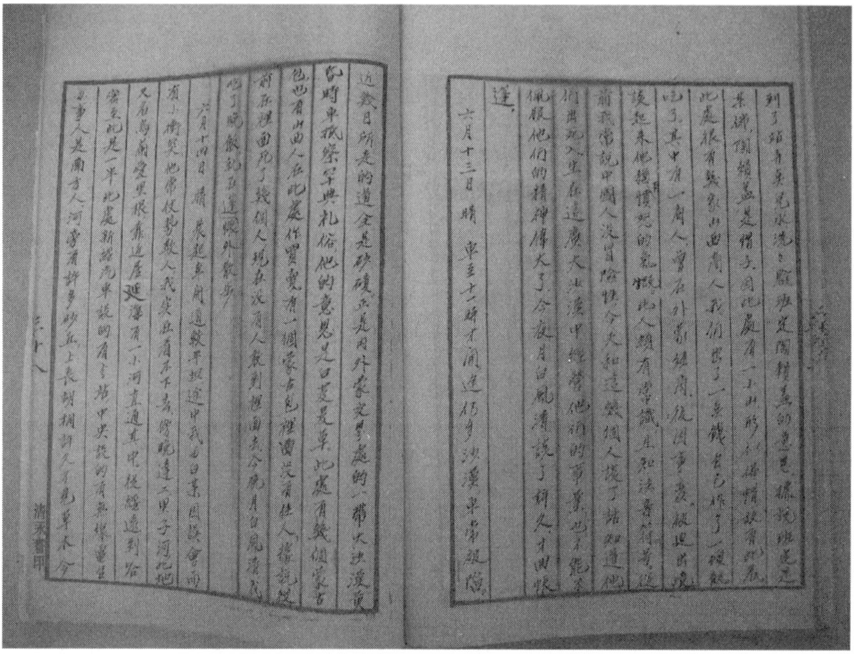
六月十三日 晴
六月十四日 晴

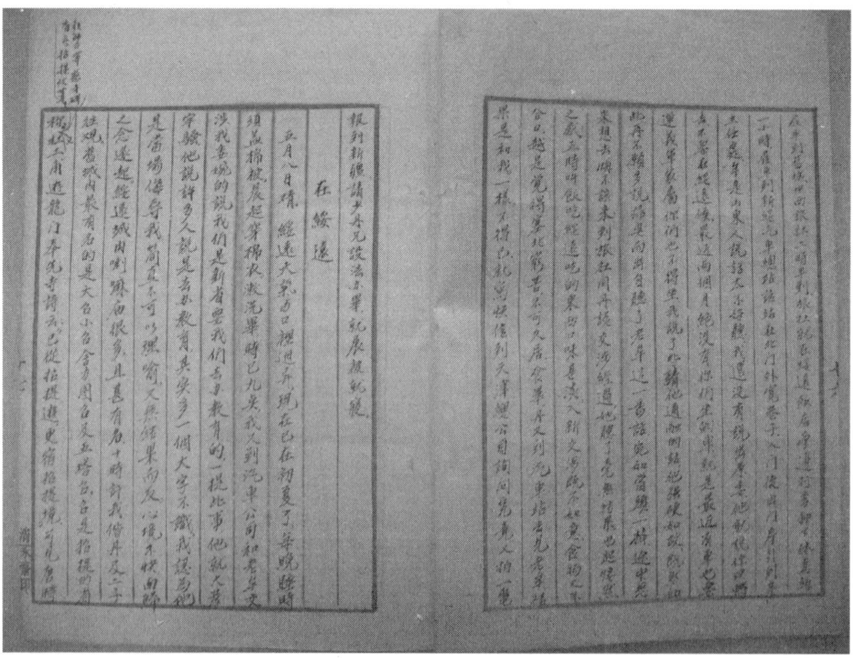
在綏遠
五月八日 晴

总　序

晚近以来，怀旧的心理在悄悄积聚，而有关民国史的各种著作，也渐次成为热门的读物。——此间很重要的一个原因，当然是在蓦然回望时发现：那尽管是个国步艰难的年代，却由于新旧、中西的激荡，也由于爱国、救世的热望，更由于文化传承的尚未中断，所以在文化上并不是空白，其创造的成果反而相当丰富，既涌现了制订规则的大师，也为后来的发展开辟了路径。

此外还应当看到，这种油然而生的怀旧情愫，又并非只意味着“向后看”。正如斯维特兰娜·博伊姆在《怀旧的未来》中所说：“怀旧不永远是关于过去的；怀旧可能是回顾性的，但是也可能是前瞻性的”。——由此也就启发了我们：在中华文明正走向伟大复兴、正祈望再造辉煌的当下，这种对过往史料的重新整理，和对过往历程的从头叙述，都典型地展现了坚定向前的民族意志。

正是在这样的背景下，本院早期既昙花一现、又光华四射的历程，就越发引起了世人的瞩目。简直令人惊异的是，一个仅存在过四年的学府，竟能拥有像梁启超、王国维、陈寅恪、赵元任、李济、吴宓这样的导师，拥有像梁漱溟、林志钧、马衡、钢和泰及赵万里、浦江清、蒋善国这样的教师，乃至拥有像王力、姜亮夫、陆侃如、姚名达、谢国祯、吴其昌、高亨、刘盼遂、徐中舒这样的学生……而且，无论是遭逢外乱还是内耗，这个如流星般闪过的学府，以及它的一位导师为另一位导师所写的、如今已是斑驳残损的碑文内容——“独立之精神，自由之思想”，都在激励后学们去保持操守、护持文化和求索真理，就算不必把这一切全都看成神话，但它们至少也是不可多得的佳话吧？

可惜在相形之下，虽说是久负如此盛名，但外间对本院历史的了解，总体说来还是远远不够的，尤其对其各位导师、其他教师和众多弟子的总体成就，更是缺少全面深入的把握。缘此，本院自恢复的那一天起，便大规模地启动了“院史工程”，冀能在深入研究的基础上，最终以每人一卷的形式，和盘托出院友们的著作精选，以作为永久性的追思缅怀，同时也对本院早期的学术成就，进行一次总体性的壮观检阅。

就此的具体设想是，这样的一项“院史工程”，将会对如下四组接续的梯队，进行总览性的整理研究：其一，本院久负盛名的导师，他们无论道德还是文章，都将长久地垂范于学界；其二，曾以各种形式协助过上述导师、后来也卓然成家的早期教师，此一群体以往较少为外间所知；其三，数量更为庞大、很多都成为学界中坚的国学院弟子，他们更属于本院的骄傲；其四，等上述工作完成以后，如果我们行有余力，还将涉及某些曾经追随在梁、王、陈周围的广义上的学生，以及后来在清华完成教育、并为国学研究做出突出贡献的其他学者。

这就是本套“清华国学书系”的由来！尽管旷日持久、工程浩大、卷帙浩繁，但本院的老师和博士后们，却不敢有丝毫的懈怠，而如今分批编出的这些“文存”，以及印在其前的各篇专门导论，也都凝聚了他们的辛劳和心血。此外，本套丛书的编辑，也得到了多方的鼎力支持；而各位院友的亲朋、故旧和弟子，也都无私地提供了珍贵的素材，这让我们长久地铭感在心。

为了最终完成这项任务，我们还在不停地努力着。因为我们深知，只有把每位院友的学术成就，全都搜集整理出来献给公众，本院的早期风貌才会更加逼真地再现，而其间的很多已被遗忘的经验，也才有可能有助于我们乃至后人，去一步一步地重塑昔日之辉煌。在这个意义上，这套书不仅会有很高的学术史价值，也会是一块永久性的群英纪念碑。——形象一点地说，我们现在每完成了一本书，都是在为这块丰碑增添石材，而等全部的石块都叠立在一起，它们就会以一格格的浮雕形式，在美丽的清华园里，竖立起一堵厚重的“国学墙”，供同学们来此兴高采烈地指认：你看这是哪一位大师，那又是哪一位前贤……

我们还憧憬着：待到全部文稿杀青的时候，在这堵作为学术圣地的“国学墙”之前，历史的时间就会浓缩为文化的空间，而眼下正熙熙攘攘的学人们，心灵上也就多了一个安顿休憩之处。——当然也正因为那样，如此一个令人入定与出神的所在，也就必会是恢复不久的清华国学院的重新出发之处，是我们通过紧张而激越的思考，去再造“中国文化之现代形态”的地方。

清华大学国学研究院

2012 年 3 月 16 日

目　录

导　言

冯德清1897年9月21日生于湖北黄安县(今红安)冯家畈,字永轩,一字永宣,后以字行。七岁入私塾,十六岁就读河南省立第三师范附小,三年后以卓异成绩升入河南省立第三师范,又五年后毕业于该校,并因学业出类拔萃破格留任教师。二十六岁求学于武昌师范大学(武汉大学前身),得黄侃(1866—1935)指导。二十八岁投考清华学校研究院国学门,获录为第一期学员,受教于梁启超(1873—1929)、王国维(1877—1927)等导师,专攻历史考据学,一年毕业。离京归鄂后,任教于武汉中学,与同乡友人董必武(1886—1975)共事,又主持国共合作之党义研究所,以教师身份启迪资助革命青年。在汉成家立业数年,三十八岁携妻儿、胞弟远赴新疆,历经艰辛,遂任迪化(即乌鲁木齐)师范学校校长、新疆编译委员会委员长,治学交游,入民间寻访古籍、字画而不倦。三十九岁逃离新疆,一路坎坷回归武汉。次年日寇入侵,举家跋涉至鄂东山区,耕读不辍,执教高中,直至1942年赴安徽学院历史系任教。抗战胜利后,率全家返汉,四十九岁受聘西北大学历史系,遂于西安研究西北史地,遍访流落坊间之秦砖汉瓦。1948年,去陕赴湘,任湖南大学历史系教授,中华人民共和国成立前夕回到武汉。1954年,由武汉实验中学调入湖北师范专科学校(后改为武汉师范学院),任历史系教授,得以系统研究楚史。“反右”运动中，戴上“右派”帽子，1961年“摘帽”后潜心钻研楚史。“文革”中备受摧残，积累多年的著述及藏品遭到扫荡。暮年被遣散回乡，又瘫痪卧病，然终不改其学志。

1979年，冯永轩被平反，同年2月病逝于武汉家中。先生生前身后，藏品曾赠予湖北省图书馆、湖北大学博物馆，然其一生为学低调沉着，不求扬名，学术履迹几被岁月烟尘埋没，其生平事迹、学术个性均亟待后学发掘。

一

（一）

明朝初年，冯氏从江西迁往湖北麻城一带，明中叶，该地由麻城析出，设为黄安县，冯氏聚族而居，于城关附近形成冯家畈，族中之人多务农，亦有贩茶、卖牛等经商者。冯永轩即出生于从事茶叶生意的中农家庭，他幼年家境清贫，求学时还须参与家中稼穑。私塾八年，小学三年，冯永轩勤勉向学，然家贫不能继续供给学费，族中决定以族产资助，冯永轩方得升入中学，可谓宗法社会的受益者，故而他在学成从业后，以薪金资助族人多年，期回报早年助学之恩。

留校任教河南省立第三师范（位于鄂豫交界处，与冯氏聚落相去不远）两年后，冯永轩离开乡土，入武昌师范大学深造，适逢黄侃任教于该校。黄季刚先生治学重视系统和条理，强调从形、音、义三者的关系中研究中国语言文字学，以音韵贯穿文字和训诂。他主张“为学务精”，“宏通严谨”，生平不肯轻易著书，若非定论，不以示人，“惟以观天下书未遍，不得妄下雌黄”，生前几无著述出版，冯永轩能得其面授，可谓幸甚。在黄季刚先生的指导下，冯永轩打下了古文字学、训诂学的根基，此后的治学路数都深受黄先生影响，注重家法，讲究根底，尊崇考据。尽管黄、冯二人居留武昌师范大学的时日都不长，然师生情谊就此结下，连绵未绝。黄先生辞世后，其后人仍与冯永轩及其家人保持来往，黄侃之子黄念田

(1912—1976,四川大学中文系教授)每每赴武汉,均宿于冯家。

1925年,冯永轩以同等学力投考首次招生的清华学校国学研究门。其时,清华学校正着手筹建大学部,在1924年10月的校务会议上通过了"大学筹备委员会"草拟的《清华大学之工作及组织纲要》,决定在"改大"的同时,筹备创建研究院,"聘宏博精深、学有专长之学者……为专任教授……任讲授及指导之事","备清华大学或他校之毕业生,对特种问题为高深之研究",以与大学本科相衔接,研究高深学术,造成专门人才。由于经费所限,经过多次探讨,校方决定研究院先设国学门,"其内容约为中国语言、历史、文学、哲学等",以后再按照经费及需要情形,逐渐添设各种科目。因研究院暂且仅此一科,故通称之为清华国学研究院。

清华并非国内首创国学研究机构者,在此之前,北京大学1921年初即创建了研究所国学门,校长蔡元培(1868—1940)亲自担任研究所所长,沈兼士(1887—1947)任国学门主任。1923年4月,东南大学国文系也议决设立国学院。同是"专修国学",北大国学门旨在"整理国故",而清华国学院另有抱负,其筹建者之一、吴宓(1894—1978)曾谓:

> 故今即开办研究院……惟兹所谓国学者,乃指中国学术文化之全体而言。而研究之道,尤注重正确精密之方法(即时人所谓科学方法)并取材于欧美学者研究东方语言及中国文化之成绩,此又本校研究院之异于国内之研究国学者也。①

在吴先生的会通视野中,国学须融通西学,研究国学非为复古守旧,而是"良以中国经籍,自汉迄今,注释略具,然因材料之未备与方法之未密,不能不有待于后人之补正。又近世所出古代史料,至为夥颐,亦尚待会会通细密之研究"②,是以清华国学院师生须研究新材料,善用新方法。

① 吴宓:《清华开办研究院之旨趣及经过》,《清华周刊》1925年9月18日,第351期,第1—2页。

② 吴宓:《清华学校研究院缘起》,《清华周刊》1925年3月13日,第339期,第51—52页。

为培养“以著述为毕生事业者”及“各种学校之国学教师”，有三种情况符合清华国学院的报考学员条件：(甲) 国内外大学毕业生，或具有相当之程度者；(乙) 各校教员或学术机关服务人员，具有学识及经验者；(丙) 各地自修之士，经史小学等具有根柢者。录取考试在内容上分三部：第一部，经史小学，注重普通学识，用问答题；第二部，作论文一篇；第三部，专门科学，分经学、中国史、小学、中国文学、中国哲学、外国语(英文或德文或法文)、自然科学(物理学或化学或生物学)、普通语言学入门。考生于其中任择三门，作出答卷，即为完卷。经过严格选拔，冯永轩被录取为清华国学院第一批学员，遂与刘盼遂(1896—1966)、徐中舒(1898—1991)、王力(1900—1986)、高亨(1900—1986)、方壮猷(1902—1970)等同期同学。

取录后，冯永轩按学院规定常川住宿，屏绝外务，潜心研究。清华国学院略仿中国传统书院及英国大学制度，研究之法，注重个人自修，教授专任指导，其分组不以学科，而以教授个人为主，期使学员与教授关系异常密切，方能在此短时期中，于国学根底及治学方法，均能确有所获。根据《研究院章程》的规定，清华国学院的教学方式分为“普通演讲”和“专题研究”。前者即课堂讲授，由各教授就自己的专长和治学心得开课，供诸生必修或选修。后者即学员在某教授指导下进行某项课题研究。按规定，院内各教师所授课程和指导专题研究范围应于开课前向学员公布，以便他们在入学后根据自己“志向兴趣学力之所近”，去自主地选择自己的学习方向和研究专题，选定后分别向研究院主任和从业教授报告，经其认可后即行注册。

清华园中，冯永轩在课业上主要受学于梁启超和王国维。梁先生的指导方向是诸子、中国佛学史、宋元明学术史、清代学术史、中国文学。王先生指导的学科范围是经学①、小学②、上古史、中国文学。入学不久，冯永轩就选定了自己的研究专题，聚焦于“诸史中外国传之研究”，专攻历史考据学。其同窗的选题则有：刘盼遂“诗经状词通释”，吴其昌

---

① 包括：(一)书、(二)诗、(三)礼。

② 包括：(一)训诂、(二)古文字学、(三)古韵。

(1904—1944)“宋代学术史”，徐中舒“古文字学”，王庸(1900—1956)“中西交通史”，方壮猷“诗三百篇之文学的研究”，高亨“诗骚连绵字辑释”，等等。此届学员的研究志趣较集中于中国文字学、学术文化史和中外关系，故大多与冯永轩一样，师从王国维和梁启超。在指导冯永轩研究时，王先生特开过一张书单，内含《蓬莱馆地理丛书》(丁谦著)、《元史译文证补》(洪钧、广雅丛书)等。

求学期间，与同学们一道，冯永轩还曾在办公室职员卫士生(1899—1990)的引导下，进城参观古物陈列所、京师图书馆。他们在京师图书馆参观了馆藏善本书，细观了宋元明清版本；继之参观四库全书室，观看了由热河避暑山庄运京的四库全书，凡 9 000 余函，160 000 余册。在吴宓和赵元任(1892—1982)的率领下，冯永轩和同学们入城参观过兄弟学校。如在燕京大学参观其附设之艺文学校，且尤其注意该校图书馆内西方汉学、东方学书籍，及教西人以华文华语之方法。又赴北京大学研究所国学门，在其古物展览室观看所藏之殷墟甲骨及古器古镜、清内阁各种档案、正在编辑整理的各书，及新由甘肃敦煌一带得来之古物资料。

在清华国学院，冯永轩接受了文章与道德的双重渲染。如清华同学蓝文徵(1901—1976)在《清华大学国学研究院始末》中所言:“研究院的特点，是治学和做人并重，各位先生传业态度的庄严恳挚，诸同学问道心志的诚敬殷切，穆然有鹅湖、鹿洞遗风。”“笃志学问、尊礼教授”是明确写入章程的学员守则。

入学一年后，以王国维指导，冯永轩撰写出毕业论文《匈奴史》①。按章程规定，清华国学院学员的研究期限，以一年为率，但遇有研究题目较难，范围较广，而成绩较优者，经教授许可，得续行研究一年或二年。1926 年 6 月 25 日，研究院第一届学生举行毕业典礼。29 位毕业生中，有 15 位申请留校继续研究一年，经教务会议讨论准其申请。后来到校注册继续研究者，有刘盼遂、周传儒(1900—1988)、姚名达(1905—

① 惜乎此文今已散佚。

1942)、吴其昌等7人。而冯永轩一年学满后即选择回乡任教，据说，他毕业之际曾获师长推荐，有望赴美留学，然因有砂眼而未获签证。

临别时，导师梁启超、王国维题诗赠予冯永轩。梁先生赠一幅楹联："遥山向晚更碧，秋云不雨常阴"，乃集周邦彦、孙洙之句而成。王先生则录写了陶渊明《饮酒》第二十首的前半部分，"羲农去我久，举世少复真。汲汲鲁中叟，弥缝使其淳。凤鸟虽不至，礼乐暂得新。洙泗辍微响，漂流逮狂秦。《诗》《书》复何罪，一朝成灰尘。区区诸老翁，为事诚殷勤。"

显然，清华国学院的学制并不长，对此，梁启超的看法是："设研究院之本意，非欲诸君在此一年中即研究出莫大之成果也，目的乃专欲诸君在此得若干治学方法耳！"他还对学生说："研究院的目的，是在养成大学者，但是大学者不是很快很短的时间所能养成的。"诚哉斯言，冯永轩在清华国学院的收获不可仅以时日来计量。

在清华同窗中，冯永轩与刘盼遂、徐中舒等人颇为要好，离院多年还相互走动，其哲嗣也保持来往。1949年以后，冯永轩长子冯天琪就曾去过刘盼遂北京寓所，五子冯天瑜曾拜访过徐中舒，与方壮猷之子关系亦好。清华同学间，学术切磋长期延续，例如，从本书所录冯永轩成于六十年代的《有关楚史的几个问题》可见，他持续关注着刘节、徐中舒、吴其昌等同学的学术研究，并予以自己的思索和回应。

而梁启超、王国维赠给冯永轩的诗联，常年悬挂在冯家堂屋，历经辗转沧桑而不改。

(二)

结束清华国学院的学业后，冯永轩回到武汉，任教于武汉中学——1927年"黄麻起义"的领导者多从此校毕业。时值"大革命"，武昌建立了国共合作的党义研究所，冯永轩与董必武尽力资助该所工友①，二人在教

① 其中有鄂人詹才芳，凭藉冯永轩、董必武的资助赴广州黄埔军校，1949年以后任广州军区司令，1955年授中将，20世纪50年代初曾赴武汉寻找冯先生，可惜未遇。

学、社会活动中日益亲密，结下了终生友谊①。

1928年春，冯永轩在武汉与张秀宜（字稚丹，以字行）结婚。张稚丹1901年8月8日出生在湖北黄安八里区张家湾。张家有祖传稻田七亩，棉地十余块，柴山三架，仍不足以供养全家15人。张稚丹9岁入私塾发蒙，11岁上小学，少时即带领张家湾近百女人反抗缠足，小学两年后其父去世，于是在家边劳动边自修。1918年，不顾当家的二兄反对，张稚丹逃到武昌上女师附小，二十五岁左右就学于湖北省立女师。大革命时期，她投读中央军政学校武汉分校，后遇武汉国民革命军独立十四师师长夏斗寅投靠北洋军阀，武汉危急，该军校解散，男生走上前线，她与其他女生为战争前线运送手榴弹等武器装备。与冯永轩成婚时，张稚丹正在汉口市立第四小学执教，时常赴武汉大学旁听，同时还与好友黄子固等秘密运送武器支援北伐。

大革命失败后，多次掩护、资助共产党员的冯永轩自知面临险境，不得不离开武汉，辗转鄂省各地，仍以教书为业，1930年始任教于武昌省立女子高中。1935年4月，冯氏夫妇携长子冯天琪、次子冯天玮及冯弟德浩，由武汉远行至新疆。此次去汉赴新，起因是张稚丹长兄张馨（1891—1940，号敬丹）时任新疆教育厅厅长，膝下仅有二女而无男丁，希望以外甥天玮②过继为子，冯张伉俪允诺后便送子前往。而冯永轩在清华国学院期间研究西北史地，也惟愿藉新疆之行实地考察。

赴新一途甚为艰苦③。据冯天琪回忆，他们一行人仅从大同至乌鲁木齐段就花了48天，同年6月24日方才抵达目的地。四五月间，江汉已暖热，北方尚奇寒，常常是风大沙狂，路势险恶，本就不佳的车况因而雪

① 据冯永轩后人回忆，董必武在中共中央任职后，每次回武汉必会拜访冯先生。“合作化运动”期间，冯先生第三子冯天璋求学于天津大学，因为一份假期实践调研报告而被打成“现行反革命团伙”，须接受劳改。受冯先生托付，董必武致信河北省（其时天津尚隶属冀省）省长刘子厚，天璋遂被摘帽，改为劳改农场内部工作人员。“反右”运动开始，冯先生被划为“右派”，董老来武汉时仍派车到矿局街接他，尽力救助，给困境中的冯先生以莫大慰藉。

② 过继后，冯天玮更名为张式谷。

③ 详情可见本文存所录《冯永轩日记》，后引文同出此处，不再赘注。

上加霜,被迫多次折返,可谓“一去二三里,抛锚四五回”。他们饱受颠簸之苦,路上食物难以下咽,车停旷野时只有帐篷可宿。尤其是抵绥远(今呼和浩特)之后,当地一时无客车赴乌鲁木齐,前行受阻,大家无奈滞留多日。

行车、滞留途中,冯永轩不忘交游,乐于寻访湖北同乡、清华校友、当地军政界人士。他更未废阅读,仅从其日记残篇即可见他一路读毕的书籍有:冰心《平绥游记》,王树枏《新疆小正》、《新疆礼俗志》,冯承钧《西域地名》,顾颉刚《王同春开发河套记》,藤田丰八郎《西北之古地研究》……读完随身携带的书卷,冯永轩再向友人借阅。

沿途,冯永轩访察、体味民生习俗。他与车夫交谈,记录对方的辗转履历,打听蒙古人风俗习惯。他留意街景世情,发觉绥远“表面虽似堂皇,而人民生活之苦,人民嗜好之深,听了实在痛心”。他了解到,当地居民吸食鸦片成风,烟土公买,烟馆密集,“私娼特多”。他认为这种“不景气”在“我国到处皆是,但未若此地之深”,深感老子所云“天地不仁,以万物为刍狗”,叹“人民何辜,遭此不幸”。留宿旷野,冯永轩细察蒙古家庭的居所、饮食、畜牧、作息时间、性别地位,又关切该地自然环境的变迁。如此“读万卷书,行万里路”,他曾得出人类学、社会学式的结论——“同一事体,因知识有别,信仰就生差异,各地都是如此”。

既为西北史地研究而行,冯永轩在西行游访中最留心史料、考据。读过王树枏《新疆礼俗志》,他亟待求证“蒙古人有兄弟三个,就须有两个去当喇嘛”之规,并为此询问绥远友人、蒙古喇嘛。翻检《西北地方与文人》所记录的河套开渠事,冯永轩对“王同春”之名印象颇深,知悉王“是一个老粗出身(北方人叫不识字的人为‘老粗’),而做出伟大的事业”,在绥远“几乎无人不知”,大赞此人“真是了不得的人才”,为了细化书中所得,他在绥远常打听王同春父女的故事。一路上,冯永轩寻游了绥远旧城大召、舍力图召、小召、昭君墓、百灵庙、新疆沿途的定湘王庙。他考辨到“召”是“召提”的省称,由颜师古、杜甫的诗文,指出唐时就有此名,又据《僧史》、《僧辉记》、《唐会要》等文献,认为“拓”与“招”形近而讹为

“招”，指出“招”与“召”通，“召”即是寺庙。后来撰写文章《“特勒”非误辨》时，冯永轩就结合此次考察经历，提到“蒙古地区的百灵庙，又有写作百林庙，白令庙，实际是贝勒庙的音变”。

甫抵乌鲁木齐，冯永轩即被招揽关内人才的“新疆王”盛世才(1895—1970)出面聘为迪化(乌鲁木齐)师范学校校长，兼任新疆编译委员会委员长。居留新疆时期，冯家生活可谓优渥，冯永轩常与鲍尔汉(1894—1989)等新疆政要、文化名流交游，又频入民间搜集古籍、文物，左宗棠条幅、杨增新信札等清朝、民国时期的名人墨迹即是在此时获致。1935 年底，冯永轩外出赴塔城，游访约一月，《塔城游记》便是此次出游的产物。

新疆生活不足一年，冯永轩日渐忧惧盛世才的独裁专断，欲逃离险境，遂以冯母在家乡病重、冯张夫妇失和而难以共存等诸种借口，央求盛氏放行归乡，最终如愿。此是 1936 年春，冯德浩、冯天玮已在新疆定居，张稚丹正在塔什干学习俄文，冯永轩便独自携天琪踏上归途。尽管许多人劝他们仍与来时一样取道绥远，但冯永轩“坚不允从”，他想经过甘陕“看一些另外的地方”，于是经由甘肃回湖北。可以想见，这番旅程又极尽艰险曲折。

1937 年，盛世才大肆抓捕 1933 年“四一二”政变①的参与者，其中就有张馨。1944 年，盛氏被蒋介石调往重庆任农林部部长，张治中代表国民党政府管辖新疆，冯、张两家人至此才得知张馨早已于 1940 年遇害狱中，后在乌鲁木齐郊区六道湾发掘其遗骨。不得不说，冯永轩因敏感审慎而幸免于难。

(三)

离开新疆重返湖北后，冯永轩继续任教于武汉，直至 1937 年日军入侵。武昌战火危急，冯永轩带领全家人乘木船东下，在竹林湾一带遭遇

① 1933 年 4 月 12 日，新疆发生政变，省主席金树仁逃离省城，盛世才从而掌管新疆。

长江洪峰，再迁往位于鄂东黄冈山区的张稚丹老家张家湾。逃难中，冯家极力缩减随身生活物品，悉数带走、存留的是冯永轩藏书、字画及其他文物，稍觉安定即开箱柜晾晒书籍。

乡居鄂东山区，冯永轩开办私塾，亦事躬耕、饲养畜禽以维持日常家用。时有土匪出身、识字不多的抗日武装头领李显军，曾率部前往张氏祠堂听冯永轩授课，逢年过节还带人挑上酒肉叩拜先生。

抗战中，鄂东山区绝非世外桃源，为了躲避日军扫荡，冯永轩多次挈妇将雏在山间辗转避难。亏乡亲们、李显军部队肩挑背扛，冯氏收藏竟保存无虞。1939 年，冯永轩开始执教鄂东联合中学（湖北省立第二高中的前身）。在后辈的回忆中，远离学术中心的冯永轩为学为人竟无丝毫苟且，依然严守师道学礼，着装庄重，讲课旁征博引，曾就一篇文章的标题谈了两节课。对于这段生活，永轩第四子冯天瑾曾有如下描述：

> 为躲避日本鬼子杀害，人们翻越山岭，艰难“逃反”。父亲挑着担子，担子的一头是三哥，一头是我。①
>
> ……
>
> 一次，父亲以教导主任身份，在全校师生大会主席台上讲话，反对逮捕疑为共产党的青年学生，与国民党委派的训导主任发生冲突。父亲拍桌大骂，获得全场师生热烈鼓掌支持。训导主任灰溜溜地离开了会场。
>
> 显然，学生很拥戴他，敬仰他“学无倦，教不诲”的精神。其实，他对学生很严。这两者却是那么自然地连在一起。
>
> 大哥给我讲过这样一个小故事：一帮男学生在一农家院子里洗澡。院墙外走过几个女学生。有几个男生从院墙上面露出上身，朝女生嬉皮笑脸。女生告了状。第二天，父亲召集全班学生开会。
>
> “是哪几个同学干的?”没有承认的，也没有揭发的。
>
> “那好。全体跪下。”全班同学都跪下了。父亲拐着文明棍，扬

① 冯永轩任教鄂东联合中学时，一家人仍时而外出逃避不断深入的日寇，暂居更偏远的山区。

长而去。

过了一阵，有老师去看学生，说："好了。起来吧。"学生都不起来。只等到我父亲来叫他们起来，风波才算结束。

我大哥也被罚过跪。那是一个秋天，大哥带我们上山玩，用火柴点火烧草，没想到风助火势，一下子猛烈起来，我们措手无策。好在老乡们看到了，过来很快把火灭了。父亲知道后，大发雷霆，令大哥跪于打稻场中。也只有父亲发话，大哥才敢起来。①

冯天琪则追忆，冯永轩由乡民那里得知，省二高的会计第当地一位村姑意图不轨，言行轻薄，冯永轩义愤填膺，旋即痛斥、杖击此人，直到旁人相劝方罢。

山居期间，冯永轩与湖北罗田人王葆心(1867—1944)交往甚密。王葆心字季芗，号晦堂，深造于两湖书院，先后受聘为潜江传经书院、黄梅调梅书院、罗田义川书院院长，清季任职学部、礼部，民国时先后任职于湖南省官书报局、北京图书馆、湖北国学馆、武昌高等师范学校、武汉大学、湖北通志馆，他著述繁多，于方志一门致力尤勤。抗战期间与冯永轩一家相逢时，王葆心正退居罗田故里，任罗田县志馆馆长，主纂《重修罗田县志》。冯永轩常与他讨论如何教育子女，更时常切磋楚史及鄂东史地诸问题，永轩的长篇论文《五水与五水蛮》即积累素材于抗战期间的鄂东乡间。

1942 年下半年，时任湖北省立第二高中训育主任的冯永轩拒绝当局要求，不肯加入国民党，宁愿停职停薪，又联合同校教师丰道济、王文锦、张旋平等人集体辞职。鄂东行署闻讯后，派出数名官员骑马来到冯家租住的岩后湾农舍，恭敬挽留、劝阻冯永轩，然冯永轩不改其志，一行人劝到深夜竟无功而返。

赋闲近半年后，经友人介绍，冯永轩获得安徽学院历史系教职。该校位于立煌(其时为安徽省府所在)，地形崎岖多山，冯永轩全靠步行翻

① 冯天瑾:《父母丰厚的遗产》。

山越岭抵达。1942 年，他又从立煌返回鄂东山区，推荐并带领丰道济、张旋平等当年陪他辞职的数人同赴安徽师院任教。

1945 年抗战胜利，冯永轩辞去安徽学院的教授职位，带上家人、藏品返回武汉。不久，他在武汉实验中学、湖北省第二临时中学两校兼课。第二临时中学远离武汉城区，冯永轩每日步行到校，须沿铁路走约二十里，于是黎明即起，踏月而行。据冯家哲嗣回忆，冯永轩某次途遇三名歹徒，幸而少时练过武术，赤手空拳令歹徒落荒而逃。

1946 年，冯永轩被西北大学聘为历史学教授，遂携冯天琪居西安。此时西北大学教授生活环境可谓清苦，冯氏父子二人栖身于一间平房内，家具简陋，以三屉柜代替专门书桌，冬天烧煤炉取暖，学校食堂仅供应糙米粗面大锅菜。地缘之便，冯永轩再度展开西北史地研究，后来结集油印的《新疆史地论丛》多成稿于此时。他还以工整笔迹在草纸上撰出讲义《中国史学史》。

课余，冯永轩带着天琪在西安寻访古籍、文物，二人徜徉于城中小巷的旧书摊、古董店，还曾去茂陵等处拾拣秦砖汉瓦，时常收获颇丰，冯永轩毕生藏品得于此者不少。每每寻古觅宝有所斩获，他们会乘兴去小酒馆庆祝，叫上三两白干，两碟小菜。大概因为冯永轩幼年生活在鄂豫之交，兼具北方人的豪爽，颇能饮酒，与教授们会餐时，曾在“赛酒”中获得“酒状元”的美名。正是在西安，1948 年春，冯永轩再次遇到来陕访亲、讲学的昔日清华国学院主任吴宓，并与卢怀琦、卢宗护、高元白等人宴请雨僧先生于西安东大街天生楼①。

在西安，冯永轩与执掌西北大学历史系的著名考古学家、西北史地学家黄文弼(1893—1966)成为知交，常与天琪应邀去黄家改善伙食。其时黄文弼携妻儿住在两间平房内，其子黄烈是西北大学历史系的学生，后来始终与冯家几位儿子保持来往。除研讨西北史地外，黄冯二人还常议时政，频发感慨。多年之后，年已耄耋的冯天琪还记得黄文弼所述新

① 吴宓:《吴宓日记》(第十册)，吴学昭整理，北京:三联书店，1998 年，第 377 页。

疆考古的佚事趣闻。

据说，1947 年，西北大学历史系有两个“中国青年军”学生询问老师冯永轩持何种历史观，他当即直率答以“唯物史观”，并与两青年争执到底，毫不顾忌当时的政治氛围。

冯永轩执教西安时，其妻张稚丹在武汉当教师，带着冯家其他四个儿子生活。冯永轩不得不经常在两地间奔波，而往返西安与武汉的火车破落缓慢，旅途劳苦。1948 年，以友人相助，冯永轩调往离武汉稍近的长沙，入湖南大学历史系任教。

（四）

1949 年，中华人民共和国成立之前，冯永轩辞去湖南大学历史系教授之职，回到武汉与家人团聚，起初任职于湖北省文保会，一年后执教武汉实验中学。1954 年，任职于湖北师范专科学校的高维岳一再争取冯永轩调入该校，高是当年省二高的学生，又曾追随老师至安徽学院，于是冯永轩婉拒华中师范学院（1985 年更名为华中师范大学）的延聘，转赴湖北师专，任历史系教授。湖北师专初为发展鄂省乡村教育而建，1957 年与武汉师专合并，1958 年更名为武汉师范学院①。任教期间，冯永轩在全校师生中威望颇高，他继续系统研究楚史，亦一如既往地探寻、收藏古籍文物。

1957 年，“反右”运动开始，时为武汉师院工会主席的高维岳奉令主持“鸣放”大会，却因而被打成右派。由于冯永轩曾在一些场合为高辩护，无异于引火烧身，被戴上“以盟代党”等大帽子。此外，在专业研究上，涉及到当时流行的中国历史分期问题，冯永轩始终不肯同意官方认定的“西周封建说”，被批作“态度顽固”。1958 年“反右补课”，作为湖北师院仅有的两名教授之一，冯永轩被戴上最后一批右派帽子，以凑成该校右派名额，所谓“枪打出头鸟”。划为右派后，他被停薪、下放农场劳

① 1984 年，武汉师范学院改建为湖北大学。

改，全家以基本生活费过活，直到六十年代初“摘帽”。

摘掉右派帽子后，冯永轩心情转晴，再度专注学问。连续数个寒暑假，他都为第五子冯天瑜讲授《论语》、《孟子》全文和《史记》选篇。每日晨起，冯永轩“手不持片纸，不仅逐句吟哦经典原文，而且背诵程注、朱注等各类注疏，并联系古今史学，议论纵横”，天瑜则“记录不辍，偶尔插问”，父亲又申述铺陈，如此由旦及暮。四十年后，已任武汉大学教授的冯天瑜在《回眸学术理路》一文中将这一段记忆题写为“博览·庭训·抉择”①。

此时，冯永轩潜心于楚史，研究成果逐渐问世。他 1962 年在《江汉学报》上发表论文《五水与五水蛮》，后又撰就《史记楚世家会注考证校补》一本，并最终写出约四十万言的《楚史》，冯天瑜记得自己曾在 1963 至 1965 年间协助父亲誊抄此稿。对于当时的江陵考古发现，冯永轩给出了颇有学术价值的阐释，北京大学考古系组织的赴鄂考古队为此连续几年专程来拜访，还一同赴江陵实地勘察。

二十世纪六十年代中期，冯永轩及张稚丹先后退休。此间，冯以“摘帽右派”，张以“右派家属”，成为街道居委会的“专政”对象。“文革”初期，冯永轩积累多年的藏品一再遭到扫荡，散佚、毁坏者不计其数。某次“扫四旧”，居委会中的“造反派”用板车抢走冯家的藏书、论稿，冯永轩长期苦心经营的《楚史》文稿从此不知所终。1969 年，在“战备”的名义下，冯张夫妇被遣散回红安张家湾，他俩在故乡已无直系亲属，历尽曲折方获安身之地。

1971 年，张稚丹去世，冯永轩几近瘫痪，被送回武汉医治，与第三子冯天璋一家三代挤居一室。进入暮年，冯永轩常唤天瑜来陪伴。冯天瑜还记得，父亲当年常常把他从睡梦中叫醒，问他一些有关历史、时政、文化的话题，诸如“二战时美国总统是谁”，“龚自珍与魏源谁更早些”。1977 年，冯永轩将珍藏的“二十四史”等大型史籍数千册尽数捐献给湖北

---

① 冯天瑜：《文化守望》，武汉大学出版社 2006 年，第 492 页。

大学图书馆。不久，北大赴鄂考古队复来访谒，卧病在床的冯永轩仍然予以指导。

1979年，冯永轩在拨乱反正中恢复名誉，同年2月10日病逝于家中。

二

冯永轩一生，以治史为志业，尽管在清华国学院受教仅短短一载，但其学术训练却大体完成于斯。他的导师们以世界学问的眼光来对待国学，全院提倡以“科学方法”研究历史，其一是重视材料，要求研究者详尽占有史料，缜密鉴别其真伪，强调“无史料即无史学”；其二是在乾嘉考据法中融入西方的综合分析法、实证论，即王国维所谓“吾侪当以事实决事实”。

在王国维的“古史新证”课上，冯永轩注意到，导师讲解其研究成果《殷卜辞中所见先公先王考》、《续考》、《殷商制度》等文时，尤为标举“古史二重证据法”。冯永轩又听取了梁启超向学生讲授的治史“五种用功的方法”：

> 一、钩沉法。将已经沉没了的事实，重新寻出，此类事实，愈古愈多。譬如欧洲当中世纪的时候，作《罗马史》的人，专靠书本上的记载，所以所说的事情有许多靠不住的地方。后来在罗马潘沛依等处，发现很多古代的器物材料，然后《罗马史》的真相，这才逐渐明了。此类事实，在近代亦有许多，有待把它钩出来。
>
> 二、正误法。有许多事实，从前人记错了，我们不特不可盲从，而且应当改正。
>
> 三、新注法。有许多向来为史家不大注意的材料，我们应该特别注意它。例如歌谣的搜集，故事的采访，其中很多含有历史的成分。“我们研究历史，要注意集中，要另具只眼，把历史上平常人所不注意的事情，作为发端，追根研究下去，可以引出许多新事

实，寻得许多新意义。”

四、搜集排比法。有许多历史上的事情，把它一件件地分开看，看不出什么道理，若是一件件排比起来，意义就很大了。所谓“属辞比事，春秋之教”正是这个道理。

五、联络法。即前后联系起来看问题。许多历史上的事情，乍看似无意义，亦没有什么结果，但是细细地把长时间的历史，通盘联络起来，就有意义有结果了。

清华国学院研究视野多偏史学，导师梁启超在“儒家哲学”、“古书真伪及其年代”等课上，也不忘指导学生以治史方法，他往往从多种角度、多个层面对研究对象来一个全面系统总结，借助校勘、考证、训诂以及学术系统来分析书，而又随时总结某一问题，总结时经常拿几种书来比较，不仅使学生细致得到了读古书方法，同时打开了读书眼界。对于某些话题，梁任公先生还经常运用当时日、美、英等国学者的见解，使学生的眼光不仅放在中国学人的观点上，而且接触外国，养成广开学术道路的习惯①。这些都从方法论上启发了冯永轩的学术研究。

这种学术训练延续至冯氏家学。冯天瑜就记得，他少时常听父亲议及清人考据繁密，言必求据，如法官审案，孤证不决，务求旁证、反证，并判定母子证（从同一源头发展来的一连串证据）不及兄弟证（来源并列的若干证据）有价值，这在很大程度上塑造了他治学的态度。

（一）

冯永轩自青年时代即对西北史地研究下力甚勤。近代意义的西北史地之学开创于晚清，其触机是道咸时期的西北边疆危机，显示了学人为国家筹谋的忧患意识和务实精神。民国初年，受域外探险家、汉学家之新发现、新治学方法的冲击，王国维、陈寅恪、陈垣、李济、顾颉刚等人

① 姜亮夫：《忆清华国学研究院》，《清华旧影》，北京：东方出版社1998年，第112页。

也陆续关注西北史地，它由此成为显学。

如前所述，冯永轩在清华国学院撰写的毕业论文即聚焦于匈奴史。西行赴新疆途中，由其日记可知，他一路大约读了 11 本书，其中 9 本有关西北史地。1935 年 5 月 15 日，他阅至日人藤田丰八郎所著的《西北之古地研究》，“因有所感，日人对我国边疆早就注意研究，而我国人士还蒙然不知。我辈身为学子，对此应负责研究，以期国人知如何开发西北，此次赴新即以此为鹄的。”可知冯永轩治学的现实关怀。1946 年，他在西北大学与黄文弼成为知交，黄先生是 1949 年以前唯一到过新疆罗布泊地区进行考察工作的中国考古学家，被称为“西北考古第一人”，他与冯永轩在西北史地研究上互为益友。

惜乎冯永轩所撰《匈奴史》已散佚，其西北史地研究之成果今可见于论文集《新疆史地论丛》，由中国社会科学院民族研究所民族历史研究室 1981 年以油印本印行，共收录文章 10 篇。其中有些文章是冯永轩对新疆作了若干实地考察后写出的，上世纪六十年代初，他又对此中内容进行了整理。

在这本论文集中，《维吾尔族史略》一文写于 1935 至 1936 年间。冯永轩时居乌鲁木齐，每日翻阅有关西域的史书，不时与维吾尔族中有学问者谈维族历史。完稿后，“放在橱中有二十多年，本不想发表”，后来冯永轩读到民族出版社所发行的冯家升、程溯洛等著的《维吾尔族史料简编》等有关维族史的著作，“感觉我所搜集的，他们的著作还没谈到”，因而决定发表此稿，作为治维族史的参考。

冯永轩对维族历史的考证，参考了《新疆图志》、孙承泽《元朝典故编年考》、陶葆廉《辛那侍行记》、巴克尔（Perker）《鞑靼千年史》、欧阳玄《圭斋记》、叶昌炽《语石》、沈增植《海日楼札丛》、顾炎武《日知录》、杭世骏《道古堂集》。洪钧《元史译文证补》、刘师培《辽史部族表书后》、日人羽田亨《西域文明史概论》等跨越古今中外、数种领域的文献，从而得出结论：维族是回鹘的后裔，回鹘是突厥族的一支。他认为吕思勉在《中国民族史》中所说不无道理——“新疆之缠回，即黄种突厥语西域白种之混合种”,但冯永轩进而指出,“就现在的维族来说,其血液很不单纯,混合别族人,很是事实。但就其族源主流来说,不能以混合种了之。”至于“维吾尔建国的经过”,由于维吾尔族史籍不够完备,而汉文中的记载多半是零星片段,冯永轩便在此文中归纳了前人的有关记录,以期整理出系统的维吾尔族史。其后,他还参考张星烺《中西交通史料汇编》、王树枏《新疆访古录》来论述维吾尔族的宗教和信仰。

文集中的《“特勒”非误辨》与上文写于同一时期,后来单独发表于《西北史地》1984 年第 4 期。在此,冯永轩意在考辨蒙古和林所出唐碑之名应为“阙特勤”还是“阙特勒”这一长期众说纷纭的问题。如顾亭林认为“勤”是错字,而顾廷琯又以为“勒”是误文。冯永轩从《洛阳伽蓝记》、温大雅《大唐创业起居注》、《旧唐书·张长逊传》推断,“特勤”、“特勒”是同一名的两样写法。由伯希和《突厥名称之起源》等文,冯永轩认为该词源自蒙古语系。由钱大昕《十驾斋养新录》、盛昱《跋阙特勤碑》等,他认为“特勒”具体指可汗之子弟。结合诸种古籍,综合音韵学知识,冯永轩的论断是:“特勤固不错,而特勒也非误。”

《回教传入新疆考》一文首先论述了伊斯兰教未传入新疆前,其他宗教在新疆的兴衰。冯永轩指出,袄教、景教、摩尼教等都是先到新疆,而后入于中原。通过考证,他认为,伊斯兰教由大食,经波斯、中亚,到新疆,进而抵甘肃,到长安的年代当以奥美耶朝 661 年至 748 年(唐高宗龙朔一年至唐玄宗天宝七年)之际较为可信。经过实地察访,冯永轩直陈,宋伯鲁《新疆建置志》、《新疆图志》、魏源《圣武纪》、《三州辑略》、李晋年《新疆回教考》、苏联历史学家基列耶夫都以穆斯林帽子的颜色来作为其分派的标准,这是一种“浅薄无知”之说。就他所见,穆斯林用布缠头,多用黑白两色,绝无派别意味。

冯永轩《新疆史地论丛》中其余诸文也多在传统考据的基础上结合西方史学、人类学的眼光,解决饶有趣味的小问题。

《斡耳朵之沿革》举出“斡耳朵”(常作“宫帐”)一词在各国语言中的译法,论者充分使用伯希和在《斡耳朵》中的考辨,列出“斡耳朵”一词在中国书籍中的不同写法，由此考察其沿革。

《准噶尔辨正》认为有关准噶尔历史的各种叙述很为混乱，指出后来所称的“准噶尔”不一定是原意。《厄鲁特考释》述录了《圣武记》、《朔方备乘》、《蒙古游牧记》、《新疆图志》、《元朝秘史》等籍，厘清厄鲁特（又作额鲁特）这一蒙古部族的历史，并认为此名从“阿尔泰”而来。

《新疆各民族简史》论及了新疆自治区境内的汉族、蒙古族、达斡尔族、满族、锡伯族、维吾尔族、乌兹别克族、回族、塔塔尔族、哈萨克族、柯尔克孜族、塔吉克族、俄罗斯族等。而展开论述之前，冯永轩声明，该文对羽田亨《西域文明史概论》中说“今日住于西域主要的人种，乃是突厥族。惟昔日所住的人种，是属何族”存而不论。

《塔城游记》曾发表于 1946 年的《新学风》杂志。冯永轩自陈“性耽游览，尤喜访古迹”，该文肇始于他 1935 年冬冒着风雪的塔城之行，名为“游记”，实则少记叙游历而多地理志意味，侧重考究当地历史沿革、民族构成、民风世情、文教状况等。

赴新疆前后，冯永轩时常翻阅清末新疆建省第一份全省通志《新疆图志》，有感而写下《评〈新疆图志〉》一文。他在文中讨论了该书的修纂时间，“据与其事者云”，认为总序所言不然，非宣统元年，而是光绪三十四年。他厘清了该书的修纂者，指出“是书所举纂校诸人，有因位高而得列名者，实则一文未作，徒拥虚号”。冯永轩以志书“贵在文简事赅”的标准，认为该书行文有缺陷。又经过考据，指出该书内容有缺失、颠倒、不确。

《新疆史地论丛》最后一篇《苏武牧羊地》后来发表在 1993 年第 2 期的《新疆史地杂考》。冯永轩考辨，苏武当年牧羊之地不在居延海、大同，他节录岑仲勋《元初西北五城之地理的考古》，述居延名称之演变，考证居延海在汉武之时为汉军据点。由此问题，他得出结论：“各地修志书者，每喜将名人事迹强为牵入，其表彰先贤之意固善，而传会穿凿，易使不察者受其迷惑，后之修志者，于此可注意焉。”

(二)

任教西北大学历史系期间,冯永轩撰就了讲义《中国史学史》,后仅以三卷手稿存世,今由编者整理录入。

二十世纪三四十年代,学人著述中国史学史蔚为风潮。如金毓黻(1887—1962)1938 年初成《中国史学史》一书,后出版于 1944 年出版,金氏 1913 年考入北京大学中国文学门,也曾师从黄侃。又如方壮猷 1947 年出版《中国史学概要》,这也是其"中国史学史"课上的讲稿。此外,卫聚贤(1899—1989)、曹聚仁(1900—1972)、卢绍稷、何炳松(1890—1946)、蒙文通(1894—1968)、罗元鲲(1882—1953)、周容、陆懋德、李则刚等学人,此时也撰写了与中国史学史有关的论著。

冯永轩求学、治学时,恰逢史学史一门在中国学界兴起。1919 至 1920 年,北京大学史学系主任朱希祖(1879—1944)提出"中国史学概论",讲授"中国史学之起源"、"中国史学之派别"。数年后,梁启超在《中国历史研究法补编》中着力论述中国史学史做法。在《补编》分论三的第三章,梁任公讲到"文化专史及其做法"时,以专节阐述"史学史的做法",他说:"中国史书既然这么多,几千年的成绩,应该有专史去叙述。它可是到现在还没有,也没有人打算做,真是很奇怪的一种现象。"至于这种专史如何开展,梁启超指出的方向是:"中国史学史,最少应对下列各部分特别注意:一、史官,二、史家,三、史学的成立及发展,四、最近史学的趋势。"而此时——20 世纪 20 年代中期,冯永轩、卫聚贤、方壮猷恰在清华国学院受学于梁启超,深受其影响,因此他们都讲授并编写《中国史学史》并不算巧合。

在《中国史学史》讲稿中,冯永轩就阐发了和导师梁任公极其相似的意旨:

> 中国史学史者,乃阐述吾国史学演变之学也。学者欲悉其原委,首须于汗牛塞屋之群书中,知何为史籍。是者若明,进而探究其

种类，逐类研讨，而史学史之真谛即得矣。

且冯永轩表示痛感“梁任公先生由纂中国史学史之意，惜未竟其志而卒”，他分明有继承其遗愿之志。故而，与金毓黼的《中国史学史》大体相同，冯永轩此书是在“梁启超设计的蓝图上写出来的”①，冯永轩亦自述：

余之此编中，于史官一端，盖阙而未论，因于史学通论中已述之亦。至如史家，吾虽未专就史家立论，而于讲某史籍时而其作者之事迹，并述及之。又若史学的成立及发展，余于史评中言之。近数十年来，吾国治学风气丕变，尤于史学方面，更月异而岁不同。最近史学工之成就及趋势，不可忽而不言。就各家分类视之，史学种类固为繁多，然于各类中，正史、编年、纪事本末三种尤为重要。余于此三者，详加讨论，而其它史类，或约略言之，因内容过多，恐不能授完考也。

可见，在结构上，冯永轩以史体为经，时次为纬，条析绳贯，区为章节。全篇以排比材料为主，有浓厚的史部目录学色彩，主体部分呈现为一种书目解题式研究。

在撰述方法上，冯永轩《中国史学史》受考据之学的影响，深入到传统学术语境，但其理路仍显西学渊薮。他知道，史学史乃至史学能够成为学科，其理念来自西学：

吾国昔贤不重分类，史籍为经部之附庸……史籍在魏晋以前，均书归经部，自荀阮二氏出，始经史分立……晚近西欧学术昌明，其分类法，至为精密，可为他山之助也。

在讲稿中，冯永轩触及到史学的成立、史学的主要内容、史学发展中的变化、史学发展与历史文献之关系等问题，他撰写时吸收古今史家论述的成果，力图把史学的源流、义例、发展及趋势撰为一书。

---

① 白寿彝:《中国史学史》第一册，上海人民出版社，2006 年，第 106—107 页。

值得一提的是,冯永轩在《中国史学史》中以专章《章实斋之史学》评述了章学诚及其史学成就,其内容深受钱基博(1887—1957)《文史通义解题及其读法》之启发。此安排与学界潮流相关。章学诚在清代本不显其名,而内藤湖南在撰著《中国史学史》时附录了《章学诚的史学》,这在很大程度上推动了中国学者对章氏的重新发现。后来,梁启超《中国近三百年学术史》把章学诚推为"清代唯一之史学大师";钱穆也在同名著作中列专章论述章氏其人其学,使之与清代大儒戴震享有同等的待遇;金毓黻的《中国史学史》把章学诚和刘知几并列,是该书除了司马迁、班固之外仅有的史学人物专章论述。故此,冯永轩《中国史学史》颇显学术史价值。

(三)

对于生长在楚地的冯永轩来说,荆楚文化研究在其学术生涯中占有相当重要的地位。

近世之前,有关楚文化的研究多集中于《史记·楚世家》等文献。二十世纪二十年代,安徽寿县出土楚国器物,影响较大,楚史研究进入新阶段。由于存世日记残缺不全,今已无从得知冯永轩攻研楚史的起始时间、动因、契机,但可以肯定的是,早年养成的学术意识使他很早就以历史学、人类学的眼光看待故乡楚地上的风土人物。

山居鄂东时期,以地缘之便,冯永轩积累了许多楚史研究材料,又与"楚国以为宝"①的王葆心交往,为日后的研究成果奠定了基础。1962年,冯永轩在《江汉学报》上发表了《五水与五水蛮》一文,考证了"五水"的确切所在,纠正了前人关于五水流域的诸多谬见,其中有一段指出黄安境内的倒水实际上是由西北往东南流,沿途任何一段都没有西流现象,"所以名为倒水,是因为以前写地理书的人没有经过调查研究,又没有将前人的著作弄清楚,人云亦云,积非成是",从中即可见他善于发挥

① 罗田政府重修王葆心墓时,董必武亲笔题"楚国以为宝,今人失所师"二语,以表墓门。

实地考察的优势。

关于楚国的都城，长久以来无定论，1961 年，冯永轩撰就了《说楚都》一文，但此文迟至他去世后的 1980 年 2 月才发表在《江汉考古》上。他在文中论述了楚国都城迁徙的线索，指出了楚国迁都的原因，其内容对今天的研究者而言近乎常识，但对当时的学界颇具启发意义。

1965 年冬至 1966 年春，湖北江陵望山楚墓出土越王勾践剑等大批文物，1 号墓竹简 207 枚，内容主要是墓主卜筮祭祷的记录，2 号墓存竹简 66 枚，内容为遣策。多年潜心撰写《楚史》的冯永轩对此作出了重要阐释，并如前所述，连续几年指导并带领北大赴鄂考古队实地勘察。

文存中所录《史记楚世家会注考证校补》是冯永轩对《史记》"三家注"以及日本学者泷川资言所辑《史记会注考证》之"楚世家"部分的补充和订正。此稿考据严密，撰成于二十世纪六十年代，原名为《〈史记会注考证〉之〈楚世家〉补正》，所校补的底本为 1959 年中华书局版《史记》。1993 年，武汉大学出版社正式印行此书——冯永轩去世后，其哲嗣清理遗物，在翻检中发现这一手稿，后加以整理使之面世。其中详情可见冯天瑜所撰序言，本文存亦有收录。

1992 年初夏，冯天瑜与湖北省博物馆的王善才一同参加"炎黄文化与现代文明"学术研讨会，得知后者在 1962 年曾听过冯永轩关于楚史的讲座，并有笔记存留。不久，冯天瑜收到王善才从长阳考古点寄来的笔记，稍作文字整理后，得文《有关楚史的几个问题》，从中可约略窥见冯永轩撰写"楚史"的部分构想。

而令人长久唏嘘的是，二十世纪八十年代以来，学术界对楚史日益重视，其研究基础即有冯永轩之贡献。假如他的《楚史》文稿能够留存下来，其意义之重大不言自明。

(四)

不仅治学有成，冯永轩尤以收藏名世。他醉心于此，非立基于雄厚资财，而是省吃俭用，倾其所有以供。

就读于清华国学研究院时，冯永轩即已开启收藏生涯，养成收藏意识。对于名家的只言片字，他有着相当的敏感。当聆听梁启超、王国维等导师的教诲时，他会随手记录谈话所涉的史料，如“保塞之民”、“冉闵杀匈奴”等。冯家后人眼见，当年有些纸张和书目单一直为冯永轩所珍视，总是不舍得丢弃，悉心保藏数十年。

辗转各地任教，冯永轩把握一切机会搜寻藏品。在新疆，他四处探访，联系文物商，去当地人家中，收集到左宗棠、曾国藩等人的真迹，还收藏到吐鲁番出土唐人写经（背面有回鹘文）、回鹘文货币（钱式类开元通宝）等。据冯永轩之子说，父亲在乌鲁木齐和鲁效祖（字绳伯）往来最多，鲁公在新疆多年，历任府道各职，善书画，家中收藏甚富，冯家父子常去鲁宅赏鉴。在西安，冯永轩知道当时尚有大量古籍文物散落于这座千年古都，且价格低廉，如入宝山，收藏更勤。

每年从学校放寒暑假，冯永轩都会背上一大箱书画、文物归家。1949 年以后，他更是频频出入于古董和古籍店铺，工资半数耗费在购置书籍、字画上。那时，汉口有个古董商人常来冯家送货，用蓝布包着藏品，几乎都会被冯永轩买去。冯家妻儿一见此商人，便料到家中又得破财。冯天瑜少时多次帮父亲晾晒字画，将钱币用粗线固定在马粪纸上。

冯永轩收藏的字画，大多放在几只破旧的大箱子内。“文革”抄家时，这几口箱子置于冯家阁楼上，“扫四旧”者未能发现，它们幸存下来。在此基础上，冯天瑜整理出厚重一册《（冯永轩藏品）近代名人墨迹》，并于 2001 年出版。对于此书，夏晓虹撰有《学者的收藏》一文品评道：

> 不收价昂且易作伪的宋元明字画，而以晚清以降的近现代人物墨迹为收藏重点，便构成了冯永轩先生藏品的最大特色。其价值已由冯天瑜谨慎地揭橥为：“史学家或许可以从中获得史料（如曾、左、李、胡、彭、翁、洪等人的字幅均未收入其文集），并体悟某种历史现场感；美术家或许能从观摩这些书画作品中得到构图、运笔的

启示”。①

由此册可见，冯永轩至少收藏了笪重光、朱筠、俞榕、奚冈、张之万、黄宾虹、陈衡恪、刘海粟、薛楚风、王霞宙等人的绘画。而收录的字幅，作者则有查士标、沈德潜、姚鼐、翁方纲、阮元、左宗棠、郭嵩焘、翁同龢、章炳麟、于右任等人。藏品可见冯永轩的交游网络，中有黄侃条幅“行楷八言联”、王安石七言诗篆字扇面等，有鲍尔汉、王葆心、钱基博、刘盼遂等冯永轩知交的手札或信函。

冯永轩藏书亦独具一格，极见学术功力，是《中国藏书家通典》所收录的湖北籍学者藏书家之一，他采自各地的总藏书量当有万册以上。然而，文革初期“扫四旧”，冯永轩的藏书系统未能像字画藏品那样幸免于难，被一再扫荡，其中一些善本、孤本或撕毁，或充作街巷妇人糊鞋样的废纸。在一次更彻底的查抄行动前夕，为减少损失，冯天璋和冯天瑜与父亲商量后，决定抢在查抄者到来之前，将家中藏书捐给张稚丹长年工作过的湖北省图书馆，该馆派人以麻袋装、板车运的方式抢救走了冯氏部分藏书，因其过于散乱，加之当时湖北省图亦处于造反阶段，一时无人收拾，待到有人过问时，完帙已经为数不多。1977 年，冯家又将冯永轩所藏的“二十四史”等大型史籍数千册，捐赠给武汉师范学院图书馆(即后来的湖北大学图书馆)。现今，如果浏览湖北省图书特藏部的藏书，还有可能看到冯永轩的藏书印，如“红安冯氏图书”、“冯德清字永轩”、“永轩珍藏”、“永轩所藏”、“冯永轩”等。

如今，冯家所遗古籍仅存数十种，大多亦有冯永轩的藏书印。如《重刊章氏遗书》，留白处多有冯氏的校勘和读史心得。陈邦彦在康熙五十三年的摹抄本，虽书名已经不全，但字体依然清晰。钤有“黄安冯氏珍藏”的《史微》、《老学庵笔记》、《古书疑义举例》、《古书疑义举例补》等书，多有冯永轩的点校记和评语。李玉安在《芸草飘香垂后世：湖北藏书家冯永轩收藏小记》一文中还提到，冯氏所藏稿本中有《近农居掌故文稿》，

① 夏晓虹：《旧年人物》，上海：文汇出版社，2008 年，第 199 页。

初定为民国学者陈屺怀(1872—1943)的书稿。陈屺怀本名陈训正,一字无邪,为民国政府秘书长陈布雷之堂弟,历任浙江省政府委员、杭州市市长、浙江省民政厅代理厅长、西湖博物馆馆长、国民政府参事等多职,其文稿所著内容疑为未定稿本,其中如《机器原始》、《西藏风俗物产考》、《石炭考》、《践海国闻见录》等二十余篇,多未见①。

冯永轩所藏古钱币蔚为大观。1979年底,冯家将冯永轩生前收藏的三千多枚钱币捐给湖北大学。1995年,湖大建成博物馆,专门开辟冯永轩古钱币展区,堪称该馆一大特色。这些藏品主要为冯永轩任教西北大学时搜购,从先秦时代的贝币(包括楚国独有的鬼脸钱)、布币、刀币到1949年以前的铜、铁、钱、银、纸币;有西夏、新疆铸币;有吴三桂、太平天国发行的货币;有日本、朝鲜货币;有张之洞官办湖北造币、英国伯明翰造币机制民国无孔币、鄂豫皖边区纸币;有世界上币幅最大的大明通行宝钞;有非流通领域的生肖、辟邪、祝寿等民俗币,藏品之丰富足以呈现出一部简明的钱币发展画卷。

可以说,冯永轩的学术研究与古籍文物收藏相辅相成。作为学者,他的收藏旨趣远不止于雅士之赏玩,而是蕴藉学养的载体。作为史学家,冯氏藏品是一种历史的积淀与缩影,其收集、整合需要融合多门学科知识内涵,冯永轩在收藏中深化了他对治学对象的内在体认,由此达致专精与会通并重。

本书尽量收录了冯永轩存世的所有作品。其中,《中国史学史》、《冯永轩日记》由手稿整理而成,首次刊发。原文时有直(横)排繁体者,除个别特殊情况,均改作横排简体;文中无标点或仅有简单断句者,一律改为新式标点,专名号从略。

需要说明的是,为了保存作者的语言习惯、文字风格,对于冯永轩原

① 李玉安:《芸草飘香垂后世:湖北藏书家冯永轩收藏小记》,齐鲁书社《藏书家》第14辑,第38页。

文专名(人名、地名、术语)及译名与今不统一者,编者未作改动;作者引书,时有省略更改,倘不失原意,编者也未以原书文字改动引文;如确系作者笔误、排印舛误与外文拼写错误等,则予以改正。

编者学殖疏浅,错略在所难免,在此恳请方家批评指正。

宗周、成周与西周、东周[①]

宗周、成周、西周和东周等名称，在史籍中极为常见，但是说法多有分歧，且有些说解不免谬误。将这些概念搞清楚，对于读先秦史是有好处的。

一、宗周

宗周之得名，有如下数说。一为自周武王灭了殷商，建都于镐（一作鄗或滈），天下宗周，故曰“宗周”。如《史记·伯夷列传》说：“武王已平殷乱，天下宗周。”《周本纪》云：“宣王即位，二相辅之，修政法文武成康之遗风，诸侯复宗周。”《资治通鉴》赧王三十四年，武公曰：“西周之地，绝长补短，不过百里，名为天下共主。”注曰：“言天下共宗周以为诸侯主。”宗周两字在上面的引文看来，周人为天下或诸侯所宗，故曰宗周。帝王世纪说：“武王自丰居镐，诸侯宗之，是为宗周。”这种说法，为治史的人所採取。近人童书业先生在所著《春秋史》中说：“宗周者，表周室为天下之宗主也。”

---

① 载《史学评林》1981 年。

宗周之得名，又有以为周室宗庙所在之地名为宗周，就是说宗周不仅是都邑，而且是宗庙所在之地。周人铜器上的铭文所说的宗周，就是指周人宗庙之所。如同簋、大克鼎等的铭词就是如此。

又有人说周为天下所宗，王都所在，皆得称之(见《尚书正义》)。如《尚书·多方》中说："王来自奄，至於宗周。"汪氏注曰："王者定都，天下所宗也。东迁之后，定都于洛，则洛亦谓之宗周。"清人孙星衍《尚书今古文注疏》多方疏中有曰："周之东迁，无复西都，亦名东都王城为宗周。"《穆天子传》中所用的宗周，据日人小川琢治在《穆天子传地名考》(刘厚滋译，载《禹贡》半月刊第七卷第六七合期中)说穆王自宗周西征，宗周就是洛阳。洛阳在东周时为天子都邑，同时又为宗庙所在，如铜器"令彝"中有"京宫"、"康宫"，均为宗庙，故洛邑也可称为宗周。

宗周一词又可称为周宗。《诗·小雅·雨无正》中说："周宗既灭，靡所止戾。"这里所用的周宗和"赫赫宗周，褒姒灭之"的宗周文义相同，由此可知宗周亦可名为周宗，宗周可简称为周，《逸周书·世俘》解："武王朝至燎于周。"这里周就是宗周。又如《尚书·武成》说："王朝步自周。"《召诰》中说："王朝步自周，则至於丰"。这两处所用周，都是说的宗周。

宗周专指镐京而言，《诗·小雅·正月篇》说："赫赫宗周，褒姒灭之。"传云："宗周，镐京"，疏曰："周幽王在镐，故镐京为宗周。"此种说法很多，不一一例举。宗周又称为西都，《通鉴外纪》说："初武王作邑於镐京，谓之宗周，是为西都。"这里所谓西都，古代黄河流域的中游是帝王活动区域，周人根据地偏在西方，所以称周地为西土，因此名周之都城为西都。尤其是周自东迁以后，雒邑名曰东都，而镐京自然称作西都了。宗周一词有时不仅专指镐，且兼丰而言，《逸周书·酆保》解："维二十三祀庚子朔，九州之侯，咸格于周，王在酆。"这里所说的周，当然是宗周，而言王在酆，可见酆也是宗周了。程大昌《雍录》中说："武王继文，虽改邑于镐，而丰宫不移徙，每遇大事，如伐商作洛，类皆步自宗周而往，以其事告於丰庙，不敢专也。鄗在丰东二十五里，故既可步往，又可朝发而夕至也。《左传》，康有酆宫之朝，则康王虽都镐，而其受朝，仍在丰地，是亦循武王宗丰之意。”周武王时虽都镐京，而丰为文王建都之所，此地仍然为周室宗庙之地，它有称为宗周的条件。

宗周不仅专指丰和镐，而有时是指丰、镐一带地方。如《竹书纪年》中说：“幽王十一年，申人、缯人及犬戎入宗周，杀王”。《国语·鲁语》说：“幽灭於戏”。韦注说：“戏，戏山，在西周也。”戏离镐京有数十里之遥，幽王死於戏，可见犬戎所入的宗周，是指镐京一带的地方。周自穆王以后，都於西郑（《汉书·地理志.》注臣瓒言），《竹书纪年》说：“懿王十五年自宗周迁于槐里”。《史记索隐》引宋忠曰：“懿王自镐徙都犬丘，一日废丘，今槐里是也”。周自穆王以后，都城常有迁移，史言自武王至平王东迁以前的一段，名为西周，是可以的。若是称穆王以后的周仍为宗周的含义又不同了。除以上所述外，近人（如陈梦家）有谓宗周疑即徒都丰镐前的旧都岐周，此可聊备一说。

二、成周

成周的建置，周武王灭殷后，他以为殷王朝虽被颠覆，但是殷人的势力依然很大，他想在东方建置一个军事和政治的据点来控制东土，于是选择了洛阳，认为这是一个建置城堡的适宜地方。《史记·周本纪》载：“我（武王）南望三涂，北望岳鄙，顾詹有河，粤詹雒伊，毋远天室，营周居于雒邑而后去。”《逸周书·度邑篇》也有这样的记载：“我南望过于三涂，我北望过于岳鄙，顾瞻过于有河，宛瞻延于伊雒，无远天室，”武王这一计划没有完成他就死了。继其位的成王继承遗志，仍在这里建置。《史记·鲁世家》说：“乙未王（成王）朝步自周，至丰，使太保召公先之雒相土，其三月，周公往营成周雒邑。”《逸周书·作雒》篇说：“周公敬念于后曰：‘予畏周室不延，俾中天下，及将致政，乃作大邑成周于土中’。”《竹书纪年》说：“成王五年迁民于洛邑，遂营成周。”又说：“七年甲子周文公诰多士于成周，遂城东都。”《左氏·桓公二年》传说：“武王迁九鼎于洛邑。”杜注说：“时但营洛邑，未有都城，至周公乃卒营洛邑，谓之王城。”关于建置成周，司马迁有总结性的论断。《史记·周本纪》后，太史公曰："学者皆称周伐纣，居洛邑，综其实不然。武王营之，成王使召公卜居，居九鼎焉，而周复都丰镐。至犬戎败幽王，周乃东徙于洛邑。"由上述的材料看来，成周的建置是始于武王，至成王时使召公周公完成之。

成周得名由来，有好几种解释。《史记·周本纪》说："康王命作策毕公分居里，成周郊。"《集解》引孔安国的说解说："分别民之居里，异其善恶也。成定东周郊境，使有保护也。"这是将成字当作动词用，成为定义，可能不是说成周之名。《公羊传》说："成周，东周也。"何休曰："名成周者，周道始成，王所都也。"童书业先生在《春秋史》注说："成周者，表周道之成。"这和何休的说法是一样的。郑康成书序说："居摄七年，天下太平，而成此邑，乃名成周，成周之名，是在成王时也。"《逸周书·王会》篇说："成周之会。"孔晁注说："王城既成，大会诸侯及四夷也。"郑孔两人的解释成字有成功或完成的意思。侯外庐先生在《中国社会史》第五章中说："我以为洛邑名曰成周，亦是以成(城)的要件为理由。"

"成周"一名在史籍中有各种不同的名称。可以简称为成，如小臣单觯铭文："王后返，克商，在成师。"这里所说成师，就是成的八师。舀鼎铭有"成周八师。"此为成周简称作成之证，可简称为周，郭沫若先生《两周金文辞大系》，"颂鼎有王在周东邵宫。"郭沫若说："彝器凡单称周，即指成周。"又可简称为东，如《诗·车攻》篇，"驾言徂东。"《毛传》说："东，洛邑也。"又简称为新邑或新大邑。《尚书·多士》说："惟三月周公初于新邑洛。"嗽尊铭有"王作新邑。"《尚书·康诰》说："作新大邑于东国洛。"所谓"新邑""新大邑"，都是指所建置的成周说的。有时也称为东都，东国或成国。也可简称东。敦煌六朝写本作东都雒邑也。似当作：东，东都雒邑也。

成周，洛邑，王城的所在。《逸周书·王会篇》："成周之会。"王应麟补注曰："成周者，洛邑之总名"，成王命周公营成周，卜涧水东，瀍水西，为朝会之地，谓之王城，是为东都。《作雒篇》曰："乃作大邑于土中，城方千七百二十丈，郛十七里，南系于洛水，北因于郏山，以为天下凑。"《史记正义》引《括地志》说："故王城一名河南城，本郏鄏，周公新筑，在洛州河南县北九里苑内东北隅。自平王以下十二王皆都此城，至敬王乃迁都成周，至赧王又居王城也。"由上所述可知雒邑乃有两城，一为成周，一为王城。段玉裁在《说文解字注》中说："汉雒阳县，周之成周也；汉河南县，周之王城也。"赵翼在《陔余丛考》东西周文中说："武王定鼎于郏鄏，周公营以为都，是为王城，则河南也；周公又营下都，以迁殷顽民，是为成周，则洛阳也。平王东迁，定都于王城，其时所谓西周者，丰镐也；东周者，王城也。及王子朝之乱，敬王徙都成周。《公羊传》曰：'王城者何？西周也，成周者何？东周也。'则是时王城为西周，而成周为东周矣。"《春秋大事表》说："今河南府洛阳县城内西偏，是为王城。"黄以周《儆季杂著土地考》云："昔周公营河南以为郡，战国时所谓西周也。又营洛邑以居殷之顽民，谓之成周，战国时所谓东周也（《通鉴》误）。成周为周之下都，又因以王城为上国，其王城西地，曰上国之地，亦曰上地。"从上面所引各书来看，王城和成周的方位大致明白了。但是我们要知道，王城在西周（宗周）时为东都，自平王迁都于此，始改称王城。按王城在洛水之北，古时名为洛（一作雒）邑；成周在洛水之南，所以称为洛阳，关于这一点，读史的人是不可不知的。

成周和王城的方位，上面已经说了。但是也有人持不同见解的，童书业先生说王城为成周的内城（见《春秋王都辨疑》，载《禹贡》半月刊），认为王城和成周是一地，这是值得商榷的。王城和成周是两地，但在政治上的用途怎样呢？吕氏曰：孔子序《洛诰》云："周公营成周，则成周乃京都总名，河南成周之王城也；洛阳，成周之下都也，王城非天子时会诸侯则虚之。下都则保釐大臣所居治事之地，周人朝夕受之，习见既久，遂独指以为成周矣。"实际情况，王城为王宫所在之地，故周代的统治者争夺王位，必入王城。成周为周室宗庙所在之地，其政治地位不如王城之重要。

关于王城究竟在什么地方，解放后考古研究所在洛阳开展了考古工作。自 1953 年起，在洛阳西郊的涧水两岸展开了以寻找王城为中心的考古工作。经过几年的努力，找到了一座范围颇大的东周城址，目前正在继续进行深入的勘察。据考古所一报道说：周王城是 1954 年以来经历一年的工作才从地下重新被发掘出来。城西临涧河，每边长约 3 000 多米。发掘证明，这座王城在春秋晚期到西汉早期曾经历了一个繁荣时期(见《考古学报》1959 年第 2 期，洛阳涧瀍东周城址发掘报告)。

三、西周与东周

历史上为人所习知的，丰镐为西周，平王迁洛后为东周。而东迁后又有东西周之称，初学历史的入常搞不清楚，而史籍上的记载有时也说得欠明白，现将这方面的情况附带说一下。

东迁后的东西周，成周称为东周，其时较早，王城称为西周，恐在分治以后，始有西周之称。分治的情况，《韩非子·内储说下》云："公子朝，周太子也，弟公子根甚有宠于君，君死，遂以东周叛，分为两国。"《难三》又云："公子宰，周太子也，公子根有宠，遂以东州反，分而为两国。"韩文说的很简略，只说分为两国，其它未谈。《史记·苏秦传》："苏秦者，东周雒阳人也。"《正义》说："敬王以子朝之乱，从王城东迁雒阳故城，乃号东周，以王城为西周。"这一种说法可以说是韩非子所说的补充，还不是东西周分治。关于东西周分治的经过，《史记》在《周本纪》和《赵世家》中所说的都不很清晰，而《三家注》也谈得不明白，所以后代学者有些人作了考证。元人吴澄作有"东西周辨"，他说："东西周之名，盖起于考王封弟(名揭)于王城，以续周公之官职，是为桓公，桓公生威公，威公生惠公，以其长子袭爵，仍居王城，是西周武公。惠公又封其少子班于巩，以巩与下都在东，故称东周。"这种说法仍欠圆满清晰。赵翼关于这一问题也有论述，兹节录之。赵氏说："平王东迁，定都于王城，其时所谓西周者，丰镐也；东周者，王城也。及王子朝之乱，敬王徙都成周……是时王城为西周，而成周为东周矣，及考王封其弟揭于王城，是为河南桓公，桓公之孙惠公，又自封其少子班于巩，号曰东周，则此东周又自西周之王城分出，而并非敬王所都之成周矣。分封于巩者，曰东周。而河南惠公本在王城，则仍西周之号，此东周西周皆在河南，而周王之都于成周自若也。《战国策》所谓周王者，都于成周之王也。所谓东周君西周君者，则河南之都于王城及分封于巩者也。东周谓韩王曰；西周者，故天子之国也。曰故天子国，明乎是时西周已非天子所都也。显王二年赵与韩分周为二，于是东西各为列国者，即河南之东西周也。而显王抱空名尚在成周，直至赧王始灭，则仍是敬王所迁之东周也。”

对于东西周说解的文章，除了吴澄赵翼以外，就我所知道的还有鲍彪《国策注》，吕祖谦《大事记》，顾栋高《春秋大事表》，崔述《考信录》等书中都有论列，而最简明扼要的是《读史方舆纪要》中的叙述，该书中说："东西(周)之名，前后凡三变。初言东西周者，以镐京对洛邑而言。中间言东西周者，以王城对成周而言(春秋昭公二十年，王子朝在王城时，谓之西王；敬王居成周，在王城之东时，谓之东王)。最后言东西周者，则以河南对巩而言也。"

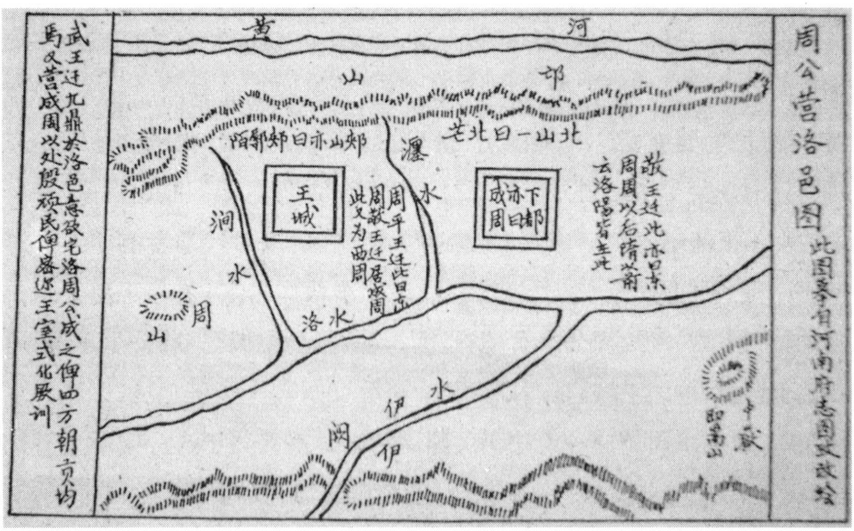

维吾尔族史略

这篇稿子是我在 1935—1936 年间写的，算起来已有二十多年了。那时住在乌鲁木齐，每天翻阅有关西域的史书，有时和维吾尔族（下简称维族）有学问的人谈他们的历史。这篇文章的内容，就是这样取得的。稿子写成后，放在橱中有二十多年了，本不想拿出来发表，因嫌其中缺乏新颖的材料，又无好的见解的缘故。近年来读了新出版有关维族史的著作（如民族出版社所发行的冯家升、程溯洛等著的维吾尔族史料简编），感觉着我所搜集的，他们的著作中还没谈到，因而将这篇稿子发表，作为治维族史的参考。

维吾尔的名称

维吾尔族的名称，中外史书中写法很不一致。如外文中有 Uigurs，又有作 Ouigour 的。阿拉伯地理学者称为太格格 Tagazgaz；欧洲人称为台沙 Terse。俄人拍雷狄斯谓台沙为波斯文 Tersa 之音译。维族的名称在我国文献资料中，名目繁多，这里暂且不谈，现在将维吾尔三字的由来约略说一下。

维吾尔三字我国史籍里多写作畏兀儿。因为维族人喜用布缠头，有些人就称他们为缠头。又因他们信仰回教,所以又称为缠回。这两种名称都不妥当,而维族自称为木速蛮 Musulman 人。按木速蛮是回教徒的称呼,西域信仰回教的民族很多,这样名称,不是族名,用作族的称谓,也不合适。自 1931 年新疆在四月十二日(简称为四一二)推翻金树仁的统治后,改称为维吾尔族。1936 年 8 月 14 日大公报记者长江写了《西北当前几种急务》一文,叙述易名的经过,兹节录之:"新疆人口之最主要部分为缠回,蒙古与汉人,哈萨等占次要部分。盛世才现在不许汉人再称缠回或缠头等非正式之族名,而正确定缠回为维吾尔族……"维吾尔的意思,冯家升等著作第一章中说是联合、协助或归依者。有的说是团结、同盟、同盟者。这些说法,都是对的,但尚有他说,就我所知道的,有人说维吾尔一名起自蒙古,其义为团结,蒙古人谓凡能疑聚的东西,都称为畏孤鲁,如牛奶结成奶饼,就名曰畏孤鲁。又有人说,相传维吾尔族有两三个幼孩,能团结杀敌,蒙古人故呼之为维吾尔。

维吾尔族的由来

维族的由来,说法不一,兹将各说缕列之,而定以何说为是。

1. 阿剌伯说,《新疆图志》,建置志疏勒条说:"其土著缠回,有黑种、白种之别,而皆阿剌伯族。"

2. 吐谷浑说:孙承泽《元朝典故编年考》说,"后西辽又封吐谷浑之裔畏兀儿(即维吾尔)于交河(按交河又名雅尔和屯 Yarkhoto 即前汉书车师前王治交河城)。"

陶葆廉《辛那侍行记》说,"畏兀儿者,本吐谷浑素贵和之裔,降于土蕃,居排衙川,亦曰计罗川,后误贵和为畏吾,为畏兀,"卷六又云:"畏兀儿,吐谷浑种。"

3. 蒙古说,当元朝极盛时期,西域各地,几尽为其王子之封土,后来势力衰败,蒙古人住在新疆,逐渐和维族融合。现在新疆的维族人,有一部分人的像貌与汉人相似,另有一部分和蒙民相近。也有维族人自称他们的先人为蒙古族。闻哈密一带的维族，确是蒙古人的后裔。

4. 波斯说，巴克尔 Perker《鞑靼千年史》说：“……是时自焉耆至疏勒，自疏勒至于阗一带，往往有城郭居民，居民的曰缠头(Sart)，高鼻深目，属波斯种……”

5. 突厥说，我国史书多谓回纥是突厥别部(岑仲勉先生说别部与别种同义)，畏兀儿是回纥的后裔。那末，也就是说畏兀儿为突厥的后裔了。回纥之名，《魏书》曰袁纥、曰乌护、曰乌纥。《隋书》曰韦纥、曰回纥。到了唐代中叶，回纥改称为回鹘。《新唐书》回鹘传说：德宗时，回纥可汗“又请易回纥曰回鹘，言捷鸷远犹鹘然。”《旧五代史》说：“改为回鹘，义取回旋博击如鹘之迅捷也。”回纥，《旧唐书》作迴纥。

回鹘一名，自唐以后，各史家常各以音近书之。如《北使记》写作“瑰古”。《西游记》写作“畏午儿”。西文译为 Ouigurs 或 Ouigur。《元史》作畏吾儿、畏兀儿、辉和尔、畏兀等。《元秘史》作委兀、委吾。《虞集》亦都护南昌王世勋碑畏吾而。欧阳玄《圭斋集》高昌偰氏家传作伟兀。《东土耳基斯坦志》作魏哥尔。叶昌炽《语石》和林一则云：“第三图称为乌依古尔古迹，即畏吾儿三字合音也。”西辽，耶律大石西移，大会七州十八部众，七州者，一曰威武。《通鉴纲目》注云：“威武即畏兀儿。”《绥远分县调查记》作维伊哥尔，又有畏孤儿、畏古鲁等称，都那是回鹘的对音。

沈曾植《海日楼札丛》卷二，回鹘条说：宋史回鹘传：“初，回鹘西奔，种族散处，故甘州有可汗王，西州有克韩王，新复州有黑韩王，皆其后焉。”又，“高昌颇有回鹘，故亦谓之回鹘。”龟兹本回鹘别种，故或称西州回鹘，或称西州龟兹，或称龟兹回鹘。于阗王所遣入贡之罗斯温，亦冠以回鹘字，西域之为回鹘久矣，不始于元也(高昌国人白皙端正，多伎巧)。高昌传之茅女王子族，即回鹘传居贺兰山下之邈拿王子也。上文又作茅女唱子，一简之中，文字舛出。卧梁劾特族，即乌梁海种矣。凡王延昌所经，诸族大略皆回鹘也。回鹘传：“端拱二年，么罗王子入贡。”疑即高昌所属之末罗。(《护德瓶斋涉笔》)。

《元秘史》山川地名考说：“宋神宗时，王韶取西甯，畏兀畏迫迁于瓜、沙之间，后徙入交河，降于西辽，辽主封为交河王，今统别失八里之地，为畏兀儿国”。故《元史》孟速思传云：畏兀人世居别失八里也。文正《西游录》云：“金山南有回鹘，城名别石把有，唐碑所谓瀚海军也。”别失八里。即今之济木萨也。由此可知元时畏兀儿在今济木萨以西。

《元秘史》注说：“畏兀本卷作委兀，后文十一巷作委吾，元史作畏吾儿，此回鹘二字之对音也。国朝顾炎武日知录曰：大抵外国之音，皆无正字，唐之日纥，今之回回是也。唐书回纥，一名回鹘。元史有畏兀儿部，畏即回，兀即鹘也。其回回等，亦回鹘之转声也。元史太祖纪以回鹘，回回为二，恐非。黄氏日知录集释引钱大昕说曰：谓之回回即古之回纥者，非也，其谓元之畏兀即回鹘之转声是也。”

关于回鹘与回回是一是二的问题，自顾亭林发出回回即回鹘的主张后，有赞成其说的，如回教徒刘智著有《回回说》，就是这种主张。其他如杭世骏在《道古堂集》景教续考中，魏源在所著《圣武记》。甘肃再征叛回记中，都是和顾氏说法一致的。持相反意见的，上面已提到了。沈曾植关于这一问题，也有他的说法。他说：“回纥、回回，本非异语。所以亭林诸公断断分析者，以元人有畏吾、回回之分耳。实则畏兀固回鹘之宗支，回回亦回纥之转语。有回回，复有畏兀，正如汉人八种之有术里阔歹，复有女真。女真虽与术里阔歹同种，而女真既入中原，言语风俗，久已不类，据所见以为断，蒙古人不能不异视也。回回虽与畏兀同种，而回回既入西域，衣冠言语，习与俱化，据所见以为断，蒙古人固亦不能不异视也。据宋、辽两史，回纥之主西域具有明文。而梦华录元旦朝会条，纪诸国服色，回纥使人皆长髯高鼻，以疋帛缠头，散披其服，正与缠回仪状相同。宋世回鹘使命长通，亲见其人，所言如此。此亦明证已。”（《海日楼札丛》卷二，回纥、回回条）。

洪钧《元史译文证补》突厥节云：“匈奴之后，突厥最盛，突厥既灭，回纥乃兴。今日者玉门关以西，天山南北，悉为回部，（按御批通鉴，唐书称回纥之先本匈奴，则与今蒙古相类，至辽史始有回回之名，与回鹘并列。而元史则回回、回鹘彼此互称，纥转为鹘，鹘又转为回，音有缓急，故传译不同，亦犹畏罗之当为卫拉特，乃蛮之当为奈蛮也。特详辨之，以释诸史之舛互云）所谓突厥也，而突厥之称，乃独流传于西土，曰突而克，亟读之，即突厥。曰突克蛮，犹言突厥同类。今法人称土而其国，音如突而克月。称其人类曰突而克。英人称其国曰突而克，以皆为突厥转音，土耳其亦突厥一类人也。始闻是说，疑其不确，徐而思之，盖自有故。北史谓突厥为匈奴之别种，唐书谓回纥为匈奴之后裔。回纥在后魏时，号铁勒部落，依托高车，臣属突厥。自突厥有国，东西征讨，皆资其用。隋大业间，始叛突厥，后称回纥，是回纥亦突厥中一种耳。唐开元时，回纥始盛。然惟十一部落，西至葛逻禄而止。度其斥境，不越金山。以视突厥盛时，西破嚈达，东走契丹，北并契骨，咸服塞外诸国。其地东自辽海以西，至西海万里；南自沙漠以北，至北海五六千里（见《旧唐书》）大小广狭，迥乎不侔。突厥极西之部为可萨部，亦曰曷萨。西国古籍，载此部曰哈萨克，即曷萨转音；亦曰喀萨克，即可萨转音。里海、黑海之北，皆其种落屯集，中国唐时，又有他族东来，哈萨克地，渐为所据，引而益西。宋时，两海之北，奇卜察克号为大部，而哈萨克族类渔散湮没不复可考。又东罗马古书载与突厥通使，东罗马即唐书之拂菻国也。种落繁多，幅员辽阔。匈奴而后，实惟突厥，而散居西土，亦惟突厥旧部为多。开成年间，回纥为黠戛斯残破，其驳职拥外甥庞特勒等十五部西奔葛逻禄，一支投土蕃，一支投安西，其近可汗牙十三部南来附唐。会昌中，三万降于幽州，三部降于振武。而乌介可汗部众十万，大中年间，漂流冻饿，只存三千。其后复为黠戛斯掠归塞北。安西庞特勒居于甘州，无复昔时之盛。宋之高昌，元之畏兀儿，为回纥衰后分国。唐书叙回纥部落，起讫分明。其盛也，威令未行于咸海、里海之间；其衰也，播迁未越于葱岭、金山以外。而突厥传则言颉利之败也，其部落或走西域；咄陆可汗之败也，西走吐火罗。泰西载籍，俱言突厥西来，而不言回纥西徙，稽之华史，历历可徵。今中国人于葱岭西北、西部诸部，统称之曰回国，诚不敢谓己是而人非也。”

王日蔚《唐后回鹘考》（见史学集刊第一期）说：“回鹘自八四一年（唐武宗会昌元年）为黠戛斯所破，一部南走绥远，晋北，一部西逃河西及葱岭东西。南走之一部，旋为唐所破，分散入内地，与黑车子室韦诸部因渐失其民族意识，而为汉族所同化，后遂不见于史传焉。西走之一部，则分盘踞河西、葱岭东西，蔚为大国，元初以畏兀儿称，至一二〇九年，降于成吉思汗，其国始亡。今之回族，乃其遗裔也。”

刘师培《辽史部族表书后》说：“辽史景宗本纪有回跋入贡事（开泰八年，太平八年），兴宗本纪，又有回跋入贡（十八平）及置回跋详稳教监事（十二年），部曲表同。又阿古只传有回跋城，百府志所列诸部有回跋部大王府。营卫志属国军亦有回跋，是均辉发之转音。”这段文章说明畏兀是回鹘之后；又说明回跋即回鹘，辉发即畏兀。

《东土耳基斯坦志》说：九世纪中，东土耳基斯坦已入河西部人之手，然河西部人之来历，史均未之悉，据中国文告中，言部人实自西冷葛 Selenga 徙而来，然他东方国方人言此部实即魏哥尔 Uigars 族人也。

日本人羽田亨，《西域文明史概论》说：“回鹘为突厥族之一部，隋、唐时代，属于突厥。其根据地为注贝加尔湖 Baikal 之外蒙古色楞格河 Selenga 流域。至唐太宗贞观时代，渐现其名，其酋遣使入贡于唐。翌年，唐以其部为翰海都督府管辖之。嗣后与漠外诸部间不断的争斗，至唐天宝初年，遂全灭突厥，代之，统一诸部，而成为回鹘部……唐武宗在位，当公元八百四十年前后，回鹘极盛之势，因内乱叠起，黠戛斯乘机攻击，遂大崩溃，部人逃散四方，其中一部分据天山山脉之北，经二十年后，进至山南，夺高昌，始以西域为彼等之根据地。”

《多桑蒙古史》第一卷第三章中说：“畏吾儿、突厥种也。”又在附录二中说：“突厥族之为乌古思部，乌古思之支派：一、畏吾儿，二、康里。”

宋文炳《中国民族史》说：“缠回者，突厥种人也。”

综合以上所述，维族是回鹘的后裔，这是一致的说法。回鹘是突厥族的一支，这种说法，也没有分歧。由此说来，维族是突厥族之后是没有问题了。

关于回纥、回鹘和回回是否为一名的异译，争论至今未决。清代钱大昕在《廿二史考异》中说：“谓今之回回即古之回纥者，非也。其谓元之畏兀即回鹘之转声则是也。元时畏兀儿,亦称畏吾儿。赵子昂撰赵国文定公碑云,回鹘,北庭人,今所谓畏吾儿也。欧阳原功撰高昌偰氏家传,伟兀者,回鹘之转声也。其地本在和喇和林,今之和宁路也,后徙居北庭,北庭者,今之别失八里也。会高昌国微,乃并取高昌有之。高昌者今哈喇和绰也。伟兀亦畏兀之异文。而回鹘即回纥,赵欧二公言之详矣。回回与回鹘实非一种。元史太祖纪:汪罕走河西、回鹘、回回三国。世祖纪:定拟军官格例,以河西,回回、畏吾儿等,依各官品充万户府达鲁花赤。文宗纪:各道廉访司官用蒙古二人,畏兀、河西、回回,汉人各一人。薛塔剌海传:从征回回、察钦、河西、畏吾儿诸国。明史哈密传云,其地种落杂居,曰回回,曰畏吾儿,曰哈拉灰,不相统属。又云:哈密故有回回、畏兀儿、哈剌灰三种,则回回与回鹘故区以别矣。”

这个争论,我写有专文,这里略而不述了。

6. 混合种说:吕思勉《中国民族史》中说:“新疆之缠回,即黄种突厥与西域白种之混合种也”。吕氏所说,不无道理。就现在的维族来说,其血液很不单纯,混合别族人,很是事实。但就其族源主流来说,不能以混合种了之。

维吾尔建国的经过

维吾尔族自己没有完备的史籍,而汉文中的记载,多半是零星片段,想读到这族有系统的历史,直到现在,还没有这类著作。现在我将前人有关记录他们的传记节录一些,由此也可以窥见其建国的经过。

虞集　亦都护高昌王世勋碑,这一篇文章,我是录自《五凉志书》,《元文类》有高昌王世勋碑,没有亦都护三字,(《道园学古录》同)而这篇的起首有至顺二年九月某日,《道园学古录》有某日某甲子等字。《五凉志书》所载没有这几个字,这两篇的字句也有若干不同之处,我都录之,用作比较。

碑文说:皇帝若曰:“予有世臣帖睦儿补花,自其先举国以归我太祖皇帝。实赞兴运，勋在盟府，名著属籍，世缵(《道园学古录》作出绩)令德，以励(元文类作劢)相我国家。至帖睦儿补花佐朕理天下，为丞相，为御史大夫，文武忠孝，厥绩懋焉。昔其父葬永昌，大夫往上冢，其伐石树碑，而命国史著文而刻焉。”臣虞(元文类无虞字)集(《道园学古录》作臣某)顿首受诏，退而考诸高昌王世家。盖畏吾而之地，有和林山，二水出焉。曰秃忽剌，曰薛灵哥。一夕有天光降于树，在两河之间，国人即而候之，树生瘿，若人妊身然，自是光恒见者。越九月又十日而瘿裂，得婴儿五，收养之，其最稚者曰兀单(元文类无兀单二字)卜古可罕。既壮，遂能有其民人土田，而为之君长。传四十(元文类作三十)余君，凡五百二十载(元文类无此句)，是为阿力，秘毕主哥(元文数作玉伦的斤)，立都护可汗。亦都护者，其国王(一作王)号也(元文类无此句)。数与唐人相战，久之乃议和亲以息而罢兵。于是唐以金莲公主妻可罕之子葛励的斤，居和林，别力波力答，言其常(元文类其常二字作妇)所居山也。又有山曰天哥里答哈，言天灵山也。南有名山曰胡的答哈，言福山也。唐使与相地者至其国，曰：“和林之强盛，以有此山，盍(元文类作去)坏其山以弱之?”乃告诸可罕曰：“既有婚姻，将有求于可罕(元文类作尔)，其与之乎?福山之石于国，无所用之，唐则罕见(元文类作唐人愿见)。”遂与之。石大不能动，唐人使烈而焚之，沃以醇酢，碎石而辇去。国中鸟兽，为之悲号，后七日可罕薨。自是国多灾异，民弗安居，传位者数亡。乃迁诸交州东别失八里居焉(元文类作乃迁交州而居焉。按交州即火州，统别失八里之地)，统交州。交州，今高昌国也，北至阿丁河，南至酒泉，东通(一作至)兀敦石(一作甲)哈儿，西临西蕃，凡居是者百七十余载。而我太祖皇帝龙飞于朔漠，当是时，阿而的亦都护(元文类作巴而术阿而忒的斤)在位，知天命之有归，举国来朝，上嘉之，妻以公主曰也立安敦，待以子道，列诸第五(一作伍)，与者必那演。征罕勉力，锁潭回回等国，将部曲万人，以告(一作先)启行。纪律严明。所向克捷。又从太祖征你沙卜儿，征河西，皆有大功，薨。次子玉古伦赤的斤嗣为亦都护。玉右伦赤亦都护薨，弟马木剌的斤嗣为亦都护，将探马万人，从宪宗皇帝围宋合州，攻钓鱼山有功，还军火州薨。至元三年，世祖皇帝用其子火赤哈儿的斤嗣为亦都护。海都帖木迭儿之乱，畏吾而之民，遭难解散，于是有旨命亦都护收而抚之。其民人在宗王近戚之境者，悉遣还，其部殆安辑。十二年，都哇卜思邑（一作巴）等率兵十二万围火州，扬言曰："阿吉奥鲁诸王（一作阿只吉奥鲁只诸）以三十万（元文类万下有之字）众，犹不能抗我而自溃，尔敢以孤城撄五锋乎？"亦都护曰："吾闻忠臣不事二主，且吾以此城为家，死以此为墓，终不能尔从。"城受围六月不解，都吐系矢以书射城中曰："我亦太祖皇帝诸孙，何以不我归？且尔祖尝尚主矣，尔能以女归我，我则休兵。不然，则亟攻尔。"其民相与曰："城中食且尽，力已困，都哇攻不止，则沦胥而亡。"亦都护曰："吾岂惜一女而不救民命乎？然音终不能与之相面也。"

以其女亦迷失（元文类作也立亦黑迷失别吉）厚载以茵，引绳坠诸城下而与之，都哇解去。其后入朝，上嘉其功，锡以重赏，妻以公主曰巴巴哈儿，定宗皇帝之女也，又赐宝钞十二万锭以赈灾其民。还镇火州，屯于州南哈密力地。兵力尚寡，北方军猝至，大战力尽，遂死之。子纽林的斤方幼，诣阙请兵北征，以复父雠。上壮其志，锡金币巨万，妻以公主曰不鲁罕，太宗皇帝之孙女也。主薨，又尚其妹曰八卜义公主。有旨师出河西，俟与北征大军齐发，遂留永昌焉。会土番脱思麻作乱，诏以荣禄大夫平章政事吐番宣慰使，领奉部探马等军（元文类作领本部探马等军万人）镇土番（元文类番下有宣慰司）。威德信明，贼因敛迹，其民亦安。武宗皇帝召还嗣为亦都护，赐之金印，后署其部押西护司之宫。仁宗皇帝始稽故实，封为高昌王。别以金印锡之，设王傅之官。其王印行诸内部，亦都护之印则行诸畏吾而之境。八卜义公主薨，尚公主兀剌真，阿难答安西王之女也。领兵火州，复立畏吾而城池。延祐五年十一月二十日薨。子二人：长曰帖睦儿补花，次曰篯吉，皆八卜义公主所出也。次曰太平奴，兀剌真公主所出也（元文类，无此句）。帖睦儿补花大德中，尚公主曰朵儿只畏蛮，阔端太子孙也。至大中，从父入觐，（道园学古录无觐字）备宿卫，又侍（一作事）皇太后于东朝，拜中奉大夫大都护，升资善大夫。又以资善出为巩昌等处(道园学古录处下有都字)总帅,达鲁花赤奔父丧于永昌,请以王爵让其叔父钦察台,不允(元文类不允下有嗣为亦都护高昌王)。至治中,与喃答失王同领甘肃诸军,且治其部。泰定中,召还,与宽彻不花威顺王,买奴宣靖王,阔不花靖安王分镇襄阳,寻拜开府仪同三司,湖广行省平章政事。上皇帝归正大统,召之至汴,以左丞相留镇,旋趋至京师,戮力削平大难。镇湖广时,左辖相媚(一作娟)而害政,人所弗堪,至是有旨,执而戮之。乃更为申救于上曰:"是诚有罪,然不至死。"再三言之,得释。其不念旧恶,以德量赞襄,类如此。天历元年十月,拜开府仪同三司上柱国录军国军事知枢密院事。明年正月,以旧府勋封拜中书左丞相。三月,加太子詹事。十月,拜御史大夫。大夫之拜左相也(元文类也下有追念先王之遗意),让其弟篯吉嗣为亦都护高昌王。篯吉尚公主曰班进,阔端太子孙女也,主薨,又尚其妹曰补颜忽礼。篯吉薨,弟太平奴嗣为亦都护高昌王。

维吾尔立国的经过,除上文外,元史和新元史都有巴而术阿而忒的斤的传,其内容和虞文多半相同,这里不录了。

关于维吾尔的始祖,虞文作兀单卜古可罕,《元史》巴而术阿而忒的斤传作不可汗。《多桑蒙古史》第一卷第三章说:"其一王在中国载籍中名曰骨力斐罗者,乘突厥之乱。于七四五年,夺据其地。中国皇帝册封之为不可罕 Boucoukhan 是为畏吾儿(回纥)开国之祖。"

《元史》说,至巴而术阿而忒的斤,臣于契丹,岁己巳,闻太祖兴朔方,遂杀契丹所置监国等官。同书,岳璘帖穆儿传说:时西契丹方强,威制畏兀,命太师少监来临其国,骄恣用权,奢淫自奉。畏兀主患之。谋于仳里伽普华曰:"计将安出?"曰:"能杀少监挈吾众归大蒙古国,破且震骇矣"。遂率众围少监斩之。

《辛卯侍行记》卷六云:懿宗咸通七年,回鹘大酋仆固俊自北庭取西州,为西州回鹘。族分三部:曰和州回鹘,曰阿萨兰回鹘,曰高昌。均服属于辽。兼贡于宋,于金。高昌王并有北庭,盖诸部推高昌王为渠也。后西辽又封吐谷浑之裔畏兀儿于交河,其酋曰月仙帖木儿亦都护,传子巴而术阿而忒的斤，西辽主（鞠儿可汗即耶律大石之孙直鲁古也）遣使监其国，巴而术阿而忒杀之而降于元，太祖使尚公主，亦作辉和尔国伊都呼。高昌、阿萨兰，寻并入畏兀儿。

《新疆图志》人物志说："伊尔特穆尔，回鹘人，辉和尔国相多伊克裔也……时西契丹方强，威制辉和尔，命太师僧沙克嘉临其国，骄恣用权，奢淫自奉，辉和尔王患之，谋于必里克布哈。对曰：能杀沙克嘉挈吾众归蒙古。"

同上书人物志又说：巴哩珠阿勒坦德济（即巴而术阿而忒的斤），伊都呼（即亦都护）者，高昌国主号也。先世居辉和尔之地，自布克汉（即不可汗）为之君长，传三十余世，至伊噜德济，数与唐人相攻战，于是唐以金莲公主妻其子格哷勒德济，居和琳伯哩，伊噜勒德济卒，又数传迁交州。历九百七十余载，而至巴哩珠阿勒坦德济，臣于契丹，闻太祖兴朔方，遂杀契丹所置监国等官，欲来附，未行，帝遣使使其国，伊都呼大喜，即遣使入奏曰：臣闻皇帝威德，即弃契丹旧好，方将通诚，不自意天使降临下国。自今而后，愿率部众为臣妾，遂以金帛入贡。辛未，朝帝于吉鲁尔河，奏曰：陛下若以恩顾臣，使臣得与陛下诸子之末，庶几竭犬马之力。帝感其言，使尚公主伊埒鄂端，且得与于诸子，与哲伯纳延征哈玛尔苏坦、回回诸国，将部曲万人，纪律严明，所向克捷。又从帝征尼沙布尔并河西，皆有大功。既卒，次子玉古伦次的斤嗣。

和尔齐哈喇：至元十二年，都勒斡奉众十二万围火州。和尔齐哈喇曰，吾闻忠臣不事二君，吾生以此城为家，死以此城为墓，终不能从彼也。围六月未解，敌射书城中索其女，谓从则解去，不然且急攻。和哈齐哈喇曰：吾何爱一女而不救民命。乃以茵载女缒城下与之，围遂解。后入朝，帝嘉其功，妻以公主，锡钞十万锭赈其民，还屯哈密，海都兵忽至，率所部与战，力尽死之。子纳琳，纳琳诣阙，请兵北征，以复父仇。时年尚幼。帝壮其志，赐金帛数万，妻以公主。会吐蕃乱，诏为宣慰司，领本部兵往镇之。威德明信，贼用，敛迹。仁宗稽实录，封为高昌王，别赐金印。子特穆尔布哈。

特穆尔布哈，父薨，请以王爵让其叔父奇彻台，叔力辞，乃嗣为高昌王。泰宣中，拜平章政事行省湖广，文宗召还京师，佐平大难。时湖南左丞有嫉娼政者，诏诛之。乃为申请曰：是诚有罪，然罪不至死。人服其雅量。官至中书左丞相，让其弟齐奇袭王爵。

西宁王忻都公神道碑：此碑在甘肃永昌县东北乡，今名曰高昌碑沟。《武威县志》古迹志云：永昌路，碱北三十里，元置今永昌堡有高昌王碑，巎巎书。又《永昌县志》古迹志云：高昌墓，城北三十里，圣容寺之次，有世勋碑记。《新疆图志》金石志载有此文，碑阴为畏兀儿文。

碑首行书大元敕赐追封西宁王忻都公神道碑，次书通奉大夫中书参知政事同知经筵事提调曰方献详定使司臣危素奉敕撰文。光禄大夫胜国公集贤大学士臣张瑾奉敕书丹。荣禄大夫中书右丞同知提调国子监大都府学臣陈敬伯奉敕撰额，其文曰：

惟我皇元，受天明命，太祖皇帝起兵之四年，畏兀氏国主巴尔术阿亦都护举国来附，从征四方，有大勋劳于王室。列圣御极，嘉其效顺，世为昏姻，富贵不绝。论者以为其国之君臣明炳几先，以能若此。今考中书平章政事臣斡栾之先世，盖可知其大略焉。至正十八年四月乙亥，臣素承诏铭其先茔神道之碑，未遑有所论著。监察御史上疏言臣斡栾之忠勤，请加封其先以王爵，于是其考忻都公得封西宁王。二十二年六月丙子，命述铭，仍敕臣瑾书丹，臣敬伯篆额。臣素尝闻臣斡栾世为北庭名族，其曾大父讳哈剌里朵朵之官。哈剌罕里者，扞卫御患之称；朵朵者，国老之职，国初寔辅翼其主来归我朝。居官治民，克书乃职。兴利除害，屡献嘉谋。赠中奉大夫，领北庭等处行中书省右丞上护军，仍故封。娶夫人塔海浑于都罕忽里之地，受其国封阿纳帖临，今追封范郡夫人。大父讳阿合不花，气刚力□，临难不变。初右丞公疾甚，属以恒加谨慎，勿坠先业，凡右丞公所欲之事，皆力为之。厥后亲王都瓦不思麻□亦都护火洛儿宣力靖难，已而北庭多故，民弗获安乃迁火州，增城浚池，壹志坚守。都瓦将兵二万逼城下，因冒矢石以建奇功，遂授持节仪卫之官，仍封大剌罕之号。亦都护来朝，挈家以从。□履险阻，行次永昌。相其土地沃饶，岁多丰稔，以为乐土，因定居焉……

曾问吾《蒙古西征之伟绩》说：西辽主直鲁古使契丹种人太师僧少监，监其国。少监恣睢自擅。畏吾儿亦都护巴而术阿而忒不能堪。是时闻蒙古灭乃蛮，降西夏，称雄于大漠南北，乃杀西辽之少监而通款于蒙古……

《元史译文证补》二十六上，畏兀儿地云：部名，北自失别八里、至哈喇火州以南，皆其辖也。《元史》屡见畏吾儿，亦作畏兀儿，所谓高昌国王亦都护是也。畏吾儿即唐之回纥，元秘史作委兀儿，又作委吾。邱长春《西游记》：至昌八剌城，其王畏午儿。中国北方读回如辉。统覈诸书，实应畏作委，不当作回，其误由于《唐书》。至纥与兀、吾，北方人字音无大区别，今西人书作畏孤儿，西人无纥、兀等字音，故讹为孤。阿卜而嘎锡书训义为聚，言其气类合聚，不复离涣（今回人心最齐，此解近似），可为《唐书》回纥传注解。《元史》巴而术阿而忒的斤传，叙其始起甚详。所谓薛灵哥水，即俄罗斯之色楞格河。秃忽剌即今之土拉河。惟迁交州后，称居是者九百七十余年，疑有讹字。上文明言与唐人攻战，唐以金莲公主妻玉伦的斤之子，自唐初至宋末，不过六百余年，作史者不应并此不知（李吏部谓元史此传，全系杜撰，一、以岁次太远，二、以金莲公主，唐书无徵。岁次之误，辨已见上。元和林有金莲川，见耶律铸双溪醉隐集诗注，金莲公主之称，似有由来。元欧阳圭斋高昌偰氏家传亦溯发祥于和林三水，虞文靖公集高昌王世勋碑曰：……畏吾儿之即回纥，多有证据，岂可轻信异说，执正史之微疵，西遽诋为杜撰耶?）。巴而术后裔封地，何时改属于察合台后王，无可考核，当是海都乱后，失国归朝，元史谓巴而术既卒，而次子玉古伦赤的斤嗣，未言子，拉施特哀丁所纪，有足备轶事异闻者，附录于此。

畏兀儿王巴儿术臣服太祖，从征西域又至西夏，太祖妻以女阿尔屯别吉（《元史》传作也里安敦，表作也立可敦，《元秘史》作阿勒屯。互相参校，自议秘史为叶）。未几，太祖崩，缓婚期。太宗即位，议遣王姬下嫁，而阿尔屯卒，无何，巴儿术亦卒（此与《元史》不同）。巴而术先有子名怯石迈因，嗣亦都护位(《元秘》亦都兀惕，西书作伊的库)，旋卒。乃马真皇后命怯石迈因之弟萨仑柢嗣立。宪宗即位，萨仑柢来朝，而别失八里之地流言忽起，谓萨仑柢将尽戮民之从天方教者，其仆告变，蒙古官赛甫曷丁监治别失八里，亟要萨仑柢返，询无是谋，而其仆坚证之。事闻于朝，付忙哥撒儿鞫治刑讯。萨仑柢遂诬服，令其弟倭肯赤杀之，代其位(《元史》玉伦古赤，盖即此倭肯赤)。从天方教人则大悦。萨仑柢崇释氏，民与异教，故设谋害其主，有二臣同死，一臣于远(方)，仆膺赏。其时宪宗与太宗子孙不协，故凡附太宗之人在畏兀儿地者，斥逐殆尽。

《元朝秘史注》卷五说：委兀即畏兀。太祖纪，四年，畏吾儿国来归，六年畏吾儿国主亦都护来觐，即委兀也。《西游记》曰：抵阴山后，至小城北，此阴山前三百里，和州也。沿川西行，历二小城，至鳖思马大城。此唐北庭端府。西三百里有县曰轮台。至轮台东，南望阴山，三峰倚天。又历二城，至回纥昌八剌城，其王畏午儿远迎。据《西游记》则畏午即委兀对音。其城在昌八剌，即《元史》地理志彰八里。其地当在今回疆博克达山西北四五日程，是其故址也。《蒙鞑备录》曰：鞑之始起，则有回鹘为邻，每于西河□□□卖于其国，迄今文书中自□于他国者，皆用回鹘字，如中国笛谱字也。元欧阳玄《圭斋集》高昌偰氏家传曰：伟兀之先曰暾欲谷本突厥部，以女婆匐妻默棘速可汗为可敦，乃与谋其国政，详《唐书》突厥传。默棘速卒，国乱，婆匐可敦率众归唐，封宾国夫人。而献棘速故地，尽为回纥所有。暾欲谷子孙遂相回纥。回纥即今伟兀也。回纥尝自以鸷捷如鹘，请于唐，更以回鹘为号。伟兀者，回鹘之转声也。其地，本在哈喇和林，即今之和宁路也。回纥有普鞠可汗者，实始居之。后徙北庭。北庭者，今之别失八里城也。会高昌国微，乃并而有之。高昌者，今哈喇和绰也，和绰本汉言高昌，高之音近和，绰之音近昌，遂为和绰也。哈喇，黑也，其地有黑山也。今伟兀称高昌地，则高昌人即回鹘也。高昌王有印曰诸天敬护护国第四王印，即唐所赐回鹘印也。《吾学编》曰：火州本汉车师前后王地，前王治交河城，去长安八千里；后王治务涂谷，即唐蒲类县，去长安九千里。汉元帝时，置戊己校尉，屯田于前王庭，以其地势高敞，名高昌垒。唐太宗平高昌，置西州及都督府，后陷于吐蕃。其地有回鹘杂居，故又名回鹘。元时号畏兀儿国，国朝号火州。其东七十里有柳陈，西百里有吐鲁番，永乐十二年，吏部员外郎陈诚至其国，东有荒城故址，云高昌图治，汉西域长史，戊己校尉并居焉。

《圣武亲征录》说：己巳春，畏兀儿国王亦都护闻主威名，遂杀契丹所置监国少监，欲求议和。

E. Bretschneider："Mediaeval Researches from Eastern Asiatic Resources，Uigurs."成吉思汗时，巴尔术为畏吾儿之叶都护，西辽菊尔汗征服河中及突厥斯坦后，巴尔术为其臣属，菊儿汗任 Shadhem 为畏吾儿之监国。

又：成吉思汗时，巴尔术为畏吾儿之叶都护……闻成吉思汗之雄武，乃下令杀西辽之监国，急遣 Katalmysh-kata Omur-ugul，Tatari 谒成吉思汗。复上书曰：如云净见日之光辉，冰销见水之清流然，大使之至，使予之忧恐化为无上之喜悦。（这两条引自王日蔚所作契丹与回鹘关系考，载《禹贡》第四卷八期，民国二十四年十二月十六日出版。）

维吾尔族的宗教和习俗

维吾尔人最早信摩尼教、佛教、基督教及萨满教。他们信仰伊斯兰教是后来改奉的，摩尼教是创自波斯人摩尼（Mani）。据说在唐武后时，由波斯人拂多诞传到中国的西域（新疆）。后来回鹘人和唐朝常有往来，因此该教就发展到我国的内地。新旧《唐书》中记载摩尼教徒来长安的有很多条，我不引用了。代宗时，各地多建立摩尼寺，赐额为“大云光明。”到了五代和宋时，维吾尔人还是信奉摩尼教，《旧五代史》回鹘传与《宋史》外国传都有这种记载。到了宋代，他们又信奉佛教和婆罗门教。《宋史》外国传回鹘条记有此事。到了元初，他们又信仰基督敬的一派——聂思脱里。张著《中西交通史料汇编》第一册中记有此事兹节录之：

> 蒙古隆盛时,摩尼教(在维吾尔)日渐澌灭。代兴者,则聂叫脱里派之基督教也。小亚美尼亚亲王海敦(Hayton)著《亚洲诸国记》谓畏吾儿国亦名达尔赛国(Tarso)玛黎奴萨奴拖(Marino Sanudo the Elder)谓挞袒人文字宗教,皆学自达尔赛国。勃拉奴克劈尼(Plano Carpini)《游记》蒙古征服诸国表中,列有达尔西国……约翰孟德高维奴第二书,有为便利教授生徒《新旧约》之故,余特绘制图像六幅,像后说明书,则用拉丁、达尔西(Tarssic)及波斯三国文,俾可由任何一种文得知其义也。"达尔西文即畏吾儿文。达尔西(Tarssio)者鞑靼字信异端者之谓也,……用之以称聂思脱里派基督教也……"爱利雅斯注谓"畏吾儿国又称塔尔萨国,或因其国多基督徒之故也。"《长春真人西游记》卷上载:"九月二日,西行四日,宿轮台之东,迭屑头目来迎。"迭屑二字之解释,以俄人拍雷狄斯(Archimandrite Palladius)之说为是……迭屑乃波斯文(Tersa)之译音。自萨珊王朝时,波斯人即称基督教徒为迭尔沙(Tersa)梅宁斯吉(Meninski)氏注塔尔萨(Tarsa),谓即基督教徒,或拜火教者。畏吾儿国及其文字被称为达尔赛,亦可见聂派基督教之盛行也。

王晋卿先生在所著《新疆访古录》中有畏兀儿残字,由吐鲁番出土,据云其教非佛非回,盖亦西域古教也。其文曰:"法理从理从心而出,至诚则明,自有圆明觉悟。天诏下降,灵神出现,总不外乎至诚。天堂地狱,各有神相,人民都郭,无所不有。善神报应,自有一定不易之理。西藏叫世界名曰萨摩菩提,八识神曰不格韦,神相全无,以虚无寂灭,度化大千世界,一切众生,得此光明,感动天地,降诏妖魔藏伏觳觫。至诚度化,万劫不磨,灵空圣明,为仙为佛,为圣为贤。"

维吾尔人除信奉上述各宗教外,他们最早也曾信仰萨满教。《多桑蒙古史》第一卷第三章中说,"畏兀儿以先奉之宗教为珊蛮教Schamanism,与亚洲北方其他诸部族同。其教之巫者曰珊蛮Cames,即此粗野宗教之教师也……"

维族的习俗，自然很多。我将他们与汉族习俗不相同的举出一例，并说他们的这种习俗渊源。维族人们吃饭不用筷子，是以二指摄取食物，并送入口中，一般名为抓饭。这种吃法，不惟维族是如此，我国西南一带有些人们也有此风。岳珂《程史》云："番禺有海獠杂居，其最豪者，蒲姓，号白番人，本占城之贵人也……旦辄会食，不置匕箸，用金银为巨槽，合鲑炙粱米为一，洒以蔷露，散以冰脑。坐者皆寘右手于褥下不用，曰此为触手，广惟以溷而已。群以左手攫取，饱而涤之，复入于坐以谢。"

岳氏所记和维族的吃法大略相同。按番禺的蒲姓，本是天方人，抓饭是天方的习俗，蒲氏寄居中国，仍然相承未改。维吾尔人后也信奉天方教(回教)，他们常派人到天方麦伽去朝拜，我想维族的抓饭，是学自天方的。

维吾尔的文字

维吾尔族很早就使用文字，他们的文字影响也很大。但是古代的维文是自创的呢还是学自某方呢？说者很为分歧，兹将各书所说，录之于下：

Abulfaradi Bar Hebraens 1226—1286 年在其用叙利亚文 Syriac 所写其编年记中说："维吾尔人初以突厥语言制为文字时，其字母乃借自景徒者，此实为不易之事实。但其使用叙利亚字之确定时期，则实难断定。又吾人皆知今之蒙文与满文亦均采自维吾尔文者。"

《多桑蒙古史》中说："畏吾儿文字与萨婆 Sabeens 文字颇相类"。

巴克尔《鞑靼千年史》说："唐太宗贞观四年，玄奘赴五天竺，经西突厥地，过屈支(Kuche，又作 Kucha，即库车)，谓其文字取则印度，粗有改变云云。"

张星烺《中西交通史料汇编》第四册说："据西人考，畏吾儿(即回纥)文，或即仿康居文造者。有谓自爱斯脱浪概罗文(Estranghelo)者，似不确也。畏吾儿文为蒙古文之源，而蒙古文又为满洲文之源也。"

洪文卿《元史译文证补》说:"回纥文字,至今犹存,所谓托忒字体也。与西里亚文字相仿,故泰西人谓唐天主教人自西里亚来传教,唐人称景教,陕西之景教碑,碑旁两行即西里亚字,此其确证。回纥之有文字,实天主教人授以西里亚文字之故,此一说也。回纥人自元以后,大率尽入天方教,天方文字,本于西里亚,故信教之回人谓蒙古文出于回纥,回纥文出于天方,以归功谟罕默德,此又一说也(咸丰二年长沙人兰昫著《天方正学》,即持此论)。各私其教,傅会所由,皆为妄说。窃疑文字亦本突厥,特无佐征,以折异议……"

王晋卿《新疆访古录》说:"《元史》太祖至元六年二月乙丑,颁蒙古新字诏曰;国家肇基朔方,制用文字,皆取汉楷及畏吾字以达本朝之言。考诸辽金及遐方诸国,例各有字,今文字寖兴,字书方缺,特命国师八思巴刱蒙古新字,颁行诸路,译写一切文书,期于顺言达意而止。凡玺书颁降,俱用新字,仍各以其国字副之。案畏吾儿为西域大国,语言文字,与土厥略同。土厥文字初体,见于阙特勤碑阴。后入欧洲,改从阿剌伯字。其遗种之在西域者,服属于畏吾儿。元兴,亦用畏吾儿书。及八思巴刱造蒙古新字,仍本畏吾儿,而语言各异。盖蒙古字出于畏吾儿,而满文又出于蒙古,此其源流变迁之迹也。"

李思纯《元史学》,关于宗教传布方面者曰:"蒙古行之畏吾儿 Uigur 文字,亦由聂思脱里教徒于叙里亚文字有所贡献,以造成蒙古通用之文字。

又洪武五年正月丙戌,命翰林侍讲火原洁与编修马懿亦黑等编类华夷译语,帝以前元素无文字,但借高昌书制为蒙古字以行天下。又云:所谓高昌者,即畏吾儿之文字,亦即回鹘之文字。"

徐霆《黑鞑事略》云:"行于回回者,则用回回字,只有二十一个字母。所云回回字,即畏兀儿字。西域图志云二十九字头,六外字头。《日知录》谓之为高昌书。"

《新疆图志》人物志曰:"塔塔图该,辉和尔人也。性聪慧,善言论,深通本国文字……又命教太子诸王以辉和尔文字图书。

“莽古苏，辉和尔人，世居巴实伯里古北庭都护地。幼有奇质，年十五，尽通本国书。

“博罗哈雅、辉和尔人也。祖伊勒必哈雅，父济达哈雅，俱以功为其国世臣，博罗哈雅幼孤，就学舅氏，通本国字书。”

由以上述引诸书所说的内容看来，维族确有文字，而其文字仿自何族，说颇分歧。近来又有人说雄文是出于土火罗文的，这也可备一说。总之，回鹘未入新疆前就有文字，入新疆后，其文字可能有改革。鲁科克(Le Coq)族吐鲁番的西雅尔湖掘出回鹘文书一页，又如在吐鲁番附近发见回鹘文买卖文书和借贷文书等。我手中有吐鲁番出土唐人写经两张，背面都有回鹘文，又在新疆时曾有一枚回鹘文货币，钱式类开元通宝。维族早有文字，是没有问题的。

维吾尔族的有名人物

维族人士多聪颖人物，在政治、军事、文学、艺术等方面，都出了些优秀人才，在历史上曾作出了很大的贡献。自蒙古统制欧亚后，取士用人，不分畛域，而所谓西域色目人，尤为乐用。因而该族移居内地的渐多。时间久了，渐与汉族融合。陈援庵先生曾作有《西域人华化考》，但尚有未收罗的。现在，就我所知维族人士见于史册的，表之于后。

姓　名	官　职	附　注
月仙帖木儿	亦都护。	亦都护者、高
巴而术阿而忒的斤	亦都护尚元太祖女也立安敦公主	昌国王之谓也。
玉古伦赤的斤	嗣亦都护。	又作伊都呼
马木剌的斤	嗣亦都护。	伊的库，元秘
火赤哈儿的斤	至元三年嗣亦都护，尚定宗女	史作亦都兀惕，
	巴巴哈儿公主。	西文作 Jdi-kut,
诸王表作		Yduk-kut,
纽林的斤	至大初，嗣亦都护，尚太宗孙	新疆图志人物
都花的斤	女不鲁罕公主。	志作纳琳帖
帖木儿补花	尚□宗女朵儿只思蛮公主，	新疆图志人物志作

	嗣亦都护高昌王湖广行省左	特穆尔布哈。
	丞相知密院事。	
不答失里	嗣亦都护高昌王中书平章政事。	
钱吉一作臧吉	天历二年嗣亦都护高昌王。	
太平奴	至顺二年，嗣亦都护高昌王。	
钦察台		
月鲁帖木儿	至正十三年，嗣亦都护高昌。	
桑哥	嗣亦都护	
一作舒	驸马都尉中书丞高昌王。	新疆图志人物
雪雪的斤苏德济		志作舒穆德济
一作多		
朵儿的斤喇德济	驸马都尉江浙行省丞相荆南王。	
巴延布哈德济字	江东廉访使。谥桓敏。	
苍崖一作伯颜		
不花的斤		
孟速思	追封武都王	尽通本国书
八里术		
里一作		
阿旦息斯的	本部都统	
脱因	宣政院使太府卿	
察牙孙	四川行省左丞相	
僧家奴	行大司农少卿	
木牙失里	同知澧州路事	
五十	唐州达鲁花赤	
答纳失里墨哥		
帖尔不花	翰林学士承旨	
德福		
脱烈不花长寿		
小云者	安西路同知总管府事	
也迭列	平凉府达鲁花赤	
阿思兰	开成路达鲁花赤	
买奴	大司徒翰林学士承旨章佩卿	

阿儿滩		
买奴之孙		
怜真八		
朵儿只班	翰林侍读学士	
阿失帖木儿	翰林学士承旨	
别帖木儿	庐山路达鲁花赤	
忽秃	真州峪达鲁花赤	
宽者	太常少卿	
大弥		
气带不花叔丹	吉州路达鲁花赤	
月古不花	中书左丞	
狗儿	檀州鲁花赤	
长安		
火弥赤	云南都元帅	
善善		
不花		
唐兀带	四川宣慰使都元帅	
朵儿只		
教化		
牙八台		
伯颜察儿		
洁实弥儿		
八察脱忽邻	赠平章政事	
野舜涅	同知宣政院事	
答尔麻失里	宣政院事	
玉笃实	同知宣政院事	
散散	翰林院侍读学士云南行省右丞	
速速	中书左丞湖广行省右丞	
阿难达失里		
阿育八刻		
阿麻剌八里		
亦麻剌八里		

阿育失里		以上五人皆洁实弥儿之孙。
小云石脱忽邻	真定路断事官	
八丹	隆兴府达鲁花赤	
阿里	鹰房千户	
石得	安西王相府官	
德眼	汝宁府达鲁花赤	
阿散	甘肃行省平章政事	
剌真一作腊真	中书平章政事	
察乃	中书平章政事	
孛孛实	河东道宣慰使	
老汉		
亦赞真	辽阳行省左丞	
老章	知枢密院事	
草地理	真定路达鲁花赤	
捏列秃		
答喇海		
罗罗	江东道廉访使	
撒马笃	中书参知政事	
伯颜帖木儿	光禄少卿	
玉龙阿思兰都大	赠河南行省参知事	都大，华言巨室也。
哈剌阿思兰都大	湖广行省右丞	
阿塔海牙	江浙行省平章政事	
阿思兰海牙	中书平章政事	
忙欢	都水少监	
宝哥	宿卫	
赛因海牙	同签宣徽院事	
月禄海牙		
宝山	宿卫	
哈剌亦哈剌比鲁		
月朵失野讷	都督兼独山城达鲁花赤	
乞赤宗忽儿 赐号答剌罕		

塔塔儿		
忽栈		
火儿思蛮	平云南有功	
月儿思蛮		
阿的迷失帖木儿	秘书少监	
阿邻帖木儿	翰林学士承旨	
沙剌班　字敬臣 号山斋	中书平章政事	
秃忽鲁		
六十		
咱纳禄		以上四人，皆阿邻帖木儿之子。
亚思弼	偰氏其先世曰暾敬谷、本突厥部，突厥亡，遂臣回纥，世为国相，尝从其主居偰辇河，因以偰为氏。回纥声转为畏吾，故称畏吾人。数世至秃直普尔，袭本国答剌罕，赐号阿大，都督辽平，授以太师大丞相总管内外藏事，国人称之曰藏赤立。其子曰岳弼。岳弼七子，曰达林、曰亚思弼、曰衢仙，曰博哥、曰博里、曰合剌脱因、曰多和思。	
仳里伽特穆尔 元史作仳里伽。 普里发潜集作 普华答剌罕。	袭国相	亚思弼之长子
岳璘特穆尔	河南等处军民达鲁花赤	亚思弼之次子
益弥势普华		岳璘特穆尔之长子
都督弥势普华 主斋文集作		岳璘特穆尔之次子

怀泰普华		岳璘特穆尔之三子
都尔弥势	广西廉访使	岳璘特穆尔第四子
八撒普华		岳璘特穆尔第五子
旭烈普华		岳璘特穆尔第六子
和尚		岳璘特穆尔第七子
合刺普华		岳璘特穆尔第八子
独可理普华		岳璘特穆尔第九子
脱烈普华		岳璘特穆尔第十子
偰文质	吉安路达鲁花赤	合刺普华之长子
伦质		合刺普华之次子
偰玉列一作偰玉立	延祐五年进士	偰文质之长子
偰直坚	泰定元年进士	偰文质之次子
偰哲笃	延祐二年进扩东廉访签事	偰文质第三子
偰朝吾	至正元年进士	偰文质第四子
偰列篪	至顺元年进士	偰文质第五子
偰列图	上虞县达鲁花赤	
偰百辽逊	至正五年进士	
偰里台		
偰帖该		
偰德真		
偰吉思		以上五人皆
偰赉		偰哲笃子
善著	泰定四年进士	伦质子
正宗	至正五年进士	
阿儿思兰	至正八年进士	
多和思		
撒里吉	山东行省大都督	
答里麻	河南行省右丞	
约著	降禧院使	
牙儿八海牙	廉氏畏吾世族自布鲁海牙官廉访使	
一作必哈雅	子孙以廉为氏	
吉台海牙		

一作济达必哈雅		
阿里普海牙		
布鲁海牙		
辍耕录作		
布鲁凯	真定应德路宣慰使宫廉访使氏焉。	新疆图志人物志作博罗哈雅
益特思海牙		
廉希闵	蕲黄等路宣慰使	
廉希宪	中书平章政事	
布鲁海牙之子		
字善甫		
一名忻都		
廉希真	累任廉访使	
廉希怒字端甫	中书参知政事	
廉希尹		
廉希贡	招文馆大学士	
一名中郎海	礼部尚书	
廉希贤牙字达甫		
廉希颜		
廉希愿		
廉希鲁		
廉希中		
廉希括		
阿鲁浑海牙		
廉孚	佥辽阳行省事	
廉恪	台州路总管	
一名迷吉儿海牙	中书平章政事	
廉恂		
廉忱	邵武路总管	
廉恒	御史中丞	
廉惇	江西行省参知政事	
廉惠山海牙		

希宪从子 字么亮	翰林学士承旨	新疆图志人物志作 廉和斯哈雅。
廉阿年八哈	浦江县达鲁花赤	
阿散合彻	贾氏本畏吾族，阿里海牙平江南有功其子曰贯只哥子孙以贯为氏	
阿里海牙 湖北通志作阿 尔哈雅，圭斋文 集作阿里海涯	湖南行省左丞	
忽失海牙 湖北通志作知 斯哈雅	湖广行省左丞	
贯只哥	江西行省平政事	阿里海牙之子
拔突鲁海涯		
阿昔思海涯		
突里弥实海涯		
小云石海涯 又名贯云石 号酸斋	翰林侍读学士	
忽都海涯	两淮万户府达鲁花赤	贯只哥之子
合滴力海涯		阿里海牙之孙
阿思兰海牙	慈利州达鲁花赤	贯云石之长子
八三海牙 圭斋文集作 八思海涯		贯云石之第二子
唐古直	唐氏畏吾人自唐古直后，子孙以唐为氏。	
唐骥		
唐仁祖字寿卿	翰林学士承旨，工部尚书	
唐恕	翰林侍读	
乞赤也奴亦纳里	全氏畏吾人，乞台萨里一名万全	

	其后因称全氏	
阿台萨里	赠司徒	
乞台萨里		
一名万全	释教都总督	
畏兀儿萨里	中书右丞	
阿鲁浑萨里	中书平章政事	新疆图志人物志作谔
		尔根萨里
岛瓦赤萨里		
一作爻著,阿鲁浑	江西河南行省平章政事	
萨里之长子		
岳住		
买住		
普达	同签行宣政院事	
安僧		
仁寿	长秋寺卿	
全普庵撒里	江西行省参知政事	
一作沁布		
阿咱尔		
迦鲁纳答思	翰林学士承旨其子孙以鲁为氏	
铁住	靖州路达鲁花赤	
重喜	崇仁县达鲁花赤	
曼陀罗释里		
伯益赫	追封渔阳郡侯	
月朵识脱忽邻	追封渔阳郡公	
大乘都	翰林学士	
大理都	枢密院参议官	
大慈都	翰林学士承旨	
别帖木	陕西怯连都总管	
木牙失里僧奴	乌程县达鲁花赤	
大悲都	室政院提点所达鲁花赤	
小乘都	赠大司徒	
腆藏帖林护迪	赠太保	

安藏	翰林学士	
斡儿妥迪钦	徽州路同知	
阙阁	德安知府	
九九		
土坚海牙		
叶曲鼐	陕西行省平章政事	土坚海牙之子
完泽	太子詹事	
阔里别斡赤里 一作别斡赤	本国坤闾城达鲁花赤	
昔班	翰林学士承旨	
斡罗思密 一作乌鲁斯哈美	浙东宣慰使	
咬住	宗正府扎鲁花赤	
脱列	集贤大学士	新疆图志人物作图烈
野讷	同知枢密院事,卒赠赵国公	新疆图志人物志作雅尔鼐
阿礼海牙	陕西行台御史大夫,官终中书平章政事	新疆图志人物志作阿尔哈雅,雅尔鼐之弟
八里忽都		
帖哥术	罗罗斯副都元帅	
脱力世宫	罗罗斯宣慰使	新疆图志人物志作托里实克。
唆南班	罗罗斯副都之帅	
阔华八撒术		
八剌术		
阇里赤		
脱列海牙 湖北通志作 脱烈哈雅	准东宣慰使 江陵县志云元仁宗时为荆湖北道宣慰使	新疆图志人物志作托里哈雅

观音奴		
塔塔统阿	追封雁门郡公	新疆图志人物志作塔塔图该
玉笏迷失		
力浑迷失		
速罗海		
笃绵	封雁门郡公	以上四人皆塔塔统阿之子
阿必实哈	陕西行省平章政事	玉笏迷失之子
建释		
野里术		
铁哥术父	长四环卫之必阇赤	
铁哥术		
一作特尔格齐	婺州路达鲁花赤	
义坚亚礼	湖南路达鲁花赤	
月连术	安陆府同知	
八札	同知宣政院事	
海笋	杭州路达鲁花赤	
达即拏	赠司徒	
脱因	赠太保	
月鲁哥	太守正府也可札鲁花赤	
买闾	治书传御史	
定住		
达里麻一作达尔玛	官至河南行省右丞	
吃剌失思朵儿只		
忽都帖木儿		
也先帖木儿		
和礼纳		
阿台脱因		
买住	江西行省平章政事	
禀雅实立		
相哥实立		
普达实立　字仲温	江西行省左右司郎中	
五十四		

孛罗帖木儿	襄阳路达鲁花赤	新疆图志人物志作博罗特穆尔
马哈失里		孛罗帖木儿从子
昔里哈喇	湖广行省平章政事	
和尚	铁冶都提举	
久住	临江赣州两路治中	
法华奴		
宝月		
宝晋		以上四人皆昔里哈喇孙
文书奴	翰林直学士提举湖广学校官	
护林	汉阳府达鲁花赤	
野兄	国子司业	
赫赫	湖广行省郎	
保坚		
朵罗术		
忙兀的斤	中尚院使	
明里	泸州达鲁花赤	
八札不花	安丰路达鲁花赤	
秃忽赤	裕州达鲁花赤	
德奴	光州达鲁花赤	
塔纳		
太平		
曲林不花		
脱不花		
亦迪不花		
七山		
脱禾	湖南道宣慰使	
脱脱	宿州同知	
忽脱		
忽都不花		
朵里不花		
万僧奴		

给只哥		
燕帖木儿		
德僧		
缚住马		
伴伴		
忙哥帖木儿		以上十三人皆忙兀的斤之孙
班迪	昭孝营缮司太使	
木上		
兴哥		
山僧		
海僧		
福僧		
忽都	追封渔阳郡侯	以上六人皆忙兀的斤曾孙
拜降	工部尚书	
阔阔台		
乃蛮台		
阿鲁温	封汝阳王	
察罕帖木儿		
家于汝宁	中书平章政事	
或云本季姓		
扩廓帖木儿	太傅中书左丞相	
笃善弥实		
善须		
仁同海涯	乡贡进士	
索同海涯　字宏毅	元统癸酉进士	
后居绍兴		
八札赤	宣授管领畏吾儿官	
小哥	正议大夫	
肃安	江东书吏	
道同　字文卿		
后居池州	元统元年进士	
朵忽里牙		

老瓦赤	参政	
曲列	按察使	
燕只哥		
铎护伦字振达	元统元年进士	
胜全		
忠胜都		
善秉仁		
善达世理　字原理	元统元年进士	
道童　一作道通 字石岩　谥忠烈	江西行省左丞相,守抚州, 为陈友谅所杀。	
月举连赤海涯	四川行省参政政事	
亦黑迷失	平章政事	
卜理牙敦　荆州府志 作卜里牙敦	山南廉访使,顺帝时任	
沁布阿咱尔字子仁	官监察御史,赣州路达鲁花赤	陈友谅军攻城自杀。

“特勒”非误辨

特勒一名，原为突厥族的一种职官称谓，我国史籍中，多写作特勒，间也有写作特勤的。自从蒙古和林地方出现了唐时阙特勤碑，于是中外的考古家和历史学家都说史书中的特勒是错误的，应该写作特勤。我读古籍，综合特勒一名的演变，而所得的结论，特勤固不错，而特勒也非误。现在将我的意见，约略述之：

特勒(或特勤)的意义

特勒之名，本为突厥语，以汉文译之，有不同的说法：

《周书》突厥传说：“大百有叶护，次没（应作设），次特勒，次俟利发，次吐屯发。”

《北史》突厥说：“大官有叶护，次特动，次俟利发，次吐屯发。”（按大官叶护下夺“次设”二字。）

《隋书》突厥传撕记，和上面所说的相同，兹不举出了。

《通典》突厥上说，“其子弟谓之特勒，别部顿兵者，谓之设，其大官屈律啜泣，次阿波，次颉利发，(次)吐屯，次俟斤。”

《旧唐书》突厥传说：“可汗者，犹古之单于；妻号可贺敦，犹古之阏氏也。其子弟谓之待勒,别部领兵者谓之设。其大官屈律啜,次阿波,次颉利发,次吐屯,次俟斤。"

《新唐书》突厥传说:"更号可汗,犹单于也,妻曰可敦,……其别部典兵者曰设,子弟曰特勒,……"

《太平寰宇记》突厥上所载与《旧唐书》同,兹从略。

由以上所引各书所述,可知特勒为突厥族的一种官职,然特勒译为汉语,究为何意,说者也颇分歧。上面所引的书中,有的已提到为可汗的子弟,清人钱大昕在《十驾斋养新录》中,盛昱在《跋阙特勤碑》中都是这样说法。已故岑仲勉先生也说:"特勤之义,为可汗子弟"。近人有的说是"亲王",有的说是"太子"。这些说法,还是和可汗之子弟意思相近。而张星烺在《中西交通史料汇篇》第五册中,谓特勒义为首领,我觉得这一译法,似欠明晰。

关于特勒一名的语源,伯希和在《突厥名称之起源》中说:"的斤,蒙古语作 tagin,波斯语作 tegin。此字并不发源于突跃语,乃是发源于蒙古语的,因为是经柔然 Avares 流传于突厥的。"Parker 在所著《鞑靼千年史》卷四第一章中说:"突厥子弟谓之特勒 teghin,帕雷狄阿斯 Palladuis 以为即蒙古文 dere 也"。……特勒一名,可能是出自蒙古语系,暂不作深究。

特勒、特勤孰是孰非的争辨

特勒一词,在古籍中有写作特勤的。如清人劳季言格曰:"旧唐书虽作特勒,亦间有作特勤者,张长逊传,号为割利特勤,新传则作特勒矣。旧传据闻人注本,官本作特勤。"勒与勤不惟形近,音也相似,因而有人在这里写特勒,又有人在那里写作特勤。这些写法,本非奇事,而执著的人要说这非那是。首先提出这个问题的是顾炎武,顾廷琯《吹网录》说:"顾氏炎武金石文字记,辨契苾碑特勤字再见,皆特勒之讹。又柳公权神策军碑亦云:大持勤嗢没斯,皆书者误,并引《通鉴》梁纪,承圣元年突厥子弟谓之特勤。考异曰：诸书或作特勤，今从刘昫《旧唐书》及宋祁《新唐书》。按今考异单行本则特勤，而元刻音注本又作特勤，与顾氏所引皆不合，此盖由各本写刻溷淆，以致互异也。钱氏大昕《十驾斋养新录》云：突厥传，可汗者，犹古之单于，其子弟谓之特勒。顾氏金石文字记，历引史传称特勒者甚多，而凉国公契苾明碑，特勤字再见，又柳公权神策碑亦云：大特勤嗢没斯，皆书者之误。予谓外国语言，华人鲜通其义，史文转写，或失其真，唯石刻出于当时真迹，况契苾碑宰相娄师德所撰，公权亦奉敕书，断无伪舛，当据碑文以订史之误，未可轻訾议也。通鉴亦作特勒，而考异云：诸书或作敕勤，今从新旧二唐书。按古人读敕为忒，敕勤即特勤（见卷六，特勤当从石刻）。钱说诚当，惜尚无确据可证。曾以质诸劳君季言，乃录所考见示。元耶律铸《双溪醉隐集》二，凯乐歌词曰取和和注：和林城，苾伽可汗之故地也。岁乙未，圣朝太宗皇帝城此，起万安宫。城西北七十里有苾伽可汗宫城遗址，城东北七十里有唐明皇开元壬申御制书阙特勤碑。按《唐书》突厥传，阙特勤，骨咄禄可汗之子，苾伽可汗之弟也，名阙，可汗之子弟谓之特勤。开元十九年（原注，《旧书》二十年，此从《新书》），阙特勤卒，诏令金吾将军张去逸，都官郎中吕向，赍玺书，使北弔祭，并为主碑。上自为文，别立祠庙，刻石为像，其像迄今存焉。其碑额及碑文，特勒皆是殷勤之勤字。新旧史凡书特勤，皆作衔勒之勒字，误也。诸突厥部之遗俗，犹呼其可汗之子弟为特勤……则与碑文符矣。云，特勤，苾伽可汗之令弟也，可汗犹朕之子也，新旧唐史并作毗伽可汗，勤，苾二字，当以碑文为正。以上俱耶律说，以唐碑校唐碑；此明确佐证，非但知亭林之误纠，及通鉴正文与考异，皆可订正矣。"

古籍中特勒，有写特勤、顾亭林认为"勤"是错字，而顾廷琯又以为"勒"是误文。自阙特勤碑出观后，中外学者对这个名称争辨，如叶昌炽在所著《语石》卷二中说："阙特勤碑，开元二十年御制，可证唐书阙特勒之误。"盛昱《跋阙特勤碑》，其文见于《吹网录》中，他是以特勤为正，特勒为误。西人 Parker 说，特勤之勤字，中文有作勤者，亦有作勒者，正应作特勤，方得突厥文之真也（见前引书）。沙畹在所作《西突厥史料》中，将史书中所用的特勒一词，都改为特勤 tegin，显系以特勒为误。伯希和在所作《中亚史地丛考》吐鲁番之数种文书中说：考唐人译 tegin，当作特勤，常误作特勒，关于这个名词的争辨，恐怕还不只这些，有此，也是见主张特勤为正之多了。

特勒非误

由上面所引各家的说法，大多数说特勤为正，特勒是误，就是说“特勤说”占了上风。按特勤一名，不仅见于唐代石刻，就是古籍中也有写作特勤的。如《洛阳伽蓝记》卷五中说：“至正光元年四月中旬，入乾陀罗国，土地亦与乌场相似，本名业波罗国，为吠达所灭，遂立特懃为王。”又如温大雅《大唐创业起居注》说：“丙寅，突厥始毕使达官级失特勤等先报已遣兵马上道，计日当至。”《旧唐书》张长逊传有：“号为割利持勤”，由此可知特勤、特勒是一名的两样写法，没有谁是，谁不是之分。就石刻上的文字来说，如唐代咸阳昭陵的六骏马，其中有一骏为特勒骠（是李世民平宋金刚时所乘的一匹马）。又如元人欧阳圭斋文集，高昌偰氏家传中，写作阙特勒。若是特勒的勒字是误，为什么有些学者不用特勤，而仍用特勒呢？关于特勒非误，三多《跋阙特勤碑》已谈到，他说：“凡称阙特者，非名，官也。曰讳，从俗以成文也。古碑额例书官，不书名，此为故阙特勤之碑，可知官矣，何官？贰特勤也。骨咄禄之次子，苾伽可汗之弟。非贰特勤而何？疑即疑钦定金史国语解之德特伯伊勒也，解曰：迭勃极烈，倅贰之官，迭勃极烈即德特伯伊勒也。蒙古谓其次曰德特。《汉书》单于既得翕侯以为目次王。陈汤传：康居有副王。传云：毗（苾）伽可汗以特勒为左贤王。此三者又可为贰特之证。可汗为酋长，特勤亚于可汗，以第行论，以官爵论，阙均可训次。且隋大业中西突厥酋长射匮有弟日阙达设，今蒙古汗王第二子犹称德特台吉。满州语谓贰读若拙，与阙音尤近。突厥语与蒙古语，轻重缓促，微有不同，突厥曰可汗，今曰汗；可汗妻曰可敦，今曰哈屯；大臣曰叶护，今曰赛特，长言之为德特伯伊勒，短言之，岂非阙特勤乎？特勒为特勤之本音，汗王子弟之通称，近世所谓台吉者也，译人人殊。碑作勤，盖御制御书取雅训耳。然不仅此，唐人以勒为勤，亦数见焉。《唐书》武后改默啜为斩啜，又改骨啜禄为不卒禄，碑云：‘特勤，可汗之弟也，可汗犹朕之子也，父子之义，既在敦崇，兄弟之亲，得无连类，其改勒为勤，宜矣(顾燮光《梦梦碧簃石言》一)。”此跋陈衍《石遗室诗话》卷二十亦有记载，其结尾云：“此跋考订极为翔实。特勤必当作特勒。迭勃极烈与德特台吉两证至确。作持勤者，唐人臆改之也。䌹斋好学深思，必未见此跋，故反以作勒为误欤。”三多的这段文章中，很明显地说特勒不是误字，而是特勤的本音。又说阙特勤碑之所以写作特勤，为取雅训，其言是矣，但没有阐明其所以然，我再申述之于后。

考古之敕勒族(敕又勅，作饰，古读为忒)，又作铁勒族、狄历、丁零、丁令、丁灵，都是一名的异译。敕勒既可写作丁零等名，特勒又何不可书作特勤呢？在音韵学上，令与连音近，史记有“西至令居”，姚氏说令音连，《汉书》地理志的令居，孟康也音为连，这是令有连音的明证。连与勒也为一音之转。所以敕勒、铁勒可以译作丁令、丁零等。勤与令、零音近，明乎此，特勒不误，特勤也是。又如《晋书》匈奴有赤勤种，赤勤一作赤勒，也就是敕勒、铁勒。这也是说明勤勒可通之证。

关于特勤又写作特勒的原因，有人说是因为不惯发 ng 音的民族，常将 ng 音省去，或变为 l 音，我以为这种说法很有道理，如契丹语之捺体，又作剌钵，女真语之女真，又作虑真，就是例证。又如蒙古人自称为蒙古勒 Mongol，是从 Mongon 或 Mongun 变来的。又如蒙古地区的百灵庙，又有写作百林庙，白令庙，实际是贝勒庙的音变。ng 音变为 l 音，此例很多，不是奇事。那末，tegin 变作 tegil 是可能的。史学家和考古家认为特勒是误，与顾亭林先生认为特勤是一样的，实际两者是可通用的，并无谁是谁非的存在。

特勤一词的演变

特勤是突厥族可汗子弟的称谓，也是一种职官的名称，这个名称在我国史书中,古今有各种不同的写法。

有写作特瑾、敕瑾、敕勤的。《旧唐书》突厥传:"敕瑾未至"。敕瑾就是特勤。

有写作狄银的。《五代史》和《宋史》有狄银一名,《册府元龟》卷九百六十七说:"后唐同光二年,其国权知可汗仁美遣使贡方物,庄宗册仁美为英义可汗,其年仁美卒,其弟狄银阿咄欲立,遣使朝贡。"按狄银,就是特勤的异译。伯希和所作《中亚史地丛考》,吐鲁番之数种文书说:"而在此刻中文则作'特银',用鼻音字写强音字,唐时为例甚多,然在事实上,tegjn 一字,在九二年,始见写作狄银。"由此可知狄银为特勤之明证。

有写作的斤的。《元史》,巴而术阿而忒的斤传:"回纥之先世曰不可汗,……传三十余君。是为玉伦的斤。"张星烺《中西交通史料汇编》第五册四十七页第一百三十节小注中说,的斤为古突厥君长之称号,宋时可疾宁朝有阿勃的斤 Alp-tegin,萨拔克的斤 Sabak tegin,即其例也。按的斤也是特勤的异译。

有写作的乞的。日本河野元三《蒙古史》第一章第五节,汪古部酋阿剌忽思的乞火力,《多桑蒙古文》译作阿剌忽思的斤忽里,其原文为 Alaoausch tegin Couri。由此即知的乞就是的斤。

有写作德济的。《新疆图志》人物志,巴而术阿而忒的斤,写作巴而珠阿勒坦德济。《虞集》传有伯颜不花的斤,一作巴延布哈德济。按德济也是特勤的异译。

有写作德克津。上述伯颜不花的斤,一作巴延布哈德克津。

有写作剔吉的。《新元史》阿剌兀思剔吉忽里(即上述的阿剌忽思的乞火力,阿剌忽思的斤忽里),拉施持《史集》作 Alahush-tegin-kuri 传云:"阿剌兀思剔吉忽里。汪古部长也。蒙古谓汗之子弟为剔吉,亦曰的斤,统数部之长为忽里。"按剔吉即上述之的乞或的斤,亦为特勤的异译。

有写作特济的。元人巴罕的斤,有写为伊克特济。

有写作达腊或达喇的。元顺帝太子名爱犹识里达腊,一作阿裕锡里达喇。按达腊、达喇也是特勒、特勤的异译。

特勒或特勤一名，蒙古语又作台吉，台读如太，吉读如级。太特级勒（或勤），音都相近。清人又写作太级，都是王公子弟的名称。据此，可知特勒或特勤之名，突厥族、回纥族、突骑施族、勃律族、汪古部、蒙古族、女真族都使用着。原为音稍有变易，翻译的人各以音近之字译之，所以写法有上述种种，实为一词的变化，并不是勤为是，勒为伪的问题。

前面已提到贝勒为特勒或特勤的异译，而东胡族所称的贝勒，又可写作孛堇。清人俞正燮《癸已存稿》，卷三贝勒条说：《宋史》、《金史》，孛堇亦作勃堇，今改译贝勒。以勃堇之音未全，其对音应作勃极烈。而《金史》兵志、百官志则以部长为勃堇，官长为勃极烈，元人应知金语，此语未能明也。金在劾里钵时；太祖阿骨打初称勃极烈，太宗初称按班勃极烈。又有国语勃极烈。《靖康纪闻》、《大金弔伐录》俱有都骨卢你移赍勃极烈，揞班勃极烈。《松漠纪闻》有揞版勃极烈，阿卢礼移赍勃极烈。《愧郯录》有谙版孛极列。今知按班、揞版、谙版，勃极烈、孛极列，即大贝勒。国语骨卢勃极烈，即固伦贝勒。勃极合为见，烈书为勒。勃极烈三音为贝勒二字也。元则祖元皇帝号敖罗勃极烈，是蒙古贝勒也。今贝勒止称多罗贝勒。盖金人初入中原之时，止自书孛堇，岳飞绍兴十年捷奏云：“五里店金阵内一名，甲上着紫袍，斫二尸首，并马鬃上红漆牌子，上题写阿李栾孛堇，是名从主人作孛堇之证……”

俞氏的这段文章，说明了贝勒就是孛董，那末，特勒一作特勤也由此可得到旁证。

上面所引的狄银（或特银）的斤，德克津等名称，我想都是特勤的异译，而的乞、德济、达腊、达喇、台吉、太极等是特勒的异译。我国译外国名词，向不统一，文人为行文之便，各以音近之字译之，也就是说译名无定形。总之，特勒、特勤是一名的异译，不能说谁是谁非。

回教传入新疆考

新疆就是古代的西域，它的西部虽有地势险阻的帕米尔高原，但其间有道路可循。当海运未开以前，中西交通，多是取道于此。新疆既是中西交通孔道，往来人多，因而这一块地方，住有各种民族。我国是一个多民族的国家，而新疆是一个多民族的自治区。新疆不惟民族复杂，而各种宗教也错综其间。有些人止知道新疆是回教势力极大的地方，不知道还有其他宗教也在这个地区发展过，不过是自回教传入新疆后，其他各宗教逐渐式微。我现在在叙述回教未传入新疆前，将其他宗教在新疆的兴衰谈一下，这与研究回教传入新疆这一问题是有好处的。

回教未传入前新疆地方的各种宗教

有人说新疆和内地的交通起源甚早，这是事实，但文献资料中记载很久，我在这里略而不谈。人所共知的，目西汉张骞通西域后，交通就日益频繁起来。这一带地方文化是比较落后，各种宗教容易在这里繁荣滋长。如高昌麴氏好儒术，史称孔孟学说就大行其地。新疆地接印度，尤与信奉佛教的大月氏国相近，佛教势力很早就传到新疆。元代前，天山南北，都是佛教的势力范围，如北疆的孚远，南疆的吐鲁番和库车等地的千佛洞,都是佛教的遗迹。儒释之在新疆,人所智知,这里也略而不述,兹将其他各宗教在新疆的经过介绍之。

祆教:祆教是波斯人琐罗斯德 Zoroaster(宋姚宽西溪丛语作薛鲁支)所创,他生于纪元前一千年左右,有人说他和我国孔子同时,又有说他当我国周灵王二十一年时创教。又有人说他生于纪元前六百六十年,死于纪元前五百八十三年。其经典名 Zend-Ovesta,其中心内容为善恶二神,善神名奥玛斯德 Ormuzd,是光明真理坦白太阳神,恶神名阿利曼 Ahriman,为阴私狡猾黑暗神。常用火为代表善神,人们都拜火,所以又名为拜火教(简称火教),又以日为光明之原,拜日,所以又名太阳教,又称为祆教(祆省为天),祆教是什么时候传到我国,已不可考。约在南北朝时,这种宗教在我国势已渐盛,到了唐代,更是发展起来了。相传唐高祖时,长安建立有祆神祠,太宗贞观五年,波斯人何禄来长安传教,又建祆祠,并设祆正,祆祝,主祀祆。

祆教的名称,见于我国史书中的兹选录之:

有人说祆教之名,始见于杜预注,以左传僖公十九年。“夏、宋公使邾文公用鄫子于次睢之社,欲以属东夷”。杜注说:唯受汴,东经陈留,梁、谯、彭城入泗,此水次有祆神,皆社祠之。这里所用的祆,是错字,今各本皆作妖。由这一条伪悖,不能说明祆教晋时已出观于我国。

又有人引《梁书》蔡撙传:“宣城郡吏吴承伯挟祆道,聚众攻宣城,杀太守朱僧勇.”因文中有祆道两字,就说祆教在梁时已有了。我看这个祆字也是妖字之讹,本此而说南朝的梁时有了祆教,不足为据。

谈祆教的资料,要以下列诸书为可信。

《魏书》西域传云:焉耆俗事天神,波斯有胡律置于祆祠。(《北周书》异域传,《北史》西域传也有此文,并有“高昌俗事天神”一语)按祆字可省为天,祆,乎烟切,胡神也。说文新附作火千切,火千与乎烟同。由此字与妖字迥别。

《旧唐书》西戎传云:疏勒(今喀什噶尔),俗事天神,有胡书文字,于阗好事天神,波斯西域诸胡事火祆者,皆诣波斯受法焉。《新唐书》西域传,《旧五代史》外国传于阗条下,都载有此文。

《酉阳杂俎》说:孝乙国界三千余里,举俗事祆,不识佛法,有祆祠三千余所。德建国乌浒河中有火祆祠,相传其神本自波斯国来,祠内无像。

以上数条,都是说新疆境内和境外在唐代或唐以前就有了祆教,下面再将它进入内地活动记载说一下。

《墨庄漫录》说:东京城北有祆庙祆神,本出西域,盖胡神也。与大秦穆护同入中国,俗以火神祀之。按《墨庄漫录》所说的大秦,意指景教,穆护有的说就是摩尼教,也误。穆护原为上德,牧师神父的意思。我国也有译作牧护,木瓠的。曲中有穆护子,是火教祀神的曲子。书中又说"与大秦穆护同入中国",时间上也错了。

《西溪丛语》说:波斯国人奉火祆教,贞观初,有传法穆护何录以其教入长安,作歌祀祆祠,其赛神曲也。

宋敏求《东京记》说:宁远坊有祆神庙。注曰:四夷朝贡图云:康国有神名祆,毕国有火祆祠,或传石勒时立此,是祆教其来已久,不始于唐。

杜佑《通典》卷四十载:萨宝府祆正。注云:祆者,西域国天神,佛经所谓A醯首罗也。武德四年置祆祠及官,常有群胡奉事,取火呪诅。贞观二年置波斯寺……

祆教进入中国内地的情况,上面已说了。这个教在唐武宗反对佛教中,它也遭受打击,据说自武宗会昌五年后,其势力已衰落。

景教:景教是基督教的一个支派,纪元四二八年间,东罗马人聂斯托良 Nestorius 所创,东方人士多信奉它,因名聂斯托良派。约当我国魏宣武帝、梁武帝时,这派宗教已传入中国。唐太宗贞观九年波斯人阿罗本 Olopen 赍其教经典到了长安,将他留在禁中翻译经典,并建波斯寺,度僧二十一人,其徒自称其教为景教,取其炳耀教旨的意思(据说原名为丙教,因唐代讳丙,而代以景)。高宗时崇阿罗本为镇国大法王,因而,此教大行。唐玄宗时知道了景教不是波斯的宗教,而是大秦的,因改为大秦寺(《长安志》所载的大秦寺,初名为波斯寺)。德宗建中二年,大秦寺上德(僧的意思)景净等更立大秦,景教流行中国碑于长安,至武宗时排除异教,其教也渐衰了(元代的也里可温教就是这一派的异名)。

自大秦景教流行中国碑出土后,研究宗教史的人都说这派宗教在唐时盛行中国内地,而其教传入的经过,人少注意及之。考阿罗本来中国,是从波斯,经沙漠,越山岭而到长安的,他所走的路线是经过新疆的,既经过新疆,在那里必有传布。以近日考古资料证之,确无疑义。如高昌(今吐鲁番)出土的基督教寺院的壁画,就是聂斯托良派的遗迹。日人羽田亨所著《西域文明史概论》中说:"是德国探险队在高昌附近所发掘者,为基督教寺院废墟之壁画,亦为今日所知其地唯一的基督教美术"。又敦煌鸣沙山下莫高窟出土的景教三威蒙度赞一卷(见罗振玉《莫高窟石室秘录》),罗氏说:"按景教古经,传世绝少,数年前徐家汇天主教堂于西安回民家得景教羊皮古经,乃如德亚文,已寄罗马教皇许。今此赞完好,后附景教经目三十三种,足资彼教之考证。"洪钧《元史译文证补》景教考云:"近年回疆之乱,俄人袭伊犁守之,查得其地有聂斯托尔(良)教内华民三四百人。"

由以上所引各书的记载看来,景教东来的路线,自西亚而新疆,而甘肃,而陕西,所以在这条线上有他的遗迹。新疆在回教未传入以前,景教必然在那里传布过。马哥孛罗在1275—1279几年游记中说:"在中国的吐鲁番、喀什伽、敦煌、肃州、甘州、凉州等地,都遇见景寺、景众。"由此可见由新疆至甘肃,到元时还存在。

摩尼教:摩尼教是波斯人摩尼所创的,他生于公元三世纪中叶。他采取袄教的教义,又取佛教和基督教的哲理而组成的。因为这派宗教是摩尼所创,所以名为摩尼教。这派宗教何时传入中国,近人蒋斧说应在北周(558—581)隋(581—618)两朝之间(见沙畹著、冯承钧译《摩尼教流行中考》)。《佛祖统纪》卷三十九说:"延载元年(694年)波斯国人拂多诞

(卷五十四云:西海大秦国人)持二宗经伪教来朝(引书同上)。”据沙畹的考证,“拂多诞非人名,乃为一种称号……”华言“知教义者”(见同上书)。这种宗教东来,首先到了今日的新疆,那时新疆是回鹘人的势力范围,回鹘人多参入了摩尼教。唐自安史之乱以后,常借回鹘的兵力入平内乱,其有战功的,得留京师。德宗时,各地多建立摩尼寺,并赐额为“大云光明”。到了宪宗元和二年又在河南府、太原府等地置摩尼寺,同时并置大秦寺和袄寺,时称三夷寺。到了武宗时,这派教也衰微下去了,摩尼教来中国的经过,也是先到新疆,进而甘肃、中原。

威尔斯《世界史纲》说:“摩尼教之教主曰摩尼,生于纪元后二一六年,摩尼不但往来于伊兰,传其最后所满意之新观念而已,其教且输入土耳其斯坦,输入印度,甚而逾山岭(指葱岭)而潜入中国焉。”

罗振玉《莫高窟石室秘录》摩尼经残卷中说:“首尾均残缺,然缮写至精。今摩尼教汉译本,仅此数行。前数年,德人在吐鲁番得摩尼经不少,然无汉译者。”

沙碗的考证说:“十世纪间,甘州、高昌、和阗等地,概言之,昔日之新疆全部,皆有摩尼教徒。”

伯希和《近日东方古言语学及史学之发明与其结论》云:当是时,唐室亦渐衰,外有吐蕃新建帝国与之抗衡,遂失属地一部之宗主权;内则变乱相继,于是突厥族中之回纥族日以张大,动则干涉内政,支那君臣相阋,恒视回纥可汗之向背以为胜负。此时摩尼教徒竟笼络回纥之王公人民,尽奉其教,其手腕诚有可惊者。然尔时摩尼教徒之在西方者,其境遇颇恶。据阿白尔法拉瞿所著书,凡回教传布之处,摩尼教为之锐减。如拔额达特本有摩尼教徒三百人,至第十世纪仅存五人。又言彼世纪之初,有摩尼教徒五百人会于飒末建公传其教,呼罗侯恶而欲杀之,支那王使人谓侯曰:我国内之回教徒,其数多于汝国之摩尼教徒远甚,汝若杀余同教一人者,余当屠国内之回回教。于是呼罗珊侯不敢杀,但课以丁税云云。按阿氏谓支那王,实回纥可汗,非大唐皇帝也。然则摩尼教于本国受迫害,却受东方回纥可汗之保护。而回纥不但自奉摩尼教,且进而保护波斯之同教徒，故摩尼教实回纥之国教也。此事支那之正史，和林之断碑，阿剌伯之史料，其说全同。

由以上所引各说看来，摩尼教的东来，也是先到新疆，然后进入内地。元代时，高昌偰氏犹崇奉摩尼教。新疆为其教东来的起点，是无问题的。

综计上面所说的三种宗教，都是先到新疆，而后入于中原。日人羽田亨《西域文明史概论》说："中国唐代自西方传入宗教，共有三种：其一自波斯传入的拜火教，即中国所谓祆教。其二亦自波斯传入为摩尼教。其三则为基督教之一派聂斯讬略教，即唐之景教。祆之传入，实早于唐代，约在南北朝时，而在社会上有部分势力，却直至唐代……至于此三教究于何时传入中国，尚不可知，但和佛教同样即未传入中国以前，西域已有此三教了。"他的这种说法是可靠的。回教未传到新疆以前，已有上面所说的三种宗教即在那里活动的情况说明了，下面再谈回教传入新疆的经过。

回教的名称

回教一名天方教（天方有作天房。有人说天方之名，起于明代，其义为圣人在天之方），又作天堂教。又名为伊斯兰 Islam（有译为以思喇穆）教。我国各地多称为回教。回放又称为回回教，有人说回回教是回纥教的变音。又名为清真教（一作清净教），又曰穆教，俗称为小教。清人屠敬山说：唐时葱岭东西之突厥、回纥，盛行其教。其后回纥衰微，降人入中国，中国人见回纥之奉此教也，因谓之回纥教，语误为回回。其实葱岭以西为波斯等国人奉此教者，自称曰木速儿蛮（义为正义之人）。中国之奉此教者，颜其寺曰清真，今此教蔓衍于我国天山南北及内地甘肃、陕西，云南。在云南者，称木塞伊斯。在天山南北者，称登根（登根盖腾格里之变，殆自谓天山一路人也）。

按蒙古人称回回为胡同登根，今多作东干，屠氏说登根是腾格里之变,这是不足信的。我有另文辨明此事,兹不赘述。回教的名称起于唐之回纥,这一说法也是错误的。我在前面已说过,唐时的回纥族所信奉的是摩尼教,由回纥传入内地的也是摩尼教,不是现在所称的回教。回纥自西迁后,到了宋代在新疆吐鲁番一带建立畏兀儿国。成吉斯汗兴起漠北,畏兀儿人因受西辽的压迫,起而反辽,而降于蒙古。畏兀一名,实是回纥、回鹘、回回语音之少变。自葱岭以西的大食强盛后,回教自是逾岭而东,广播于新疆各地,畏兀儿人渐多信奉。目蒙古灭了南宋,奄有中原,畏兀儿于蒙古人征伐各地有功,于是迁居内地的日多,回教也随着传入我国西北各省,近人童书业先生在《中国疆域沿革略》中说:“伊斯兰教至明代以后,中土人士方正名统称之回教,此乃由回纥、回回之转,以种族之名而名宗教也。”关于回教的名称,近几十年来论述的人很多,而陈援庵先生的《回回教入中国史略》一文为最完美,现在我将他所作的回回教徒的名称,各代译音不同的表录之。

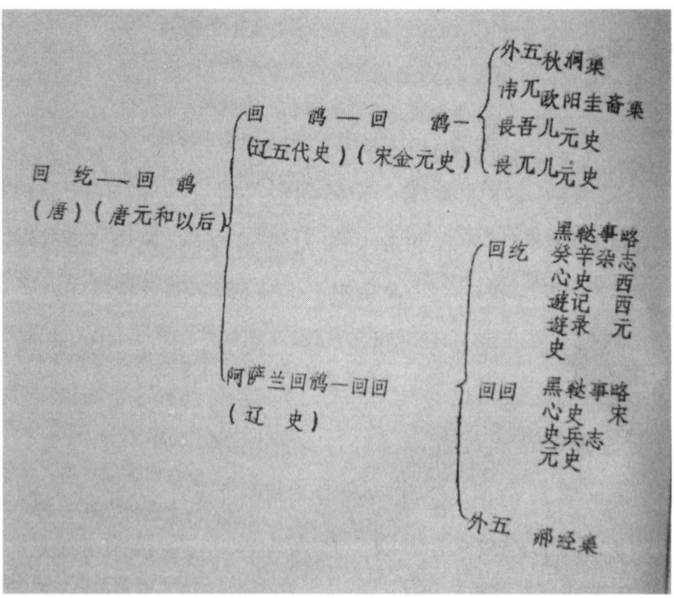

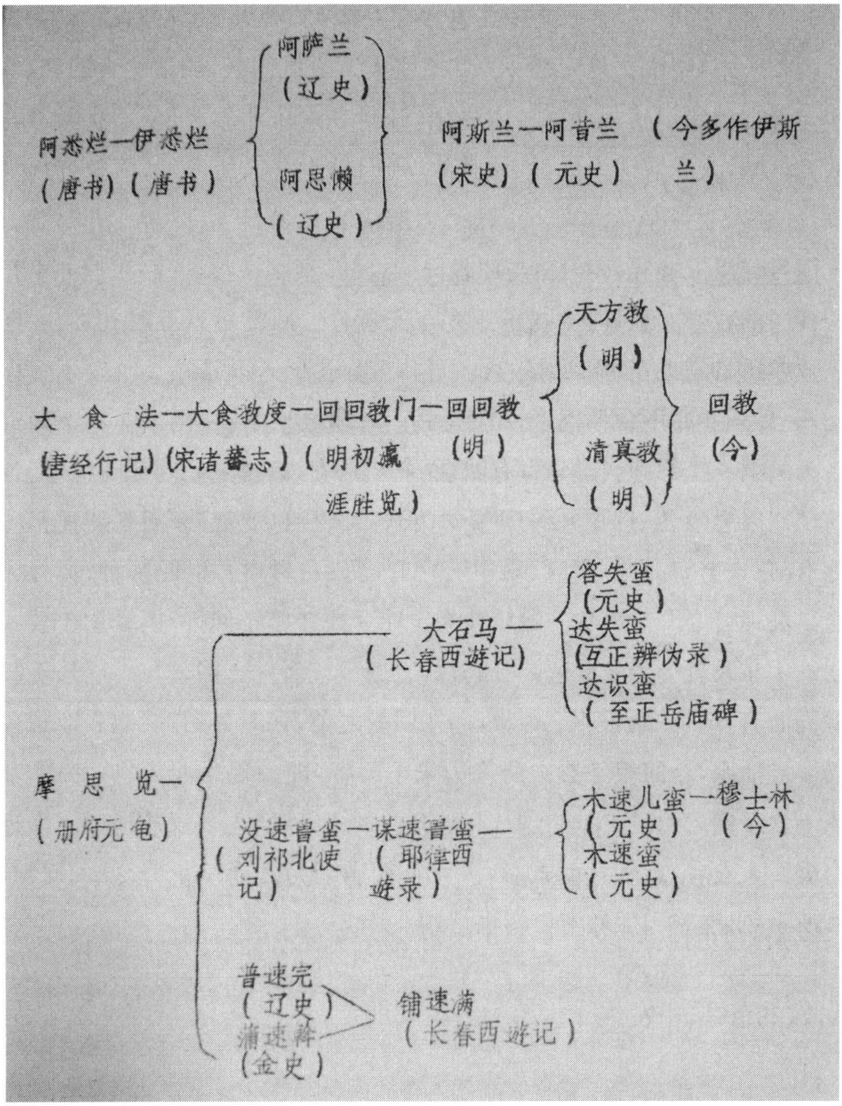

回教的名称既有不同译法，已如上述，还有些人常将它和别的宗教混而为一，下面也简单的说一下。

关于这个问题，马邻翼在所著《伊斯兰教概论》中谈的很明确，他说：“往时民智末启，回教常与他教混。”有人将它和摩尼教混的。《甘州府志》艺文志说：“摩尼，回回掌教也。按回纥初奉摩尼教。后奉回教，不知其究竟者,遂同一视之。实未当也。”有人将它与犹太教混的,屠寄《中国地理教科书》中说:“犹太教……其地主人谓之挑筋教,或谓之青回回,其实与天方教绝不相蒙。”陈援庵先生《开封一赐乐业教考》说:“犹太教与回教不同,人或混视为一,推原其故,则回教为吾人所习见,回教寺名清真,一赐乐业寺亦名清真。正德碑力避清真之名,正以此故。开封犹太人面目与汉人特异,而习俗与回教异同,回教奉祀一神,一赐乐业亦奉祀一神。回教守安息日,一赐乐业亦守安息日。回教每日五时礼拜,一赐乐业亦每日三时礼拜。回教行割礼,一赐乐业亦行隔礼。回教不食豕肉,一赐乐业亦不食豕肉。回教能书记者谓之毛喇,一赐乐业亦谓通经者为满喇。正德碑叙述先世有阿躭(亚当)、女娲(挪亚)、阿无罗汉(亚伯拉罕),以思哈各(以撒)、雅呵厥勿(雅各)、也摄(摩亚)。回教叙述祖师亦有阿丹、努海、易卜腊欣、易司哈格叶而孤白母撒。以此种种,局外人容易混视。今开封人称一赐乐业为青回回或蓝帽子回回,因其用于仪式之缠头布及靴等皆青蓝色,与回教徒之用白色者殊。回教与一赐乐业教源同而流异。一赐乐业之为教,远在回教之前,回教兴后,一赐乐业子孙乃屡被征服,今回教经典中所称为朱乎得者,即一赐乐业人也……然其人不食豕肉,又每操牛羊之业,又与开封回人杂处,不与汉族通婚。晚近有娶回人女者,族姓日就式微,久无掌教满喇为之诵经祈祷,投入回教,在所不免,然究与回教不相容也。”

回教的起源和发展

关于回教的起源和发展,有些人已在这方面谈的很清楚了,我在这里仅简略的叙述一下。

回教是穆罕默德 Muhammad 所创的,他生于纪元五百七十年(有作纪元五六九年或五七一年的)。当我国陈宣帝太建二年(有三年的),他是麦加(也有译作默伽或麻嘉的)Mekha 人。他于纪元六一〇年八月(隋大业六年七月)宣布伊斯兰教的成立,这时他年四十(有作四十一的)岁。

他的教义是融会犹太教和基督教而成的,著有可兰经 Koran。自穆氏死后,继主的人就向外传布,后来其势力跨亚、非、欧三洲。回教徒所建立的国家,西人称为萨拉森 Saracens 帝国,吾国史传称为大食(有作多氏,大寔、大石的),外文有作 Tadjike,Tajiks,Tazih 的,有人说大食是波斯文的译音,是唐时人从波斯学得这种称呼(《杜环经行纪》说:大食一名亚俱罗)。至第二加利发奥玛 Omar(634—644)时,回教的势力就向东西发展,东达伊兰(朗),西到北非。征服了西亚和埃及,东西灭波斯。四传至奥玛耶朝 Omayyao(661—749)时,迁都于大马士革,其势力东到印度,又逾葱岭,陷于阗,为回教极盛时代。中国史载,唐玄宗天宝十年(公元 751 年)时,唐朝和大食曾发生一次大战,这是有名怛逻斯之役。在这次战役后,两国的关系并未恶化,唐肃宗至德二年(757 年)正月,大食应中国的邀请,出兵助平安史之乱。回教的起源和发展只说到这儿。

回教传入新疆的年代及其发展

回教传入中国,其来路有二:一是海道,二为陆路。由海上来的,是从波斯湾,经印度洋,绕马来半岛,抵广州。由陆路来的,从大食经波斯,中亚细亚,到新疆,进而抵甘肃,到长安。由海上来的情况,与本题无关,兹略不述。由陆路至新疆的,始于何时,各书所记很不一致。

《旧唐书》大食传说:“永徽二年,始遣使朝贡。其姓大食氏,名噉密莫末腻,自云有国已三十四年,历三主矣……龙朔初,击破波斯,又破拂林……长安中,遗使献良马。景云二年,又献方物。开元初,遣使来朝。”从这一段文字看,大食在唐高宗时代已和中国有来往,而他所经过地方,虽没有显明地指出新疆,事实上是取道新疆是无疑的。

洪钧《元史译文证补》旧唐书大食传考证说:“西元七百十六七年时,大食将库退投自费尔干据今喀什噶尔之地。”按西元七百十六七处,就是唐玄宗开元四五年,和《旧唐书》所说的“开元初遣使来朝”正相合。由洪氏所考证的结果,足证大食人在唐时居住过新疆。

《新唐书》大食传说:“永徽二年,瞰密莫末腻始遣使朝贡,自言王大食氏,有国三十四年,传二世。开元初,复遣使献马钿带,谒见不拜,有司将劾之,中书令张说谓殊俗慕义,不可置于罪,玄宗赦之……十四年遣使苏黎满献方物……至德初,遣使者朝贡,代宗取其兵平两京……贞元时,与吐番相攻……十四年,遣使者含嵯、乌鸡、沙北三人朝。”

日人桑原骘藏《东洋史要》说:“阿浦族诸大食旧壤,阿蒲罗拔立为加利弗,东迁都安坝城,是为阿浦朝(即阿拔斯 Abbas 朝)。卒,弟阿蒲荼拂立,始建于报达。至德初,遣使贡唐,唐用其兵平两京。”

《汉西域图考》回鹘回回辨说:“回回之来,远自唐末。”《亚剌伯沿革考》说:“号黑衣大食,罗拔卒,弟阿蒲恭(荼)拂嗣。肃宗至德中来贡,代宗为元帅,用其兵以收两京。肃宗宝应,代宗大历中屡贡。”

上面所引三书中虽没说到新疆,实际是到了新疆,和前面所说同。兹将显明地提到到达新疆的资料。缕列于后:

《元史译文证补》说:“可失哈耳,今曰喀什噶尔,为汉疏勒故地……大食东来,侵夺其地,在开元年间。”

《河海昆斋录》说:“开元时,回教始及喀什葛尔。”又说,“开元时,逾岭而西(西为东之误),流入西域。”

《新疆图志》学校志说,“隋唐以来,天方教人,东踰葱岭……大业中,穆罕默德遣其徒撒哈八等入中国(此说不可信)。唐武宗后,散居碛西(即西域)诸城。”

桑原骘藏《东洋史要》说:“大食之破波斯也,素闻唐朝威灵,复惮波斯,将依唐。永徽二年,瞰密莫末腻始遣使通好于唐。厥后大食来唐者夥,既灭波斯,更次第东嚮,蚕食乌浒河以北地。又南嚮破天竺。开元初,其勇将库退拔自镪汗(今苏联费尔干)进踰葱岭,据疏勒(喀什噶尔),将侵唐地,以乏水草还军。”《元史译文证补》旧唐书大食传考证也说:“西元七一五至七一七间(唐开元三年至五年),屈底波自拔汗那越葱岭,占领喀什噶尔。”

《东土耳其斯坦志》说:“八世纪中,回军渠魁名库太巴 Kotaiba 先以兵犯西土耳其斯坦，取撒马儿罕，佛尔哈纳。塔什干及浩罕等部，复进窥东土耳其斯坦，直至吐鲁番及中国边境而止。”

《于阗县乡土志》说：“译考回书云：回教之始祖摩哈默特无子，以女妻同祖兄子儿札提阿里，生二子，曰亦麻木玉逊，亦麻木艾山。玉逊异母兄玛哈麦特儿尼白，生子玛哈麦特阿札里，由本国麦德拿纠合塔什干、浩罕等处之兵，征服喀什噶尔，阿克苏各城，转战和阗，在克里雅河岸战败，兵溃身死，遂葬其处。缠回谓此为博，谓战败瓦子，因名其地为博瓦子，犹言此系战败之地也。后修卡伦，缠语呼为阑干，又名博瓦子阑干，久遂成村落。今县南大博瓦子阑干庄，并阿札里之墓，即其地。事在一千二百四十年以前，即回历一百二十一年，后二十七年，为回历一百四十八年，玉逊曾孙结比沙大克以兵取喀什噶尔。进攻和阗，战不利，败走，敌兵追之，至一沙山，为重围所困，遂遇害。后人就其处筑塚，即今之尼雅麻札是也。结比沙大克八传至四亦麻木，曰拉斯勒教，曰卡瓦勒教，曰摩尔勒教，曰卓黑勒登，于结比沙大克战殁二百四十二年后，目木达英国（似即报达国之转音）起兵，收喀什噶尔，以玉素普卡底罕阿支为帕夏（首领之称）。自率兵进攻叶尔羌，叶尔羌枞皆穴居，亦迎降。亦麻木以叶尔羌为总汇之地，进取和阗，路经一处，居民有降者，有逃者，因名其地为固莽。固莽者，犹华言有来有不来也（今皮山县亦名固玛，即固莽之转音）。抵和阗，相持久之，敌追入山谷，沿水而行，经一石城（似在今努勒村，恰哈村），敢于城中预设疑兵，军不敢过，后觉其诈，乃进追，敌人于山隘设伏要截，将卒死亡殆尽，四亦麻木亦被害。玉素普闻信。始自喀什噶尔来收葬焉，即今努勒村东之细黑喇庄麻札是也。按阿札里事，似在唐开元之末。结比沙大克事，当在唐肃宗时。四麻亦木事，则在宋真宗、辽圣宗之代。书中所叙敌人，有汉人，有蒙古，有已从回教之人。惜缠（维）文称人名不能详确，无从与正史考证耳。”

按《于阗县乡土志》所云：马哈麦持阿札里由木国麦德拿纠合塔什干、浩罕等处之兵，征服喀什噶尔，阿克苏各城，而他书则曰回教始至喀什噶尔者，名玛哈木啻敏。如《回疆杂记》云：“相传始立回教者，名玛哈木沓敏，回人以圣称之。其墓在喀什噶尔城东五里许。”《西域闻见录》云：“喀城东约五里有坟园，土人名曰玛杂尔，乃回酋布拉尼墪等先祖玛哈木沓敏之坟。”然则玛哈木沓敏是否即玛哈麦特阿里札，疑不能定。

《疏附县乡土志》说：“译考回书云：其教祖曰摩哈默特（似即摩诃末之转音），于唐高祖武德四年立国，纪元后一百二十一年，别将玛哈麦特阿札里纠合塔什干，浩罕等处兵，征服喀什哈（即喀什噶尔之转音，当时应无此名，盖后追叙之）各城后，转战和阗，败殁。一百四十八年，其教祖外孙玉逊之曾孙曰结比沙大克击破东国兵，复其喀什哈，据之。考其时，正高仙芝击大食败之后，事适相合。后结比沙大克进攻和阗，战不利，死之，遂连不巳。盖即大食传所谓与吐蕃为劲敌也。观此，似自天宝以后，县境又为回部、吐蕃互相割据矣。回书又云：三百五十年，沙买泥（地名）阿则勒提苏塘（回官名）阿布拉司里攻取诸国，据喀什哈，称帕夏（回酋之称，即可汗之转音）。阿布拉死，子玉山波果拉汗嗣，玉山死，子玉素普卡底汗嗣，众叛不服：玉素普因乞兵于西国亦麻木（回族掌教者之称）拉斯勒顶等（拉斯卡瓦摩尔卓黑四勒顶），于三百九十年自木达英国（即木喇奚国。今之布哈尔）率众十余万至喀什哈，众复降。亦麻木遂率兵攻和阗，被敌人诱入山隘，歼之。后四玉素普死，众复叛自立。”

《西域图志》杂录云：“回部祖国名墨克，默德那，在叶尔羌极西境，相传派葛木巴尔自祖国东迁至今山南叶尔羌、和阗等处，回教始盛，故回部纪元自派噶木巴尔始，至今乾隆四十四年己亥岁，共千一百九十三矣。”

按《西域图志》所说，乾隆四十四年，即回历一千一百九十三年；乾隆四十四年，也就是公元一千七百七十九年。而《于阗县乡土志》所谓一千二百四十年以前即回历一百二十年，《疏附县乡土志》作纪元后一百二十一年，以回历一千一百九十三年即公元一千七百七十九年计之，回历一百二十一年即公元七百零七年，就是唐中宗，景龙元年，李晋年所作《新疆回教考》，他说天宝元年，亚剌伯别将阿札里由麦地拿纠合塔什干、浩罕兵逾葱岭攻喀什各城。所作天宝元年，不知是根据什么。《于阗县乡土志》译考回书的按语说，阿札里事，似在唐开元之末，结比沙大克事，当在唐肃宗时。而李晋年谓在唐代宗大历四年(公元七百六十九年,回历一百四十八年)。若以回历一百二十一年,即公元七百〇七年,而回历一百四十八年,当即公元七百三十四年,也就是唐开元二十二年,和唐代宗大历四年相间三十五年。

回教始至喀什噶尔各城的人。于阗和疏附两《乡土志》说是玛哈麦特阿札里,《西域闻见录》说是牌罕伯尔,《回疆杂记》说是玛哈木啻敏,《西域图志》说是派葛木巴尔。《图志》又在回部世系中说,"派葛木巴尔族属,秉持回教之祖,派葛木巴尔为第一世,其同祖兄于阿里为第二世。"以上所述未知孰是。

威尔斯《世界史纲》说:"阿布伯克于六三二年继穆罕默德为教主,六三四年卒,以教主之位传于穆罕默德襟弟奥玛。回教之武力,当以奥玛(六三四—六四三)在位时代为极盛。"又说:"阿布伯克及奥玛第一为回教中之二要人,至于回教一百二十五年间之发展,自印度而至大西洋及西班牙,自中国边境之喀什噶尔而至上埃及。"又说:"此朝当太平无事之秋,其重要之教主有阿布都马利克 Abdul Malik(在位时为六八五年至七〇五年)与窝利德第一 Wolid(在位时为七〇五年至七一五年)二人,在位时代为奥美朝极盛之世。版图之广,西至庇里尼斯山脉,东与中国接壤。"

外国史记载奥美耶朝的武功,说他东取花剌模、布哈,侵入印度河,更乘唐代内乱,侵入天山南路,踰葱岭,陷于阗,几与中国以兵戎相见,因乏水草引还。

上面所引的桑原骘藏《东洋史要》,他所用的材料,是采自《元史译文证补》,桑原氏所说的库退拔,又作库太巴。也就是《于阗县乡土志》中所说的阿札里,以年代推之,就是奥美耶朝徽密莫末腻。《元史译文证补》说:"徽密莫末腻,据西人云,当时阿剌比语哀密耳阿而莫末甯之伪,言信从者之君也。奥自蛮先倭马尔首膺此号。"

综合上举所说,回教来到新疆,有下列各说:有谓唐南宋永徽二年大食已来朝贡者,如新旧《唐书》、《唐会要》和《册府元龟》,都是这样说法。

有谓在唐玄宗开元年间的，如《元史译文证补》及裴氏《河海昆仑录》就是这样主张。有谓在隋唐之际来到新疆的，如《新疆图志》中有此说。有谓唐玄宗天宝元年来的：李晋年《新疆回教考》是如此认定。谓唐中宗景龙元年到达喀什的，如于阗、疏附两县《乡土志》是这样说法。证诸西史，当以奥美耶朝，六六一年至七四八年（就是唐高宗龙朔一年至唐玄宗天宝七年）之际来到新疆为较可信。

回教在新疆的发展，前面已提到，新疆在元代以前，其境内虽有袄教、景教、摩尼教的传播，因佛教在新疆的根深蒂固，这些教的势力还不足和他相颉颃，迄今在天山南北佛教胜迹，所在多有，就可以说明佛教在新疆的宏布。自突厥族人改奉回教后，新疆宗教情形为之一变。至元统一西域，风气为之再变。原蒙古人本信佛教，后来到西域做统治者的，逐渐改奉回教，自是回教在新疆的势力日益发展。

《新疆图志》学校志说："元代释氏称极盛，而西北三藩，渐染莫罕默德教。"

元代初期，其人不独信奉佛教，且有信仰基督教的，其后也改信回教。傅运森作《元西域宗王致法兰王书考》说，"合赞薨，弟合尔班答立，时公元千七百零四年。合尔班答功奉基督教，名尼古剌。后从妇言，改奉回教，属十叶派。回教人以合达班答称之。合达班答者犹言上帝常奴仆也。与十叶派相反对之素尼派人，则称之为合儿班答（元史因之），合儿班答者，犹言驴夫也。"

《马可波罗行记》（冯承钧译）上册中说："别儿哥者，成吉思汗之孙，而拔都之弟也。在一二五七至一二六五年间，君临钦察，是为其族皈依回教者之第一人。"

《马可波罗行记》沙海昂本第五十章说："可失合儿（Kachgar, Kashgar）皆是一国，今日隶属大汗，居民信仰摩诃末。"第五二章，"鸭儿看（Yarkand）乃是一州，广五日程，居民遵守摩诃末教法。"第五三章，"忽炭（khatan）属大汗，居民崇拜摩诃末。"第五四章："培因（Pein）居民崇拜摩诃末。"第五六章。罗不（Lop）居民崇拜摩诃末。

《多桑蒙古史》二卷五章："蒙哥即位，（畏吾儿亦都护）撒连的 Solendi 方入朝朝贺，其国有偶像教之奴某，诉其亦都护欲尽杀别失八里 Beshbalik 及畏吾儿国之回教徒，拟乘其于金曜日集于礼拜寺时杀之。"由此可知回教当元代初朋在今之孚远和吐鲁番一带有相当的势力了。

李思纯《元史学》中说："旭烈兀目灭报达后，即于其地建伊儿汗国 Ilkhanate，与奇卜察克汗国 Kipohak Khanate 察哈台汗国 Qagatai Khanate 并称西北三大藩，然此三藩之中，惟伊儿汗与回、耶两教之势力消长问题。其关系最大。"

《瀛寰志略》卷二："阿剌伯回教既兴，乃有天方、天堂等名，皆花门夸耀之称，比其国于天上。其实本无此名。自李唐以后，其教渐行于西域。今则玉门以西，尽亚细亚之西土，周迴数万里，竟无一非回教者。"

《东土耳其斯坦志》说："十四世纪讬格拉克铁木儿 Tughlak Timur 扩张其治权于昆仑山，铁木儿信奉回教，遂禁其地居民不得信仰他教。铁木儿本都阿克苏，至是乃迁都喀什噶尔，建离宫于乙昔克库尔湖滨。其子再迁都于撒马儿罕。"

《疏附县乡土志》说："嘉定十五年，蒙古主（即元太祖）由辉和尔（旧作畏兀儿，据火州）击定西域各国，以蒙古语易县境名为合失合儿，置达噶齐（犹华言掌印官，即达鲁花赤）监治之，隶阿母河省，自是县境又属于元。太宗以为诸王哈萨岱分地。英宗至治以后，各据地称汗，互相攻击。顺宗至正二十五年，嗣王托和乐可铁木儿汗改从回教，于是县境遂为回部，分筑回庄、回堡，置阿奇木伯克等官以治之，遣和卓（又作和加，回语为圣裔也）亦麻木等分往各城以传其教。吐鲁番以上，悦然从之……"（据吐鲁番艾君学书云：其族入天方教约六百余年。盖即元时也。）

由以上所引各文看来，回教当元朝时期，在新疆有极大的发展。在新疆的西南部，如喀什噶尔一带已成为他的根据地，后来发展到中部，如阿克苏吐鲁番等地也成了他的势力范围。到了明代，回教在新疆更是发展起来。

《藩部志略》吐鲁番回部条说："吐鲁番本高昌国，宋为西州回鹘，辽为阿萨兰回鹘，皆回纥之遗种，而非天方西来回也。自摩哈麦居喀什噶尔，其教盛行于西域，及明，吐鲁番强大，嗣是而回教遂兴。"

《新疆图志》建置志吐鲁番条云："玛木特玉素，莫罕献德二十六世孙也。当明季与兄弟分适各国，自默德那迁喀什噶尔，群以为圣裔奉之。适额鲁特方强，尽执元裔回部旧汗，迁居天山以北，于是各城始有回酋，而回教始盛行焉。"

有人谓新疆的回教发展，在公元十世纪末至十一世纪初，回教活动的地区。仅限于疏勒、莎车、于阗等地。至于高昌回鹘，一直到十五世纪还是信仰佛教，全疆改信回教，当在十五世纪以后。这种说法，固有道理，然在十五世纪或以前，高昌一带不能说没有回教的传布，说是至十五世纪以后则大盛，是合乎实际的，如果理为十五世纪前，概无回教的踪迹，是不合乎事实的，陈垣先生说的很明确。他说："新疆今视为回疆，然在明初，吐鲁番、哈密犹奉佛教。永乐六年（西一四〇八），吐鲁番番僧来朝。犹授为灌顶慈慧圆智普通国师，其非回教可知。至成化五年（西一四六九），其酋阿力遣使来贡。自称速檀，则已改从回教矣。永乐间郑和由海道往西洋，陈诚由陆路往哈烈，经过吐鲁番，犹谓居人信佛法，多建僧寺。哈密原有回回、畏兀儿、哈剌灰三族杂居，嗣为吐鲁番所据，始尽从回教。至于天山北路伊犁等处，清初犹奉佛教……"（见《回回教入中国之史略》）

回教何时传入新疆和在新疆发展的情况上边已谈了些。就其大概来说，明朝时，其教主力蔓衍于天山南路，北部为准噶尔势力范围，所以有南回、北准之称。到了清代中叶，准人的势力衰微，回教势力就蓬勃于北疆，新疆又称为回疆，由此而起。

回教的派别

回教为穆罕默德所创，但其教基础的奠定，是他的密友阿布伯克耳 Abu Bekr（见威尔斯《世界史纲》）。目穆氏卒后，阿布伯克耳嗣位为第一代加利发(六三二至六四三)。阿氏在位虽很短促,然对于回教大有阐发,如经典的纂修及教旨的说明,就是他的功绩。相传自他死后,其教分为两派,《无雅堂答问》卷二中说:“回教有二派,摩哈默德之派,回色底特士教,今阿剌伯诸国奉之。摩氏传其婿阿比鳌,别为阿比鳌教,今土耳其、波斯诸国奉之。”又有人说,回教的分派,似在元时,其文云:“元时回教似已有派别上之分别。吾人读蒙古史,见旭烈兀西征时,有不少十叶派人在其军中,鼓励其对哈里发之征伐。此派人既能在旭烈兀之军中,即未尝不能至中国各地从事各种活动。且十叶派之根据地素在波斯,以当时波斯人来中国者之多,其间宁无十叶派人在内耶?至于与十叶派相对之逊尼派,元时当亦有之。”(见白寿彝《元代回教人与回教》)又有谓赞成阿布伯克耳的素尼派 Sunnites,又译作逊尼派,或圣尼派,为教士伯克答失蛮所创,所以又称为答失蛮派。这一派以在土耳其为最多,反对者,为十叶派 Shutes,其势力在波斯、印度等地,这一派又名息脱派,他们常自称为木速蛮。传到我国新疆的就是此派。相传在奥美耶朝 Omayyats 时,阿力 Ali 之后夺波斯,自为一派,名法捷玛 Fatima 派,其教义与十叶派同。奥美耶的叔父阿拔斯 Abbas 的后裔和奥美耶朝不相容,自成一阿拔斯派,这一派传布于呼罗珊 Khorassan 一带,初奉十叶,后改奉素尼。要之,不外十叶和素尼两派。

十叶派又名木速蛮,一作木速儿蛮。阿剌伯语,木速儿意思是正义,蛮义为人。此名见于我国典籍者,如邱长春《西游记》作铺速蛮。乌古孙仲端《西使记》作没速鲁蛮。耶律楚材《西游录》作谋速鲁蛮。木速蛮即木速儿蛮的省称。现于新疆维吾尔人常称穆思蛮,然当以速儿曼 Musulman 为正确。陶葆廉《辛卯侍行记》说:“其人自呼曰墨斯儿蛮(言所信惟天也,欧人称回回曰妈呼里登),又有答失蛮 Danichmand 者。”《元史译文证补》元史各教名考说:答失蛮亦木速儿蛮教中别派。昔有教士伯克答失创行此教,遂以人名名之,蛮义同前,今土耳其国内尚有此种教人。答失蛮又作达失蛮或达识蛮。清人改木速儿蛮为穆苏爱满,改答失蛮为达实密。西文又写作 Tasiman,钱大昕谓答失蛮乃回回之修行者,此言误也。又有谓答失蛮为大食之转音者。法人马斯伯罗曰:“且中国今尚呼回教僧侣曰阿浑 Akhound,蒙古史中称之曰答失蛮,皆波斯语。”

关于回教在新疆的派别,近代史学著作中略有记载。

汪荣宝在所作《中国历史教科书》中说:“帖木儿帝国之盛也,四方回教学士,争集其国都撒麻耳干,教祖摩诃末之后裔有和卓木(和卓又作和加,犹华言少爷也,和卓即圣裔)者,尤得尊信。当明中叶(公元十五世纪),和卓子加利宴及伊撒克昆弟自撒麻耳干移喀什噶尔,各集弟子说教,自汗以下,咸崇信之,明嘉靖时,喀什噶尔汗撒伊特数用兵东向,悉定天山南路,回教势力,因之益蔓延其间。加利宴之门徒称白山宗,伊撒克之门徒称黑山宗,各习师说相标榜。及喀什噶尔汗衰,和卓子孙代握天山南路政权,而两宗之轧轹由是益甚。”

汪氏这段文章和新疆图志建置志吐鲁番条略同。汪文中所说的和卓木,没有指是某人,是否即新疆图志中所说的玛木特玉素呢?关于回教有白山、黑山两宗的,我在乌鲁木齐时,曾和维族中有学识的阿力,谈及此事。他说回教中没有派别,可能是因所住的地方不同,而有不同名称。如住在河岸的,称为河岸派,住于戈壁的,称为戈壁派。白山、黑山之分,当是如此。阿力所说的是否正确,须待进一步讲究。

宋伯鲁《新疆建置志》疏勒下说:“其土著缠回有黑神、白种之别,而皆阿剌伯族也。”宋氏此文,语颇含胡,所谓黑种,白种,究何所指,是否为别书所谓黑山宗、白山宗呢?

《新疆图志》建置志哈密条,哈密回王答陶模书说:“畏兀儿、哈喇灰同奉摩哈默德教,衣服亦同,初以白帽束头,故称白帽回。后有用杂色者,称红帽回。各族久无分别,惟统称缠头回。犹之江南江西统称汉人而已。卑部先世系白帽回,相传多畏兀儿子孙。其于唐代,留居中土,改用汉装,谓之汉回,亦呼回回。”

魏源《圣武记》道光重定回疆记说:“盖白帽回非霍集占支派,张格尔纵白帽虐胁之,故阿克苏、阿奇木曰伊萨克者,遣其党分赴和阗,离间黑回,各伯克献城内附,冬雪封山,兵未能进,复为白回所陷。”

《三州辑略》说:“常以白布蒙头,故曰缠头回,又名白帽回,回人呼白帽,达斯塔尔别有红帽,辉和尔、哈拉回诸族。”

李晋年(字子昭)《新疆回教考》说:“及至新疆,见白布裹首者,诵经典者也。其余皆花帽,无所谓黑帽花帽之别。……以事实考之,白帽回者,摩哈麦之族也。黑帽者,异族也。”

苏联历史学家基列耶夫说:“这一时期在僧侣中形式上存在过两个党——阿克大格勒克(白山党)和卡拉大格勒克(黑山党)。这两党之间在细小的宗教仪式问题上的分歧并不妨碍他们进行一致的争夺政权的斗争”(见一本把封建汗国理想化的书)。

以上各家所说,都以回教徒头上戴的帽子的颜色来作为分派的标准,事实上这是一种浅薄无知的说。回教徒们用布缠头,多用黑白两色,绝无派别的意思,我听说:帽子颜色不同,是其教中等级之分。有头戴花帽的,是回民的一种仪观,也不走宗派的标帜。往时新疆境内确有缠回和汉回之分。现在将这两派的情况约略说一下。

缠回:《新疆图志》礼俗志说:“缠回者,汉西域城郭国诸种人也。高鼻深目,多髭须,与泰西岛民状况相类,但眸子黑耳。天山之南,种族蕃庶,而分居疆北者,亦所在皆是。”

这里所说的缠回,其名极不妥当。考此名出现的由来,大概从内地到新疆的人,看见有些人用布缠头,不研究其究竟,而竟以此名其人曰缠头,名其教曰缠回,其无知之甚,可令人笑。礼俗志中所说的“汉西域城郭国诸种人也”这一论断,也极含胡。实际就是从前所说的畏兀儿人,就是现在所称的维吾尔族,简称维族。维族人们信奉回教,其经过情形,前面已说过了,兹不赘述。

汉回:关于汉回的解说,也极纷纭。《新疆图志》礼俗志说:“甘回者(汉装回多从河、湟迁徙者,故别之曰甘回),突厥种人也。鼻高面眼微陷,男剔首,女缠足,居室衣服,皆从华制。”这段文章所说的也不清晰。汉回是从关内迁到新疆的,这些人的生活已经华化,改名曰汉回。我想汉回中有不少的汉族成员,说他们都是突厥种人,也欠笼统。从河湟迁到新疆的回民，维族人们称他们为回回，或曰东干。东干之名，有作登根的（见屠寄《中国地理教科书》），又有作通罡的（见《疏附县乡土志》），又有作通尤的（见《辛卯侍行记》）。对于这一名称的解释，说者也不一致。

王金绂《西北地文与人文》中说："同化者为东干回。……东干回即汉回，欧人称为东干，中国称为汉回。……甘肃汉回亦称萨拉回，乃由中亚萨马尔罕 Samarkan 迁移。"

屠寄说："登根为腾格里之转音，义为天山一路之人也。"

冯承钧《西域地名》："Tungan，新疆汉回之突厥语。"

《疏附县乡土志》说："通罡乃吐鲁介之转音，言其驻走关内也，义与侨居同。"

我在新疆时，曾和阿利先生（塔塔尔族，任维吾尔学校校长）谈，他说："东干是由那里迁到这里的意思，如汉语侨居之义。"汉回不是新疆的土著，所以维族人呼他们为东干 Tungan，据说回鹘语称东方为 Togar，我疑东干 Tungan 是 Togar 之变。

日人白鸟库吉在所作《西域史的新研究》文中说：Turk 语中 Cagatai 语及 Kirgiz 语，称伸张为 Togar，Uigur（维吾尔）语称东方为 Togar，这里所用的 Togar 就是 Tungan。

结　语

回教何时传到新疆，我的主张，上面已经谈了。王日蔚作有《伊斯兰入新疆考》（见《禹贡半月刊》），他说十世纪、十一世纪传入新疆西南鄙的于阗、叶尔羌、喀什一带，十三世纪至库车，十四世纪、十五世纪至新疆东部，这种论点，大致和我相同，但我所引用的材料和他有所不同。近来有人说："伊斯兰教约自第八世纪从今阿拉伯地方传入新疆。"（樊圃著《西北的少数民族》第五节，维吾尔族的宗教信仰）这种说法，似觉早了些，不知道他是根据什么。

斡耳朵之沿革

我国北方，民族繁多，在历史上各民族的兴衰，真是不一其数。就是在某族称霸时，他的统治下还有其他各族。在民族兴衰中，而有些风俗习惯和语言，还是保存下来，就是说甲族的风尚和语言，乙族还是沿用着。此例甚多，现在仅就斡耳朵一词的沿革探讨一下，就知道这个道理了。

斡耳朵一词，不独在我国文字中有各种写法，就是在外国，各国有各国的译法。如外文中有 Ordo，Ordu，Ordou，Orda，Oludo，Horda，Horde，Kordu，Xordu 等。有人说 Ordo 原是 Kordu 或 Xordu，他的语根 Kor 和 Xor，意思为中央，今土耳其语 Ortu 或 Xordu 都作为中央用，即其例证。有人说中央不是他的本义，而是他的引伸义。

伯希和在所作（1930 年作，冯承钧译）《斡耳朵》文中说："斡耳朵本古突厥语的 Ordu，语言营帐或宫殿，中世纪时，从突厥语移植蒙古语中，始读作 Ordu，继读作 Ordo。后经君临俄属中亚的成吉思汗后裔，又从突厥语移植到波斯语中，最后移植到印度斯坦语中，而成为印度的蒙古朝廷用语之代称，即 Urdu 是已。"又说："黄河的河套名称鄂尔多斯 Ordos，就是 Ordo 的蒙古语多数。因为其地以成吉思汗后妃结营帐（斡耳朵）而得名。"由伯氏文中，可以看出个词的发展和演变。这个词在通古斯族中也用着，其音作 Ordo，我想这也是蒙古语中移植过去的。

斡耳朵一词，见于我国书籍中，有各种不同的写法。

《辽史》营卫志说："居有宫卫，谓之斡鲁朵。"又作斡鲁多。

《金史》百官志说："斡里朵，官府治事之所也。"兵志中有"天德间置迪河斡朵"。我想斡朵即斡耳朵的省称。

耶律楚材《西游录》说："其西有城曰虎可窝鲁朵，即西辽之都。"虎可窝鲁朵有作虎思斡耳朵，或骨斯讹鲁朵（虎思，突厥语意为坚，斡耳朵意城）。元史曷思麦里传作谷则斡儿朵。《辽史》国语解，虎思斡鲁朵，思亦作斯，有力称，斡鲁朵宫帐名。

长春真人《西游记》有兀里朵，一作窝里朵或谔特克。

刘郁《西使记》作亦堵。

《蒙古源流》云："哈岱山阳之大谔特克地方建立陵寝。"谔特克又作鄂托克域鄂拓克，外文作 Ottok 或 Otok。

《黑鞑事略》中有"窝里陀"。徐霆疏证说："其制即草地中大毡帐。"

《元史》食货志说："太祖四大斡耳朵。"他处又作兀鲁朵。魏源《元史新编》作"太祖四大帐殿"。蒙古语帐殿曰斡耳朵。

明人陈士元《诸史译语》说："斡耳朵，华言帐房也，辽史称斡鲁朵，音之转也。"

《明成祖北征纪行》初编说："初二次开平，营于斡耳朵。华言宫殿也。"

蒋良骐《东华录》卷一中说："居长白山东俄汉惠之野俄里城，国号满洲。"

志费尼记畏兀儿之迁移说：古代城名鄂尔朵八里。

《多桑蒙古史》畏吾儿节说：现在斡儿寒河畔，尚有一城一宫之遗迹。此城昔名斡耳朵八里 Ordou-Balic，今名卯危八里 Maou-Balic（冯承钧译注云：斡耳朵八里犹言斡耳朵城，卯危八里犹言恶城，别言之荒城也）。

冯承钧《西域南海史地考证译丛续编》高丽史中之蒙古语，"兀朵即是 Ordo 之对音，即言宫室。"

日本河野元三《蒙古史》第一章第五节：归温都儿，又作阿尔讬（即龙庭）。

《秦边纪略》卷二云："黄儿城，元之永昌王牧马地也，其时谓之斡耳朵城。"

洪钧译《蒙古钱谱》作恶耳都，倭拉都（即鄂尔多斯）（纪事本末作袄儿都司）。

陕西长安东北隅有一地，名斡耳垛。元人李好文《长安志图说》城东北隅有元安西王宫。这里斡耳垛，据考证就是元世宗的第三子安西王忙哥剌的宫殿的遗址。

由以上所引各书看来，斡耳朵一名，在汉文书籍中，有下列各种写法：斡耳朵、斡鲁朵、斡里朵、窝鲁朵、讹鲁朵、斡儿朵、窝里朵、窝里陀、兀鲁朵、鄂尔朵、鄂尔多、讹彝朵、讹夷朵、骨斯朵、袄儿都司。又有温都儿、兀朵、鲁朵、鄂多、斡耳垛。这些写法，实际就是斡耳朵的异译。其中如袄儿都司，可能与鄂尔多斯之义同。

与斡耳朵意思相近的，还有一种，名曰捺钵。《辽史》营卫志上云："有辽始大，设置尤密。居有宫卫，谓之斡鲁朵，出有行营，谓之捺钵；分镇边圉，谓之部族。"斡鲁朵和捺钵虽有居行之别，我想辽在初起时，统治者住处必不是十分固定于某地。后来势力大了，统治力强了，才设置宫卫，取名为某斡耳朵（即某宫），固有宫卫的名称，所以将行营名为捺钵。实则两名不同，其义还是一样。营卫志中说："随水草，就畋渔，岁以为常，四时各有行在所，谓之捺钵。"《文昌杂录》说："契丹谓住处曰捺钵。"捺一作纳。由两段文字看来，斡鲁朵和捺钵仅是常住与不常住的区别。契丹国志中亦有捺钵。元人周伯琦诗作纳钵，杨允孚杂咏作纳宝。元人书中也有写作剌钵的。清人改为巴纳，按巴纳应作纳巴才对。

又有人将斡耳朵说是鄂拓克昀。鄂拓克又作谔特克，是准噶尔语，义为部属。游牧人民，计算人数，常以多少帐为单伍。鄂拓克可以说是部属，也可以说是流动的帐房，和斡耳朵的原义相近。

斡耳朵是一译名，它的意思上面所举的那些名称中，有些地方已说到华言作某了，但是没有阐述详尽，在这里再叙述一下。斡耳朵，有人说犹华言宫殿、宫室；有的说是官府治事之所，有人译为帐殿、帐房，草地中之氈帐；有人说它的意思为城，又人说意为中央。布莱资须纳德《西辽史》译注（梁园东译注）十四说："辽制，拱卫天子敦军，设州县领之，总称曰斡鲁朵意即心腹"。梁氏此注似不确实，辽语以"算"为心腹，《辽史》营卫志上说："算斡鲁朵，太祖置。国语，心腹曰算，宫曰斡鲁朵。"梁氏在注文中又说："太祖，立斡鲁法，裂州县，割户丁，以强幹弱支，诒谋嗣续，世建宫卫，入则居守，出则扈从，葬则囚以守陵，有兵事则五京二州各提辖司传檄而集，不待词发。"此项心腹亲军，辽语为斡鲁朵。《辽史》明言斡鲁朵为宫，梁氏何所据而这样注释呢?

上面所说的关于斡耳朵的解释，大半不是它的本义，其始义，释为氈帐，最为妥当。易言之，犹现在的蒙古包、考氈帐或帐房等名称，在匈奴时已有此名称。古籍中谓之穹庐（见《史记》和《汉书》匈奴传），颜师古注曰"旃（同氈）帐也，其形穹隆，故曰穹庐。"穹庐又可写作穷庐（见《淮南子》齐俗训），又可书作穹闾或弓闾。这几个字都是字音相近，可以通用。在《唐书》吐蕃传云："赞普联毳帐（即氈帐）以居，号大拂庐，容数百人。"拂庐和穹庐是同样的住所。《汉书》西域传：乌孙公主所作的一首歌："穹庐为室兮旃为墙。"这一句充分说明穹庐是氈房。也就是现在的蒙古包。关于蒙古包的原名，王树枏《新疆礼俗志》说："冬窝曰玉木种（牧所谓之窝），夏窝曰锡林，氈房曰色格勒，即今谚所云蒙古包也。"吴文藻在所作《蒙古包》文中说："蒙古包，因其用毛毡覆盖，故有氈幕、氈帐、毡房、毡包之称。蒙古语谓之蒙古尔克尔，或班布尅克尔，西文则为 Yurt。"我在蒙古时，听蒙古人说，可以移动的，名乌古尔克尔，固定的名托古尔克尔。张尔田《蒙古源流校补》说："游牧记又引土默特德贝子语云：元太祖葬地，在榆林边外极西北，地名察罕额尔格，察罕、白也；额尔格，帐房也：额尔格即鄂特克又作鄂托克，译言部分，亦即帐房之义。额尔格、鄂特克、鄂托克者，亦斡儿朵之异也。"

斡耳朵叫名的沿革，可以说上自匈奴族的穹庐，中至吐番族的拂庐，后来契丹族、女真族、蒙古族都用作斡耳朵，实际上都是今之蒙古包，至于其他各义，都是后来的引伸。

伯希和作有《斡耳朵》一文，其大意，谓 Ordu 为突厥语，意为营帐或宫殿。中世纪时从突厥语移植到蒙古语中，始读作 Ordu，继读作 Ordo。后经君临俄属中亚的成吉思汗后裔又从突厥语移植到波斯语中，最后移植到印度斯坦语中，而成为印度的蒙古朝廷用语之代称，即 Urdu 是已。可是这突厥语的 Ordu 字，同训为“中间”的 Orta 与 Orda 字毫无关系。金帐汗之“帐”（horde）字，当然是从 Ordu 字而来，我们语言中的 horde 名词（犹言乌合之众），也是本于此字的。黄河的河套名称鄂尔多斯（Ordos），就是 Ordo 的蒙古语多数，因为其地以成吉思汗后妃结营帐（斡耳朵）而得名。……

从伯希和的这一段文章，可知斡耳朵一词流变。其文见冯承钧译《西域南海史地考证译丛》五编，二二至二三页。

准噶尔辨正

准噶尔是卫拉特的四部之一，到了清代初期，他的势力逐渐强大起来，吞并了其附近各部，因而和清政府冲突，清朝的统治者前后经过三次征讨才将他打平。当他强盛时期，其势力范围，大半是在新疆的北部，所以天山北路过去有“准部”之称。关于准噶尔部族的原委，史书中叙述多有分歧。

魏源《圣武记》说：“曰卫拉持部，曰绰多斯，牧伊犁，曰都尔伯特，牧额尔齐斯；曰土尔扈特，牧雅尔；曰和硕特，牧乌鲁木齐。”

俞正燮《癸巳类稿》卷八驻扎大臣原始条说：“卫拉特分四部时，曰绰罗斯特，曰都尔伯特，曰土尔扈特，曰和硕特……四卫拉特之分界也，绰罗斯特治伊犁，和硕特治青海；都尔伯特治额尔齐斯，土尔扈特治雅尔；土尔扈特北去，辉特治之。”

《蒙古游牧记》说：“额鲁特，旧分四部；曰和硕特，姓博尔济吉特；曰准噶尔，曰杜（都）尔伯特，皆绰罗斯；曰土尔扈特，姓不著。部自为长，号四卫拉特，总称额鲁特，即明史所谓瓦剌也。有辉特者，姓伊克明安，最微，初隶杜尔伯特，后土尔扈特徙俄罗斯境，辉特遂为四卫拉特之一云。又说：杜尔伯特，元臣孛罕裔，姓绰罗斯，六传至额森，生二子，长博罗纳哈勒，为杜尔伯特祖，额斯墨特达尔汉诺颜，准噶尔祖也。”

俞正燮说:(见前引文)"初绰罗斯特浑台吉卒,子僧格立,僧格为其兄车臣巴图所杀,立其子索诺木阿拉布坦,僧格弟噶尔丹入藏为喇嘛,还伊犁,杀索诺木阿拉布坦,而遣使乞封于达赖喇,达赖喇嘛为准噶尔博硕克图汗,是为准噶尔。其众曰厄鲁特,其部曰卫拉特,古曰瓦拉,其居曰伊犁,其派曰绰罗斯特。"

《清史稿》藩部五:"厄鲁特,旧分四部。曰和硕特,姓博尔济吉特;曰准噶尔,曰杜尔伯特,姓绰罗斯;曰土尔扈特,姓不著,部自为长,号四卫拉特,全称厄鲁特,即明时所谓阿鲁台也。"屠寄《中国地理教科书》中说:"额鲁特,旧分四部,一曰和硕特(和硕特有福之谓),博尔济吉特氏,成吉思之弟哈撒儿之后,乃纯粹之蒙古种;一曰准噶尔,一曰杜尔伯特,皆绰罗斯氏(即赤那思,义为狼),乃蒙古之分族(按准噶尔即杜尔伯特之一,杜尔伯特,蒙古语四数也。相传蒙古有驼、马、牛、羊四牧群,准其马部也),一曰土尔扈特,乃突厥种人;有辉特者,伊克明安氏,最微,初隶杜尔伯特。"《清史稿》和屠氏所述,和《蒙古游牧记》的记载相同,屠氏多了一点解释。

《古微堂外集》答友人问西北边域书云:"……此漠北四部,总称喀尔喀。由正北迤西曰准部,即天山北路……准部本有四卫拉特。"

《朔方备乘》说:"准噶尔者,厄鲁特四部之一,其先本元阿鲁台部,声讹厄鲁特,后分为四部……"

《汉西域图考》说:"瓦拉自也先死后,子孙分散,分为四卫拉特……绰罗斯亦曰准噶尔。"

《啸亭杂录》卷一中说:"准噶尔本元太尉也速后(与徐达战于通州,见明史),以无纲不整,遂遁居伊犁,分四部:曰卫拉特,曰都尔伯特,曰和硕特,曰土尔扈特。"

《西域图志》封爵一云:"按四卫拉特次序,旧首绰罗斯,次都尔伯特、和硕特、土尔扈特。因土尔扈特徒,附辉特,兹叙封爵,以都尔伯特归诚最先,忠谨自保,爰为首叙。"又云:乾隆二十年三月,准噶尔绰罗斯部台吉噶尔藏多尔济等率属内附。又云:乾隆十九年七月,准噶尔和硕特部台吉班珠尔等率属内附。又云:乾隆十九年七月准噶尔辉特部台吉阿睦尔撒纳等率众内附。又云:准噶尔土尔扈特部为四卫拉特之一,其汗和鄂尔勒克,当巴图鲁浑台吉时,与三卫拉特不和,率其子书库尔岱青西北去属俄罗斯之额济纳地。在此书御制伊犁将军奏土尔扈特汗渥巴锡率全部归顺诗以志事。注云:"准噶尔旧凡四部:曰绰罗斯,曰都尔伯特,曰和硕特,曰土尔扈特,为四卫拉特。"

上面所引各书所说的,已可见其有些不同处,除此外,如《三州辑略》和《新疆图志》礼俗志等书中所记载的,也是不一致的,为节省篇幅,兹不引了。

汪荣宝《中国历史教科书》中说:"喀尔喀以西,天山以北,本厄鲁特蒙古境也。其地,故元代牧场,分驼马牛羊四部,称为四卫拉恃,卫拉特,译言大部,元之衰也,其臣猛帖木儿据有其地,自为部落,明时谓之瓦剌,瓦剌者,由卫拉特音转而讹也。正统中,瓦剌极盛,其汗也先,数入寇边。为中国患。也先死,而瓦剌中衰,其地复为四部,一曰和硕特,居乌鲁木齐附近,一曰准噶尔,居伊犁;一曰杜尔伯特,居厄尔齐斯河流域;一曰土尔扈特,居塔尔巴哈台附近,总称厄鲁特蒙古。"

萧一山《清代通史》卷上第二十七章"准噶尔之役"一百二"准回两部之起源与混一"中所说的,和汪氏听述,大致相同,今将萧氏所列之表,录之。

厄鲁特蒙古	和硕特	居乌鲁木齐附近,后袭青海(《清史稿》说姓博尔济吉特)。
	准噶尔	牧萨犁,准噶尔与杜尔伯特均姓绰罗斯,故准噶尔亦称绰罗斯部。
	杜尔伯特	牧额尔齐斯河流域。
	土尔扈特	居塔尔巴哈台"雅尔"附近。

张尔田说:"按张石洲额鲁特总叙,和硕特、准噶尔、杜尔伯特、土尔扈特,此明以来之旧四卫拉也。和硕特、准噶尔、杜尔伯特、辉特(蒙古源流卷三有和特,张尔田说和特印辉特,和辉一声之转也),此新疆未辟以前之四卫拉特也。嗣天山底定,游牧星罗,数其名则有六:厄鲁特也,和

硕特也，辉特也，绰罗斯也，杜尔伯特也，土尔扈特也。”（见《蒙古源流笺证》卷三注）。

根据上面所开引各书，可以看出叙述准噶尔的历史，很为混乱，有称准噶尔为绰罗斯的，理由是准噶尔姓绰罗斯。那末姓绰罗斯的还有杜尔伯特，如果单称准噶尔为绰罗斯，那末仿佛是杜尔伯特不姓绰罗斯了。我国姓氏两字是有区别的，如左传隐八年，“众仲曰：天子建德，因生以赐姓，胙之土而命之氏，诸侯因谥为氏，因以为族。”更清楚的说，姓是以母系为中心的产物，氏是父系时代的产物，可以说，氏是姓的分支。准噶尔是属于厄鲁特蒙古的一支，厄鲁待又是蒙古族的一支。蒙古族，过去有人说是姓奇渥温，据研究结果，应该是姓郤特，张尔田《蒙古源流笺证》序中说是奇攸。准噶尔姓绰罗斯，绰罗斯是郤特的分支是无可疑的。照道理说应该是氏，而不是姓。关于这一点，屠寄的说法是对的。《清史稿》中甚而说：“绰罗斯部，准噶尔种也”，尤不应该。

厄鲁特原是蒙古的一部分，史称为厄鲁特蒙古。照这样说，厄鲁特是一总名，这一总名之下分为四部，《清史稿》中说：“额（厄）鲁特蒙古四卫拉特”。汪荣宝书中说：“卫拉特，译言大部。”照此说来。称四部可，称四卫拉特亦可。而《啸亭杂录》中说：“准噶尔本元太尉也速后，以元纲不整，遂遁居伊犁，分四部：曰卫拉特，曰都尔伯特……”这显然是以准噶尔为总名，它之下分为四部，不是谬误而何呢？

关于准噶尔是谁的后裔的问题，有的说是元太尉也速之后，有的说是瓦剌乜先之后，有的说是元臣孛罕的后裔。有的说是元臣猛帖木儿之后。《清史稿》中说是阿鲁台部，并说厄鲁特为阿鲁台之转音。对于这一问题，我以为屠寄的说法（文见前），最为明确。

准噶尔一名，不仅在新疆天山北部有此名称，在青海也有准噶尔，在内蒙古鄂尔多斯也有准噶尔族。然则准噶尔译言是什么呢？《西域图志》杂录一说：“准噶尔本蒙古裔，准谓东，噶尔谓手，准人谓南为东，盖谓蒙古迤南部落也。”余元盦《内蒙历史概要》九四页：“准噶尔为左翼之意。”说准噶尔为蒙古迤南部落，我想这种解释是对的，由鄂尔多斯之准噶尔族可作例证。但后来所称的准噶尔不一定是原意了。有人说自天山北路准部强盛后，数与清政府冲突，清代统治者用兵西征，历时甚久，才被镇压下去。乾隆帝不想再用准噶尔之名。就以绰罗斯代之。因此，两者常混淆不清，治史的人不能不加以辨正。冯承钧氏所作《西域地名》，在 Oirats 条下说："Oirats 一作 Uirats，明史瓦剌，清之卫拉特，又作厄鲁特 Eleuthes，亦作准噶尔 Dzungars。"冯氏之误，已在前面说了，我认为 Oirats 或 Uirat 不仅可译作瓦那或卫拉特，而并可译为绰罗斯。

西文中有 Kalmuck 一字，日人白鸟库吉在所作《西域史的新研究》中说："准噶尔即系西人所称的 Kalmuck，属蒙古种。"近人岑仲勉说 Kalmuck 是卫拉特的译音，并说是土耳其语，他又说 Kalmuck 又作 Kalmak（中亚方言），Kalmik（窝尔加河方言，俄文同），Kalmuk（遏都曼语）（见岑氏所作《中外史地考证》卫拉特即卫律说）。

苏联史学家沙赫马托夫和邵英巴耶夫说："十八世纪初叶，准噶尔部（卡耳梅克一厄鲁特）自东南侵入卡查赫斯坦。一七二三年至一七二七年（按即清雍正元年至五年），虽然卡查赫人曾抵抗过，准噶尔部还是占领了大大朱孜（斜米列启耶）和中朱孜（中部卡查赫斯坦）底大部，他们一直达到萨伊拉姆和土耳其斯坦，威胁着小朱孜（西部卡查斯坦）……"

莱芒脱 C. Lamont（美人）在所著《苏联民族史话》（纪伯庸译）中说："最末一个伏尔加流域的自治共和国是加尔迈克 Kalmyk，位于伏尔加河口附近，往西伸张到干燥半沙漠地带的里海边缘。人口仅十二万五千。原是蒙古的游牧部落之一，信佛教，十七世纪时自中国西北部移居于此。一七七一年，因不堪凯撒林大帝的压迫，他们曾集团的向东逃归，诗人戴昆西 De Quincey 称之为'鞑靼部落的飞奔'，有一部分来不及逃亡，便成为现在的加尔迈克人的祖先（现名卡耳梅次卡亚自治州）。"

这些被遗留下来的加尔迈克人是住在伏尔加河西岸的，因此来不及和东岸的兄弟们一起跑。但那些逃亡的人可也真受透了罪，沿途成万的人饿死冻死，更有些蛮强的部落劫掠他们，有些人在中途就定居于中亚现在苏联的鄂伊略特自治区了。三十万逃亡者中，只有三分之一回到他们的老家中国(戴昆西在此称加尔迈克人为鞑靼,是不正确的,鞑靼是蒙古的属部,而加尔迈克人则为真正的蒙古人)。

由以上各家所说的,有的以 Kalmyk 为准噶尔人,有的说是卫拉特的译音,有的说是准噶尔部,附注卡耳梅克一厄鲁特,这些说法都欠正确。我说加耳梅克儿人,说他是厄鲁特还可以,若说他是准噶尔或卫拉特,那就不明确了。厄鲁特是一共名。其下分四卫拉特,准噶尔是四卫拉特之一,不能以准噶尔之名而统称其他各部,有人将 Kalmuck 字译为"西人称中国西部任何部落中信仰佛教的蒙古人"(韦氏大学字典),这是对的。其他说法都不确切。我想 Kalmuck 人是四卫拉特之中的土尔扈待人,而不是准噶尔人。前面所引各书有数处说到土尔扈特北去,所谓北去,就是迁移至俄境。俞正燮《癸巳类稿》俄罗斯事辑文中说:"崇祯时,雅尔额什尔努拉之土尔扈特和鄂拉勒克汗,恶绰罗斯特(即准噶尔),越哈萨克(观译为卡查赫斯坦),投俄罗斯。察罕汗指喀山额济勒河之南,图理雅斯科之东,哈萨克之北,马努托哈无城郭地与之,使为藩部。"又说:"五十年(康熙五十年),土尔扈特使由俄罗斯至。五十一年五月,圣祖使图理琛等往报之,道出俄罗斯,经西毕尔、喀山两斯科,往返行三年,以五十四年三月归。"又说:"(乾隆二十三年)四月,厄鲁特舍楞,害我副都统唐喀禄,而逃于俄罗斯察罕汗受之,以属土尔扈特……而舍楞于三十六年(西历纪元 1771 年),诱俄罗斯土尔扈特全部趋伊犁。"俞氏记和莱芒脱所言完全相合,由此可得确证加尔梅克人是土尔扈特,而不是准噶尔。

厄鲁特考释

厄鲁特为蒙古族的一支。关于它的历史，中外史学家的记载，很是分歧，兹将各书所述录之，然后判其谁是谁非。

《圣武记》说："厄鲁特亦蒙古也。元之亡，蒙古分为三大部，漠南蒙古。漠北蒙古，喀尔喀蒙古，皆成吉思汗之裔。惟居西域者，出脱懽太师及也先瓦剌可汗之裔，是为厄鲁特四卫拉特蒙古。"又说："西域四厄鲁特中，准噶尔最习斗。"

《朔方备乘》说："准噶尔者，厄鲁特四部之一，其先本阿鲁台部，声讹为厄鲁特。"

《蒙古游牧记》说："额鲁特旧分四部……号四卫拉特，统称额鲁特（额亦作厄），即史所谓瓦剌者也。"又说："瓦剌即卫拉。或以乌喇特为瓦剌之讹者，非也。阿鲁台乃人名，非部落，或以厄鲁特为阿鲁台之转音，亦非也。"

倭仁《莎车行纪》说："准噶尔四姓，于汉属匈奴右地及乌孙车师……于唐为突厥沙陀。伊犁一带；皆其部落。今厄鲁特，其后裔也。本元阿鲁台部，其声讹为厄鲁特。"

和瑛《三州辑略》说："额鲁特别出阿鲁台之部，其后声讹. 遂称为额鲁特。"

《新疆图志》说:“额鲁特即明史所谓瓦剌,或谓为阿鲁台之转音,非也。瓦剌今称卫拉特。”

《元朝秘史》卷六中说:“不亦鲁黑在元鲁黑塔黑的地面。注云:此即额鲁特之转音,官书作厄鲁特,或额罗德,皆此三字……兀鲁塔,即额鲁特,今伊犁一路。”卷七中说:“帖木真处厮杀的有谁,札木合说兀鲁兀惕、忙忽惕。注云:兀鲁兀惕,今额鲁特其后也。忙忽惕即蒙古对音。二部皆出自孛端察儿曾孙纳臣之后。”卷一中说:“朵奔蔑干死了的后头,他的妻阿阑豁阿又生了三个儿子,一个名不忽搭吉(即《辍耕录》之博寒高也。《蒙古源流》作布固哈塔吉),一个名不合秃撒勒只(即《辍耕录》之博合覩里吉也。《蒙古源流》作博克多萨勒济图),一个名索端察儿(《辍耕录》作孛端叉儿,《源流》作孛端察尔)……纳臣把阿秃儿生二子,一名兀鲁兀歹。注云:(兀鲁兀歹,今额鲁特种,疑其后也。近阿勒坦山及伊犁哈萨克处皆有之。)一名忙忽台……”

龚之钥《后出塞录》说:“厄鲁特本元人牧奴,其初甚贱,迨元室渐微,厄鲁特强盛,遂叛其主。”松漠《从军杂诗》中亦载其说。

《清史稿》谓:“……号四卫拉特,全称厄鲁特。即明时所谓阿鲁台也。”

《新疆图志》山脉志说:“巴尔鲁克山……前额录特牧于斯山,号为巴尔鲁克部,巴尔鲁克者,译言树木丛密也。”

屠寄《中国地理教科书》中说:“金山有地名兀鲁黑塔(科布多西北),故号兀鲁黑塔部,语讹为额鲁特,以其有森林,又谓之斡亦剌惕额儿干(译言林木中之百姓),语讹为斡亦剌惕为卫拉特,云其后诸部分析,牧地他适,仍以旧号额鲁特。”《元秘史》山川地名考说:“林中百姓即今柳林也。地在额尔济斯河附近。又云,林木中百姓:秘史蒙文作火因亦儿干。蒙古谓林曰槐因(即火因),百姓曰亦儿干,又曰亦儿格。即今阿尔泰以北额尔济斯河一带之乌梁海部落也。”这里所说的,和屠氏稍有差异,待后再述。

《蒙古人民共和国通史》第四篇,第四章,156页,注云:“卫拉特即瓦剌，根据名从主人的原则，在顺治入关以前，据明史译为瓦剌，在顺治入关以后，据清人记述译为卫拉特。”

厄鲁特又作额鲁特，人说就是《元朝秘史》中的兀鲁塔，或兀鲁兀惕（歹）。也有写作额罗德的。西文写作 Eleuth。关于兀鲁特蒙古因何而名为厄鲁特，有些人说是阿鲁台的音变，有人已经说这种论断是错误的。认为是错误的，甚是，但尚未谈出得名之由来。我以为厄鲁特之名是阿尔泰而来。阿尔泰一名也有写作阿勒坦。突厥语和蒙古语谓金为阿尔泰，我国文献中又称为金山，汉书中名金微山。因这一带产金，故有是名。后来有一部分蒙古人住在这里，所以名为阿尔泰蒙古，音变为厄鲁特蒙古。用这种说法来解释厄鲁特之名，读史就无不通之处了。

厄鲁特蒙古，后分为数部，厄鲁特本为大名，而有些人常用其中之小名而代大名，我在《准噶尔辨正》文中已约略说过。张尔田先生、对此问题有明确的叙述，兹节录之，以作收束。

张尔田曰：“张石洲额鲁特总叙和硕特、准噶尔、杜尔伯持、土尔扈特，此明以来旧卫特也。和硕特、准噶尔、杜尔伯特、辉特，此新疆未辟以前之四卫拉特也。嗣天山底定，游牧星罗，数其名则有六，厄鲁特也，和硕特也，辉特也，绰罗斯也，杜尔伯特也，土尔扈特也。覈其实，不过三和硕特也，杜尔伯特也，土尔扈特也。要其种，则自明及今只一，曰额鲁特而已。”（引自《蒙古源流笺证》卷三注）

新疆各民族简史

新疆地方，我国古代称为西域，地当中西交通孔道，东来西往的人，都要经过这个地方，因为这块地方物产丰富，而又地旷人稀，有些人就从别处迁到这里。于是这个地方就形成民族众多的情况。

新疆这块地方，文化发达也很早，就目前考古资料来看，我国北部和西北部发现有细石器遗存，习惯上称之为“细石器文化”。新疆的哈密县七角井、若羌麦特克沁和喀什噶尔河柯坪等地都有发现。这足以说明在新石器时代这里已有人居住了。但这种人究属于什么族，还有待于考古材料来说明。关于这块地方最早人类问题，日本人羽田亨在所作《西域文明史概论》古代西域人种章中说，“今日住于西域主要的人种，乃是突厥族。惟昔日所住的人种，是属何族，实为长时间的疑问。或者就是突厥族据居，或者是西藏人所居，或者是雅利安人居住，亦未可定。”羽田氏对这个问题，还是疑莫能定。关于这个问题，既没有新材料，不必妄加推断，我今仅就新疆维吾尔自治区现有的而并是就我所知的述之。

一、汉族

新疆和内地是在什么时候有了往来，汉人是什么时候到达新疆，而兹在那里住下，若穷其始，也是难言的问题之一。一般的说，自西汉武帝时，要讨伐匈奴，为了要削减匈奴的势力，就派张骞等到那里去联络大月氏，以断匈奴的右臂，自张骞通西域后，两方往来就逐渐多起来了。从此起，汉人定有住在那里而成为土著。如《乾隆府厅州县志》说："和阗即于阗，回人呼汉人为赫探，汉任尚都护西域，尝遗其人众于此。和阗回子，皆其遗种。故回子呼之为赫探城，和阗，赫探之对音也。"七十一所著《新疆纪要》中，也有这样的记载。祁韵士在《西域释地》中说："和阗汉于阗国。唐置于阗都督府于此。回人谓汉人为黑台，和阗即黑台之讹，相传汉任尚弃其众于此。"

上面所引的书中所说的赫探、黑台，我想就是契丹的转音。中亚细亚一带的人们称中国为契丹，现在还是这样。有些外文，如 Cathay 或 Kitai，就是契丹的译音。中亚地方为什么称中国为契丹，呼中国人也作契丹呢？这与辽之耶律大石西迁有关系，大石是内地去的，中亚人不知究竟，认为中国就是契丹。语讹而为赫探、黑台，还有写作黑炭的。祁韵士说和阗乃黑台之讹，不与说是对音。我和和阗归来的人谈，有谓南疆维吾尔女子喜以蓝色之草（名乌苏玛）染眉，惟和阗妇女的眉仍是黑色，据说这是汉族所遗留的习尚，至今未变。

西域自与内地交通后，汉族人迁到那里的一定不少，以理推之，也不限于和阗一隅。尤其在唐朝、元朝两代，中西交通畅达，内地人到西域去的想也不少。由近年在新疆各地发现很多唐代文物，正足说明这一点。自清人统治全中国后，西域正式改为行省，由乾隆时期直至清末，汉人迁到新疆的，日有所增。其中有两湖的，其人数之多，过去有"湖湘子弟满天山"一语，可足佐证。甘肃和新疆邻近，甘省人迁到那里也不少。其他如河北、河南、山东等省的人也有移植去的。过去在乌鲁木齐市建筑有上面所说的各省会馆，也可说明这些省的人已有悠久的历史。

二、蒙古族

蒙古之名，见于我国史籍的，有各种不同的写法。有译作忙忽、忙兀、盲骨、萌古、蒙古、蒙兀、蒙瓦、蒙铺、蒙骨、蒙兀勒、蒙古勒、忙豁勒、蒙古里、蒙古儿、蒙古斯、盲骨子、梅古悉等，现在已统一称为蒙古。

当元代初起时，新疆北部就有蒙古族一部，名为厄鲁特蒙古，及元统一中国后，蒙古族的势力在新疆有极大的发展，全疆尽为蒙族所控制。到了明代，厄鲁特蒙古分为四卫拉特，就是和硕特、杜尔伯特、准噶尔、土尔扈特四部。到了清朝初年，准噶尔势力强大，统一诸部，那时新疆以天山为界，天山南路为回部，天山北路为准部。准部势力既强，和清政府发生冲突，清朝经几次用兵，才将准噶尔打平。自此后，新疆北部有土尔扈特和硕特两部，乾隆二十九年自张家口外移驻到新疆的有察哈尔营。民国二年由外蒙古又有一土尔扈特部移到新疆的，因此，就名前者为旧土尔扈特，新来的为新土尔扈特。

蒙古族多住在新疆北部，如乌鲁木齐、焉耆、乌苏、精河、塔城、阿山、奇台等地多有蒙古人游牧。他们宗教信仰佛教，就是喇嘛教，喇嘛之权极高。他们的行政组织，仍为部落，每若干毳幕(即毡房，或名蒙古包)为一苏木(部落的意思)，最高的阶级为王公。

三、达斡尔族

达斡尔族的由来，有下列几种说法：

1. 达斡尔族是鞑靼的后裔。

2. 达斡尔族是鲜卑—契丹的支庶。

3. 达斡尔族是成吉思汗的兄弟喀不特合撒儿的后裔。

4. 达斡儿族是萨吉哈尔的汗的后裔。

蒙古语谓达斡尔为随伴，原住在黑龙江、嫩江一带，为半农半猎的生活。从清朝后，入仕途的很多。自康熙平定新疆，他们被派到那里做官的很不少。达斡尔或称打狐狸。乾隆二十九年移一千余人驻伊犁，置领队一人辖之。现在多从事农业。

四、满族

我国东北一带的民族相当复杂,有些人不加分别,概称之为满族或通古斯族,实际上是不恰当的。关于东北民族究竟有哪些,现暂不谈。自清代统治者平定新疆后,他为了要巩固在那里统治,就在新疆各地设官置守,并派精兵驻扎,以防反抗。尤其在乾隆时代,移去的人更多。满族人到新疆去的,大半是地方官吏,这部分人后来多半在乌鲁木齐、奇台、镇西等地居住,他们的文化水平比较高。

五、锡伯族

锡伯族又名斜婆、西伯、西北、席北。又作喜伯。是鲜卑族的后裔。据说这族人最早居住在伯都讷(今吉林、扶余地方),康熙年间,将他们编为旗兵,分散到各地驻守。乾隆间他们被派到新疆,多住在伊犁河流域和塔尔巴哈台一带。自清亡后,锡伯族在新疆的大半都从事耕种了。现在多住在伊犁河南岸察布查尔,故又称为察希查尔族。

六、维吾尔族

我在《维吾尔族史略》中,对于维族的历史已写了些,现在这里只想作点补充叙述。

维吾尔的名称在我国史书中有很多的写法,除《维吾尔族史略》文中所举外,《绥远分县调查记》写作维伊哥儿,《蒙古源流》卷七中有卫果尔,沈乙庵说就是畏吾儿。袁复礼所作《西北地理》,写作乌依古儿。关于维吾尔族族源问题,陶葆廉《辛卯侍行记》中说:

> 畏兀儿者,本吐谷浑素和之裔,降于吐蕃,居排衙川,亦曰计罗川,后讹为贵和,为畏吾,为畏兀,非回纥人,但音近耳。宋神宗时王韶取西甯,畏兀惧,还于瓜州、沙州,徙入交河,降于西辽,封交河王,

为畏兀儿国。其后亦都护降于元，详见俞浩西域考录，引唐赵珣开元十道图记及孙承泽元朝典故编年考……

又说："后西辽又吐谷浑之裔畏兀儿于交河(孙承泽元朝典故编年考)，其酋曰月仙帖木儿亦郡护传子巴而术阿尔忒的斤。"

陶氏治学，号为精审。《辛卯侍行记》书又常为治西域史的所习用。他的所述，是承讹袭谬。维族之先，我已有详论，不再赘述了。

塔兰奇：牛时《伊犁兵要地理》中说："土著缠头名为塔兰奇，乃伊犁向有之土著。"《辛卯侍行记》说："多兰，南路缠回寄居北部之称，亦呼塔兰池。"祁韵士《西北释地》说："塔尔奇山，在城东北九十里，一作阔勒寄。"我想塔尔奇及阔勒奇都是塔兰奇的音变。《疏勒乡土志》有"惰兰"，《回部政治论》有朵兰回回。袁复礼《研究西北地理遇到的几个问题》文中作都兰。以上所引各书将塔兰奇一词各就所便，写出不同的名称。我曾听到友人谈，塔兰奇人原住在南疆，因为他们犯了什么过错，才将他们移到伊犁去屯垦。塔兰奇原意是耕种，可能由于他们善于耕作，才有此族名。今绥定一区，多有此族。

七、乌孜别克族

乌孜别克一名，我国史籍中写作乌柏格，外文作 Uzbeks；又作月即别 Usbes，有人说这个名称是由月即别汗 Uzbeks Khan 而来的。元史中有月祖伯，又作月思伯，想与乌孜别克有关。英人 Robert Shaw 于公元一千八百八十五年探险我国新疆西部，其所作书中说："在 Turk(土耳其或突厥)种中 Uzbeg 人，大抵多须髯，且口角额边留疏髯，居住霍罕 Khohand、安息 Bokhara 等地的乌孜别克人须髯稍多，究系他们与 Arya 种 Tadjik 人杂婚的结果。"这段记载说明了乌孜别克是突厥种人，同时也说明了在我国新疆有这族人。乌孜别克人大部分住于苏联境，今中亚的塔什干就是乌孜别克共和国的首都。莱芒脱在《苏联民族史话》中说："乌孜别克原名撒耳特 Sarts，土耳其语的原意是'进牧人'。一九一七年十二月苏维埃政府向回教各国宣言时还用这个名字。乌孜别克一词，来自十四世纪一位蒙古汗王的名字，那正是所谓‘金帐汗国’的时代，他第一次把回教传入，定为国教。中亚的乌孜别克人共约五百万，还有不少寄居在其他四个共和国。”乌孜别克人住在新疆的多集中在乌鲁木齐和伊犁一带，过去他们多半是从事商业。

八、回族

回族或回回族，回教或回回教，这些名称史书中的叙述，常是混乱不清。关于这一点，写文分辨，历史界和宗教界不乏其人，其混乱情况，已被澄清了（可参阅白寿彝先生所作的《回回民族底再生》中的第一章和第二章）。我在这里所谈的是专指新疆维吾尔自治区的回族，据我所知，在新疆居住的回族，都是信仰伊斯兰教的。关于这一族的历史，我在《维吾尔族史略》中也说了些，在这里也是从略。

新疆境内的回族，有些是从甘肃迁移过去的，因而有甘回之称。又因为他们的外仪和汉人相似，所以有人称他们为汉装回，简曰汉回。西人与维吾尔人又呼他们为东干回（这个名称已解释过，兹不述）。这一族的祖先是为何种人，说者不一。如陶氏《辛卯侍行记》说：“回回，大食国种……入居陕、甘各省者，日汉装回，大半回鹘之后，杂匈奴氐羌诸种。”《新疆图志》礼俗志说：“甘回者，突厥种人也。”又有谓甘回为萨拉回的，说是中央亚细亚萨马尔罕人，为突厥人的后裔。这一说法，我国史学界多以此说为是。因是他们开始住在甘肃平凉一带，有人谓史中所说的平凉杂胡，就是指的他们。回族在新疆境内几乎各地都有，他们中有从事农业的，操工商业的也不少。

九、塔塔尔族

《魏志》乌丸大人蹋顿，有人说蹋领就是鞑靼的原音，唐李德裕《会昌一品桌》有达怛，这个达怛，也是后日之鞑靼。鞑靼一词，在我国史书中有各种不同的写法，如达旦、达鞑、达打、塔鞑、达达、打打、达达尔、鞑靼里。又简称为鞑子、达子，按鞑靼一名，实有广狭二义，狭义鞑靼，仅指蒙古、东胡等族，广义则可包括北亚、西亚、东欧等地的人。《职方外纪》书中所说的鞑而靼，所指甚为广泛。

关于鞑靼族的由来及其分支，如宋黄震《古今纪要逸编》说：

鞑靼与女真同种，皆靺鞨之后。其居混同江者，曰女真；其居阴山北者，曰鞑靼。鞑靼之近汉者，曰熟鞑靼，其远于汉者，曰生鞑靼。生挞靼有二：曰黑，曰白，皆事女真，黑鞑靼主忒没真叛之，目称成吉思皇帝。又有蒙古国者，在女真东北，至我朝嘉定四年鞑靼始并其名号，称大蒙古国。

孟珙《蒙鞑备录》说：

鞑靼地处契丹之西北，族出于沙陀别种，故历代无闻焉。其种有三，曰黑，曰白，曰生。……

上引两书是宋人叙述鞑靼的族源和分支，《元史》太祖纪中称汪古惕为白达达。蒙古语谓白达达为察罕达达(Chagantatar)，黑达达为哈喇达达(Kara Tatar)，柯劭忞《新元史》氏族表列有某某为黑塔塔儿，某某为野塔塔儿。柯氏说："非蒙古人而归于蒙古者，皆为白塔塔儿。"柯氏用的塔塔儿一词。就是鞑靼，然则这两种名称是有点区别的。姚文田谓《元秘史》有塔儿皆有称达达者。达达即鞑靼，大率克鲁连以东为金人地，则称达达。克鲁河以西，色楞格河以东为元人地，则称塔塔儿。

王静如说："鞑靼之名，不见于中国唐初及中叶之史料，而突厥碑文中如阙特勤碑及苾伽可汗碑均有鞑靼。吾人试考诸碑文其地望，颇与隋唐以来所记之失韦或室韦相当，睹此，鞑靼之为蒙古族，决不误也。"(见《辅仁学志》第一卷第一、二期合刊《突厥文回纥英武威远毗伽可汗碑考释》)

莱芒脱《苏联民族史话》说："有些史学家常常以'鞑靼'一字替蒙古，

实际上鞑靼人一意为弯弓者一善于骑射,不过是蒙古的一支。自金帐汗国崩散后,蒙古后裔停留在较西面的各族,逐渐与土耳其族及他族混种,人们就称之为鞑靼人了。蒙古人及鞑靼人在进军时,常将俘虏的外族排在队伍的周围,命他们作外围的护卫,'土耳其、鞑靼'的原义即指此。"

关于鞑靼族历史问题,说来很多,本文不欲多加阐述,单明的说出他的族源,而在此处旨在叙他在新疆的情况。有人说塔塔尔族又名"老盖依",这些人多由苏联迁到新疆的。其人黄发碧眼,身体雄健,很像欧洲人。他们多经营商业,乌鲁木齐、伊犁、塔城等地过去多有他们的商店。他们信奉伊斯兰教,所用的文字是维文或俄文。

十、哈萨克族

哈萨克一词,见于我国史册较晚,这族在古时究为何名,说者也颇不一致,如《西陲总统事略》和《圣武记》两书都说是古康居国或大宛,又有些人说是古之乌孙。这些说法是否正确,还有待于进一步的研究。

《旧唐书》西戎传说:"波斯国东与吐火罗、康国接,北邻突厥之可萨部。"有人说这个可萨部就是后日所谓哈萨克。《元史》郭宝玉传说:"辛巳可弗叉国惟算端汗破乃满国。"耶律楚材《西游录》中说:"印度西北行有可弗叉国。"有人说可弗叉国就是哈萨克的异译。《蒙古源流》卷六中有哈萨拉克,沈曾植说即哈萨克。清人李文田说:"可萨者,盖即今俄罗斯之可萨斯克。"除上述名称外,我国历史中又写作曷萨或哈萨。苏联境内哥萨克(Cossack)与哈萨克(又译作卡查赫)Kazakh 两族,这两个名词是同源字,原义是"一个脱离了自己种族的人"。尽管这两个名称有些相似,但是他们中间却完全没有血统关系。近来有人主张哈萨克是土耳其、鞑靼的别支。这族人大半居在苏联境,据说在乾隆年间有一部分移到新疆境内,他们的生活还是以游牧为主,一九三四年哈族人们曾游牧到甘肃省西部。他们也是信仰伊斯兰教。语言和维吾尔族同。

十一、柯尔克孜族

柯尔克孜族史称布鲁特，以新疆喀什噶尔为总汇。其附近的英吉沙尔县为尤多。《新疆图志》建置志疏勒下说："布鲁特分五部：曰胡什齐，曰冲巴噶什，曰岳瓦什，曰希布察克，曰奈曼。"《疏附县乡土志》说："布民均在西北一带山内游牧……县属者，向分五部……统名布鲁特。回民呼为黑利黑斯。其种亦极庞杂，有黑皮恰克（似为思结遗种），额勒克（似为西辽遗种），益满（似即乃蛮），交里等数十种。"《新疆图志》礼俗志说："布鲁特者，汉乌孙、休循、捐毒诸种人也。（东布鲁特为乌孙西鄙地，西布鲁特为休循、捐毒二国地）散居于喀什噶尔、英吉沙尔、蒲犁、叶城、乌什诸边境。"《建置志·英吉沙下》说："布鲁特之牧于西山者，十四部，引乡土志云：布鲁特俗名黑黑子，移帐逐水草，奉回教，不食豕肉，衣服与缠民小异。魏源谓在汉为休循捐毒，在唐为大小勃律，其遗民也。旧为十九部落，苏勒图等五部投入俄罗斯，其冲巴噶尔等十四部，向附安集延。"

巴克尔《鞑靼千年史》说："黠戛斯古坚昆属国也……或曰居勿；曰结骨，其种杂丁零……至清时，此族为布鲁特（Buruts）及哈萨克（Kaisaks）。"

莱芒脱《苏联民族史话》中说："关于这些面孔扁平的土耳其、鞑靼人（即吉尔吉斯人）。在十三世纪以前，找不着什么确实的遗迹。在这之先，他们曾游行全亚，有一时期，甚至到了中国的北京。稍后，鞑靼人被蒙古的大汗国所征服，最后又以苦战反抗俄国的沙皇。俄国大革命前一般人都误称之为加拉吉尔吉斯 Karakirgiz，而北的哈萨克反混称为吉尔吉斯人，因此，到如今，哈萨克共和国北面的大草原还沿袭旧称，叫做'吉尔吉斯大草原'。"

柯尔克孜族俗名黑黑子、黑车子，是黠戛斯的异音，在汉时为坚昆，唐时称黠戛斯，又曰结骨。蒙古初起时又译为奇尔济苏，或吉利吉思、吉耳吉斯。关于黠戛斯族，《新唐书》回鹘传说："黠戛斯，古坚昆也。地当伊吾之西,焉耆也,白山之旁,或曰居勿,曰结骨,其种杂丁零,乃匈奴西域也。匈奴封汉降将李陵为右贤王,卫律为丁零王,后郅支单于破坚昆,于时距单于庭七千里,南车师五千里,郅支留都之,故后世得其地者,讹为结骨,稍号纥骨,亦曰纥扢斯云。”

关于柯尔克孜族的族源问题,有人说是李陵之后。克拉普洛忒氏(Klaproth)认为是印欧种已经土耳其化的民族。Schott以为芬兰种,苏联史学界认为最早突厥族。现在吉尔吉斯族,其成分已不单纯,强定为某族之后,是欠妥当的。布鲁特一词,我国典籍中写法不一,如《洛阳伽蓝记》中的钵卢勒,《魏书》作波路,《高僧传》智猛传作波仑,《西域记》作钵露罗,《唐书》有钵露、布露,又有大小勃律,都是布鲁特的音变。近数十年来,新疆地方通称布鲁特为赫里赫斯,或柯尔克孜。也有人译作基尔吉兹。新疆人常把他和哈萨克并称,简言为“哈、柯”。他们也是信奉伊斯兰教,喜山居游牧。

十二、塔吉克族

塔吉克一名,也有写做塔其克、塔奇克、他几克、塔则克、塔尔吉莫、塔什克等。这一族人多居于新疆蒲犁和印度帕米尔之间。关于他们的族源,有人说为突骑种,即突厥族的后裔。《元史译文证补》突厥回纥传说:“土尔其使臣自谓是突而屈,今本国犹藏古书,谓有三千人入中国为兵,余众辗转西徙,后值赛尔朱吉特建国,授地以居,遂入谟罕麦德教。迨蒙古西来,避而之黑海南,其西徙之时,在千载前,盖唐代也。按前云十三部入唐,此云三千人,多寡不同。要之为突厥入中国之确证。其奉回教,亦当在是时,今蒲犁之塔奇克人,亦即突而屈之转,突而屈即突厥也。”《新疆图志》建置志蒲犁下说:“其民多塔奇克族。注云:塔奇克即突骑斯之转,即突厥也。”上面所引各节,是以塔吉克为突厥族。

塔吉克族住在阿富汗境内的也不少,《阿富汗土耳其斯坦志》说:“阿富汗土耳其斯坦之土著民族,以伊兰血统之塔奇克人为代表,彼辈居于波尔克之数县及昆都斯山谷中，而尤以库斯德为最多。”《阿富汗斯坦志》说：“非阿富汗人，向阿富汗人杂居，其人数最多与最重要者为塔奇克人 Tajiks，错杂普遍于阿富汗斯坦全国，而其主要之地，则在国之西境。彼辈为此国最古之土著，为伊兰高原种，自称曰帕雪汪 Parsivan，操波斯语言，身体健壮，容貌端好。”莱芒脱在《苏联民族史话》中说：“塔则克共和国……住民和苏联中亚别的国家不同，不是土尔其鞑靼人，而是伊朗血统，一般都认为他们是中亚最古的民族。高身材，直鼻子，往往是蓝眼睛，也许他们和雅利安人的关系比和日耳曼人或西方的诺尔地克人 Nordic 更为接近一些。”以上是说塔吉克为伊朗族。

苏联有一个探险队，在塔吉克境内的高山上一座古城的废墟中，发现了很多珍稀的古代文献，可以使人们知道两千五百年以前索格底那王国(Kingdom of Sogdiana)的状况。因为这里发现了这个古王国的资料，有人就以为塔吉克为索格底人的后代。如潘克拉托伐主编的《苏联上古中古史》中说：索格底人即塔什克 Tajiks 的远祖（见第一编，第二章，第八节）。

《元史译文证补》西域补传说：“古时阿剌比人游牧于西里亚者，西里亚人称之若曰大抑，继而波斯人称之若曰大希，其后阿昧尼亚人，突耳其斯单人称之若塔起克。大抑、大希、塔起与大食音类。”《新元史》西域传开始的一段，与此合同。日本人桑原骘藏《东洋史要》说：“顾其时阿剌伯天方教徒已建大食国（古时西域诸国称阿剌伯人若曰大抑、大希或塔起克，皆与大食音近。故中国有大食之称）。”这也是采用《元史译文证补》的说法。这种说法是不是意味着塔吉克人就是大食人呢？塔吉克一名，外文作 Tajik，也是作 Taji 的。日本人关卫《西洋美术东渐史》中说：“大食是 Taji 或 Tajik 一语的音译。乃当时的中国人呼阿剌伯人的一名称，这两语本是同一语，后者只是前者的传讹。元来所谓 Taji 的，是古代波斯祆教徒所用的帽子，凡戴此帽子的都称为 Tajik。可是从阿剌伯人到波斯之后，他们也被加以这种称呼，于是到了唐代便以大食的名称称呼阿剌伯人了。”又有人说，大食的名称是由波斯文 Dash（义为沙漠）字音所转译。以上所述,是说塔吉克与大食的名称的关系,并涉及到大食一名的由来,在此,拟不再谈了。

岑仲勉在《塔吉克噶勒察及大食三名之追溯》文中说:“构成上古伊兰要素之塔吉克(或噶勒察)民族,清代以前汉籍并记载,又唐言大食,是否与波斯语 Tajik 吻合,此两问题,余在《论天山南北民族》文中均避开不提……”又说“涉塔吉克、噶勒察之名称、历史及分布,兹并掇录所见西人书说,以供研究。”

岑氏所掇录西人所述,其大意认为塔吉克为波斯种,说波斯语,文长不录。

关于塔吉克族的族源,苏联史学家加伏罗夫(塔吉克斯坦共产党(布)中央委员会第一书记)在所作《为马克思主义地阐明塔吉克人民史及其文化史而斗争》文中说:“在研究各族人民底起源时,还有个别带有反科学性质的不正确的解释。大家知道,乌兹别克族和塔吉克族的祖先是共同的。远古时期即已居住在中亚细亚的索格特人,巴克特利人、花剌子模人、萨克人、马萨盖特人等,不仅是塔吉克人民底祖先,而且也是乌兹别克人民底祖先,这个情况已为苏联的考古学家、人本学家、人种学家、文艺学家和语言学家底研究著作所无可辨驳地证明了。然而还有一些学者企图证明乌兹别克人民底‘纯突厥的’起源和塔吉克人民底‘纯伊朗的’起源。甚至在我们共和国的历史学家中,曾经有人为了证明塔吉克人民底‘纯伊朗的’起源,在无中生有的‘阿里人的国家’中去找对塔吉人民底祖先,这就是偷运德国法西斯的种族理论了。”

苏联《历史问题》杂志社论《论中亚细亚各族人民历史的若干问题》中说:“塔吉克文化与波斯文化的关系问题,在《塔吉克人民史》中获得正确的解决,这本书里对这个问题说道:东伊朗人(塔吉克人的祖先)之与西伊朗(波斯人的祖先)分离,是远古时期,公元前很久的事情,塔吉克人民有自己本族的、独特的、与波斯人无关的文化,有自己的文化传统,自己的历史”(见加伏罗夫:《塔吉克人民史》,苏联国家政治书籍出版局,一九四九年版,第二七页)。

关于塔吉克族的历史情况，上面引了各家的说法，我以为加伏罗夫的主张是可信赖的。

十三、俄罗斯族

俄国自十月革命后，无产阶级取得政权，沙皇时代的贵族和资产阶级们，纷纷向国外逃窜。我国新疆与苏联毗邻，有些白俄逃到这里，他们其中有一部分是军人，世称为白俄军。在新疆住久了，这些人都入了中国籍，新疆人称他们为归化族，实际上所谓归化族不仅是俄罗斯人，还有俄哈、俄维、俄塔等族。这些人初到新疆时，多无一定职业，后来让他们在乌鲁木齐南山、绥来、沙湾、塔城、伊犁一带屯垦。

塔城游记

新疆乃古之西域，自张博望西征以还，渐通中土。清季建为行省，遂成为我国行政区之一。然以距内地辽远，交通不便，中原人士往游者少，西陲一切真象，不明者仍多。新疆物产丰富，帝国主义者早即垂涎，尝闻西欧列强对新疆情况调查綦详，如往岁德意志所举行之各地风俗展览，而新疆琐物，均有陈列，其用心可知也。询之国人，反瞠目而不能答，岂非懔然可畏事乎。

余性躭游览，尤喜访古迹。乙亥（一九三五年）中夏，行抵乌垣，阅籀余暇，即登山临水。是年冬有塔城之行，虽天气严寒，由于好游因而敢冒风雪。

塔地元代名塔尔巴哈你，清乾隆中更为塔尔巴哈台，民国初元改称塔城。考塔尔巴哈台原治雅尔，雅尔即今苏联境鱼鳞甲尔，距塔城约二百里，俗称北雅尔，在今塔城县之西。因其地夏多白蝇，冬季严寒，故徙其治所于楚呼楚，即今之塔城县也。而新疆氓庶不审其故，仍称塔城为北雅尔。塔尔巴哈台乃蒙古语，义为水獭，因此地盛产其物，即以此名地。塔尔巴哈台维吾尔人名曰邱库卡克，义为木碗。相传回教某圣至斯播教，以木碗于井中取水，遗碗井中，用作纪念。据云塔城大盛洋行院中井内尚有木碗。即为某圣之遗物，邱库卡克之名，原于此也。昧以塔城古产木碗，故有邱库卡克之称，此乃无根之言也。

近人王金绂《西北之地文与人文》云："塔城即塔尔巴哈台(Tarbagatai)，天津商人称北雅，蒙古人称屈固卡克(Chuguchak)，屈固卡克乃一盌水之义，据称蒙古人旅行至此得泉水，即取盌饮之，饮毕留其盌于泉旁，因以名焉。"《塔城乡土志》云："回人以泉水为屈固卡克，塔城有一良泉，故有固卡克之称。"按上述两说，均不足信。予之所言，依据考查所得，谅不误也。

塔城居民，族类复杂，约言之，有汉、满、蒙、回、俄、维、哈、塔、乌各种。汉族以天津杨柳青人为最多，两湖人次之。天津人多经商，两湖人多营农业，新疆自民国十九年起，变乱迭作，汉人除死亡外，存者多回内地，是以人数锐减。顷由苏联回国之华侨，麇集塔城、伊犁两处，因而塔城汉族人数骤增。此次回新之侨胞，多娶俄妇，所生子女，黄发碧眼，口操俄语，若不探其本源，即不知其为汉人儿女也。近新省于塔伊二地广设学校，令侨民子弟入学习汉文，使其知祖国文化。

塔城境内之满族，原系清乾隆时拔调东北索伦、锡伯旧新两营驻防伊犁，编为外八旗。同治初，新疆乱作，该族人民避难至塔城，事平后，清政府仍令回驻伊犁，而有一部留塔未去。今在塔索锡旗民多务农业而生计之苦，闻为塔属各族冠。

蒙古人民居此者，向称为厄鲁特营，俗呼为十苏木，多居山地，度游牧生活，迁徙无定。

回民俗称老回回，又称甘回，维吾尔人呼为通干。是族多居城市，操屠宰生涯，民国十九年新疆事变发生，该族死亡惨重，在塔回民几灭三分之二。

塔城乃新疆边陲，地与苏联相接，城北四十里之苇塘子，即两国分疆处也。用是，俄人在塔城经商者极多。前清政府指定地点为贸易圈，俗名洋巴札(巴札维吾尔语，义为集市)。俄国自十月革命后，白俄来我国者多居塔城一带。

维吾尔人多居城市，经营商业。闻该族居塔者，多富商大贾，塔城金融，操之是族，如吉祥涌为塔城之最大商号，即为是族所开设。

哈萨亦称哈萨克，是族人民多居山中，度游牧生活，在城市者，不为小贩，即充雇工，近由苏联迁来之哈萨，聚集塔城，因此人数激增，予当闻新省各族中，哈萨文化最为落后。某日哈族假塔城苏联领事馆演剧予往观焉。剧情为某地王爷欺压人民，故事生动，而表演之团体合唱，音调雄壮，亦颇不俗。予由塔回省时，途遇一哈族青年，能操汉语，询之乃千户长之子。阿山艾林王之婿，名刘培德，容仪清秀，话长流畅。渠云即赴苏联求学，由此可知哈族人民并非所传之�野也。

塔塔尔，俗呼为老盖依（王金绂《西北地文与人文》作老尕夷）。是族人极善经商，且工技术。其形态黄发碧眼，颇类欧人。其女子明眸善睐，冰肌玉骨，可与苏杭淑女相颉颃。

乌孜别克人与维吾尔相似，但不留须，其人多居苏联境内，如中亚之塔什干即乌孜别克共和国之首都。居塔城者多经商或作工。

塔城有新旧二城，相距里许。旧城名汉城，居西，城周围二里七分，有东西南三门。筑于清乾隆三十一年，知事衙署在焉。城中有牲税局，牛羊交易聚于此，每日午前，颇形拥挤。交易退后，顿现冷落。城内居民寥寥，屋寓毁圮，战争残破之迹犹在。

新城又曰满城，居东。城周三里，亦三门。筑于清光绪十四年。行政长官公署在焉。顷因衙署破败，移至旧城外前关监督处。城内景象，亦呈冷落。其中居民，多为满族，有旗民小学，近更名为县立第二小学，纯为索伦、锡伯二族之子弟，前马赫英之扰塔城也，汉满俄各族皆聚是城以自保。按《塔城县志》云：新城于光绪十五年四月兴工，十九年八月告竣，筑城时间与传说有异，姑志之。

塔城密迩苏联，一切设施，颇染欧化，新式楼房，亭亭道旁，绝无鄙野气象。商务亦甚繁荣，商号之大者，有苏联贸易公司，新疆土产公司。而私人之商店，有维吾尔族之吉祥涌，资本雄厚，常垄断市场。交易最繁盛之区，在新旧两城之间，即所谓贸易圈是也。

新疆地位金方，孤悬塞外，自杨增新执政后，彼素惧知识分子，至新若为学校出身者，百般防范，置诸闲散。对本省教育亦不提倡，秦皇愚民政策，大行于新疆，用是，新省毫无教育可言。自四一二后，新省府以教育为立国大计，竭力倡导，而各地民众亦感兴学之重要，近两年来教育之进展，如长江大河，一泻千里。惜交通梗阻，设备多多不合理；师资缺乏，教学不免陈腐、萌动之期，无足怪也。塔城向无学校，近年各族明达之士，熟心教育，捐资兴学，气象甚为蓬勃。现已成立有汉族县立第一小学，四一二女子小学，第二小学（前旗民小学），俄人有塔城归化小学。维族有小学十二所，内有女校二所，学生除维族子女外，有哈、塔、乌各族之青年，因彼等言语文字相同，故可合一炉而冶之。总之，塔城教育，方具雏形，如领导有方，不难跻入正轨。

评《新疆图志》

民国廿四年岁末作于乌垣

引　言

史类至夥，约言之不逾从冲二端。从者以时间为经，纬以故实，若全史及编年体等是也。衡者以地方以主，其体制如正史，若各省府州县之方志是也。方志之兴，肇端綦早，至宋元以后，更有发展，胜清一代，因当局提倡，而各省府县，几莫不有志，一时风气所播，各地人士竞喜修纂，皇皇巨制；呈见秇林，有补正史良多，诚盛事也。自辛亥以还，此风少歇，方志之学，沈压荒顿。比有二三学者，言治史须多读志书，久辍之学，复为学子所留意焉。

余喜诵史乘，当束发受书，每聆塾师讲既往故事，时纵历久，犹娓娓无倦意。及克自修永籀乙部之书，韶华易逝，年将四十，自念所学，一无所成，夜阑思及，慨叹无已。乙亥之夏，行达西域，公事毕即纵览西域志书，遇有可记者，即泚笔书之。比成西域史地考证数十篇。学已荒落，复得重温夙好，乃幸事也。《新疆图志》一书，内容丰富，自抵乌桓后，经常翻阅。细视之。其书尚多缺点，兹就管窥所及而平之，俾后之修新省志书者，藉作参考也。

修志经过及其内容

《新疆图志》纂修经过，其书总序云：岁己酉（即宣统元年），今上龙飞伊始，振靡起弊，咸与维新，于是民政部臣有诏谕各省纂修省志之请，得旨俞允……设局三年，竟成蒇事。且共为志二十九种，计书一百一十六卷，约二百余万言。

上述图志之起始，实乃不然。据与其事者云：是书之修，原于光绪三十四年，时清政府命各省纂修省志。新疆图志局之设，亦在是年。宋伯鲁《新疆建置志·胡文濬序》云：先生此书成于前清光绪丁未（即三十四年，先生时领新疆图志局）。由胡文证之，修纂不始于宣统元年也明矣。

钟广生《新疆志稿跋》云：右新疆志稿三卷，为己酉、庚戌间余谪居北庭之作。时新城王晋卿师开藩西土，政事之暇，不废文学，尤殷殷网罗是彦，蒐讨故闻。特开志局于迪化省垣。延霍邱裴的谦先生景福，醴泉宋芝田先生伯鲁，巴陵郭搏九先生鹏襄其事……佗若宋先生作建置志若干卷，余为补课一叙，故有叙无书。郭先生作职官表若干卷，余为补课十三序，故有序无表。裴先生作水道志，仅成于阗河，叶尔羌河一卷，旋诏赦入关，余为续成之，今载省志中……

钟氏所云修志时间与总序合，然筹划当在此前，志局正式成立为己酉之岁也。

图志内容共二十九种，兹分列之：

建置志四卷	图界志五卷	天章志六卷
藩部志六卷	职官志六卷	实业志二卷
赋税志二卷	食货志四卷	祀典志二卷
学校志二卷	民政志八卷	礼俗志一卷
军制志三卷	物候志一卷	交涉志六卷
山脉志六卷	土壤志二卷	水道志六卷
沟渠志六卷	道路志八卷	古迹志一卷

金石志二卷	艺文志一卷	奏议志十六卷
名宦志一卷	武功志三卷	忠节志二卷
人物志二卷	兵事志二卷	

修纂人及其著作

关于图志修纂人，是书首卷有纂校诸家表

总　裁	袁大化				
总　纂	王树枏	王学曾			
总办局务	王树枏	荣霈	陈际唐	杜　彤	杨增新
协　纂	郭　鹏	李晋年			
提办局务	刘鸿烈				
分　纂	刘文龙	钟　镛	刘人倓	钱汝功	郑履亨
	段永恩	文笃周	杨茂春	华承谟	徐仁鑑
	稽应瑞	孙逢辰	魏承耀	郭祖雍	张得善
	彭怀智	张锡寿	田桂萼	张映川	马服麒
	朱清华	陈阜钧			
总　校	郭　鹏				

其它无关重要之职员，兹不录。

是书所举纂校诸人，有因位高而得列名者，实则一文未作，徒拥虚号，如袁大化本一荷戈之流，以巡抚地位，而为总裁，郭鹏以新疆知府而为协纂。兹就余知负纂校之责者，略叙于后。

《新疆图志》之举办，乃王树枏晋卿先生所发起，后王先生因事离新，志尚未成，由王学曾少鲁继主其事，兹分别言之。

王树枏字晋卿，河北省新城人，纂建置、国界、礼俗、水道、沟渠诸志。按《新疆建置志》，据与其事者云：此志确为晋卿先生所作。然宋伯鲁亦作有《新疆建置志》，有单行本行世，文与《新疆图志》中之建置志全同。是志究为谁作。晋老新故，无由质之。

王学曾字少鲁，山西文水人，作有天章、奏议诸志。

段永恩字季丞，甘肃武威人，纂藩部。金石、职官诸志。藩部志，原创于方观察，因案卷未全而辍，后由段先生完成。金石志，段先生作于前。文笃周又续末篇。王晋卿先生陶庐丛书中之新疆访古录，几与金石志内容全同，此中经过，余居乌桓时，与段先生常有过从，未询其故，可惜也。

钟镛字广生，号懲盦，又号笙叔，浙江杭县人，作有实业、道路诸志。《新疆图志》于各志之前，有一序文，署为袁大化作，实乃钟广生之手笔也。渠刊有新疆志稿（湖滨补读庐丛刻之一），多中有实业志。道路志初名邮传志，钟广生所作《西疆备乘》中有邮传志总序可证也。

刘文龙字铭三，湖南岳阳人，著有赋税志。

宋伯鲁字芝田（一作芝洞），陕西咸阳（一作澧）人，作食货志，有《新疆建置志》单行本行世，序云：又著有新疆山脉志四卷。

魏建勋著祀典志

刘熺字藜轩，新疆镇西人，曾为傅达书院山长，著学校志。

杨茂春甘肃人，著民政志。

李晋年字子昭，河北滦县人，国子监南学学生，于修《新疆图志》之功最高。局务多由先生擘划。著有物候志，王晋卿《陶庐丛书》中之夏小正，即此志之变名也。

裴景福字伯谦，安徽霍邱人，著交涉、山脉诸志。又作有《河海昆仑录》，多述西域史迹。宋芝田著有山脉志，未知与裴氏之山脉志是否有关。

刘鸿烈又作宏烈，著土壤志。有谓此志为王晋卿所作。王先生陶庐百篇中有新疆土壤表序及后序。

彭怀智甘肃通渭人，著古迹志。

华承谟江苏人，著艺文志。

徐仁鑑江苏宜兴人，著武功志。

周仲彪甘肃秦安人，著忠节志。

朱清华安徽，阜阳人，著人物志。

郑履亨湖南人，著兵事志。

其它若军制、名宦二志，不知作为谁，兹阙焉不述。

内容之乖误

志书之作，贵在文简事赅，而《新疆图志》文多繁复，如书之首有总序，而每志之前复有一序或两序，词近敷衍，实骈枝物也。乖误之处，所在多有，兹就初次流览所及，约略述之。

考证之讹者：建置志卷一：缠商列市南部。注云："按缠头回，即回回，汉装回鹘，不同类"。考缠回与汉回不同类固是，而谓缠头回即回回，汉装回为回鹘，实乃不然，余于《维吾尔族史略》中已言之，兹不赘。同前书卷二："其后元太祖破泰阳罕于杭海山。注云：杭海亦阿尔泰之变音也。"按杭海山即今之杭爱山，为阿尔泰山之分支，不得杭海山为阿尔泰山。且杭海与阿尔泰音迥不相近，何得谓之变音邪？此事余于《额鲁特考释》一文中言之差详，兹亦不赘。

同名而先后异称者：建置志卷三：开成中有庞特勒者，据焉耆称叶护。又云：庞特勒以后始有回教。又云：代宗大历以后，庞特勒居焉。其它若额鲁特又作厄鲁特，于阗又作於阗，博克达山又作巴克达山。如此类者，不胜枚举，新疆地名，以汉书之，本多译音，凡属音近之字均可用。然一书之中，宜求统一，不可先后歧异。此书常于一卷之内一名面前后不同，非善事也。

前后秩序颠倒者：职官表五，历代职官题名中，年代颠倒者甚多，兹举一二为例。杨胄，显庆间为西域屯卫大将军，居前；侯君集，贞观间为交河大总管，居后，郑仁泰，龙朔三年为凉鄯武卫将军，居前；薛万均贞观十四年从侯君集征高昌，在后。

内容过略且无眉目者：艺文志编纂大意，其序云：其载诸正史者（如《汉书・西域传》之类）俱未列入。而又遵钦定《四库全书目录》之例，只详书名卷数，而于书中要旨，各为案语，以撮其要，而举其凡，俾考古之士随其旨趣而知所祈嚮焉。

又艺文志叙言云：窃尝读《四库书目提要》，称马文炜《安邱县志》仅列古人著述，最为清省。其末附诗文二十余篇，则不如仿范成大《吴郡志》散在各条之下，旨哉言乎。兹谨师其意，录成书不录散文，以免冗滥之讥。

观上所述，编纂大意，昭然若揭，兹就余之所见而平之。

新疆地居吾国西陲，自张博望凿空以还，中虽时通时绝，然中原文化不断西被，自清代新疆改为行省，与华夏更为密切，关于研究新省各方面之著述日见增多，閟府内幕，渐为人知，是为史学上一大胜事。《新疆图志》之艺文志，宜广为收罗，分门别类列入，为治西陲史地之南鍼，而图志纂者未注意及此，乃一憾事。

自清中叶以后，中原与西疆联系日密，关于新疆各方面之著述寖多，若《西北域记》、《西游记金山以东释》、《汉西域图考》、《西域水道记》、《汉书西域传补注》等，皆缺为未载。其它若非纯述新疆之著作，而内容有不少新省之史实，如《圣武记》、《朔方备乘》等，更弃置未收。又如陶葆廉之《辛卯侍行记》，图志中征引极多，足见其重要，而亦未列入，未审何意。近年来中西学者喜治吾国西北史地，图志中之艺文志应多列有关新省书目，作简明提要，为欲治西北史地者指出蹊径，而是书未如斯作，亦美中不足也。

艺文志为目录学性质，不惟应广加搜集，且宜分别部居。全中之艺文志或经籍志莫不皆然。而是志所收者，未加分类，似散乱无章，未知何所据而如是也。

人物志中有巴哩珠阿勒坦德济（印元史之巴而术阿尔忒的斤），后又有巴哩珠阿勒坦，后缺德济二字，所述事迹全同。实为一人，而误列为二。

人物志分为二类，一为土著，一为流寓。土著类中列有堂邑氏奴甘父，一作堂邑父（《史记》大宛列传），与堂邑氏胡奴甘父俱出陇西。清人李慈铭《史记札记》谓，按《汉书·张骞传》堂邑氏奴甘父，无故胡二字，服虔注，谓堂邑姓，汉人，其奴名甘父。刘氏刊误，谓奴甘父是此人名号，胡人名号，多以奴为称，非堂邑氏之奴。下文衹称堂邑父，知其姓堂邑，而名奴甘。按服说固非，而刘说亦未尽，奴甘既名号，何以又加父字。且下文何以不称奴甘父，而曰堂邑父，盖此本匈奴人名奴甘父，降汉而居堂邑者。胡人无氏姓，遂以堂邑为氏，其名亦可单称一字，故曰堂邑父。又下文曰堂邑父，故胡人，则此处故胡二字，疑后人妄加，非史文本有也。由此可知堂邑奴甘不为西域人，而列为土著，是失考也。

内容之缺失

《新疆图志》一书，内容相当丰富，谛视之，其不足之处尚多，今即其大者述之。

新省民族复杂，有人分为十四种。然各族均有沿革可寻，是书宜立民族志，详述各族之历史。此类资料，固不易收集，如勤加检寻，尚非难事，今新省各族多昧其本原，一憾事也。

新省民族复杂，而宗教派别亦夥。人民迷信綦深，常因宗教细故，辄滋事端，是书应立宗教志，阐述各教在新布教之经过。而图志对斯亦缺焉不载。

图志中有金石志，内多碑碣。近数十年来，新省地下蕴藏之古代遗物，出土渐多。如南疆戈壁中之竹筒，土鲁番出土之古代写经，孚远库车等地千佛洞中之壁画，以金石名志，收容非当，王晋卿先生于《陶庐丛书》中将图志之金石志略加增损，更名为《新疆访古录》。金石志一名，似不能包金石以外之物，而出土者不限于金石，王晋卿先生改为稽古录，是也，地下出土之物，咸与史乘有关，余谓金石志可易为稽古志，即非金石，亦可隶其下。

人物志中所收罗人物固多，然亦有旅居新省之重要学者，转未列入，如刘铁云之在新，只字未提，是何故也。

苏武牧羊地

天汉间，苏武使匈奴，匈奴欲武降，武不从，后徙武北海上无人处，使牧羝，羝乳乃得归。古今治史者多以北海即今之贝加尔湖。顷阅《甘州府志》及《五凉志书》均载有苏子卿牧羊处，与主贝加尔湖之说者异，兹录出之，以作参考。

《甘州府志》山川志：居延海，唐胡鲁纪诗以苏武牧羝于北海上，或即此海：胡鲁，《居延海》："漠漠平沙际碧天，问人云此是居延，停骖一顾犹魂断，苏武争禁十九年。"

清人庄学和，辑《甘州志咏四十韵》(节录)，"每称遮虏夸陵勇，凡遇牧羊诩武忠"。注云：牧羊处甚多，或在甘边，或在晋徼，皆指为苏子卿者。清生员任已任苏武牧羊场，注云：或今平川，或居延海，或镇番皆有迹。羊台隘隘近平川，道住苏武十九年，到处忠臣人竞护，蹈来杰士人争妍。

《五凉志书》镇番县志，古迹类：苏武庙台，县东三十里苏武山上有庙址，古碑大书汉中郎将苏武牧羝处。

名宦类：汉苏武，今苏武山即牧羝处。明时立祠山上，后移建城西北隅。每岁春秋上戊日，有司亲诣行礼，配享有汉金日磾，明马昭、吴辅、张玉、许升、李坚等十九人。王慎机《苏武山高》："山名苏武说当年，万仞孤高尚杰然，日照丹岩连曙色，云开翠岫障青天，古祠零溶封秋草，幽窟荒凉钻暮烟，属国归来旌节老，恨随流水夜溅溅。”

除《甘州府志》及《五凉志书》所述苏武牧羝处外，亦见于别书。

慕寿祺《甘宁青史略》正编卷一云：今民勤县东南三十里苏武山上（一作右）有届，俗传苏武牧羝于此。雍大记云：西北拱来伏之岫东南峙，子卿之山，即谓此也。民勤在西汉为武威县，有休屠泽在其东北，古文以为潴野泽。众水所归。名之曰海，亦无不可。至元时号小河滩城，苏武牧羊北海上，其在民勤无疑。近人以贝加尔湖当之，失之远矣。

唐人温飞卿《苏武庙诗》云，云边雁断胡天月，陇上羊归塞草烟。宋程大昌《北边备对》云：若夫北海，则又甚远者矣。而霍去病之封狼居胥山也，其山实临翰海者，北海也。苏武郭吉皆为匈奴所幽，置诸北海之上。明徐应秋《玉芝堂谈荟》“西海、北海条”，全采《北边备对》之文。《秦边纪略》卷二云：白亭海为苏武牧羝处（白亭海又曰休屠泽，今曰鱼海子，在甘肃镇番县东北，蒙古阿拉善旗）。又云：苏武牧羝于居延海。

《九边志》云：榆林，汉月氏国，为苏武牧羝处。清海霈《西行日纪》云：苏武城在今大同。

苏武牧羊处，古今人其说不一，陶葆廉《辛卯侍行记》卷四云：甘州志艺文有王学潜居延辨，考核未精，且妄改古书（汉书谓苏武牧羝北海，辄改为居延海之类），特此以正之，陶氏辨居延海甚详，兹不引。余考苏武牧羝处决不在居延海，若镇番县之苏武山，大同之苏武城，全属传会之谈，与史实未合。

苏武天汉元年使匈奴，至昭帝始元六年归，《汉书》苏武传言苏武使匈奴二十年不降。昭帝纪始元六年云：移中监苏武前使匈奴留单于庭十九岁乃还。以天汉元年至始元六年，正二十年，苏武传所书不误。《汉书》路博德传云：为强弩都尉，屯居延卒。史未书路博德之卒年。而《汉书》武帝纪太初三年（《史记》匈奴列传亦作太初三年），强弩都尉路博德筑居延（《史记》作筑居延泽上）。天汉四年强弩都尉路博德步兵万余人与贰师会，广利与单于战余吾水上。胡三省谓余吾水在朔方北。丁谦谓余吾水当即翁金河(一作瓮金河),此河为漠南北冲要之途。《史记》匈奴列传云:又使骑都尉李陵将步骑五千人,出居延北千余与单于会合战(似在天汉四年)。《汉书》李陵传作将其步卒五千人出居延。以上所引各文证之,居延于汉武之际,常为汉之军事据点,安有置子卿于北而汉庭不知也。《汉书》苏武传又云:武居北海,丁零盗其牛羊。丁零族地在今外蒙古北。由丁零盗其牛羊之事证之,苏武所居之北海为贝加尔湖无疑也。丁谦谓丁零部地在贝加尔湖东南,其说极确。

关于居延名称之演变,岑仲勉所作《元初西北五城之地理的考古》文中曾有所述,兹节录之。

(乙)猪野。《汉地志》武威县,休屠泽在东北,古文以为猪野泽;武威《尚书后案》云:今甘肃镇番县地。按居、诸一音之转(如日居月诸),野延同声,余以为猪野者后世居延之等词也,亦因《魏书》悉居半之语原相当于 Sarigh Chaupan 而知之。

居延泽,考者已多,而"居延"之语原,尚未有说,兹并及之。《汉书》地理志,张掖郡,居延,居延泽在东北,古文以为流沙;意谓泽地即古流沙所在也。突厥语呼此译为 Gashiun Nor,英籍作 Koshun,法籍作 Gachoun。其上源曰额济纳河,发 Richthofen 山脉,经甘州北渟沙中。《寰宇记》一五二云:"居延城,汉为县,废城在今县东北,即本匈奴中地名也,亦曰居延塞"。足知居延是译名。居可对 Ko,自无疑义;《史记》匈奴传,北服浑庾、屈射、丁灵,索隐射音亦,亦音石,又仆射之射,关中读曰夜,是 Y 与 Sh 亦有通转之可能;申言之,今呼之 Koshun,即古之居延也。Koshun 近代繙为噶顺,《汉书西域传补注》云:"白龙堆按即今噶顺沙碛,千余里无水草"。又今罗布泊新成之湖,亦称 Kara Koshun Kul,则噶顺(即居延)一辞,殆通用于沙碛或盐卤之地者。

总言之,策古语收音之-n,在译名时或用或不用,故秦前之猪野,于西汉转为居延,北荒语言简质,数地同名,史书数见,古猪野所在,余虽未敢决其必今居延,要可信其为逼近沙漠之泽,故同膺一样之称也。

《辛卯侍行记》四凉州府下云:"城东北二里有池二亩,名禹池,府志谓即猪野,误也。《禹贡》猪野,《汉地志》以武威县东北休屠泽当之,《府志》引《汉书》而不知汉武威县在今镇番县北,非今之武威县,晋省武威入姑臧,故《括地志》云猪野在姑臧东北也”。按荒野之地,古人指方,往往远在数百里,后儒唯泥为近北,故辄以小池当之,其实今镇番迤北迄居延泽,皆盐卤沙地,谓汉武威之北曰猪野,要自不误。所失者班氏未知猪野指盐卤地带,必取一泽以当之,又未知猪野,居延,异名同译,岐而为二耳。

岑氏所谓猪野即居延,而猪野指盐卤地带,此言诚是。顾颉刚先生在《禹贡》注释中云:“猪野泽。在今民勤(旧名镇番)县,东北长城外,接内蒙古巴彦浩特市界,今名鱼海子,又名白亭海,即古休屠泽。或以为原隰既不专指一地,猪野亦非独谓一泽,今内蒙古巴彦浩特市以西到额济纳旗,广袤八九百里,有白河、黑河、郭河、水磨川等,所猪有居延泽、昌宁湖、玉海、白亭海等,皆西河诸水所都,惟有‘猪野’两字足以形容它,不是一海所能尽。”这种解释,也有道理,不过《禹贡》雍州北界否有今内蒙古的西北部还很难说。今巴彦浩特市南有巴音克德池。头道湖、巴音布鲁克池、双合山池、察汗池、伯尔克罕池,甘肃民勤县又有白亭海、青土湖等,皆在雍州北边,或即《禹贡》泛指的猪海。猪是水所聚,《史记》夏本纪作“都”,意义相象。

余书此文,旨在说明苏武牧羊地究在何所,古今史家多主北海即今之贝加尔湖,证诸史乘,此说良不可易。而各地修志书者,每喜将名人事遗迹强为牵入,多其表彰先贤之意固善,而传会穿凿,易使不察者受其迷惑,后之修志者,于此可注意焉。

史记楚世家会注考证校补

冯天瑜序(节选)

本书是先父冯永轩先生对泷川资言所辑《史记会注考证》的"楚世家"部分作的补充和订正。

泷川资言,又名泷川亀太郎,是日本著名的《史记》专家。他根据日本所藏《史记》旧抄本并搜集《史记》三家注①及三家注以后中日两国研究《史记》的有关资料,运用乾嘉学派集注加考证的方法,纂《史记会注考证》这一集大成之作。泷川曾自述该书写作过程:

大正二年,予得《史记正义》遗佚于东北大学,始有珠纂述之志,编纂多年。仙台斋藤报恩会捐财以充资料采访之费。久保得二君校古抄于秘阁,藤塚邻君购新刊于燕京以赠。服部宇之吉、市村瓒次郎二君谋之东方文化学院,刷印行世,校雠之劳,前则阿部吉雄君,后则胜又宪治郎

① (刘宋)裴骃《史记集解》、(唐)司马贞《史记索隐》、(唐)张守节《史记正义》为传世的三种《史记》注释本,通称"三家注"。据《四库全书总目提要》称,把三家注散列《史记》正文下,合为一编,始于北宋。但这种本子已经失传。北宋以后刊行的《史记》三家注本,把注释删去不少,而流传于日本的旧抄本《史记》卷子,还保存着北宋以前的《史记》和三家注的真面目。

君当之。诸君子之谊，不可谖也。昭和九年孟春。君山泷川资言识。时年七十。[1]

泷川资言《史记会注考证》的编纂，始于大正二年（公元 1913 年），成于昭和九年（公元 1934 年），前后二十余载，正所谓“中年执笔，皓首成书”。从泷川资言所作《史记考证引用书目举要》一文可以得知，他直接参考过的中日两国有关《史记》研究的书籍达数百种之多，因而《史记会注考证》有资料翔实之长，仅就《史记正义》一项论，即超出宋以来刻本约千条之多，足见其用力之勤，故《史记会注考证》成为《史记》研究者的座右之作。我国文学古籍刊行社曾于 1955 年出版该书影印本。

作为“史家之绝唱，无韵之离骚”的《史记》，有“体圆用神”之誉，素以浩博著称，又是两千年前的作品，“三家注”也有千余年之古，此后的研究成果则汗牛充栋，会注已属不易，对会注进行考证更加难能。然而，智者千虑，必有一失，泷川资言的《史记会注考证》不免若干缺失，如体例未精、校勘未善、采辑未备之类，中国学者曾多有批评[2]；日本学者对该书也作过校勘补充，如五十年代水泽利忠的《史记会注考证校补》便是代表。先父是作，未对《史记会注考证》全书进行补正，而只用力于《楚世家》部分，这显然与先父的楚史研究有关，是先父为撰写楚史所作的准备之一。

……

书稿系先父六十年代初撰定，先父补充了泷川氏所未能得见的金文、楚器物资料，还援引了泷川氏忽略的传世文献中的一些资料，并运用严格的考据方法，对《史记会注考证》的《楚世家》部分加以补正。先父在从事这一工作时，注意到《楚世家》原著的如下特点：前篇质古简峭，后篇多录自《战国策》，笔意纵横跌宕。先父对前篇除作字意疏解，以便阅读外，还着力补充史料，以尽力丰富简约的楚史前段；对后篇则尤加注意于史实的核定考辨，以去伪存真，纠正《楚世家》及“三家注”中某些望文生

---

① 泷川资言：《书〈史记会注考证〉后》。

② 见鲁实先《史记会注考证驳议》，长沙：岳麓书社，1986 年。

义、想当然造成的错讹。时至九十年代，楚史及楚文化研究已蔚为大观，其广度与深度均不可同日而语，但包括先父在内的老辈学者昔时在艰苦条件下的辛勤劳作仍然自有其参考价值。

因五兄弟中只有我研习史学，算是“继承父业”，故文稿存放我处，但一直苦于找不到出版机会。十余年来，偶尔于清夜间翻阅文稿，深为先父那种“大著述者必深于博雅，而尽见天下之书，然后无遗恨”（郑樵语）的治学精神所感染，又忆及先父刚直不阿的性格、严厉中深蕴亲情的言谈举止，以及寒暑假中向我讲授先秦典籍时议论风发的状貌，激动之情往往不能自已。前几年我曾数次将文稿交有关学者审阅，他们都一致肯定其学术价值，并对先父在楚史研究方面的筚路蓝缕之功深表钦佩。去年夏天，湖北教育出版社武修敬社长以扶植学术事业的阔大胸襟，慨然接纳这部发行量可能很小，排印难度却较大，因而无“经济效益”可言的专门之书。我于楚史外行，加之案头另有他务，此书相当繁难的校勘任务由张君博士承担。张君英年博学，是楚学界的后起之秀，他在数周内即完成书稿核查引文等难度不小的工作，足见其才思之敏捷，学力之深厚。此间张正明、宋公文、王善才三先生也惠予关切其事，卢峰先生则细致描摹书中甲骨文、金文。正因为诸友人伸出援手，又承蒙湖北教育出版社的盛意，这部“劫余”方获面世，这既可为楚学研究增添些许砖瓦，亦可告慰先父于九泉。

本书《楚世家》正文参校《史记》中华书局1959年版本，《史记会注考证》有关文字，依据文学古籍刊行社1955年影印本。先父作“校补”所引述材料，则尽可能与原书进行了核对。《史记会注考证》及先父“校补”所引诸书书名多用简称，如“《左传》文公十年”，写作“文十年《传》”；班固《汉书·艺文志》，写作《班志》，等等，现一仍其旧。另附录先父《说楚都》、《有关楚史的几个问题》二文，可从中略见其所著“楚史”的部分构想。

冯天瑜　1992年6月7日

记于武昌沙湖之滨

弁　言

《史记》一书，不仅是我国辉煌的史学名著，就是在世界史籍中，也是一部杰作。替这部书作注释的，有刘宋裴骃的《史记集解》，唐司马贞的《史记索隐》，唐张守节的《史记正义》。这三书原来是标字列注，独自成书的。到了北宋时，才把三书刻在本文各句之下，这就是所谓“史记三家注”。除此而外，为《史记》作注解的，可以说代有其人，然仍是标字列注，从未有人像王先谦网罗《汉书》的注释而做《汉书补注》和《后汉书集解》那样作。日本泷川龟太郎汇合中日两国史学家有关《史记》著述，编为《史记会注考证》。这部书不尽人意的地方很多，但毕竟集中了相当丰富的参考资料，有便读者的翻阅。该书中还有应注而未注的，有注而不详明的，有考证而不正确的。我因要撰写楚史，就将《楚世家》一篇检出，作一番校补。

关于《楚世家校补》的体列，拟分为以下几个层次：依《史记·楚世家》文字次序，每段原文下罗列泷川龟太郎《史记会注考证》（简称《考证》）、裴骃《史记集解》（简称《集解》）、司马贞《史记索隐》（简称《索隐》）、张守节《史记正义》（简称《正义》）有关注释，然后，笔者如对上述注家已注而不详明处有所增补，在《补》栏列出；如对上述注家考证不确切处有所更正，在《补正》栏列出；未注而应该注的，则在《注》栏列出。

《史记》是一部精深博大的作品，仅就《楚世家》而言，即牵涉广泛的文、史、政、经、哲诸方面的知识，以笔者有限的学力，从事上述补正工作，确乎难以胜任，故疏漏、谬误之处一定不在少数，敬希大雅赐教。

冯永轩

1962 年 12 月

记于武昌矿局街

史记楚世家会注考证校补

重黎业之，吴回接之；殷之季世，粥子牒之。周用熊绎，熊渠是续。庄王之贤，乃复国陈；既赦郑伯，班师华元。怀王客死，兰咎屈原；好谀信谗，楚并于秦。嘉庄王之义，作楚世家第十。

——《史记·太史公自序》

《考证》　愚按，此卷首采《帝系》、《郑语》，渐及《左传》、《楚语》，中幅以后，采《楚策》最多。顾栋高曰："案楚在春秋，吞并诸国凡四十有二，其西北至武关，在今陕西商州东少习山下，文十年《传》。子西为商公，即商州之洛南县也，与秦分界。其东南至昭关，在今江南和州含山县北二十里。昭十七年，吴楚战于长岸，即和州南七十里之东梁山，与太平府夹江相对是也，与吴分界。其北至河南之汝宁府、南阳府汝州，与周分界。其南不越洞庭湖，全有今湖北十府八州六十县之地，惟随州为随国仅存；又全有河南之汝宁、南阳二府，光州一州，又阑入汝州之郏县、鲁山县，河南府之嵩县，开封府之尉氏县，许州府之郾城县及禹州，与郑接境。四川夔州府之奉节县，与巴接境。江西之南昌南康，九江饶州，与吴错壤。又全有江南之庐州凤阳颍州三府，及寿州和州之地，江宁府之六合，太平府之芜湖，徐州府之砀山，则与吴日交兵处也；后庐寿之地，多入于吴。"

楚之先祖出自帝颛顼高阳。

《考证》　李笠曰："案'祖'字衍。《秦本纪》云：'秦之先，帝颛顼之苗裔。'《越世家》云：'其先禹之苗裔。'《赵世家》云：'赵氏之先，与秦共祖。'先即先祖，此亦宜与诸处一例。"

《补》　一作"颛顼帝高阳氏"。颛顼之顼，《路史》作"畜"，又作"玉"，又作"颛帝"。《淮南子·天文训》称为北方之帝。高阳，饶宗颐所作《楚辞地理考》有《高唐考》，谓高唐即高阳；丁山在所作《中国古代宗教与神话考》中有《高阳与高祖汤》节，他说："高阳或是殷祖成汤的别名，不必是帝颛顼了。”丁氏在《颛顼与祝融》节中又说:“颛顼即高祖夔。”《左传》文公十八年:“昔高阳氏有才子八人。”杜注:“高阳,帝颛顼之号。”本书《五帝本纪》“索隐”引宋衷云:“颛顼名高阳,有天下之号也。”张晏曰:“高阳,所兴地名也。”《白虎通》云:“颛者专也。顼者,正也。能专正天人之道,故谓之颛顼也。”《庄子释文》顼本作“旭”。《名疑》曰:“高阳氏名颛顼,姬姓,或曰妘姓,或曰风姓,号黑帝,又号元帝。”

高阳者,黄帝之孙,昌意之子也。

《考证》 以上本《帝系篇》。

高阳生称,

《正义》尺证反。

称生卷章,卷章生重黎。

《集解》 徐广曰:“《世本》云老童生重黎及吴回。”谯周曰:“老童即卷章。”《索隐》卷章名老童,故《系本》云:“老童生重黎”。重氏、黎氏二官代司天地,重为木正,黎为火正。案:《左氏传》少昊氏之子曰重,颛顼氏之子曰黎。今以重黎为一人,仍是颛顼之子孙者,刘氏云:“少昊氏之后曰重;颛顼氏之后曰重黎,对彼重则单称黎,若自言当家,则称重黎。故楚及司马氏皆重黎之后,非关少昊之重”。愚谓此解为当。 《正义》《帝系》云:“颛顼娶于腾埠氏女生老童,是为楚先也”。《世本》云:“老童取根水氏之子,谓之缟祸,产重黎及吴回也。” 《考证》《帝系》及《山海·大荒西经》及《人表》并云:颛顼生老童。据此,则老童颛顼之子也。史云:“高阳生称,称生卷章。”《集解》引谯周云:“老童即卷章。”据此则老童颛顼之孙也。所传不同。陈仁锡曰:“重黎本二人,重为木正,黎为火正,楚出黎后,世家合为一人,误。”张照曰:“刘氏谓对彼重,则单称黎,若自言当家。则称重黎。夫南正重司天,北正黎司地,重黎者二者之名,犹夫周召尔,宁有对罔而言,则单称召,自言当家,则称周召之理邪?”

《补》 黎字一作“犁”,《左传》昭公二十九年:“颛顼氏有子曰犁,为祝融。”但《国语·楚语下》云:“及少皞之衰也,九黎乱德,民神杂糅,不可方物……祸灾荐臻,莫尽其气。颛顼受之,乃命南正重司天以属神,命火正黎司地以属民。”据此,黎为颛顼的臣属。

重黎为帝喾高辛居火正,

《索隐》 此重黎为火正,彼少昊氏之后重自为木正,知此重黎即彼之黎也。《正义》 此重黎,火正也,少昊之后重,木正也,则知此重黎则非彼重也。

甚有功,能光融天下,帝喾命曰祝融。

《集解》 虞翻曰:“祝,大;融,明也。”韦昭曰:“祝,始也。”《考证》重黎为帝喾火正以下,采《国语·郑语》。

《补》《左传》僖公二十六年:“夔子不祀祝融与鬻熊。”杜注:“祝融,高辛氏之火正,楚之远祖也。鬻熊,祝融之十二世孙。”此言不足信。祝字又作“柷”,见北魏吊比干墓碑。融又作“庸”,见《路史》。梁玉绳《人表考》卷二云:“按祝融官名,黄帝已来有之。”丁山氏说:“《帝系》见陆终而不见祝融,《国语·郑语》则见祝融而不见陆终。赖春秋末叶邾公釛作钟铭自称‘陆𩟄之孙’,方知陆终、祝融二名正是陆𩟄(融字初写)一名所分化。”丁氏所述,可备一说。祝融,《淮南子·天文》:“南方火也,其帝炎帝,其佐朱明。”《礼记·月令》:“其帝炎帝,其神祝融。”朱明即祝融。又作“祝诵”、“祝龢”。

共工氏作乱,帝喾使重黎诛之而不尽。帝乃以庚寅日诛重黎,而以其弟吴回为重黎后,复居火正,为祝融。

《考证》 梁玉绳曰:“喾诛重黎,史公之妄记也。初命之,而继诛之,喾是圣君,黎是功臣,宁有此乎?”

《注》 文籍中记载共工氏的传说很多,史公谓“共工氏作乱”,是采用《国语·周语》的说法。小司马作的《三皇本纪》中也有这样的记载。有人说共工决不是某一个人的名字或某一个时期的官名,很可能是一个古老的氏族。如果这样去理解它,古史才可以读得通。丁山氏所作《吴回考》,谓黎即吴回,吴回即楚公逆镈铭所称吴雷。大史公黎(犁)、雷本一声之转,漫然别吴回与犁为二名,云帝以庚寅日诛重黎,复以其弟为重后,且黎人名也,而误以为官号。

吴回生陆终。

《注》 邾公釛钟铭有陆𩠞,王国维先生谓𩠞字从蚰𩫖声(𩫖古墉字),以声类求之,当是螽字,陆螽即陆终也。丁山氏说陆终,祝融二名,正是陆𩠞(融字初写)一名所分化。案:吴回、陆终二名合称为回陆(即禄)。《国语·周语》:"昔夏之兴也,融降于崇山;其亡也,回禄信于聆隧。"《左氏》昭公十八年《传》:"禳火于玄冥回禄。"疏云:"楚之先,吴回为祝融,或云回禄即吴回也。"《通雅》廿一,谓禄、陆音通,以回禄为吴回、陆终之合称。陆一作"六",见《左氏》隐公元年《疏》。

陆终生子六人,坼剖而产焉。

《集解》 干宝曰:"先儒学士多疑此事。谯允南通才达学,精核数理者也,作《古史考》,以为作者妄记,废而不论。余亦尤其生之异也。然按六子之世,子孙有国,升降六代,数千年间,迭至霸王,天将兴之,必有尤物乎? 若夫前志所传。修己背坼而生禹,简狄胸剖而生契,历代久远,莫足相证。近魏黄初五年,汝南屈雍妻王氏生男儿,从右胳下水腹上出,而平和自若,数月创合,母子无恙,斯盖近事之信也。以今况古,固知注记者之不妄也。天地云为,阴阳变化,安可守之一端,概以常理乎!《诗》云:'不坼不副,无灾无害。'原诗人之旨,明古之妇人尝有坼副而产者矣。又有因产而遇灾害者,故美其无害也。" 《索隐》《系本》云:"陆终娶鬼方氏妹,曰女嬇。"《正义》;陆终娶鬼方氏之妹,谓之女嬇,产六子,孕而不毓三年,启其右胁,六人出焉。

其长一曰昆吾；

《集解》 虞翻曰："昆吾名樊，为己姓，封昆吾。"《世本》曰："昆吾者，卫是也。" 《索隐》 长曰昆吾。《系本》云："其一曰樊，是为昆吾。"又曰："昆吾者，卫是。"宋忠曰："昆吾，国名，己姓所出。"《左传》曰："卫侯梦见披发登昆吾之观。"按：今濮阳城中有昆吾台，是。 《正义》 《括地志》："濮阳县，古昆吾国也。昆吾故城在县西三十里，台在县西百步，即昆吾墟也。" 《考证》 长字衍，《帝系》无。张文虎曰："索隐本作'长曰'，《左传疏》引作'一曰'，本有异文，后人妄合写之。"

《补》 《帝系篇》作"其一曰樊，是为昆吾。"昆吾一作"锟铻"、"锟鋘"。昆吾一名，古有数解。有作官名，《逸周书·大聚解》："乃召昆吾，冶而铭之。"《集解》引谢注云："昆吾掌冶，世官。"《古史考》云："昆吾氏作瓦。"有作地名，《山海经》中有昆吾山，出善金。有作国名，《墨子》曰："昔夏后开使飞廉探金于山，以铸鼎于昆吾。"似此昆吾为国名。有作人名，《左传》昭公十三年：楚灵王曰"皇祖伯父昆吾，旧许是宅"。有作金属名，《列子·汤问篇》："西戎献锟铻之剑。"《河图》曰："瀛州多积石，名昆吾，可为剑。"昆吾国，《国语·郑语》云："昆吾为夏伯矣。"又云："己姓昆吾、苏、顾、温、董。"昆氒王钟，氒字与我字形相似，原作昆我，后乃作昆吾。

二曰参胡；

《集解》《世本》曰："参胡者，韩是也。" 《索隐》 《系本》云："二曰惠连，是为参胡。参胡者，韩是。"宋忠曰："参胡，国名，斟姓，无后。"

《补》 《帝系篇》作"其二曰惠连，是为参胡。"《路史·国名纪》谓"妘姓"。

三曰彭祖：

《集解》 虞翻曰："名翦，为彭姓，封于大彭。"《世本》曰："彭祖者，彭城是也。" 《索隐》 《系本》云："三曰篯铿，是为彭祖。彭祖者，彭城是。"虞翻云："名翦，为彭姓，封于大彭。" 《正义》 《括地志》云："彭城，古彭祖国也。《外传》云:殷末灭彭祖国也。虞翻云名翦。《神仙传》云:彭祖讳铿,帝颛顼之玄孙,至殷末年已七百六十七岁而不衰老,遂往流沙之西,非寿终也。”

《补》《帝系篇》作“其三曰篯(虞翻作翦),是为彭祖。”《路史》谓字“铿”。梁玉绳《人表考》:“按彭祖乃彭姓之祖,与老彭为二人,有谓彭为姒姓。”《续博物志》:“彭城县,古彭祖国也。”

四曰会人;

《集解》《世本》曰:“会人者,郑是也。”《索隐》《系本》云:“四曰求言,是为郐人。郐人者,郑是。”宋忠曰:“求言,名也。妘姓所出,郐国也。”《正义》《括地志》云:“故郐城在郑州新郑县东北二十二里。《毛诗谱》云:‘昔高辛之土,祝融之墟,历唐至周,重黎之后妘姓处其地,是为郐国,为郑武公所灭也。’”《考证》《帝系》会作“郐”。

《补》《帝系篇》作“其四曰莱言,是为云郐人。”《世本》作“求言”。《诗》作“桧”。《路史》作“侩”,又作“郐”。有谓郐,今新郑也。

五曰曹姓;

《集解》《世本》曰:“曹姓者,邾是也。”《索隐》《系本》云:“五曰安,是曰曹姓。曹姓,邾是。”宋忠曰:“安,名也。曹姓者,诸曹所出。”《正义》《括地志》云:“故邾国在黄州黄冈县东南百二十一里。《史记》云:‘邾子,曹姓也。’”

《补》《帝系篇》作“其五曰安,是为曹姓。”曹姓始见《国语·郑语》,名“安邾氏”。邾一作“邹”。《路史》作“朱”。《广韵》曹字注,安作“六安”。《路史》作“晏安”。曹当作“嬈”。郭沫若谓嬈为曹姓之本字。

六曰季连,芈姓,楚其后也。

《索隐》《系本》云:“六曰季连,是为芈姓。季连者,楚是。”宋忠曰:“季连,名也。芈姓,诸楚所出,楚之先。”芈音弥是反。芈,羊声也。《考证》吴回生陆终以下，《帝系》。

《补》《帝系篇》作“其六曰季连，是为芈姓。”楚之姓，本为“妳”字，芈为同音假借字。妳或作“嬭”。

昆吾氏，夏之时尝为侯伯，桀之时汤灭之。彭祖氏，殷之时尝为侯伯，殷之末世灭彭祖氏。

《考证》 昆吾氏以下，《国语·郑语》。

季连生附沮，

《集解》 孙检曰：“一作‘祖’。” 《索隐》 沮，音才叙反。《考证》《帝系》作“付祖”。

附沮生穴熊。

《考证》 以上采《帝系》。

《补》《帝系篇》作“季连产付祖氏，付祖氏产内熊”。有谓穴，沿“鬻”字而讹，穴又讹作“内”。

其后中微，或在中国，或在蛮夷，弗能纪其世，周文王之时，季连之苗裔曰鬻熊。

《考证》《汉书·艺文志·道家》：“鬻子二十二篇，名熊，为周师，自文王以下问焉，周封为楚祖。”愚按《列子·天瑞》、贾子《新书·修政语》，亦引鬻熊言，与道家旨相似，今本《鬻子》十四篇，后人讹托。

《补》 鬻一作“粥”，又作“育”。《列子·黄帝篇》有“粥子”。鬻音糜，或音米。《说文》大徐云：“从粥，米声。武悲切。”小徐云：“从鬻米。”《说文》段注笺云：“楚本姓芈，音与米同，古假借用鬻，故称芈熊为鬻熊。”

《世本》云：“鬻熊为文王师，成王封曾孙绎于楚，子孙以熊为氏。”《通志·氏族略》：“鬻，系出芈姓，祝融之后，周文王师鬻熊，受封于楚，子孙以熊为氏。”《汉书·艺文志·道家》注云：“名熊”。《路史·国史纪》以鬻为姓，熊为名。

鬻熊子事文王，蚤卒。

《考证》《艺文类聚》引史无“子”字。

《补》《汉书·地理志》云：“为文、武师”。按下文有“举文、武勤劳之后嗣，而封熊绎于楚蛮。”应以“为文、武师”为确。

其子曰熊丽。熊丽生熊狂，熊狂生熊绎。熊绎当周成王之时，举文、武勤劳之后嗣，而封熊绎于楚蛮，封以子男之田，姓芈氏，居丹阳。

《集解》 徐广曰：“在南郡枝江县。” 《正义》 颍容《传例》云：“楚居丹阳，今枝江县故城是也。”《括地志》云：“归州巴东县东南四里归故城，楚子熊绎之始国也。又熊绎墓在归州秭归县。《舆地志》云：秭归县东有丹阳城，周回八里，熊绎始封也。” 《考证》 今湖北宜昌府归州有古丹阳城，楚始封此，曰西楚。后徙枝江，亦曰丹阳，是为南楚，今荆州府枝江县是。

《注》《孟子·万章篇》：“天子之制，地方千里，公侯皆方百里，子男五十里，凡四等。”《王制》所载与《孟子》同。《周官·大司徒》所记与《孟子》异。古时小国地方五十里。史公所谓“封以子男之田”，是采《王制》和《孟子》之说。郭嵩焘《史记札记》云：“按周室封建诸侯，惟侯、伯二等，宋以殷后封公，其余子男之国见于《春秋》者并三代以前封国，周因其故封而降为子男，大率皆古王者之后，楚亦高阳氏之苗裔也，史公谓鬻熊事文王，传四世至熊绎始受封，恐不然也。”

《补正》 丹阳究在何处？三家注及泷川氏的《考证》所述，皆非。当以丹淅之丹阳为是，详予所作《说楚都》一文中。

楚子熊绎与鲁公伯禽、卫康叔子牟、晋侯燮、齐本公子吕伋俱事成王。

《考证》 楚子熊绎以下，昭十二年《左传》。

《补》 楚国为何称子，有谓子为五等爵之子爵，此说是否正确，将于另文中详之。熊，有很多人说是鬻熊之名，但楚人后以熊为姓（氏）。刘节在《古考存·释嬴篇》中说：“古金文、《左传》、《史记》中所见楚之先公先王，大都以熊为名……其本字皆当作嬴，或写为熊，其后声演为酓，故楚器中大都作酓。例如酓章即熊章。楚之祖先，盖出熊盈之族……楚人本姓嬴，故史传中楚王皆以熊为号。更姓改物，则姓嬭，史传又作芈。酓字，金文又作歙。”丁山氏说：“鬻熊为熊，实即歙字声转。”徐中舒在《巴楚文化续论》中说：“楚濮同出殷遗，并宗廪君，实有可能……是楚又以酓为姓。酓与廪古音同属侵部，酓姓即当为廪君之后。”

关于楚人姓氏，于另文详之。

熊绎生熊艾，熊艾生熊黮，

《索隐》 一作“䵘”，音土感反。黮，音但，与“亶”同字，亦作“亶”。

熊黮生熊胜。熊胜以弟熊杨为后。

《索隐》 邹诞本作“熊锡”。一作“炀”。《考证》《人表》艾作“乂”，胜作“盘”，杨作“锡”。以盘为乂子，以锡为盘子。

熊杨生熊渠。熊渠生子三人。当周夷王之时，王室微，诸侯或不朝，相伐。熊渠甚得江汉间民和，乃兴兵伐庸、

《集解》 杜预曰：“庸，今上庸县。”《正义》《括地志》云：“房州竹山县，本汉上庸县，古之庸国。昔周武王伐纣，庸蛮在焉。”《考证》 今湖北郧阳府竹山县，古庸国。

杨粤，

《索隐》有本作“杨雩”，音吁，地名也。今音越。谯周亦作“杨越”。

《考证》《汉书·南粤王传》“略定扬粤”。

颜师古曰：“本扬州之分，故云扬粤。”

至于鄂。

《正义》 五各反。刘伯庄云:“地名,在楚之西,后徙楚,今东鄂州是也。” 《括地志》云:“邓州向城县南二十里,西鄂故城,是楚西鄂。” 《考证》 今湖北省武昌府武昌县,有鄂城。

《补正》 《考证》云:“今湖北武昌府武昌县有鄂城。”按武昌府,明、清两代均有设置。武昌县,清时属武昌府,民国改江夏县为武昌县。原武昌县改名寿昌县,不久又改为鄂城县。《考证》所云,文义含糊。

熊渠曰:“我蛮夷也,不与中国之号谥。”乃立其长子康为句亶王,

《集解》 张莹曰:“今江陵也。” 《索隐》 《系本》“康”作“庸”,“亶”作“袒”。《地理志》云江陵,南郡之县也。楚文王自丹阳徙都之。 《考证》 《帝系》康作“无康”。

中子红为鄂王,

《集解》 《九州记》曰:“鄂,今武昌。” 《索隐》本作“艺经”二字,音挚红,从下文熊挚红读也。《古史考》及邹氏、刘氏等音无艺经,恐非也。 《正义》 《括地志》云:“武昌县,鄂王旧都。今鄂王神即熊渠子之神也。”

少子执疵为越章王,

《索隐》 《系本》无执字,越作“就”。 《考证》“其长子”以下,本《帝系》。《帝系》执疵作“疵”,越章作“戚章”。《补》 郭嵩焘《史记札记》云:“按楚自熊通立,始僭号武王,当春秋之始,周室微矣;西周之世,王室虽衰,号令犹行于天下,必无僭称王之理。《左氏传》载熊绎、蚡冒皆称名,以楚居蛮服,谥号未立,惟以名纪世而已,安得夷王之世遽有僭王之事哉?此史公误也。”按:郭氏之言,可谓陈腐浅陋,考之古史,实不如郭氏所说。王国维先生有《古诸侯称王说》一文,曰:“古时天泽之分未严,诸侯在其国自有称王之俗,即徐楚吴越之称王者,亦沿周初之旧习,不得以僭窃目之。”又云:“诸侯称王,夏商已然,文王受命称王,亦用商之旧俗也。”

皆在江上楚蛮之地。及周厉王之时,暴虐,熊渠畏其伐楚,亦去其王。后为熊毋康,

《集解》 徐广曰:“即渠之长子。”

毋康蚤死。熊渠卒,子熊挚红立。

《索隐》 如此史意即上鄂王红也。谯周以为“熊渠卒,子熊翔立;卒,长子挚有疾,少子熊延立。”此云“挚红卒,其弟杀而自立,曰熊延。”欲会此代系,则翔亦毋康之弟,元嗣熊渠者。毋康既蚤亡,挚红立而被延杀,故《史考》言“挚有疾”,而此言“弑”也。 《正义》 即上鄂王红也。 《考证》 “挚”字当衍,熊红即上鄂王也,《正义》近是。

挚红卒,其弟弑而代立,曰熊延。

《正义》 谯周言“挚有疾”,此言“弑”,未详。宋均注《乐纬》云:“熊渠嫡嗣曰熊挚,有恶疾,不得为后,别居于夔,为楚附庸,后王命曰夔子也。” 《考证》 梁玉绳曰:“既云挚红卒,则非弑矣,而云弑者盖弑其子,史有脱文耳。”愚按:疑夺“子熊挚立”四字。僖二十六年《左传》,夔子曰:“我先王熊挚有疾,而自窜于夔,是以失楚。”《国语·郑语》孔晁注:“熊绎玄孙挚有疾,楚人废之,立其弟延。挚自弃于夔,子孙有功. 王命为夔子。”韦昭亦袭孔注,但改绎玄孙为绎六世孙,孔、韦必有所据。但《史》曰“弑”,《左传》及孔、韦《郑语》注,曰“窜”曰“废”,所传异耳

《补》 《世表》作:“熊延,红弟。”《左传》僖公二十六年《传》:“我先王熊挚有疾,鬼神弗赦,而自窜于夔。”刘文淇《疏证》云:“杜注:‘熊挚,楚嫡子,有疾不得嗣位,故别封为夔子。’《楚世家》‘熊渠后为熊毋康,毋康蚤死,熊渠卒,熊挚红立。挚红卒,其弟弑而代立,曰熊延。’本疏据之。谓嫡子有疾,不得嗣立,《楚世家》无其事。又引《郑语》孔晁注云:‘楚鬻熊

玄孙曰熊挚，有恶疾，楚人废之，立其弟熊延，挚自弃于夔，其子孙有功，王命为夔子。'《疏》所引孔晁注，今《楚语》韦注全袭之，惟改玄孙为六世孙，此可证本《传》以疾逊位之事。然《史记》之说，则显与《传》违。《索隐》云：'谯周以为熊渠卒，子熊翔立；卒，长子挚有疾，少子熊延立。此云挚红卒，其弟弑而代立，曰熊延。欲会此代系。则翔亦毋康之弟，元嗣熊渠者。毋康既蚤亡，挚红立而被延弑。故《史考》言挚有疾，而此言弑也。'《史记志疑》云：'按熊挚、熊红为兄弟二人，皆熊渠子也，安得称熊挚红哉？《左传》孔疏引孔晁注、韦昭《国语》注同。但熊延继红而立。孔、韦两注皆缺红一代，惟韦改绎玄孙为绎六世孙，与《世家》合。余疑熊渠有四子，长为挚，次康、次红、次执疵。《世家》称熊渠生子三人，以康为长子，红为中子、执疵为少子，不数挚者，必因废疾窜处，不复齿之耳。熊延当即执疵，既代立而改名也。史于《世表》、《世家》俱合挚、红为一人，殊误。且既云红卒，则非弑矣。而云弑者，盖弑其子，史有脱文耳。《索隐》引谯周谓熊渠卒，子熊翔立。疑红之改名。'按梁说是也。《史记正义》引宋均注《乐纬》云：'熊绎嫡嗣曰熊挚，有恶疾，不得为后，别居于夔，为楚附庸，后王命为夔子也。'谓挚为嫡嗣，尤可证因疾逊位之事。"楚公叹钟，有谓熊延之延，古音如诞，楚公叹即熊延。

熊延生熊勇。熊勇六年，而周人作乱，攻厉王，厉王出奔彘。

《注》《国语·周语》："国人谤王……三年乃流王于彘。"

熊勇十年，卒，弟熊严为后。熊严十年，卒。有子四人，长子伯霜，中子仲雪，次子叔堪，

《索隐》 一作"湛"。 《考证》《郑语》堪作"熊"。

少子季徇。

《索隐》 旬俊反。《考证》《郑语》徇作"紃"。"有子四人"以下，《国语·郑语》。

熊严卒。长子伯霜代立,是为熊霜。熊霜元年,周宣王初立。熊霜六年,卒,三弟争立。仲雪死;叔堪亡,避难于濮;

《集解》 杜预曰:“建宁郡南有濮夷。” 《正义》 按:建宁,晋郡,在蜀南,与蛮相近。刘伯庄云:“濮在楚西南。”孔安国云:“庸、濮在汉之南。”按成公元年“楚地千里”,孔说是也。

《补》 《逸周书·王会解》:“卜人以丹沙”。卢曰:“卜即濮也。”宗周有及子,杨树达先生谓及即濮。《国语·郑语》作“叔熊逃难于濮”。沈钦韩谓濮即僰也。

而少弟季徇立,

《考证》 “叔堪亡”以下,本《郑语》。

是为熊徇。熊徇十六年,郑桓公初封于郑。二十二年,熊徇卒,子熊咢立。

《索隐》 噩,音鄂,亦作“咢”。 《考证》 《表》作“鄂”。

《补》 铜器楚公逆鏄,孙诒让谓即熊咢。咢字作毛。熊勇十年卒,弟熊严为后。

《注》 《人表》以熊严为勇子。

熊咢九年,卒,子熊仪立,是为若敖。

《考证》 宣十二年《左传》云:“若敖蚡冒,筚路蓝缕,以启山林。”

《补正》 《考证》云:“宣十二年《左传》云:‘若敖蚡冒,箅路蓝缕,以启山林。’”若敖一词已见僖公二十八年《传》,杜注为“楚之先君”。究作何解,详见另文。《五行志》作“莫嚣”。

楚公豙钟,有谓豙即熊仪。

若敖二十年，周幽王为犬戎所弑，周东徙，而秦襄公始列为诸侯。二十七年，若敖卒，子熊坎立，是为霄敖。

《索隐》 坎，苦感反。一作“菌”，又作“钦”。

《注》《史侯表》作“宁敖”。

霄敖六年，卒，子熊眴立，

《集解》 徐广曰：“眴，音舜。”《索隐》 刘音舜。按：《玉篇》在口部，顾氏云“楚之先，即蚡冒也。”刘音舜，其近代本即有字从目者。刘音舜，非。

是为蚡冒。

《索隐》 古本“蚣”作“羒”，音愤。冒音亡北反，或亡报反。《考证》梁玉绳曰：“案：《韩子·和氏篇》谓‘厉王薨，武王即位’。《外储说左上》亦称‘楚厉王’。《楚辞》东方朔《七谏》云：‘遇厉、武之不察，羌两足以毕斮。’是蚡冒谥厉王矣，史何以不书?”

《补》 蚡一作“盆”，又作“羒”、作“棼”。《左氏》文公十六年《传》：“先君蚡冒，所以服陉隰也。”《国语·郑语》注：“蚡冒，楚季紃之孙、若敖之子熊率。”

蚡冒十三年，晋始乱，以曲沃之故。蚡冒十七年，卒。蚡冒弟熊通弑蚡冒子而代立，是为楚武王。

《考证》 梁玉绳曰：“武王之名，各本《史记》皆作熊通，而杜《世族谱》、《左》文十六、宣十二、昭廿二疏，及《释文》引《世家》，并是熊达，桓二年疏，不引《世家》。亦是熊达，盖今本误。”

《补》 从本文看，蚡冒是熊通之兄。《左传》杜注，蚡冒为熊通(楚武王)之父。

武王十七年,晋之曲沃庄伯弑主国晋孝侯。

《考证》 桓二年《左传》。

十九年,郑伯弟段作乱。

《考证》 隐元年《春秋经》、《传》。

二十一年,郑侵天子之田。

《考证》 隐三年《左传》。

二十三年,卫弑其君桓公。

《考证》 隐四年《左传》,事在武王二十二年。

二十九年,鲁弑其君隐公。

《考证》隐十一年《左传》。

三十一年,宋太宰华督弑其君殇公。

《考证》 桓二年《春秋经》、《传》。中井积德曰:"华督,宜言华父督。"

三十五年,楚伐随。

《集解》 贾逵曰:"随,姬姓也。"杜预曰:"随国今义阳随县。" 《正义》《括地志》云:"随州外城古随国地。"《世本》云:"楚武王墓在豫州新息。随,姬姓也。武王卒师中而兵罢。"《括地志》云"上蔡县东北五十里"是也。

《考证》 桓六年《左传》。今湖北德安府随州,即故随国。

随曰:"我无罪。"楚曰:"我蛮夷也。今诸侯皆为叛相侵,或相杀。我有敝甲,欲以观中国之政,请王室尊吾号。"随人为之周,请尊楚,王室不听,还报楚。

《考证》 为,去声。之,往也。

《注》 郭嵩焘《史记札记》云："按随、楚皆居江、汉之间，不与中国盟会，楚武王并兼诸国，而楚始强大，渐通中国盟会，无缘更假随以通于周室。楚于是时已僭王矣，何假于周以尊其号哉？此亦史公好奇之过也。"

三十七年，楚熊通怒曰："吾先鬻熊，文王之师也，蚤终。成王举我先公，乃以子男田令居楚，蛮夷皆率服，而王不加位，我自尊耳。"乃自立为武王，

《考证》 宜言"自立为王"。武字，谥号，后来史家所加。《管蔡世家》"楚公子围弑其王郏敖，而自立为灵王。"《卫世家》、《郑世家》皆云："楚公子弃疾弑灵王自立为平王。"《司马穰苴传》"至常曾孙和，因自立为齐威王。"皆同一例。

与随人盟而去。

《考证》 桓八年《左传》云：夏，楚子合诸侯于沈鹿。随不会，楚子伐随，军于汉、淮之间。随侯御之，战于速杞，随师败绩。秋，随及楚平。与此不同。

于是始开濮地而有之。

《考证》《国语。郑语》。

五十一年，周召随侯，数以立楚为王。楚怒，以随背己，伐随。

《考证》《左传》无此事。

武王卒师中而兵罢。

《集解》《皇览》曰："楚武王冢在汝南郡鲖阳县葛陂乡东北，民谓之楚王岭。汉水平中，葛陵城北祝里社下于土中得铜鼎，而名曰'楚武王'，由是知楚武王之冢。民传言，秦、项、赤眉之时，欲发之，辄颓坏填压，不得发也。"

《正义》 有本注“葛陂乡”作“葛陵乡”者，误也。《地理志》云新蔡县西北六十里有葛陂乡，即费长房投竹成龙之陂，因为乡名也。 《考证》 庄四年《左传》。

子文王熊赀立，始都郢。

《正义》 《括地志》云：“纪南故城在荆州江陵县北五十里。杜预云国都于郢，今南郡江陵县北纪南城是也。”《括地志》云：“又至平王，更城郢，在江陵县东北六里，故郢城是也。” 《考证》 梁玉绳曰：“《左》桓二年疏谓：‘汉《地理志》从《史记》，文王徙郢，《世本》及杜《谱》云武王徙郢，未知孰是？’《春秋地名考略》云：‘《左》昭二十三年，沈尹戌曰若敖、蚡冒至于武、文；犹不城郢。则居郢并不始武王。疑数世经营，至武、文始定耳’。”愚按：郢，今湖北荆州府治。

《补正》 楚文王，《吕氏春秋・真谏篇》作“荆文王”。熊赀，《淮南子・说山》注作“熊疵”，《主术》注作“熊庛”，庛当为疵之譌，赀又作“訾”。

郢，《考证》云：“愚按：郢，今湖北荆州府治。”王鸣盛《蛾术篇・七国都》云：“郢，今湖北荆州府治江陵县。”这些说法，都不合乎实际。楚都一在江陵县北有十余里之纪南城，一在东北约五、六里之郢城，均与荆州府治或江陵县治有一定的距离。

文王二年，伐申过邓，

《正义》 《括地志》云：“故申城在邓州南阳县北三十里。《晋太康地志》云周宣王舅所封。故邓城在襄州安养县北二十里。春秋之邓国，庄十六年楚文王灭之。” 《考证》 申，今河南南阳府南阳县申城。邓，今湖北襄阳府襄阳县邓县故城。

邓人曰：“楚王易取”，邓侯不许也。

《集解》 服虔云：“邓，曼姓。” 《考证》 庄七年《左传》。顾栋高曰：“申为南阳，天下之膂，光武所发迹处。是时齐桓未兴，楚横行南服，由丹阳迁郢，取荆州以立根基。武王旋取罗都，为鄢郢之地，定襄阳以为门户。至灭申，遂北向以抗衡中夏。然其始要非一朝一夕之故也。平王东迁，即切切焉，戍申与甫许，岂独内德申侯，为之遣戍，亦防维固圉之计，有不获已。逮桓王庄王，六七十年之久，楚之侵扰日甚，卒为所灭。自后灭吕灭息灭邓，南阳汝宁之地，悉为楚有，如河决鱼烂，不可底止，遂平步以窥周疆矣。故楚出师，则申息为之先驱；守御，则申息为之藩蔽。城濮之败，而子玉羞见申息之老。楚庄初立，而申息之北门不启，子重欲取申吕为赏田，而巫臣谓晋郑必至于汉。申之系于楚，岂细故哉！故论当日楚之形势，东拒齐，则召陵之陉，为咽喉之塞；西拒晋则少习、武关，通往来之道；南面扞吴，则钟离、居巢、州来，屹为重镇，迨州来失，而入郢之祸始兆。楚之植基固而形势便，使周历犹绵延四百年，不遂并于楚者，桓、文之力也。”

六年，伐蔡，

《正义》 豫州上蔡县在州北七十里，古蔡国也。县外城，蔡国城也。

《考证》今河南汝宁府新蔡县，蔡故城。

虏蔡哀侯以归，

《考证》 庄十年《春秋经》、《传》。

已而释之。

《考证》《管蔡世家》云："哀侯留九岁死于楚。"

与此异。

楚强，陵江汉间小国，小国皆畏之。十一年，齐桓公始霸，

《考证》 庄十五年《左传》。

楚亦始大。十二年，伐邓，灭之。

《考证》 庄十六年《左传》。

十三年，卒，子熊𩁹立，

《集解》《史记音隐》云："𩁹，古'艰'字。"《考证》 杭世骏曰："按《左传》，楚文王子鲁庄十五年即位，至十九年卒，在位共十五年，《世家》、《年表》，并不同。"

是为庄敖。

《索隐》 上音侧状反。 《考证》张文虎曰："《年表》'索隐'引《世家》作'庄敖'，此注音侧状反，是小司马所见本作'庄'，而读为壮。今本作'杜'，盖后人所改。"

《补》《考证》引张文虎曰："庄，读如壮，今本作'杜'。"除此外，《十二诸侯年表》作"堵敖"。

庄敖五年，欲杀其弟熊恽，

《索隐》 恽，音纡粉反，《左传》作"頵"，纡贫反。《考证》梁玉绳曰："庄敖以鲁庄二十二年立，二十三年见弑。五年当作'二年'，恽当作'頵'，'熊'字衍。"

恽奔随，与随袭弑庄敖代立，是为成王。

《补》 熊恽之恽作"頵"，《公》、《谷》文元作"髡"。

成王恽元年，初即位，布德施惠，结旧好于诸侯。使人献天子，天子赐胙，曰："镇尔南方夷越之乱，

《注》 夷，平也。越，治也。见《广雅诂》。《国语·周语》："汩越九原"。汩，治也；越，亦治也。谓平治九州之土也。《说苑·指武篇》："城郭不修，沟池不越。"越，治也。夷越与汩越同义，之字如其，夷越之乱，即平治其乱。史公行文,喜同义字连用,如“皆各”连用,见《武帝本纪》。“愈益”连用,见《秦本纪》。“尚犹”连用,见《货殖列传》。此例尚多,不枚举了。夷越之乱,即平其乱。

无侵中国。”于是楚地千里。十六年,齐桓公以兵侵楚,至陉山。

《正义》 杜预云:“陉,楚地。颍川召陵县南有陉亭。”《括地志》云:“陉山在郑州西南一百一十里,即此山也。”

《考证》 陉山,《春秋经》、《传》作“陉”,今河南许州府郾城县南。

《补正》 《考证》云:“陉山,《春秋经》、《传》作‘陉’,今河南许州府郾城县南。”但在《齐世家》“齐师进次于陉”下说,“陉,今开封府新郑县南三十里陉山。”杜说非是。

按《左传》僖公四年:“遂伐楚,次于陉”。《括地志》:“山在郑州西南一百十里。”《方舆纪要》“陉山在开封府新郑县南三十里。”陉山一作邢山。山脉绵亘甚长,齐、楚有召陵之盟,召陵在今河南郾城县东三十里。以此推之,陉山在郾城为是。总之,《考证》在《齐世家》与《楚世家》二文中,其说不一致。许州,据《大清一统志》所载,雍正二年升为直隶州。十二年又升为许州府,乾隆六年仍改府为直隶州。由此可知许州设为府,为时甚短。而《考证》云:“今河南许州府郾城县南”,似欠妥当。

楚成王使将军屈完以兵御之,

《正义》 屈,曲勿反。完音桓,楚族也。 《考证》 《左传》云:“使屈完如师。”盖求盟也,与此异。

《补正》 《春秋》僖公四年《经》:“楚屈完来盟于师。”《齐世家》:“夏,楚王使屈完将兵扞齐。”郭嵩焘《史记札记》说:“楚制将兵者令尹也,屈完非楚令尹,亦不得将兵扞齐,此亦当从《左氏传》。”郭氏所述不足信。

与桓公盟。桓公数以周之赋不入王室,楚许之,乃去。

《考证》 “齐桓公”以下,僖四年《左传》。

十八年，成王以兵北伐许，

《集解》《地理志》曰颍川许昌县，故许国也。

《考证》 今河南许州府治东，有故许城。

许君肉袒谢，乃释之。

《考证》 僖六年《左传》。肉袒，去上衣，露肢体，意谓归骨就刑戮，所以表其服顺也。《左传》云："许男面缚衔璧，大夫衰絰，士舆榇。"史公以"肉袒"二字易之。

《补》 肉袒，《礼·郊特牲》："服之尽也"。《宋微子世家》："肉袒者，袒而露肉也。""肉袒"一简称"袒"。《左传》昭公四年："赖子面缚衔璧，士袒，舆榇从之。"

二十二年，伐黄。

《索隐》 汝南弋阳县，故黄国。 《正义》《括地志》云："黄国故城，汉弋阳县也。秦时黄都，嬴姓，在光州定城县四十里也。 《考证》今河南光州，春秋黄国，有古黄城。伐黄，《左传》及《年表》俱在二十三年，二十四年灭之。

二十六年，灭英。

《集解》 徐广曰："年表及他本皆作'英'，一本作'黄'。"

《正义》 英国，在淮南，盖蓼国也，不知改名时也。

《考证》 梁玉绳曰，"英即英氏，其灭未知何时。然楚成王二十六年，当鲁僖公十四年，而僖十六年《春秋》云：'齐人徐人伐英氏，则此书灭英，误。此乃是灭黄之误，元属二十四年事，错书于二十六年耳。"

三十三年，宋襄公欲为盟会，召楚。楚王怒曰："召我，我将好往袭辱之。"遂行，至盂，

《正义》 音于，宋地也。 《考证》 好往，以和好往会也。

《注》 盂,《公羊》曰“霍”,《谷梁》曰“雩”。洪亮吉云:“盂,雩音同,古字亦通。《公羊》作霍,又以雩字近而误也。”《一统志》,盂亭在归德府睢州界。

遂执辱宋公,已而归之。三十四年,郑文公南朝楚。楚成王北伐宋,败之泓,

《注》《春秋经》僖公二十二年:“宋公及楚人战于泓,宋师败绩。”沈钦韩云:“《寰宇记》泓水在宋州柘城县西(有作北)三十五里。《明一统志》云:‘即涣水支流也’。”

射伤宋襄公,襄公遂病创死。

《考证》“宋襄公”以下,僖二十二、二十三年《左传》。“楚王怒曰”十三字,史公以意补。

三十五年,晋公子重耳过楚,成王以诸侯客礼飨,而厚送之于秦。

《考证》 僖二十三年《左传》。

三十九年,鲁僖公来请兵以伐齐,楚使申侯将兵伐齐,取谷,

《集解》 杜预曰:“济北谷城县。”《正义》《括地志》云:“谷在济州东阿县东二十六里。”《考证》三十九年,当作三十八年。谷,山东泰安府东阿县。

置齐桓公子雍焉。齐桓公七子皆奔楚,楚尽以为上大夫。灭夔,夔不祀祝融、鬻熊故也。

《集解》 服虔曰:“夔,楚熊渠之孙,熊挚之后。夔在巫山之阳,秭归乡是也。”《索隐》 谯周作“灭归”,归即夔之地名归乡也。《正义》《左传》云“楚以其不祀祝融鬻熊,使斗宜申帅师灭夔,以夔子归”是也。《考证》僖二十六年《左传》。

《补》 夔与楚为同姓国，祝融乃楚人所奉之大神，鬻熊为楚人之先祖。夔人既不祀所奉之神与祖先，故楚灭之。古之商汤，因葛伯不祀而伐之，周武王数纣之罪，自弃其先祖肆祀不答（一作“报”）。楚成王殆师其意欤？夔，《公羊传》作“隗”。

夏，伐宋，

《考证》 梁玉绳曰：“此上缺书‘三十九年’，但《春秋》围宋在冬。”

宋告急于晋，晋救宋，

《考证》 梁玉绳曰：“‘晋救’上，缺书‘四十年’。”

成王罢归。将军子玉请战，成王曰：“重耳亡居外久，卒得反国，天之所开，不可当。”子玉固请，乃与之少师而去。晋果败子玉于城濮。成王怒，诛子玉。

《考证》 僖二十八年《左传》。城濮，卫地，今山东曹州府濮州南有临濮故城，即春秋城濮。

四十六年，初，成王将以商臣为太子，语令尹子上。

《考证》 庄四年《左传》，楚武王臣有令尹斗祁、莫敖屈重。令尹之名，始见于此，其职当国，长于诸尹，在莫敖上，盖武王所创置，他国未闻。顾栋高曰：“《左传》桓六年，武王侵随，其时斗伯比当国主谋议，不著官称。十一年，有莫敖屈瑕，时则莫敖为尊官，亦未有令尹之号。至庄四年，令尹与莫敖并称。嗣后莫敖之官，或设，或不设，间与司马并列令尹之下，而令尹以次相授，至战国犹仍其名。其官大都以公子或嗣君为之，他人莫得与也。”顾炎武曰：“春秋时，列国官名，若晋之中行、宋之门尹、郑之马师、秦之不更庶长，皆他国所无，而楚尤多，有莫敖、令尹、太宰、少宰、御士、左史、右领、左尹、右尹、连尹、鍼尹、寝尹、工尹、卜尹、芋尹、蓝尹、沈尹、莠尹、嚣尹、陵尹、郊尹、乐尹、宫厩尹、监马尹、杨豚尹、武城尹，其官名大抵异于他国。”

子上曰:“君之齿未也,

《集解》 杜预曰:“齿,年也。言尚少。”

而又多内宠,绌乃乱也。

《考证》 绌,《左传》作“黜”。言君之春秋尚富,而内嬖多,将来必有易树之事,则乱从之矣。

楚国之举常在少者。

《集解》 贾逵曰:“举,立也。”《考证》 中井积德曰:“举,建置之意。”龟井昱曰:“举,废举之举。”

《补》 《左传》昭十三年:“芈姓有乱,必季实立,楚之常也。”有以此为楚人行少子继承制之证,姑志之。常字,《左传》作“恒”。

且商臣蜂目而豺声,忍人也,

《集解》 服虔曰:“言忍为不义。” 《考证》 中井积德曰:“忍,犹残也。”

不可立也。王不听,立之。后又欲立子职而绌太子商臣。

《集解》 贾逵曰:“职,商臣庶弟也。”

商臣闻而未审也,告其傅潘崇曰:“何以得其实?”崇曰:“飨王之宠姬江芈而勿敬也。”

《集解》 姬,当作“妹”。 《正义》芈,亡尔反。《左传》无“王之宠姬”四字。杜注:“江芈,成王妹,嫁于江。”

《补》 飨,《左传》作“享”。江,金文作‘邛’。凡江器之江,均作邛。

商臣从之。江芈怒曰:"宜乎王之欲杀若而立职也。"商臣告潘崇曰:"信矣。"崇曰:"能事之乎?"

《集解》 服虔曰:"若立职,子能事之?"

曰:"不能。""能亡去乎?"曰:"不能。""能行大事乎?"

《集解》 服虔曰:"谓弑君。"

曰:"能。"冬十月,商臣以宫卫兵围成王。

《注》 《左氏》文公元年《传》作"以宫甲围成王。"

《韩非子·内储篇》:"于是乃起宿营之甲而攻成王。"

成王请食熊蹯而死,

《集解》 杜预曰:"熊掌难熟,冀久将有外救之也。"

不听。丁未,成王自绞杀。商臣代立,是为穆王。穆王立,以其太子宫予潘崇,使为太师,掌国事。

《考证》 "初成王"以下,文元年《左传》。《左传》太子之宫,作为"太子之室"。室,家资也。

穆王三年,灭江。

《集解》 杜预曰:"江国在汝南安阳县。" 《考证》 文四年《春秋经》、《传》。安阳故城,在今河南汝宁府正阳县。 《补》 穆又作"缪"。《年表》作"二年灭江"。

四年,灭六、蓼。六、蓼,皋陶之后。

《集解》 杜预曰:"六国,今庐江六县。蓼国,今安丰蓼县。" 《考证》 文五年《左传》:秋,楚成大心灭六。冬,楚公子燮灭蓼。"臧文仲闻六与蓼灭,曰:'皋陶庭坚,不祀忽诸'。"盖六,皋陶之后,蓼,庭坚八凯之一,与皋陶别人,史公合之为一,误。文十八年《左传》杜注:‘庭坚即皋陶字。”亦袭史公谬。六,今安徽六安州。蓼,今河南光州固始县蓼城。

《补》《帝王世纪》:“六,偃姓,子爵。皋陶次子甄,是为仲甄,封于六。”《水经·沘水注》:沘水出沘山,沘字或作淠。淠水西北迳六安县故城西。县,故咎陶国也。夏禹封其少子奉其祀。《潜夫论·姓氏篇》谓梁、葛、黄、徐、莒、蓼、六、英皆皋陶之后。闻今六安县城尚有皋陶墓。蓼字又作“鄝”,《集韵》作“郻”。《地理志》:“六安,蓼故国。”《路史》谓六为皋陶后,蓼为庭坚后。今霍邱县西北有蓼城,即古蓼国。

八年,伐陈。

《考证》 文九年《左传》。

十二年,卒。**子庄王侣立**。

《考证》庄王立,文十四年《左传》。《春秋经》及《国语》,侣作“旅”,《谷梁》作“吕”。

《补》《荀子·性恶篇》作“庄君”。《后汉书·朱穆传》作“楚严(庄)”卜侣一作“旅”,按吕、膂本一字,旅为膂之省文。

庄王即位三年,不出号令,

《考证》 梁玉绳曰:“案文十六年《左传》,庄王二年,尝乘馹,会师而灭庸矣,何言三年无令乎?”

日夜为乐,令国中曰:“有敢谏者死无赦!”伍举入谏。**庄王左抱郑姬,右抱越女,坐钟鼓之间**。**伍举曰:“愿有进隐**。**”曰:**

《集解》 隐,谓隐藏其意。《考证》 隐,隐语也,又曰庾辞。汉《艺文志》有隐书十八篇,师古注引刘向《别录》曰:“隐书者,疑其言以相问,对者以虑思之。”《文心雕龙》有《谐隐篇》。

“有鸟在于阜，三年不蜚不鸣，是何鸟也?”庄王曰：“三年不蜚，蜚将冲天；三年不鸣，鸣将惊人。举退矣，吾知之矣。”

《考证》 天、人，韵。

《补》《滑稽列传》：“不蜚则已，蜚则冲天；不鸣则已，鸣则惊人。”此为淳于髡说齐威王事。《韩非子·喻老篇》：“虽无飞，飞必冲天，虽无鸣，鸣必惊人。”

居数月，淫益甚。大夫苏从乃入谏。王曰：“若不闻令乎?”对曰：“杀身以明君，臣之愿也。”于是乃罢淫乐，听政，所诛者数百人，所进者数百人，任伍举、苏从以政，国人大说。

《考证》 王应麟曰：“三年不飞不鸣，《滑稽传》谓淳于髡说楚威王，此一事而两见。”又曰：“庄王时有嬖人伍参，其子伍举在康王时，康王，庄王之孙。《吕氏春秋·重言览》云：‘荆庄王立三年，不听而好隐。成公贾父入谏曰：愿与君王隐。’《新序·杂事篇》云‘士庆’。然则非伍举也。”愚按：《韩非子·喻老篇》伍举作右司马，且云：“处半年，乃自听政，所废者十，所起者九，诛大臣五，举处士六，而邦大治。举兵诛齐，败之徐州，胜晋于河雍，合诸侯于宋，遂霸于天下。”《吕览·重言》：“明日朝，所进者五人，所退者十人，群臣大说，荆国之众相贺也。”与此不同。

是岁灭庸。

《正义》 今房州竹山县是也。《考证》文十六年《左传》。庸，今湖北郧县府竹山县东上庸故城。梁玉绳曰：“事在二年，非三年也。”

《补》 庸一作“鄘”。《说文》：“鄘，南夷也。”

六年，伐宋，获五百乘。

《考证》 命郑公子归生伐宋，囚华元，获乐吕，及甲车四百六十乘。《左传》宣公二年，为楚庄七年。

八年，伐陆浑戎，

《集解》　服虔曰："陆浑戎，在洛西南。"《正义》　允姓之戎，徙居陆浑。《考证》陆浑故城，在河南河南府嵩县。

遂至洛，观兵于周郊。

《集解》　服虔曰："观兵，陈兵示周也。"

《补》　《左传》宣公三年："楚子伐陆浑之戎，遂至于洛，观兵于周疆。"

《左传》僖公二十二年："初平王之东迁也，辛有适伊川，见被发而祭于野者。曰：'不及百年，此其戎乎！其礼先亡矣。'秋，秦、晋迁陆浑之戎于伊川。"《史记·匈奴传》："（襄王时）于是戎狄或居陆浑。"杜注："允姓之戎居陆浑，在秦、晋西北，二国诱而徙之伊川……至今为陆浑县也。"按：此族原居西北之陆浑，即瓜州。其后虽居伊川，名曰阴戎，而其旧号犹未废，人且取其旧号以名其新居，故汉弘农郡有陆浑县（采自顾颉刚《史林杂识》）。

周定王使王孙满劳楚王。

《集解》　服虔曰："以郊劳礼迎之也。"

楚王问鼎小大轻重，

《集解》　杜预曰："示欲逼周取天下。"

对曰："在德不在鼎。"庄王曰："子无阻九鼎！楚国折钩之喙，足以为九鼎。"

《正义》　喙，许卫反。凡戟有钩。喙，钩口之尖也。言楚国戟之钩口尖有折者，足以为鼎，言鼎之易得也。《考证》　马骕曰："问鼎亦窥之渐，故王孙满阻之甚力耳。至折钩之语，恐是太史公所增。"龟井昱曰："陈大军以耀威武，庄王之豪气可想，史迁折钩之言，必有所传。"冈白驹曰:"无阻,犹勿恃也。"中井积德曰:"戈戟,钩兵也,此钩即戈戟之大名也,喙者戈戟之末尖如喙,足为鼎。谓楚国之大,兵甲之多也,且鼎不足贵耳。"

王孙满曰:"呜呼!君王其忘之乎?昔虞夏之盛,远方皆至,贡金九牧,

《集解》 服虔曰:"使九州之牧贡金。"

《补》 《王制》郑注,"(九州之长)虞、夏及周皆曰牧。"《逸周书·度邑解》:"维王克殷,国君诸侯乃厥献民征主九牧之师。"注云:"九牧,九州之牧也。"

铸鼎象物,

《集解》 贾逵曰:"象所图物著之于鼎。"

《补》 《淮南子·本经训》说:"故周鼎著倕使衔其指,以明大巧之不可也。"谓周人铸鼎画像,镂倕身于鼎,使自衔其指,以戒后世,明不当大巧为也。毕沅说:"《山海经·海外经》,周、秦所述也。禹铸鼎象物,使民知神奸。按其文,有国名,有山川,有神灵奇怪之所际,是鼎所图也。"郭沫若先生说:"勃古期之器物……其有纹缋者,刻铸率深沉,多于全身雷纹之中,施以饕餮文,夔凤,夔龙,象纹等次之。大抵以雷纹饕餮为纹缋之领守……饕餮、夔龙、夔凤,均想象中之奇怪动物。《吕氏春秋》云:'周鼎著饕餮,有首无身,食人未咽,害及其身'(《先识览·先识》)。"

百物而为之备,使民知神奸。

《集解》 杜预曰:"图鬼神百物之形,使民逆备之也。"

《补》 《集解》引杜预曰:"图鬼神百物之形,使民逆备之也。"按奸有害义,使民知神奸者,即使人知道如何避御鬼神,以免为其所害。

桀有乱德,鼎迁于殷,载祀六百。

《集解》 贾逵曰:"载,辞也。祀,年也。商曰祀。"王肃曰:"载祀者,犹言年也。”《考证》 载亦年也。《尔雅·释天》云：“载，岁也。夏曰岁，商曰祀，周曰年，唐虞曰载。”王说甚是。贾逵以为辞，非。

《补正》 载一作“飢”。载有记义。武亿云：“载，当记载之载，谓记年六百，与卜世三十，卜年七百句义同。”武说良是。按载字可作“曰”用，如《诗·载见》：“载见辟王，曰求厥章。”载亦“曰”字，互文也。

殷纣暴虐，鼎迁于周。德之休明，虽小必重；

《集解》 杜预曰：“不可迁。”

其奸回昏乱，虽大必轻。

《集解》 杜预曰：“言可移。”

昔成王定鼎于郏鄏，

《集解》 杜预曰：“郏鄏今河南也，河南县西有郏鄏陌。武王迁之，成王定之。”《索隐》 按《周书》，郏，洛北山名，音甲。鄏，谓曰厚鄏，故以名焉。

《补》 《说文·邑部》：“鄏，河南县直城门官陌地也。”《逸周书·作洛解》：“北因于郏山”，有谓郏山在河南府城北。《水经注》京相播云：“郏，山名，鄏，地邑也。”有谓郏山亦曰邙山，又名平逢山。《汉书·地理志》：“河南郡，河南，故郏鄏地。周武王迁九鼎，周公致太平，营以为都，是为王城。”

卜世三十，卜年七百，天所命也。周德虽衰，天命未改。鼎之轻重，未可问也。”楚王乃归。

《考证》 宣三年《左传》。庄王言，未知其所本。

九年，相若敖氏。

《集解》 《左传》曰子越椒。

人或谗之王，恐诛，反攻王，王击灭若敖氏之族。

《考证》 宣四年《左传》。梁玉绳曰："《左传》，越椒杀司马蔿贾，因而攻王。非畏谗而反也。"

《补》 若敖一词有两用。一、楚之国君称若敖，已见前。二、为宫名。《淮南子·修务训》作"莫嚣"。注云："莫，大也；嚣，众也；主众之官，楚卿大夫。"这种解释，不能令人满意，拟作另文详之。莫敖职位，亚于令尹、司马。楚之屈氏，世为莫敖，有谓后之典令，即莫敖之演变。

十三年，灭舒。

《集解》 杜预曰："庐江六县东有舒城也。"《考证》 《年表》舒下有"蓼"字。宣八年《左传》云："楚为众舒叛，故伐舒蓼，灭之。"众舒犹言群舒，舒蓼即群舒之一，与穆四年所灭蓼自别，故此止曰舒。

《补》 舒一作"郐"。《唐书·宰相世家系表》云："舒氏出自偃姓，皋陶之后，舒有五名，曰群舒，曰舒蓼、曰舒庸、舒龙、曰舒鸠。"其地在安徽舒城、庐江一带。

十六年，伐陈，杀夏征舒。征舒弑其君，故诛之也。已破陈，即县之。群臣皆贺，申叔时使齐来，不贺。王问，对曰："鄙语曰，牵牛径人田，田主取其牛。径者则不直矣，取之牛不亦甚乎？且王以陈之乱而率诸侯伐之，以义伐之而贪其县，亦何以复令于天下！"庄王乃复国陈后。

《考证》 宣十一年《左传》，古钞本，无"后"字，为是。史公《自序》云："乃复国陈。"可证。

十七年春，楚庄王围郑，三月克之。入自皇门，

《集解》 贾逵曰："郑城门。"何休曰："郭门也。"

郑伯肉袒牵羊以逆，

《集解》 贾逵曰："肉袒牵羊，示服为臣隶也。"《考证》 肉袒，受刑之义。牵羊,示为臣隶。

《补》 "肉袒"解见前。牵字,《郑世家》作"系",乃古牵字。"牵羊",羊柔顺兽也。吾谓肉袒牵羊,乃表示谢罪而降服之义。

曰:"孤不天,不能事君,君用怀怒,以及敝邑,孤之罪也。敢不惟命是听!

《考证》 杜预曰:"不天,不为天所佑。"

宾之南海,

《考证》 宾,《左传》作"实"。钱大昕曰:"宾读曰摈。"

若以臣妾赐诸侯,亦惟命是听。

《考证》 若犹"或"也。

《补》 《左传》僖公四年:"楚子使与师言曰:君处北海,寡人处南海。"刘寿曾曰:"《荀子·王制篇》'北海则有走马、吠犬焉,然而中国得而畜使之。南海则有羽、翮、齿、革、曾青、丹干焉,然而中国得而财之。'注:'海谓荒晦绝远之地,不必至海水也。'北海、南海,不必以实地证之。"《郑世家》作"君王迁之江南,及以赐诸侯,亦惟命是听。""江南"二字,《史记》常用,然所指为何?可考饶宗颐所著《楚辞地理考·江南解》。

若君不忘厉、宣、桓、武,

《集解》 杜预曰:"周厉王、宣王,郑之所自出也。郑桓公、武公,始封之贤君也。"

不绝其社稷,使改事君,孤之愿也,非所敢望也。敢布腹心。"楚群臣曰:"王勿许。"庄王曰:"其君能下人,必能信用其民,

《考证》 竹添光鸿曰:"犹云心能诚信以用其国之民矣。"

庸可绝乎!"庄王自手旗,左右麾军,

《考证》 十二字以《公羊传》补。

引兵去三十里而舍,遂许之平。

《集解》 杜预曰:"退一舍而礼郑。"《考证》 此退城下而盟也。宣十五年《左传》云:"宋华元曰:'敝邑易子而食,析骸而爨,虽然,城下之盟,有以国毙,不能从也。去我三十里,唯命是听。'"

潘尪入盟,子良出质。

《集解》 潘尪,楚大夫。子良,郑伯弟。

夏六月,晋救郑,与楚战,大败晋师河上,遂至衡雍而归。

《考证》 "十七年春"以下,宣十三年《左传》。衡雍,河南怀庆府原武县西北。

二十年,围宋,以杀楚使也。

《索隐》《左传》宣十四年"楚子使申舟聘于齐,曰:'无假道于宋。'华元曰:'过我而不假道,鄙我也,鄙我,亡也;杀其使者必伐我,伐我亦亡也:亡一也。'乃杀之。楚子闻之,投袂而起。九月,围宋"是也。《考证》 枫山本"也"上有"故"字。

《补》 有作"以其杀楚使也。"

围宋五月,

《考证》 五月当作"九月",说在《宋世家》。

城中食尽,易子而食,析骨而炊。宋华元出告以情。庄王曰:"君子哉!"遂罢兵去。

《考证》 宣十五年《左传》。梁玉绳曰:"庄王曰'君子哉',此史公隐括其事而为言，犹《宋世家》云‘诚哉言也，非庄王有是语。”

《补》《左传》宣公十五年：“宋人惧，使华元夜入楚师，登子反之床，起之曰：‘寡君使元以病告……’”《韩诗外传》云：“……司马子反乘闉而窥宋城，宋使华元乘闉而应之……”以上所述，似与史公之文有出入。

二十三年，庄王卒，

《考证》 宣十八年《春秋经》、《传》。

子共王审立。

《考证》《晋语》审作“葴”。

《补》《国语·鲁语》、《晋语》，共作“恭”。《吕氏春秋·权勋篇》作“龚”，称“荆龚王”。

共王十六年，晋伐郑。郑告急，共王救郑。与晋兵战鄢陵，

《考证》 河南开封府鄢陵县。

晋败楚，射中共王目。共王召将军子反。子反嗜酒，从者竖阳谷进酒，醉。王怒，射杀子反，遂罢兵归。

《考证》“晋伐郑”以下，成十六年《左传》。阳谷当作“谷阳”。子反自杀，非共王射杀也。中井积德曰：“‘射’字疑衍。”

三十一年，共王卒，

《考证》 襄十三年《春秋经》、《传》。

子康王招立。康王立十五年卒，

《考证》 襄二十八年《春秋经》、《传》。《春秋》招作“昭”。

子员立，是为郏敖。

《索隐》 员，音云。《左传》作“麏”。

《补》郏字一作“夹”。葬于郏，谓之郏敖。《地理志》“郏属颍川郡。”郏属于郑，后楚取之。郏敖名员，又作“麇”，作“麏”，作“卷”。

康王宠弟公子围、

《集解》 徐广曰：“《史记》多作‘回’。”

子比、子皙、弃疾。

《考证》 中井积德曰：“称公子比、公子黑肱可也，称子干、子皙可也，名与名连，字与字连。《左传》可征。史每称子比、子皙，失称谓之正。”

郏敖三年，以其季父康王弟公子围为令尹，主兵事。

《考证》 襄二十九年《左传》。梁玉绳曰：“围为令尹在元年，此与《表》误在三年。”

四年，围使郑，道闻王疾而还。十二月己酉，围入问王疾，绞而弑之，

《集解》 荀卿曰：“以冠缨绞之。”《左传》曰：“葬王于郏，谓之郏敖。”《考证》 楚人谓未成君而死者为敖，此已立三年，非未成君者，其称郏敖，以无谥号也。

遂杀其子莫及平夏。使使赴于郑。伍举问曰：“谁为后？”

《集解》 服虔曰：“问来赴者。”《考证》 中井积德曰：“围也使郑，举为介，围之还，举遂聘，故是时在郑矣。”又曰：“《左传》曰伍举问应为后之辞，举更为后之辞而已，非改其他。”

对曰:“寡大夫围。”伍举更曰:“共王之子围为长。”

《集解》 杜预曰:“伍举更赴辞,使从礼告终称嗣,不以篡弑赴诸侯。”《考证》 竹添光鸿曰:“称寡大夫,便见臣不可继君,说共王之子年最长,便见弟可以继兄,巧手弥缝。”

子比奔晋,而围立,是为灵王。

《考证》 “围使郑”以下,昭元年《左传》。

《补》 《吴世家》:“楚公子围杀其王郏敖而代立,是为灵王。”围又作“回”。《论衡·吉验篇》讹作“子圉”。易名“虔”。子比,共王庶子,字子干,为王数日,自杀,葬于訾,实訾敖。

灵王三年六月,楚使使告晋,欲会诸侯。诸侯皆会楚于申。

《考证》 杜预曰:“楚灵王始合诸侯也。”梁玉绳曰:“申,楚地。《表》云,合诸侯于宋地,误。”

伍举曰:“昔夏启有钧台之飨,

《集解》 杜预曰:“河南阳翟县南有钧台陂。”

《补》 伍应作“五”。五举,《楚语》作“湫举”,又作“椒举”,五参之子。飨,《左传》作“享”。《左传》昭公四年:“夏启有钧台之享”。洪亮吉《诂》云:“《汲郡古文》‘夏启元年,帝即位于夏邑,大飨诸侯于钧台。’《归藏·启筮》曰:‘昔夏后氏启筮,亨神于大陵而上钧台,枚占皋陶曰:不吉。’《连山易》曰:‘启筮,亨神于大陵之上。’郦道元云:‘即钧台也。’《郡国志》颍川郡阳翟有钧台。惠栋曰:‘魏大飨碑,夏启均台之亨。均古钧字,亨古享字。’”

商汤有景亳之命,

《注》 《左传》“商汤有景亳之命。”洪氏《诂》云:“《汲郡古文》云‘帝癸二十八年,昆吾氏伐商,商会诸侯于景亳。……’郦道元云:‘所谓景亳为北亳矣。”’《括地志》:“宋州北五十里大蒙城,汤所盟地,因景山为名。”有谓景亳即偃师,今偃师县南十二里有景山。

周武王有盟津之誓,

《注》 《左传》“周武有盟津之誓。”洪氏《诂》云:“按《水经注》引《论衡》云:‘与八百诸侯同此盟,《尚书》所谓不谋同辞也,故曰盟津,亦曰孟津。’《地理志》引《禹贡》作盟津。师古曰:‘盟,读曰孟津。在洛阳之北,都道所凑,故号孟津。孟,长大也’。”按“盟”为正字,“孟”乃后起之名。

成王有岐阳之搜,

《集解》 贾逵曰:“岐山之阳。”

《补》 《左传》:“成有岐阳之搜。”洪氏《诂》云:“《汲郡古文》云:‘成王六年,大搜于岐阳。’《晋语》云:‘昔成王盟诸侯于岐阳……’贾逵云:‘岐山之阳。’”按:岐又作“郻”、“歧”。

康王有丰宫之朝,

《集解》 服虔曰:“丰宫,成王庙所在也。”杜预曰:“丰在始平鄠县东,有灵台,康王于是朝诸侯。”

《补》 《左传》:“康王有丰宫之朝。”洪氏《诂》云:“《汲郡古文》云:‘康王元年,朝于丰宫’。服虔云:‘丰宫成王庙所在也。’《说文》:‘丰,周文王所都,在京兆杜陵西南’。”《括地志》:“丰宫,周文王宫也。”金文作“豐”。

穆王有涂山之会,

《注》 《左传》:“穆有涂山之会”。洪氏《诂》云:“《汲郡古文》‘穆王二十九年,会诸侯于涂山。’《郡国志》:‘九江郡平阿,有涂山。’应劭曰:‘山在当涂’。”

齐桓有召陵之师，

《注》《左传》僖公四年："师退，次于召陵。"《水经·颍水注》："东南迳召陵县故城南。"阚骃曰："召者，高也，其地丘墟，井深数丈，故以名焉"。阎若璩《四书释地》又续云："邵陵故城，在今开封郾城县东四十五里"。梁履绳云："郾城今属许州。"

晋文有践土之盟，

《注》《左传》僖公二十八年："甲午，至于衡雍，作王宫于践土。"《国语·晋语》注："践土郑地，在今河内温地。"《吕览·简选篇》："尊天子于衡。"注："文公率诸侯朝天子于衡雍。衡雍，践土，今之河阳。"

君其何用?"灵王曰："用桓公。"

《集解》 杜预曰："用会召陵之礼也。"

时郑子产在焉。于是晋、宋、鲁、卫不往。

《考证》 梁玉绳曰："《左传》，申之会不往者，鲁卫曹邾四国也。史于《表》，改四国为三，于《世家》，改曹邾为晋宋，妄已。"沈家本曰："晋宋，疑曹邾之譌"。

灵王已盟，有骄色。伍举曰："桀为有仍之会，有缗叛之。

《集解》 贾逵曰："仍、缗，国名也。"

《补》《左传》："夏桀为仍之会，有缗叛之。"仍一作"扔"。贾逵曰，"缗，有仍之姓也。"又曰："有仍，国名，后缗之家。"《索隐》云："未知其国何在"。《春秋经》桓五年"天王使仍叔之子来聘"。《谷梁经》、《传》并作"任叔"。仍、任音相近，或是一地，犹甫吕、虢郭之类。按《地理志》，东平有任县，盖古仍国。

洪氏《诂》云："《韩非子》作'有戎之会'。《汲郡古文》云：'帝癸十一年会诸侯于仍，有缗氏逃归，遂灭有缗'。"

纣为黎山之会，东夷叛之。

《集解》 服虔曰："黎，东夷国名也，子姓。"

《补》 《左传》："商纣为黎之搜，东夷叛之。"洪氏《诂》云："《韩非子》'黎丘之搜'。《汲郡古文》云：'帝辛四年大搜于黎'。服虔云：'黎，东夷国名也，子姓'。按《说文》，'䨓，殷诸侯。国在上党东北。'"今考黎正在纣都之东百余里。服虔曰'黎，东夷之国，是也'。杜注未见及此，而又注曰'疑'，盖不考之故。"

幽王为太室之盟，戎、翟叛之。

《集解》 杜预曰："太室，中岳也。"

《补》 《左传》："周幽为大室之盟，戎狄叛之。"洪氏《诂》云："《汲郡古文》云：'幽王十年春，诸侯盟于大室。明年申人、缯人及犬戎入宗周弑王'。"

君其慎终！"七月，楚以诸侯兵伐吴，围朱方。**八月，克之，**

《考证》 襄二十八年《左传》云："庆封奔吴，吴予之朱方。"

《补》 《吴世家》《索隐》引《吴地记》曰："朱方，秦改曰丹徒。"《郡国志》吴郡、丹徒，刘昭云："春秋时朱方。"有谓在今丹徒县东南。

囚庆封，灭其族。**以封徇曰："无效齐庆封弑其君而弱其孤，以盟诸大夫！"**

《集解》 杜预曰："齐崔杼弑其君，庆封其党，故以弑君之罪责之也。"

《补》 《左传》："无或如齐庆封弑其君，弱其孤，以盟其大夫。"洪氏《诂》云："按《吕览》载此事云：'毋或如齐庆封弑其君，以亡其大夫。'高诱注：'弱其孤，为杀崔成、崔强，亡其大夫，谓崔杼强而死。'"

封反曰:"莫如楚共王庶子围弑其君兄之子员而代之立!"

《集解》《谷梁传》曰:"军人粲然皆笑。"《考证》中井积德曰:"莫,当作'无',《左传》可征,上文可例。"

于是灵王使(弃)疾杀之。

《考证》 以上昭四年《左传》。中井积德曰:"'弃'字疑衍,疾,速也。《左传》作'使速杀之'。"愚按:钱大昕说同。

七年,就章华台,

《集解》 杜预曰:"南郡华容县有台,在城内。"

《补》《国语·楚语》:"灵王为章华之台。"注"章华,地名。"《吴语》曰:"乃筑台于章华之上。"

下令内亡人实之。

《考证》 昭七年《左传》,事在楚灵六年。

八年,使公子弃疾将兵灭陈。

《考证》 昭八年《春秋经》、《传》,事在楚灵七年。

《补》 公子弃疾,灵王弟,即位后,易名熊居。《侯表》称蔡公,即楚平王。

十年,召蔡侯,醉而杀之。使弃疾定蔡,因为陈蔡公。

《考证》 昭十一年《左传》。《左传》云:"三月丙申,醉而执之。夏四月丁巳杀之。"中井积德曰:"陈蔡之'陈',疑衍,据《左传》为陈公者,别有穿封戌焉。"

十一年,伐徐以恐吴。

《集解》《左传》曰使荡侯等围徐。《考证》徐,吴与国。

灵王次于乾嵠以待之。

《考证》 乾溪,今安徽颍州府亳州东南。

《补》 《吴世家》:"十二年,楚复来伐,次于乾嵠,楚师败走。"《集解》引杜预曰:"乾嵠,在谯国城父县南,楚东境。"陆贾《新语》:"楚灵王为乾嵠之馆,筑乾嵠之台,高五百仞,欲登浮云,窥天文。"乾,读为干,在今安徽亳县东南。

王曰:"齐、晋、鲁、卫,其封皆受宝器,我独不。

《注》 《周本纪》:"封诸侯,班赐宗彝,作分殷之器物。"

《集解》 引郑玄云:"宗彝,宗庙樽也。作分器,著王之命及受物。"《左传》昭公十五年,周景王诘晋不献彝鼎,王曰:"叔氏,而忘诸乎?叔父唐叔,成王之母弟也,其反无分乎?"足征周代对分器之有无,十分重视。

今吾使使周求鼎以为分,其予我乎?"

《集解》 服虔曰:"有功德,受分器。"

析父对曰:

《补》 析父,《楚语》作"仆父子皙"。又作"仆皙父"、"仆析父"。

"其予君王哉!

《集解》 贾逵曰:"析父,楚大夫。"《索隐》据《左氏》此是右尹子革之词,史盖误也。

昔我先王熊绎辟在荆山,荜露蓝蒌

《集解》 徐广曰:"荜,一作'暴'。"骃案:服虔曰:"荜露,柴车素木辂也。蓝蒌,言衣敝坏,其蒌蓝蓝然也。"《考证》 《左传》作"筚路蓝缕"。筚如筚门之箅,荆竹也,筚路,以荆竹编车也。蓝,所以染者也。缕,丝也。以蓝染丝,织以为衣,不用文采而用青衣,俭之至也。

以处草莽，跋涉山林以事天子，

《集解》 服虔曰："草行曰跋，水行曰涉。"《考证》枫山、三条本，山林作"山川"。

《补》 《左传》昭公十四年："筚路蓝缕，以处草莽。"宣公十二年："筚路蓝缕，以启山林。"

唯是桃弧棘矢以共王事。

《集解》 服虔曰："桃弧棘矢所以御其灾，言楚地山林无所出也。"《考证》 桃，非桃茢之桃。竹添光鸿曰："贡任其土所产，不嫌粗薄，亦见楚祖先立国之琐微。共，供也。"

《补》 《左传》作"以共御王事"。

齐，王舅也；

《集解》 服虔曰："齐吕伋，成王之舅。"

晋及鲁、卫，王母弟也：

《注》 《左氏》昭公十二年《传》："昔我先王熊绎与吕伋、王孙牟、燮父、禽父并事康王。"

吕伋，一作"及"、作"级"、作"汲"，称丁公。金文作"玎公"，太公子。王孙牟，康伯名髡，即王孙牟。张文虎曰："髡与牟声绝不近。疑髡本作'髦'，传写误。"燮父，《晋世家》云："唐叔子燮，是为晋侯。"禽父，《鲁世家》云："周公卒，子伯禽固已前受封，是为鲁公。"

楚是以无分而彼皆有。周今与四国服事君王，将惟命是从，岂敢爱鼎？"灵王曰："昔我皇祖伯父昆吾旧许是宅，

《集解》 服虔曰："陆终氏六子，长曰昆吾，少曰季连。季连，楚之祖，故谓昆吾为伯父也。昆吾曾居许地，故曰旧许是宅。"《考证》 孔颖达曰："许既南迁，故曰旧许，今属郑。"龟井昱曰："灵王欲取周鼎为分器，既是大奇，又欲追虞夏以前旧宅，白手割取人之国，更大奇矣。”

今郑人贪其田，不我予，今我求之，其予我乎？”对曰：“周不爱鼎，郑安敢爱田？”灵王曰：“昔诸侯远我而畏晋，

《考证》 龟井昱曰：“远我，以我为僻远也。”

今吾大城陈、蔡、不羹，

《集解》 韦昭曰：“二国，楚别都也。颍川定陵有东不羹，襄城有西不羹。”《正义》《括地志》云：“不羹故城在许州襄城县东三十里。《地理志》云此乃西不羹者也。”《补》《左传》洪氏《诂》云：“按《楚语》止举陈、蔡、不羹，故曰：‘今吾城三国’。而此下云‘四国’，内外传文多互异，非独此也。韦昭解云：‘颍川定陵有东不羹城，襄城有西不羹亭。’所云不羹亭，似不可以国，杜注盖误（又杜预《春秋地名》襄城县东南有不羹城，定陵西北有不羹亭，与韦注正别）。《水经注》：‘汝水又东南流，迳西不羹城南。’是必以定陵之不羹亭在东，故曰西不羹城以别之。”有谓东不羹在舞阳县西北，羹音郎。

赋皆干乘，诸侯畏我乎？”对曰：“畏哉！”灵王喜曰：“析父善言古事焉。”

《正义》《左传》昭十二年，析父谓子革曰：“吾子楚国之望也，今与王言如响，国其若之何？”杜预曰：“讥其顺王心如响应声也。”按：此对王言是子革之辞，太史公云析父，误也。析父时为王仆，见子革对，故叹也。《考证》 以上本昭十二年《左传》，而误以子革为析父，又删去析父规子革语，谓王喜析父善言古事，讹谬亦甚。

《补》《国语·楚语》：“赋皆千乘，亦当晋矣，又加之以楚，诸侯其来乎？”

十二年春，楚灵王乐乾溪，不能去也。国人苦役。初，灵王会兵于申，僇越大夫常寿过，

《索隐》 僇，辱也。《正义》 姓常，名寿过。

杀蔡大夫观起。

《索隐》 观，音宫。观，姓；起，名。

《补》 观起之名，见于《左氏》襄公二十二年，《传》云："楚观起有宠于令尹子南。"《通志·氏族略》云："芈姓，谥蠽子。"

起子从亡在吴，

《索隐》 从，音才松反。

《补》 观从字子玉。

乃劝吴王伐楚，为间越大夫常寿过而作乱，

《考证》 "为"字，疑衍。《左传》间作启。启，开也，导也。间，疑"开"之讹。

为吴间。使矫公子弃疾命召公子比于晋，至蔡，与吴、越兵欲袭蔡。

《考证》 梁玉绳曰："案《左》襄二十二、昭十三《传》，观起为令尹子南之宠人，非为蔡大夫也。康王车裂，非灵王杀于申之会也。起子从在蔡事蔡朝吴，非亡在吴国也。先是薳、许、蔡、蔓四族开常寿过作乱，非观起为间也。起召公子比、公子黑肱袭蔡，非使吴、越召之也，非欲与吴、越也。盖其时吴未尝伐楚，何劝之有？何间之有？而袭蔡无吴、越，亦何缘合其兵？岂因昭十三年《传》下文吴获楚五帅，又灭州来而误说之欤？"沈家本曰："按《左传》，时越大夫常寿过作乱，非越兵。吴方与楚相距于乾溪，其无吴更明。"

令公子比见弃疾，与盟于邓。

《集解》 杜预曰："颍川邵陵县西有邓城。"《正义》 《括地志》云：

“故邓城在豫州郾城县东三十五里。”按：在古召陵县西十里也。

遂入杀灵王太子禄，立子比为王，公子子皙为令尹，弃疾为司马。先除王宫；观从从师于乾谿，令楚众曰：“国有王矣。先归；复爵邑田室。后者迁之。”楚众皆溃，去灵王而归。

《注》《左传》：“先归复所，后者劓。师及訾梁而溃。”

灵王闻太子禄之死也，自投车下，而曰：“人之爱子亦如是乎？”

《考证》 龟井昱曰：“自投于车下，颠坠而不自觉也，故曰‘亦如余乎’。《左传》哀二年，‘太子惧，自投于车下，子良曰：妇人也’。定三年，‘滋怒，自投于床，废于鑪炭’。并情之所极，不觉自投身也。”

侍者曰：“甚是。”王曰：“余杀人之子多矣，能无及此乎？”右尹曰：

《集解》《左传》曰右尹子革。

“请待于郊以听国人。”

《集解》 服虔曰：“听国人欲为谁。”《考证》中井积德曰：“是要国人之助之意。”

王曰：“众怒不可犯。”曰：“且入大县而乞师于诸侯。”

《注》《左传》：“若入于大都，而乞师于诸侯。”按此“都”字，作“邑”字解，与“县”同义。《吴世家》：“故遂伐楚，取两都而去。”《正义》云：“两都，即钟离、居巢。”是都为邑之证。

王曰：“皆叛矣；”又曰：“且奔诸侯以听大国之虑。”王曰：“大福不再，祇取辱耳。”于是王乘舟将欲入鄢。

《集解》 服虔曰：“鄢，楚别都也。”杜预曰：“襄阳宜城县。”《正义》音偃。《括地志》云“故鄢城在襄州安养县北三里，在襄州北五里，南去荆州二百五十里。”按：王自夏口从汉水上入鄢也。《左传》云“王沿夏将欲入鄢”是也。《括地志》云：“鄢水源出襄州义清县西界托仗山。《水经》云蛮水即鄢水是也。”

《补》《左传》：“王沿夏，将欲入鄢。”应劭《汉书》注：“沔水自江别至南郡华容，为夏水，过郡入江。”服虔云：“鄢，别都也。”《正义》引《括地志》云：“鄢水源出襄州义清县西界托仗（或作伏）山。”《水经注》云：“出中庐县界康狼山。”有谓古鄢水发源于今南漳县北之七里山。

右尹度王不用其计，惧俱死，亦去王亡。

《考证》 今公子比以下，昭十三年《左传》。

灵王于是独傍偟山中，野人莫敢入王。王行遇其故铜人，

《集解》 韦昭曰：“今之中涓也。”《考证》《吴语》作“涓人”。涓，洁也，主洁清洒扫之事，亵近左右也。

谓曰：“为我求食，我已不食三日矣。”鋗人曰：“新王下法，有敢饟王从王者，罪及三族，且又无所得食。”王因枕其股而卧。鋗人又以土自代，逃去。王觉而弗见，遂饥弗能起。

《考证》 以上本《国语·吴语》。是时疑无三族之刑。

芋尹申无宇之子申亥曰：“吾父再犯王命，

《集解》 服虔曰：“断王旌，执人于章华之宫。”《正义》“芋尹，种芋园之尹也。”

王弗诛，恩孰大焉！”乃求王，遇王饥于釐泽，奉之以归。

《正义》 釐泽，上力其反。《左传》云“乃求之，遇诸棘闱，以归。”杜预曰：“棘，里名，闱，门也。”《考证》《左传》、《吴语》，釐泽作“棘闱”。

夏五月癸丑，王死申亥家，

《正义》《左传》云："夏五月癸亥，王缢于芋尹申亥"是也。

申亥以二女从死，并葬之。

《注》《左传》："申亥以其二女殉而葬之。"申亥，芋尹，申无宇之子。申无宇，《古今人表》"无"作"亡"。《楚语》作"范无宇"。申亥亦曰"芋尹申亥"，亦曰"申亥氏"。

是时楚国虽已立比为王；畏灵王复来，又不闻灵王死，故观从谓初王比曰："不杀弃疾，虽得国犹受祸。"

《考证》 中井积德曰："比，无谥，故以初王称之。"

王曰："余不忍。"从曰："人将忍王。"王不听，乃去。弃疾归。

《考证》 中井积德曰："'弃疾归'三字无所属，疑衍文。"

国人每夜惊，曰："灵王入矣！"乙卯夜，弃疾使船人从江上走呼曰：

《补》《左传》："弃疾使周走而呼曰"。古"舟"与"周"通，如《诗·小雅》"舟人之子"。郑笺云："舟当作周"。

"灵王至矣！"国人愈惊。

《正义》 江上，即江边也。《考证》 陈仁锡曰："灵王入矣，灵王至矣，二'灵'字当削。"愚按：《左传》无。

又使曼成然告初王比及令尹子晳曰："王至矣！国人将杀君，司马将至矣！

《集解》 杜预曰："司马谓弃疾。"《考证》《左传》"人"下无"将"字，此衍。言国人既杀君之司马弃疾，将来杀君。

君蚤自图,无取辱焉。众怒如水火,不可救也。”

《注》《左传》:“君若早自图也,可以无辱。众怒如水火焉,不可为谋。”

初王及子晳遂自杀。丙辰,弃疾即位为王,改名熊居,是为平王。平王以诈弑两王而自立,

《正义》 两王,谓灵王及子比也。

恐国人及诸侯叛之,乃施惠百姓。复陈蔡之地而立其后如故,归郑之侵地。

《考证》《左传》云:“使枝如子躬聘于郑,且致犨栎之田,事毕弗致。”

存恤国中,修政教。吴以楚乱故,获五率以归。

《集解》 服虔曰:“五率,荡侯、潘子、司马督、嚣尹午、陵尹喜。”《正义》 率,所类反。五帅谓伐徐时荡侯等五大夫也。督作裻,音督。

平王谓观从:“恣尔所欲。”欲为卜尹,王许之。

《集解》 贾逵曰:“卜尹,卜师,大夫官。”

初,共王有宠子五人,无適立,

《注》《左传》:“初,共王无冢適,有宠子五人,无適立焉。”

按:適即“嫡”字。冢適,即嫡长子。

乃望祭群神,请神决之,使主社稷,而阴与巴姬埋璧于室内,

《集解》 贾逵曰:“共王妾。”《正义》《左传》云:“埋璧于太室之庭。”杜预曰:“太室,祖庙也。”《考证》《左传》云:“祈曰:‘请神择于五人者,使主社稷,当璧而拜者神所立也’。”

召五公子斋而入。康王跨之,

《集解》 服虔曰:“两足各跨璧一边。”杜预曰:“过其上。”

《考证》 龟井昱曰:“服说为长。足跨之,故传位至子,手过之,故郏敖不终,若跨而过去,远于肘加焉。”

灵王肘加之,

《考证》 龟井昱曰:“《说文》‘肘,臂节也。’盖张肱而拜,其臂节张而及璧上欤。”

子比、子皙皆远之。平王幼,抱其上而拜,压纽。

《考证》 “芋尹申无宇之子”以下,昭十三年《左传》。枫山、三条本、宋本,“抱而入再拜”,作“抱其上而拜”。《左传》“压”上有“皆”字。龟井昱曰:“压纽,当璧也。纽,系也。小儿拜起,倾仄无常,而再拜再压,故曰‘皆’。《世家》去‘皆’字,抉龙眼耳。”

故康王以长立,至其子失之;围为灵王,及身而弑;一子比为王十余日,子皙不得立,又俱诛。四子皆绝无后。唯独弃疾后立,为平王,竟续楚祀,如其神符。

《考证》 以上,史公以意补。

初,子比自晋归,韩宣子问叔向曰:“子比其济乎?”对曰:“不就。”宣子曰:“同恶相求,如市贾焉,

《集解》 服虔曰:“谓国人共恶灵王者,如市贾之人求利也。”《考证》傅逊曰:“同恶相求,指当时同心造乱之人,薳居、成然等。”

何为不就?”

《考证》 中井积德曰:“济、就,宜连用其一也。此出两字,言不相应。”

对曰:"无与同好,谁与同恶?

《集解》 服虔曰:"言无党于内,当与众共同好恶。"

取国有五难:有宠无人,一也;

《集解》 杜预曰:"宠须贤人而固。"《考证》 宠,宠贵也。

有人无主,二也;

《集解》 杜预曰:"虽有贤人,当须内主为应。"

有主无谋,三也;

《集解》 杜预曰:"谋,策谋也。"

有谋而无民,四也;

《集解》 杜预曰:"民,众也。"

有民而无德,五也。

《集解》 杜预曰:"四有既备,当以德成之。"

子比在晋十三年矣,晋、楚之从不闻通者,可谓无人矣;

《集解》杜预曰:"晋、楚之士从子比游,皆非达人。"

族尽亲叛,可谓无主矣;

《集解》 杜预曰:"无亲族在楚。"《考证》 中井积德曰:"族尽亲叛,或死亡,无同心者也。"

无衅而动,可谓无谋矣;

《集解》 服虔曰:"言灵王尚在,而妄动取国;故谓无谋。"

为羁终世，可谓无民矣；

《集解》　杜预曰："终身羁客在于晋，是无民。"

亡无爱征，可谓无德矣。

《集解》　杜预曰："楚人无爱念者。"

王虐而不忌，

《集解》　杜预曰："灵王暴虐，无所畏忌，将自亡。"

《考证》　中井积德曰："以灵王之虐，而无所忌恶于子干，则其人不足畏也可知矣，非语灵王将亡。"

子比涉五难以弑君，谁能济之！有楚国者，其弃疾乎？君陈、蔡，方城外属焉。

《正义》　方城山在许州叶县西十八里也。

苛慝不作，

《考证》　龟井昱曰："烦乱邪慝之事不生也。"

盗贼伏隐，私欲不违，

《集解》　服虔曰："不以私欲违民心。"

民无怨心。先神命之，

《正义》　谓埋璧之时也。《考证》　龟井道载曰："先神，祖先之神也。"

国民信之。芈姓有乱，必季实立，楚之常也。

《考证》　龟井昱曰："文元年《左传》楚子上曰：'楚国之举，恒在少者。'楚之太祖季连，是陆终六子之季也。季纠是立，出《郑语》。武王，蚡冒弟。成王，堵敖弟。”

子比之官，则右尹也；

《考证》 龟井昱曰："比君陈蔡而威行方城外者，有间也。《晋语》以子干为上大夫。"

数其贵宠，则庶子也；以神所命，则又远之；民无怀焉，将何以立？"宣子曰："齐桓、晋文不亦是乎？"

《集解》 服虔曰："皆庶子而出奔。"

对曰："齐桓，卫姬之子也，有宠于釐公。**有鲍叔牙、宾须无、隰朋以为辅，**

《考证》 古钞本，须作"胥"。《左传》作"须"。

有莒、卫以为外主，

《集解》 贾逵曰："齐桓出奔莒，自莒先入，卫人助之。"

有高、国以为内主。

《集解》 服虔曰："国子、高子，皆齐之正卿。"

从善如流，

《集解》 服虔曰："言其疾。"

施惠不倦。**有国，不亦宜乎？昔我文公，狐季姬之子也，有宠于献公**。**好学不倦**。

《考证》《左传》倦作"贰"。

生十七年，有士五人，

《考证》 杜预曰："狐偃、赵衰、颠颉、魏武子、司空季子。"

有先大夫子余、子犯以为腹心，

《集解》 贾逵曰："子余，赵衰。"《正义》 子余，赵衰。子犯，狐偃也。

有魏犨、贾佗以为股肱，有齐、宋、秦、楚以为外主，

《集解》 贾逵曰："齐以女妻之，宋赠之马，楚享以九献，秦送内之。"

有栾、郤、狐、先以为内主。

《集解》 贾逵曰："四姓，晋大夫。"《正义》 杜预云："谓栾枝、郤谷、狐突、先轸也。"

亡十九年，守志弥笃。惠、怀弃民，

《集解》 服虔曰："皆弃民不恤。"

民从而与之。

《正义》 以惠、怀弃民，故民相从而归心于文公。

故文公有国，不亦宜乎？子比无施于民，无援于外。去晋，晋不送；归楚，楚不迎。何以有国！"子比果不终焉，卒立者弃疾，

《正义》《左传》云："获神，一也；有民，二也；令德，三也；宠贵，四也；居常，五也。有五利以去五难，谁能害之！"杜预云："获神，当璧拜也；有民，民信也；令德，无苛慝也；宠贵，妃子也；居常，弃疾季也。"

如叔向言也。

《考证》 "初子比自晋归"以下，昭十三年《左传》。

平王二年，

《考证》 二年，当作"六年"，下文"六年"当删。

使费无忌如秦为太子建取妇。

《集解》 服虔曰：费无忌，“楚大夫。”《索隐》《左传》作“无极”，极、忌声相近。《正义》《左传》云：“楚子之在蔡也，郹阳之女奔之，生太子建。”杜预云：“郹，蔡邑也。”郹，古觅反。

妇好，来，未至，无忌先归，说平王曰：“秦女好，可自娶，为太子更求。”**平王听之，卒自娶秦女，**

《考证》 以上昭十九年《左传》。

生熊珍。

《考证》 钱大昕曰：“《春秋》珍作‘轸’。《史记·伍子胥列传》亦作‘轸’。”

更为太子娶。**是时伍奢为太子太傅，无忌为少傅**。

《补》 奢，伍举之子。《淮南子》作“伍子奢”。详《史记·伍子胥列传》。太子建，字子木，后为郑人所杀。

无忌无宠于太子，常谗恶太子建。

《考证》 “更为太子”以下，昭十九年《左传》作奢为师，无极为少师。

建时年十五矣，其母蔡女也，

《考证》 与《左传》异。

无宠于王，王稍益疏外建也。**六年，使太子建居城父，守边**。

《集解》 服虔曰：“城父，楚北境邑。”杜预曰：“襄城城父县。”《正义》父音甫。《括地志》云：“城父故城在许州叶县东北四十五里，即杜预云襄城城父县也。又许州襄城县东四十里，亦有父城故城——所，服虔云‘城父，楚北境’，乃是父城之名，非建所守。杜预云成父，又误也。《传》及郦元《水经注》云‘楚大城城父，使太子建居之’，即《十三州志》云太子建所居城父：谓今亳州城父县也。”按：今亳州见有城父县，是建所守者也。《地理志》云颍川有父城县，沛郡在城父县，此二名别耳。《考证》 使太子居城父，昭十九年《左传》。《左传》云：“无极说楚王曰：‘太子通北方，王收南方，是得天下也。’王说从之。”城父故城，在今河南汝州府宝丰县。

无忌又日夜谗太子建于王曰：“自无忌入秦女，太子怨，亦不能无望于王，王少自备焉。

《考证》 望，怨也。

且太子居城父，擅兵，外交诸侯，且欲入矣。”平王召其傅伍奢责之。伍奢知无忌谗，乃曰：“王奈何以小臣疏骨肉?”无忌曰：“今不制，后悔也。”于是王遂囚伍奢。而召其二子，而告以免父死。

《考证》 古钞本，“子”下无“而”字。中井积德曰：“而召至父死十一字，当为衍文。”张文虎说同。

乃令司马奋扬召太子建，欲诛之。太子闻之，亡奔宋。

《考证》 沈家本曰：“《表》在七年。”

无忌曰：“伍奢有二子，不杀者为楚国患。盖以免其父召之，必至。”

《考证》 “无忌又日夜谗太子”以下，本昭二十年《左传》。

于是王使使谓奢：“能致二子则生，不能将死。”奢曰：“尚至，胥不至。”

《正义》 左传云：“伍尚为棠君。”《括地志》云：“扬州六合县，本春秋时棠邑，伍尚为大夫也。”

《补》 伍尚，奢之长子。《越绝书》曰“子尚”。又称“棠君尚”。棠为今之六合。

王曰:"何也?"奢曰,"尚之为人,廉,死节,慈孝而仁,闻召而免父,必至,不顾其死。胥之为人,智而好谋,勇而矜功,知来必死,必不来。然为楚国忧者必此子。"

《考证》 "于是王使使谓奢"以下,史公以意补,《左传》少异。

于是王使人召之,曰:"来,吾免尔父。"伍尚谓伍胥曰:"闻父免而莫奔,不孝也;父戮莫报,无谋也;度能任事,知也。子其行矣,我其归死。"伍尚遂归。

《考证》 "于是"以下,昭二十年《左传》。

伍胥弯弓属矢,

《注》《伍子胥列传》作"贯弓执矢"。《越绝书》作"介胄彀弓"。

出见使者,曰:"父有罪,何以召其子为?"将射,使者还走,

《考证》《左传》无此事。

遂出奔吴。伍奢闻之,曰:"胥亡,楚国危哉!"楚人遂杀伍奢及尚。

《考证》 "遂出奔吴"以下,昭二十年《左传》。

十年,楚太子建母在居巢,开吴。

《正义》 庐州巢县是也。《考证》 梁玉绳曰:"昭二十三年《左传》'建母在郹',此与《吴世家》同误。"

《补》《左传》昭公二十三年:"楚太子建之母在郹,召吴人而启之。"

商承祚先生说:"疑郹即居巢"。郹与居巢,是一地二名。梁玉绳在《史记志疑》中,因《左传》作在郹,就说《史记》作在居巢错了,未免轻率武断。

谭其骧先生在《鄂君启节铭文释地》(载《中华文史论丛》第二辑)中说:居巢的居是发语词。居巢就是巢,故凡《左传》里的巢,《史记》皆居巢。古代江淮一带的巢(即居巢)有好几处,单是《左传》所提到的,就不止一处;所以在昭公二十四年吴人灭巢之后,至定公二年又有一个为吴所围而克之之巢。前者当系群舒之属中的一个小国,后者疑为楚置在豫章地区的一个邑。

按居巢又作“居鄛”。

吴使公子光伐楚,遂败陈、蔡,取太子建母而去。

《考证》　梁玉绳曰:“《左传》吴取建母在冬十月,败陈、蔡乃鸡父之役,在秋七月,史公误合为一。又吴败顿、胡、沈、蔡、陈、许,并楚为七,故公子光曰‘七国同役’,此与《吴世家》止言陈蔡,亦疏。”

楚恐,城郢。

《正义》　在江陵县东北六里,已解于前。按:《传》城郢在昭公二十三年,下重言城郢。杜预云:“楚用子囊遗言以筑郢城矣,今畏吴,复修以自固也。”

《补》　楚人“城郢”,见于《春秋》数次。《左传》文公十四年有“城郢”。襄公十四年有“子囊……遗言谓子庚,必城郢。”

昭公二十三年:“楚囊瓦为令尹,城郢。”屡言“城郢”,“城”有增高加固之义。

初,吴之边邑卑梁与楚边邑钟离小童争桑,

《正义》　卑梁邑近钟离也。《考证》　王念孙曰:“《太平御览》引此,卑梁下有‘女’字’。”是也。《吴世家》云:“楚,边邑卑梁氏之处女,与吴之边邑之女争桑。”《伍子胥传》亦云:“两女子争桑。”梁玉绳曰:“诸处皆言是女子,独此改言小童,恐非。”

两家交怒相攻，灭卑梁人。卑梁大夫怒，发邑兵攻钟离。楚王闻之怒，发国兵灭卑梁。吴王闻之大怒，亦发兵，使公子光因建母家攻楚，遂灭钟离、居巢。

《考证》　沈家本曰：“《表》在十一年，与《春秋》合。”

楚乃恐而城郢。

《索隐》　去年已城郢，今又重言。据《左氏》昭公二十三年城郢，二十四年无重城郢之文，是《史记》误也。《考证》　张照曰：“是申上文城郢之故，非此复城郢也，史原不误，《索隐》、《正义》两家皆失之。”梁玉绳曰：“城郢在灭二邑前一年，非因灭邑而后城郢，亦非因建母家，是《史》之误耳。其所以误者，盖以建母之在郹为在巢，遂以十年吴入郹，为十一年之灭二邑也。《左》昭廿四年，楚为舟师以略吴疆，吴踵楚灭二邑，《史》言衅起争桑，必两事俱有也。”

十三年，平王卒。将军子常曰：“太子珍少，

《注》　囊瓦字子常，乃令尹子囊之孙，亦曰楚瓦。太子珍名壬，《御览》作“任”。珍又作“轸”。

且其母及前太子建所当娶也。”

《考证》　张照曰：“太子珍，《左传》作‘太子壬’，《国语》及《越世家》又作‘轸’。”愚按：《春秋》及《伍子胥传》亦作“轸”。

欲立令尹子西。子西，平王之庶弟也，有义。

《考证》　中井积德曰：“是时子常为令尹，而子西非令尹，盖《史》之误耳。下文令尹子常，是矣。凡令尹、司马之类，《史记》则称‘将军’，是后世之语，非当时之称，皆非。”梁玉绳曰：“杜预云：‘子西，平王之长庶。’韦昭云：‘子西，平王之子，昭之庶兄公子申。’此以为平王庶弟，下文又云昭王弟，舛矣。”

子西曰:“国有常法。更立则乱,言之则诛。”乃立太子珍,是为昭王。

《考证》 “平王卒”以下,昭二十六年《左传》。

昭王元年,楚众不说费无忌,以其谗亡太子建,杀伍奢子父与郤宛。

《考证》 张文虎曰:“游、王、柯、凌本,父作‘尚’。”

宛之宗姓伯氏子嚭

《考证》 梁玉绳曰:“郤宛与伯氏不同族。”愚按:定四年《左传》云:“楚之杀郤宛也,伯氏之族出,伯州犁之孙嚭,为吴大宰以谋楚。”杜注,“郤宛党也。”

及子胥皆奔吴,吴兵数侵楚,楚人怨无忌甚。楚令尹子常,诛无忌以说众,众乃喜。

《正义》 名瓦。《左传》云囊瓦伐吴。《考证》 “楚众不说费不忌”以下,本昭二十七年《左传》。

四年,吴三公子奔楚,

《索隐》 昭三十年,二公子奔楚,公子掩余奔徐,公子烛庸奔钟离。此言三公子,非也。《考证》 古钞本,三作“二”。愚按:《年表》亦作二。又按昭三十年云云《索隐》,各本作《集解》,今从《索隐》单本。又按,据《左传》昭二十七年,掩余奔徐,烛庸奔钟离。三十年,吴子使执之,二公子奔楚,楚子大封,而定其徙。《索隐》不备。

楚封之以扞吴。

《考证》 以上昭三十年《左传》。

五年,吴伐取楚之六、潜。

《正义》 故六城,在寿州安丰县南百三十二里,偃姓,皋陶之后所封也。潜城，楚之潜邑，在霍山县东二百步。

《考证》 昭三十一年《左传》。

七年，楚使子常伐吴，吴大败楚于豫章。

《正义》 今洪州也。《考证》 张照曰："《左传》鲁定公二年秋，楚伐吴于豫章，是年楚昭之八年也。"

《补正》 豫章在寿州附近，不是洪州。

十年冬，吴王阖闾、伍子胥、伯嚭与唐、蔡俱伐楚，楚大败，吴兵遂入郢，辱平王之墓，以伍子胥故也。

《考证》 辱平王之墓，本于定五年《谷梁传》、《吕氏春秋·首时篇》、贾子《新书·耳痺篇》、《淮南子·泰族训》，《左氏》不载。

《补》 《伍子胥列传》："及吴兵入郢，伍子胥求昭王，既不得，乃掘楚平王墓，出其尸，鞭之三百然后已。"《年表》作"伍子胥鞭平王墓"。《越绝书》作"操鞭捶笞平王之墓"。墓在江陵城北，一云在枝江斑竹岗。

吴兵之来，楚使子常以兵迎之，夹汉水阵。吴伐败子常，子常亡奔郑。楚兵走，吴乘胜逐之，五战及郢。己卯，昭王出奔。庚辰，吴人入郢。

《集解》 《春秋》云十一月庚辰。《考证》 梁玉绳曰："己卯上缺书'十一月'。"

昭王亡也至云梦。

《正义》 《括地志》云"云梦泽在安州安陆县东南五十里"是。《考证》李笠曰："'也'，疑即'亡'字之复衍。"

云梦不知其王也，射伤王。

《考证》 梁玉绳曰："案《传》，以戈击王，王孙由于以背受之，中肩，非射伤王也。"

王走郧。

《正义》　走音奏。郧音云。《括地志》云："安州安陆县城，本春秋时郧国城也。"

郧公之弟怀曰："平王杀吾父，

《集解》　服虔曰："父曼成然。"《正义》　成然立平王，贪求无厌，平王杀之。

今我杀其子，不亦可乎？"郧公止之。然恐其弑昭王，乃与王出奔随。

《正义》《括地志》云："随州城外，古随国城。随，姬姓也。"又云："楚昭王城在随州县北七里。《左传》云吴师入郢，王奔随，随人处之公宫之北，即此城是也。"

吴王闻昭王往，即进击随，谓随人曰："周之子孙封于江、汉之间者，楚尽灭之。"

《考证》　吴、随皆与周同姓，故云。

《补》《伍子胥列传》作"周之子孙在汉川者，楚尽灭之。"《左传》定四年作"楚实尽之"。僖公二十八年作"汉阳诸姬，楚实尽之。"

欲杀昭王。王从臣子綦乃深匿王，自以为王，

《考证》《左传》、《国语》子綦作"子期"。《左传》云，"子期似王"。杜注云："子期，昭王兄公子结也"。

谓随人曰："以我予吴。"随人卜予吴，不吉，乃谢吴王曰："昭王亡，不在随。"

《考证》　陈仁锡曰："昭王当作楚王。"

吴请入自索之，

《考证》 梁玉绳曰："《左传》无此语，恐妄。"

随不听，吴亦罢去。昭王之出郢也，使申鲍胥请救于秦。

《集解》 服虔曰："楚大夫王孙包胥。"《考证》 申包胥，《国策》作"棼冒勃苏"，棼冒即蚡冒，勃苏即包胥。包胥盖武王兄蚡冒之后，楚之公族，食邑于申，因以为氏耳。

《补》 申包胥，《类篇》包作"鲍"。《鹖冠子·备知篇》作"申麃"。《韩非子》作"申胥"，又称"包胥"。《战国策》作"棼冒（《文选》注作'樊'）勃苏"。称曰王孙，曰棼冒，必楚之宗族。《战国策·楚策一》吴师道补曰："棼冒即蚡冒。勃苏、包胥声近。"庄述祖云："棼冒，即楚之先蚡冒，其后为蚡冒氏。犹若敖之后，为若敖氏也。"

秦以车五百乘救楚，

《考证》《左传》云："昭王在随，申包胥如秦乞师。"据此包胥自请也。

楚亦收余散兵，与秦击吴。十一年六月，败吴于稷。

《集解》 贾逵曰："楚地也。"《考证》《左传》云：秦子蒲"使楚人先与吴人战，而自稷会之，大败夫概王于沂。"与此异。

会吴王弟夫概见吴王兵伤败，乃亡归，自立为王。阖闾闻之，引兵去楚，归击夫概。夫概败，奔楚，楚封之堂谿，

《正义》《括地志》云："堂谿故城在豫州郾城县西八十有五里也。"《考证》 堂谿城，在今汝宁府西平县。

号为堂谿氏。楚昭王灭唐。

《集解》 杜预曰："义阳安昌县东南上唐乡。"《正义》《括地志》云：

“上唐乡故城在随州枣阳县东南百五十里，古之唐国也。《世本》云：唐，姬姓之国。”《考证》 唐，今湖北德安府随州东南八十里唐城镇。

九月，归入郢。

《考证》 梁玉绳曰：“《左传》九月作‘十月’。”愚按：“十年冬”以下，本定四年、五年《左传》，但辱平王墓，以《吕览》、《谷梁传》补。

十二年，吴复伐楚，取番。

《正义》 片寒反，又音婆。《括地志》云：“饶州鄱阳县，春秋时为楚东境，秦为番县，属九江郡，汉为鄱阳县也。”

《考证》 定六年《左传》云：“吴大子终累败楚舟师，获潘子臣、小惟子及大夫七人。楚国大惕，惧亡。”与此异。

楚恐，去郢，北徙都鄀。

《正义》 音若。《括地志》云：“广楚昭王故城在襄州乐乡县东北三十二里，在故都城东五里，即楚国故昭王徙都鄀城也。”《考证》 定六年《左传》云：“迁郢于鄀”。龟井昱曰：“楚之郢，犹晋之绛也。成六年《左传》‘晋人谋去故绛’，新绛未定，既称故绛，此绛之名，通于所迁故也。今去郢北徙都鄀，又改鄀为郢。”鄀，今湖北襄阳府宜城县东北九十里，有鄀县故城。郢本在江陵，吴以舟师泝江而上，一水可达，襄阳稍西北，吴既难犯，又居国上流，其势易以制吴。

十六年，孔子相鲁。

《考证》 孔子相鲁，误。说在《孔子世家》。

二十年，楚灭顿，

《集解》 《地理志》曰：“汝南南顿县，故顿子国。”《正义》 《括地志》云：“陈州南顿县，故顿子国。应劭云古顿子国，姬姓也，逼于陈，后南徙，故曰南顿也。”

灭胡。

《集解》 杜预曰:“汝南县西北胡城。”《正义》 《括地志》云:“故胡城在豫州郾城县界。”《考证》 张照曰:“《春秋经》灭顿,在鲁定之十四年,灭胡,在十五年,灭胡之年,于楚昭为二十一年,《年表》同,此作‘二十年’。”竹添光鸿曰:“楚之深仇者吴也,而吴强,楚不敢伐。以吴子入楚者蔡也,蔡犹足守国,亦未可伐。惟唐最弱,与吴入郢,即灭之。而顿,而胡,尝与召陵之会者,故前年灭顿,今年灭胡。”

二十一年,吴王阖闾伐越。**越王句践射伤吴王,遂死**。**吴由此怨越而不西伐楚**。

《考证》 张照曰:“《左传》及《吴世家》,吴王伐越而死,在鲁定之十四年,于楚昭为二十年”,梁玉绳曰:“灭胡二十一年,错简也。当作‘二十一年灭胡’而移于后文‘不西伐楚’之下。”又曰:“定十四年《左传》‘越大夫灵姑浮,以戈击阖闾,伤将指死’,非句践射伤之也。”

二十七年春,吴伐陈,楚昭王救之,军城父。**十月,昭王病于军中,**

《考证》《左传》十月作“七月”。

《补》《左传》襄公六年:“昭王攻大冥,卒于城父。”《陈杞世家》“正义”云:“城父,亳州县。”按:城父在今安徽亳县东南,今名城父村。

有赤云如鸟,夹日而蜚。

《集解》 杜预曰:“云在楚上,惟楚见之。”《考证》《左传》“有”上有“是岁也”三字。

昭王问周太史,

《注》《左传》哀公六年:“楚子使问诸周太史。”《说苑》引作“楚子乘駟东而问诸太史州黎。”洪氏《诂》云:“郑司农云:‘太史主天道’。服虔云:‘诸侯皆有太史,主周所赐典籍,故曰周太史’。一曰是时往问周太史。”

太史曰:“是害于楚王,然可移于将相。”

《考证》《左传》将相作“令尹司马”。

将相闻是言,乃请自以身祷于神。昭王曰:“将相,孤之股肱也,今移祸,庸去是身乎!”

《考证》 祷于神,以身代之也。冈白驹曰:“庸,焉也。股肱之祸,即身之祸也。”愚按:《左传》作“除腹心之疾,而寘诸股肱,何益?”

弗听。卜而河为祟,

《考证》《左传》“卜”上有“初昭王有疾”五字,“而”作“曰”。

大夫请祷河。昭王曰:“自吾先王受封,望不过江、汉,而河非所获罪也。”

《集解》 服虔曰:“谓所受王命,祀其国中山川为望。”《正义》 按:江,荆州南大江也,汉,江也,二水,楚境内也。河,黄河,非楚境也。

《补》《左传》哀公六年:“王曰:‘三代命祀,祭不越望。江、汉、睢(沮)、漳,楚之望也。祸福之至,不是过也。不谷虽不德,河非所获罪也。’”

止不许。孔子在陈,闻是言,曰:“楚昭王通大道矣。其不失国,宜哉!”昭王病甚,乃召诸公子大夫曰:“孤不佞,再辱楚国之师,今乃得以天寿终,孤之幸也。”

《考证》“昭王病甚”以下三十二字,史公以意补。

《补》《韩诗外传》云:“楚庄王寝疾,卜之曰:‘河为祟’。大夫曰:‘请用牲’,庄王曰:‘止。古者圣王之祭不过望,濉漳江汉,楚之望也。寡人虽不德，河非所获罪也。'遂不祭，三日而疾有瘳。孔子闻之曰：'楚庄王之霸，其有方矣，节制守职，反身不贰，其霸不亦宜乎。诗曰：嗟嗟保介，庄王之谓也。'"《史记》述此事作昭王，以时间推之，当以作昭王为是。

让其弟公子申为王，不可。又让次弟公子结，亦不可。乃又让次弟公子闾，五让，乃后许为王。

《考证》　杜预曰："申，子西；结，子期；启，子闾；皆昭王兄也。"梁玉绳曰："史以为弟，误。"

将战，庚寅，昭王卒于军中。子闾曰："王病甚，舍其子让群臣，臣所以许王，以广王意也。

《考证》　《文选》司马子长《报任安书》"欲以广主上之意"。吕向注："广犹开也。"

今君王卒，臣岂敢忘君王之意乎！"

《考证》　《左传》无此语，盖史公以意补。

乃与子西、子綦谋，伏师闭涂，

《集解》　徐广曰："涂，一作'壁'。"

迎越女之子章立之，

《集解》　服虔曰："闭涂，不通外使也。越女，昭王之妾。"《索隐》闭涂即攒涂也，故下云惠王后即罢兵归葬。服虔说非。《正义》　《左传》云"谋潜师闭涂"。按：潜师，密发往迎也；闭涂，防断外寇也。为昭王薨于军，嗣子未定，恐有邻国及诸公子之变，故伏师闭涂，迎越女之子章立为惠王也。

是为惠王。

《补》 《左传》哀公六年："逆越女之子章，立之而后还。"

《墨子·贵义篇》作"献惠王"。金文作"酓章"。

然后罢兵归，葬昭王。

《考证》 "吴伐陈"以下，本哀六年《左传》。凌稚隆曰："昭王舍其子而让弟，与宋宣公之让同，然公子闾受让而仍立其子，其与穆公既立而后传位于侄以致十世不守者，相去远矣。"

惠王二年，子西召故平王太子建之子胜于吴，以为巢大夫，号曰白公。

《集解》 徐广曰："《伍子胥传》曰使胜守楚之边邑鄢。"骃案：服虔曰"白，邑名。楚邑大夫皆称公。"杜预曰："汝阴褒信县西南有白亭。"《正义》 巢，今庐州居巢县也。《括地志》云："白亭，在豫州褒信东南三十二里。褒信本汉鄎县之地，后汉分鄎置褒信县，在今褒信县东七十七里。"

《考证》 梁玉绳曰："白公之召，《左传》追叙于哀十六年，莫知的在何时。此及《表》、《伍子胥传》书于惠王二年，恐是意揣尔。"

《补》 白公胜，《楚语》作"王孙胜"。亦简称"王孙"。

白公好兵而下士，欲报仇。六年，白公请兵令尹子西伐郑。

《考证》 梁玉绳曰："此事《左传》在哀十六年，为楚惠十年，盖追叙也。此与《年表》在惠六年，不知何见。"

初，白公父建亡在郑，郑杀之，

《考证》 建以费无忌谗奔宋，又避华氏之乱于郑，郑人善之，建与晋谋袭郑，郑遂杀建。

白公亡走吴，子西复召之，故以此怨郑，欲伐之。子西许而未为发兵。

《考证》 子西召胜以下，本哀十六年《左传》。

八年，晋伐郑，郑告急楚，楚使子西救郑，受赂而去。白公胜怒，乃遂与勇力死士石乞等袭杀令尹子西、子綦于朝，

《考证》 梁玉绳曰："晋伐郑，为鲁哀十五年，在惠王九年，此误八年也。《传》云救郑与之盟，不得言受赂。而白公作乱，在惠王十年，此亦误在八年，《子胥传》同误。"

因劫惠王，置之高府，欲弑之。

《集解》 贾逵曰："高府，府名也。"杜预曰："楚别府。"《考证》高府，楚府库之名，如鲁有长府。

《补》 《淮南王书》："阖闾伐楚，五战入郢，烧高府之粟。"

据此，高府乃宫中府名。

惠王从者屈固负王亡走昭王夫人宫。

《集解》 服虔曰："昭王夫人，惠王母，越女也。"《考证》 负王者，《左传》作圉公阳。

白公自立为王。月余，会叶公来救楚，楚惠王之徒与共攻白公，杀之。

《补》 《左传》哀公十六年："白公奔山而缢。"《列子·说符篇》："白公不得已（当作'也'），遂死于浴室。"《吕览》作"法室"。高诱注："法室；司寇也"。按当以作法室为是。法之讹为浴，如郤之讹为却也。《吕氏春秋·分职篇》："九日叶公入，乃发太府之货予众。"注："叶公，楚叶县大夫，沈诸梁，子高也。"叶公子高，楚左司马沈尹戌之子，姓沈，名诸梁，字子高，食采于叶，一曰叶公诸梁。其事迹亦见《荀子·非相篇》。

惠王乃复位。

《考证》 晋伐郑以下，本哀十六年《左传》。白公未尝为王，叶公，子高沈诸梁也。

是岁也，灭陈而县之。

《集解》 徐广曰："惠王之十年。"《考证》 事见于《左传》哀十七年，即楚惠十一年，徐说亦误。

十三年，吴王夫差强，陵齐、晋，来伐楚。

《考证》 梁玉绳曰："《左传》哀十九年，止有越侵楚，此以为吴事，与《年表》并误。"

十六年，越灭吴。

《正义》 《表》云，越灭吴，在元王四年。《考证》 哀二十二年《左传》。

四十二年，楚灭蔡。

《正义》 周定王二十二年。

四十四年，楚灭杞。

《正义》 周定王二十四年。

与秦平。

《考证》 徐孚远曰："不言与秦恶，但言与秦平，记事亦疏。"

是时越已灭吴而不能正江、淮北；楚东侵，广地至泗上。

《正义》 正，长也。江、淮北谓广陵县，徐、泗等州是也。

《考证》 《越世家》亦云："以淮上地与楚"，"与鲁泗东方百里"。

《补》 泗水一名清河，自山东省泗水县东陪尾山，西经曲阜、滋阳。又西南经邹县入运河。《水经注·泗水下》："孔子葬于鲁城北泗水上。"胡三省曰："时楚蚕食鲁国，有泗上之地。"

五十七年,惠王卒,子简王中立。

《正义》 中音仲。

简王元年,北伐灭莒。

《正义》《括地志》云:"密州莒县,故国也。"言"北伐"者,莒在徐、泗之北。《考证》 莒,在今山东沂州府莒州。

八年,魏文侯、韩武子、赵桓子始列为诸侯。

《考证》 中井积德曰:"三晋列为诸侯者,魏文侯,韩景侯、赵烈侯是也,武子、桓子并其先世。此史之误耳。"杭世骏曰:"《周本纪》威烈王三十二年命韩、赵、魏为诸侯,是年为楚声王五年,盖后二十二年。"沈家本曰:"《年表》不误,《世家》盖史公未及删正也。"

二十四年,简王卒,子声王当立。

《正义》《谥法》云"不生其国曰声"也。

声王六年,盗杀声王,子悼王熊疑立。

《考证》《年表》熊疑作"类"。

悼王二年,三晋来伐楚,至乘丘而还。

《集解》 徐广曰:"年表三年归榆关于郑。"《正义》 年表云:三晋公子伐我,至乘丘,误也,已解在年表中。《括地志》云"乘丘故城在兖州瑕丘县西北三十五里"是也。《考证》《年表》乘丘作"桑丘"。梁玉绳曰:"桑丘,燕地,楚肃王元年,齐伐燕取桑丘,可证。楚安保之乎?《世家》为是,《通鉴》亦从之。"张文虎曰:"《年表》无'公子'二字,乘作'桑',《正义》误衍。"钱泰吉曰:"今本《年表》缺《正义》。"

《补》《春秋》庄公十年:"公败宋师于乘丘。"沈钦韩云:"《一统志》'乘丘故城在兖州府滋阳县西北。'《汉书·地理志》泰山郡有乘丘县。颜师古曰:‘《春秋》庄公十年,公败宋师于乘丘,即此是也。’”

四年,楚伐周。

《考证》《年表》周作“郑”,此误。

郑杀子阳。**九年,伐韩,取负黍**。

《考证》 负黍,河南河南府登封县。

《补》《左传》定公六年:“郑于是乎伐冯、滑、胥靡、负黍……”京相璠曰:“负黍,在颍州阳城县西南二十七里,世谓之黄城也。”负黍,春秋时为周邑,后属郑,后又属韩。在今河南登封县西南。

十一年,三晋伐楚,败我大梁、榆关。

《索隐》 此榆关当在大梁之西也。《正义》 年表云:悼王三年,归榆关于郑。按榆关,当郑之南大梁之西也。榆关,在大梁之境,此时属楚,故云败我大梁榆关也。《考证》 吕祖谦曰:“大梁,魏地,不知楚追三晋之师至于是欤?或者楚伐魏,而韩、赵救之,《世家》误以为三晋伐楚欤?”

楚厚赂秦,与之平。

《考证》 梁玉绳曰:“不言秦伐楚。但言楚赂秦,与上文书与秦平同为疏也。”

二十一年,悼王卒,子肃王臧立。**肃王四年,蜀伐楚,取兹方**。

《索隐》 地名,今阙。《正义》《古今地名》云:“荆州松滋县古鸠兹地,即楚兹方是也。”《考证》 钱大昕曰:“《左传》‘楚子重伐吴克鸠兹。’杜预云:‘鸠兹,在丹阳芜湖县东,今皋夷也。’与兹方异。”

《补》 有谓兹方即鸠兹。《左传》襄公三年:“楚子重伐吴,克鸠兹,至于衡山。”此一鸠兹,据罗田王夔强考证,在今湖北罗田县境。似属可信。然蜀伐楚，取兹方，以情势论之，当以《正义》所说为是。

于是楚为扞关以距之。

《集解》 李熊说公孙述曰："东守巴郡，距扞关之口。"《索隐》 按：《郡国志》巴郡鱼复县有扞关。《考证》 扞关，在今湖北长阳县西。

《补》 张琦《战国策释地》曰："古扞关，在今宜昌府长阳县南七十里。或曰即夔州府东之瞿塘关。"

十年，魏取我鲁阳。

《集解》《地理志》云南阳有鲁阳县。《正义》《括地志》云："汝州鲁山本汉鲁阳县也。古鲁县以古鲁山为名也。"《考证》 鲁阳，河南汝州鲁山县。

十一年，肃王卒，无子，立其弟熊良夫，是为宣王。宣王六年，周天子贺秦献公。

《考证》《秦纪》云：献公"二十一年，与晋战于石门，斩首六万，天子贺以黼黻。"张文虎曰："游、凌本，'公'误'王'。"

秦始复强，而三晋益大，魏惠王、齐威王尤强。三十年，秦封卫鞅于商，南侵楚。是年，宣王卒，子威王熊商立。威王六年，周显王致文武胙于秦惠王。

《考证》《秦纪》作"天子致伯"。

七年，齐孟尝君父田婴欺楚，

《考证》 张文虎曰："'孟尝君父'四字，旁注混入。"

楚威王伐齐，败之于徐州，

《集解》 徐广曰："时楚已灭越而伐齐也。齐说越，令攻楚，故云齐欺楚。"《考证》　徐州，今山东滕县薛城。《补》　徐州之徐，或作"舒"，《说文》作"郐"。小徐云："古音涂，今音徐。"

关于楚国灭越的时间，《史记·越王句践世家》说："楚威王兴兵而伐之，大败越，杀王无疆，尽取故吴地至浙江，北破齐于徐州。而越以此散，诸侯子争立，或为王，或为君，滨于江南海上，服朝于楚"。史公这段记载，就是说楚威王时灭越。《集解》引徐广曰："时楚已灭越而伐齐也"。即以此为依据而云然。楚之灭越，实在威王之后，清人黄式三《周季编略》说楚之灭越，当在怀王二十二年。近人杨宽《战国史》中说："在公元前三〇六年（楚怀王二十三年）楚国乘越内乱，把越国灭亡了，把江东建设为郡"。他在注中说得很详细，文长不引了。

定海黄以周先生《儆季杂著·史越世家补并辨》中说："而王无疆子玉复收馀兵，北保琅邪，以图恢复，不克而薨。子王尊立，王尊薨，子王亲立。王亲失众，楚考烈王元年兴兵伐之，王亲走南山，失琅邪。由是越失句践旧都。自王玉至王亲凡四十六年，卒为楚灭。"黄先生在《辨》中又说："徐广考之不详，乃谓楚围徐州，而说越伐楚之故。"按：越王无疆之疆又作强。梁玉绳说："史言楚杀无疆，尽取其地，越以此散，故云为楚所灭。至谓无疆为句践十世，不知何据……疑十世是'七世'之讹"。

而令齐必逐田婴。田婴恐；张丑伪谓楚王曰：

《正义》为，音伪，言张丑为田婴故，伪设此辞。《考证》　正义本、枫山、三条本，伪作"为"。王念孙曰："伪读为'为'，为人谋而不忠之'为'。"

"王所以战胜于徐州者，田盼子不用也。

《索隐》　盼子，婴之同族。《考证》《齐世家》齐威王谓梁王曰："吾臣有盼子者，使守高唐，则赵人不敢东渔于河。"

盼子者，有功于国，而百姓为之用。婴子弗善而用申纪。

《考证》《齐策》、《秦策》申纪作"申缚"，齐将名。

申纪者,大臣不附,百姓不为用。故王胜之也。

《考证》 枫山本,附作“与”。

今王逐婴子,婴子逐,盼子必用矣。复搏其士卒以与王遇,

《索隐》 搏,音膊,亦有作“附”读。《战国策》作“整”。

《考证》 王念孙曰:“搏当作‘抟’,抟与‘专’同。”张文虎曰:“宋本及旧刻正作‘抟’。”

必不便于王矣。”楚王因弗逐也。

《考证》 “田婴欺楚”以下,采《齐策》。

十一年,威王卒,子怀王熊槐立。

《注》 郭嵩焘《史记札记》云:“案秦《诅楚文》:‘熊相率诸侯之兵以加临我’。自春秋之世,秦、楚无交兵事,惟僖公二十八年,从晋师与楚战城濮而已。怀王十一年,五国合纵攻秦,怀王为从长,则所云‘率诸侯之兵以加临我’者,正谓此也。城濮之战在秦穆公二十八年,下距惠文王十七世,亦为楚成王四十年,下距怀王亦十七世。《诅楚文》又云:‘熊相背十八世之诅盟’,争差一世而已,则熊相即楚怀王无疑。《诅楚文》作在秦惠文王时,当为得其实,史公谓怀王名熊槐,恐误。”熊相,欧阳修《六一题跋》、董逌《广川书跋》均谓为楚之顷襄王。

魏闻楚丧,伐楚,取我陉山。

《正义》 《括地志》云:“陉山在郑州新郑县西南三十里。”

《考证》 梁玉绳曰:“取,当作‘败’,《六国表》、《魏世家》可证。”陉山,在今河南新郑县南。

《补》 《战国策·楚魏战于陉山》鲍曰:“在密县”。吴曰:“徐广云:‘召陵有陉亭,密县有陉山’。”张氏《战国策释地》曰:“陉山在今开封府新郑县南三十里,与密县接界,楚北有汾陉之塞,即此;非召陵之陉亭也。”

怀王元年，张仪始相秦惠王。四年，秦惠王初称王。六年，楚使柱国昭阳将兵而攻魏，破之于襄陵，

《索隐》 县名，在河东。《考证》 破之于襄陵，《国策》不载，史公别有所本。襄陵，今山西平阳府襄陵县。

《补》《战国策·齐策》："昭阳为楚伐魏，覆军杀将，得八城。"柱国有两义：一、指国之都城，《战国策·齐策》："安邑者，魏之柱国也。"一为官名，任此官者，本为保卫国都之武官，后变为战争的将领。襄陵，《战国策》鲍曰属河东。张氏《战国策释地》曰："《汉志》陈留襄邑县，师古曰：'襄邑宋地，本承匡襄陵乡也。'故城即今睢州治。《正义》谓在兖州邹县，未详所据。"

得八邑。

《索隐》 古本作"八邑"，今亦作"八城"。《考证》《齐策》作"八城"。黄式三曰："孟子书惠王自言南辱于楚，即是。"

又移兵而攻齐，齐王患之。

《集解》 徐广曰："怀王六年，昭阳移和而攻齐。军门曰和。"《考证》中井积德曰："《集解》不称出处，何也？岂别本邪？"

陈轸适为秦使齐，齐王曰："为之奈何？"陈轸曰："王勿忧，请令罢之。"即往见昭阳军中，曰："愿闻楚国之法，破军杀将者何以贵之？"昭阳曰："其官为上柱国，封上爵执珪。"

《考证》《齐策》作"爵为上执珪"。上柱国，楚官名。高诱曰："楚爵功臣，赐以圭，谓之执圭，比附庸之君。"

陈轸曰："其有贵于此者乎？"昭阳曰："令尹。"陈轸曰："今君已为令尹矣，此国冠之上。

《索隐》 冠，音官。令尹乃尹中最尊，故以国为言，犹如卿子冠军然。《正义》　冠，音官，后同。楚国之官，令尹最高，昭阳已为令尹矣，若人冠冕在首□之上，不可更加。《考证》　中井积德曰："'之上'二字，疑衍。"

臣请得譬之。人有遗其舍人一卮酒者，舍人相谓曰：'数人饮此，不足以遍，请遂画地为蛇，蛇先成者独饮之。'一人曰：'吾蛇先成。'举酒而起，曰：'吾能为之足。'及其为之足，而后成人夺之酒而饮之，曰：'蛇固无足，今为之足，是非蛇也。'今君相楚而攻魏，破军杀将，功莫大焉，冠之上不可以加矣。

《考证》　枫山本，"加"下有"冠"字。

今又移兵而攻齐，攻齐胜之，官爵不加于此；攻之不胜，身死爵夺，有毁于楚：此为蛇为足之说也。不若引兵而去以德齐，此持满之术也。"昭阳曰："善。"引兵而去。

《考证》　"楚使柱国"以下，采《齐策》。

燕、韩君初称王。秦使张仪与楚、齐、魏相会，盟啮桑。

《正义》　徐广曰："在梁与彭城之间也。"《考证》　当在今河南归德及安徽颍州府蒙城县间。

《补》　啮桑在今江苏沛县西南。

十一年，苏秦约从山东六国共攻秦，

《考证》　梁玉绳曰："是时苏秦已死四年，约六国者李兑也，《国策》甚明，此误。《古史》及《西溪丛话》已纠之。"愚按：《赵策》云："李兑约五国以伐秦，无功，留天下之兵于成皋，而阴讲于秦。"又云："五国伐秦，无功，罢于成皋，赵欲讲于秦。"《魏策》云："五国伐秦，无功而还。"皆此事。

楚怀王为从长。至函谷关,秦出兵击六国,六国兵皆引而归,齐独后。

《考证》 梁玉绳曰:"与秦战者惟韩、赵,韩、赵破而四国不战引归,此非事实。"

十二年,齐湣王伐败赵、魏军,秦亦伐败韩,与齐争长。

《考证》 梁玉绳曰:"败韩、赵也,此缺'赵'字。"

十六年,秦欲伐齐,而楚与齐从亲,秦惠王患之,乃宣言张仪免相,使张仪南见楚王,谓楚王曰:"敝邑之王所甚说者无先大王,虽仪之所甚愿为门阑之厮者亦无先大王。

《考证》 阑,与栏同,门遮也。厮,走卒也。枫山三条本,先作"过"。

敝邑之王所甚憎者无先齐王,虽仪之所甚憎者亦无先齐王。而大王和之,

《索隐》 和,谓楚与齐相和亲。

是以敝邑之王不得事王,而令仪亦不得为门阑之厮也。王为仪闭关而绝秦,今使使者从仪西取故秦所分楚商于之地方六百里,

《集解》 商于之地,在今顺阳郡南乡、丹水二县,有商城在于中,故谓之商于。《索隐》 商于在今慎阳。案:《地理志》丹水及商属弘农,今言顺阳者,是魏晋始分置顺阳郡,商城、丹水俱隶之。《正义》 《荆江图副》云:"邓州内乡县七里,张仪所谓商于之地。"《考证》 商、于,二邑名。商,今陕西商州故商城是。于,今河南内乡县故于城是。

《补》 《荆州图副》云:"邓州,内乡县东七里于村,即于中地也。"《通典》云:"今有于村,亦曰于中,即古商于地。"商于在今河南淅川县西。

如是则齐弱矣。是北弱齐,西德于秦,私商于以为富,此一计而三利俱至也。"怀王大悦,乃置相玺于张仪,

《考证》 《策》,无此句。古钞本,"置"作"致"。

日与置酒，宣言“吾复得吾商于之地”。群臣皆贺，而陈轸独吊。怀王曰：“何故？”陈轸对曰：“秦之所为重王者，以王之有齐也。今地未可得而齐交先绝，是楚孤也。夫秦又何重孤国哉，必轻楚矣。

《考证》 枫山、三条本，“又”作“有”。

且先出地而后绝齐，则秦计不为。先绝齐而后责地，贝必见欺于张仪。见欺于张仪，则王必怨之。怨之，是西起秦患，北绝齐交。西起秦患，北绝齐交，则两国之兵必至。

《索隐》 两国，韩、魏也。《考证》 顾炎武曰：“谓齐、秦。”

臣故吊。”楚王弗听，因使一将军西受封地。张仪至秦，佯醉坠车，称病不出三月，地不可得。

《考证》 穆文熙曰：“秦人商于之约，初意亦欲尝试于楚，如以城易赵璧之故事，非谓遽能欺楚也。不意怀王遂堕术中，以成秦人之诈，陈轸之策，亦蔺生之谋也，惜不用哉。”

楚王曰：“仪以吾绝齐为尚薄邪？”乃使勇士宋遗北辱齐王。

《考证》 张照曰：“《战国策》‘遣勇士从宋遗齐王书，折卷绝交’，又《张仪传》‘使勇士至宋，借宋之符，北骂齐王’，则宋遗非人名也。疑当作‘乃使勇士从宋遗书，北辱齐王’，落‘从’字‘书’字。说又见《张仪传》。”

《补》 牛运震《读史纠谬》第一《史记·楚世家》曰：“‘乃使勇士宋遗北辱齐王’。按楚无勇士宋遗，考之《战国策》，乃云遣勇士从宋遗齐王书，则宋遗非人名也。太史公考据之学往往疏略轻率如此。”

齐王大怒，折楚符而合于秦。秦齐交合，张仪乃起朝，谓楚将军曰：“子何不受地？从某至某，广袤六里。”

《考证》 东西曰广，南北曰袤。

楚将军曰:“臣之所以见命者六百里,不闻六里。”即以归报怀王。怀王大怒,兴师将伐秦。陈轸又曰:“伐秦非计也。不如因赂之一名都,与之伐齐,是我亡于秦,取偿于齐也,

《索隐》 谓失商于之地。《考证》 徐孚远曰:“亡,谓赂以名都也,若商于乃虚约也,不为亡地。”中井积德曰:“亡下脱‘地’,《张仪传》作‘出于秦’。”愚按:《策》同《史》文。

吾国尚可全。今王已绝于齐而责欺于秦,是吾合秦、齐之交而来天下之兵也,国必大伤矣。”楚王不听,遂绝和于秦,发兵西攻秦。秦亦发兵击之。

《考证》 “秦欲伐齐”以下,采《齐策》。

十七年春,与秦战丹阳,

《索隐》 此丹阳在汉中。《考证》 胡三省曰:此丹阳谓丹水之阳也。《班志》丹水出上洛冢岭山,东至析入钧水,地在武关之外。秦、楚交战,当在此。

秦大败我军,斩甲士八万,虏我大将军屈匄、裨将军逢侯丑等七十余人,遂取汉中之郡。

《考证》 胡三省曰:自沔阳至上庸,皆楚汉中地。沔阳,今陕西汉中府沔县。上庸,今湖北郧阳府竹山县。

楚怀王大怒,乃悉国兵复袭秦,战于蓝田,

《正义》 蓝田,在雍州东南八十里,从蓝田关入蓝田县。

《考证》 今陕西西安府蓝田县。

大败楚军。

《考证》 《楚策》张仪说楚怀王曰:“楚尝与秦构难,战于汉中,楚人不胜，通侯执圭死者七十余人，遂失汉中。楚王大怒，兴师袭秦，与秦战于蓝田，又却。”即此事。

韩、魏闻楚之困，乃南袭楚，至于邓。楚闻，乃引兵归。

《考证》 “遂取汉中之郡”以下，本《秦策》。邓，今河南南阳府邓县。

十八年，秦使使约复与楚亲，分汉中之半以和楚。

《考证》 梁玉绳曰：“此与《屈原传》同，而《张仪传》又依《国策》言秦欲以武关外易黔中地，未定所从。”

楚王曰：“愿得张仪，不愿得地。”张仪闻之，请之楚。秦王曰：“楚且甘心于子，奈何？”

《考证》 《左传》：“管召仇也，请受而甘心焉。”杜注：“甘心，言欲快心戮杀之。”

张仪曰：“臣善其左右靳尚，靳尚又能得事于楚王幸姬郑袖，袖所言无不从者。且仪以前使负楚以商于之约，今秦楚大战，有恶，臣非面自谢楚不解。且大王在，楚不宜敢取仪。诚杀仪以便国，臣之愿也。”仪遂使楚。至，怀王不见，因而囚张仪，欲杀之。仪私于靳尚，靳尚为请怀王曰：“拘张仪，秦王必怒。天下见楚无秦，必轻王矣。”又谓夫人郑袖曰：“秦王甚爱张仪，而王欲杀之。今将以上庸之地六县赂楚，以美人聘楚王，以宫中善歌者为之媵。楚王重地，秦女必贵，而夫人必斥矣。夫人不若言而出之。”郑袖卒言张仪于王而出之。仪出，怀王因善遇仪，

《考证》 “囚张仪欲杀之”以下，采《楚策》。

仪因说楚王以叛从约而与秦合亲，约婚姻。

《考证》 采《楚策》，语详于《张仪传》。

张仪已去，屈原使从齐来，

《考证》 屈原始见于此。先秦诸书，绝不见屈原事，但《史记》有之。黄式三曰：“先是楚王听张仪之欺，自恨不用屈原而至此，乃复用屈原。屈原因受命使齐，思合齐以报张仪之耻。屈原自齐反，张仪既释。”

谏王曰：“何不诛张仪？”怀王悔，使人追仪，弗及。是岁，秦惠王卒。二十(六)年，齐湣王欲为从长，

《索隐》 按：下文始言二十四年，又更有二十六年，则此错。云二十六年，衍字也，当是二十年事。又徐广推校二十年取武遂，二十三年归武遂，则此必二十年、二十一年事乎？《考证》 二十六年，各本作“二十年”，今依索隐本。王念孙曰：“正文本作‘二十六年’，小司马以为当作‘二十年’，今本依改。而又于注首加俗本‘或作二十六年’，甚谬。”梁玉绳曰：“此事在怀王二十六年，秦复取韩武遂之时，旧本作‘二十六年’，甚是。盖书中有韩得武遂于秦语，必错简也，当移于后文‘三国引兵’句之下，而衍‘二十年’三字。徐广但疑非二十年事，不加裁决，《索隐》以作‘二十六年’者为错，殊昧情实。《通鉴·大事记》作‘二十三年’，《古史》作‘二十二年’，并非。”

恶楚之与秦合，乃使使遗楚王书曰：“寡人患楚之不察于尊名也。

《考证》 冈白驹曰：“为下文王名成矣发。”

今秦惠王死，武王立，张仪走魏，

《考证》 梁玉绳曰：“齐遗楚书，实在二十六年，当秦昭王时，仪死已久，不得言今秦惠王死，武王立，张仪走魏。盖战国之事，经辩士润饰，多有差舛，不可为据，史仍而不改耳。应作武王死，今王立。走魏作死魏。”

樗里疾、公孙衍用，而楚事秦。夫樗里疾善乎韩，而公孙衍善乎魏；

《考证》 樗里疾母，韩女。公孙衍，魏人。

楚必事秦，韩、魏恐，必因二人求合于秦，则燕、赵亦宜事秦。四国争事秦，则楚为郡县矣。王何不与寡人并力收韩、魏、燕、赵，与为从而尊周室，以案兵息民，令于天下？莫敢不乐听，则王名成矣。

《考证》 此时尚言尊周室，周室未全失为共主。

王率诸侯并伐，破秦必矣。王取武关、蜀、汉之地，

《正义》 武关，在商州东一百八十里商洛县界。蜀，巴蜀；汉中，郡也。《考证》 武关，秦之南关，即春秋少习也，在今陕西商州东。

私吴、越之富而擅江海之利，韩、魏割上党，

《考证》 上党，山西潞安府。

西薄函谷，则楚之强百万也。且王欺于张仪，亡地汉中，兵锉蓝田，天下莫不代王怀怒。今乃欲先事秦！愿大王孰计之。"楚王业已欲和于秦，见齐王书，犹豫不决，下其议群臣。

《考证》 业已，二字一意。

群臣或言和秦，或曰听齐。昭雎曰：

《索隐》 雎，七余反。

"王虽东取地于越，不足以刷耻；必且取地于秦，而后足以刷耻于诸侯。王不如深善齐、韩以重樗里疾，如是则王得韩、齐之重以求地矣。秦破韩宜阳，

《索隐》 弘农之县，在渑池西南。《考证》 宜阳故城，在今河南宜阳县东。

而韩犹复事秦者，以先王墓在平阳，

《索隐》 非尧都也。

而秦之武遂去之七十里，

《索隐》 亦非河间之县，则韩之平阳，秦之武遂，并当在宜阳左右。

以故尤畏秦。不然，秦攻三川，

《正义》 三川，洛州也。《考证》 伊洛及河为三川，秦置三川郡，汉改为河南，今河南之河南府是也。

赵攻上党，楚攻河外，韩必亡。楚之救韩，不能使韩不亡，然存韩者楚也。韩已得武遂于秦，以河山为塞，

《正义》 河，蒲州西黄河也。山，韩西境也。

所报德莫如楚厚，臣以为其事王必疾。齐之所信于韩者，以韩公子昧为齐相也。

《正义》昧，莫葛反，后同。

韩已得武遂于秦，王甚善之，

《正义》 昭睢言韩以得武遂于秦，西界至河山，必德楚，是昭王之甚善楚。《考证》 "韩得武遂于秦"，错简，当移于后文"三国引兵去"句之下。

使之以齐、韩重樗里疾，疾得齐、韩之重，其主弗敢弃疾也。今又益之以楚之重，樗里子必言秦，复与楚之侵地矣。"

《正义》 言齐韩尊重秦相。秦相，樗里疾。疾得齐韩尊重秦王，而齐韩又与楚亲疾，必不敢弃也。今又益楚之重樗里疾，疾必言秦王归楚侵地。《考证》 《正义》依桃源抄补，多讹误。

于是怀王许之，竟不合秦，而合齐以善韩。

《集解》 徐广曰："怀王之二十二年，秦拔宜阳，取武遂，二十三年，秦复归韩武遂，然则已非二十年事矣。"

二十四年，倍齐而合秦。秦昭王初立，乃厚赂于楚。楚往迎妇。

《考证》《六国年表》云："楚迎妇于秦。"《屈原传》云："秦昭王与楚婚"。黄式三曰："楚迎妇于秦，秦迎妇于楚，盖互为婚姻也。"凌稚隆曰："楚往迎妇，与前约婚姻相应。"

二十五年，怀王入与秦昭王盟，约于黄棘。

《考证》 胡三省曰："《班志》南阳郡有棘阳县。"愚按：棘阳县，或谓之黄棘，今河南新野县东北。

《补》 吴熙载《通鉴地理今释》云："黄棘，河南南阳府唐县。"

秦复与楚上庸。

《考证》 怀王十七年，秦败楚师虏屈匄，取上庸，至此与之。上庸，汉中要地。

二十六年，齐、韩、魏为楚负其从亲而合于秦，三国共伐楚。楚使太子入质于秦而请救。秦乃遣客卿通将兵救楚，三国引兵去。

《考证》 太子名横。战国之时，用他国之人为卿曰客卿。通，其名。

二十七年，秦大夫有私与楚太子斗，楚太子杀之而亡归。二十八年，秦乃与齐、韩、魏共攻楚，杀楚将唐眛，取我重丘而去。

《考证》 眛，又作"蔑"。重丘，此及《田完世家》、《乐毅传》同，《秦本纪》作"方城"。《荀子·议兵篇》："兵殆于垂沙，唐蔑死。"《吕览·处方篇》："齐使章子与韩、魏攻荆，荆使唐蔑将兵应之，夹泚而军。章子夜袭之，斩蔑于泚水之上。"重丘，盖在泚水之上。

《补正》《荀子·议兵篇》作"兵殆于垂沙"。《说文》云："楚东有沙水。"《吕氏春秋·处方篇》作"荆唐蔑与齐章子夹泚水而军"。泚水有二：一在河南南阳境，即今之唐河县；一在安徽潜山县。重丘又作重邱，重邱即泚邱。胡三省曰："重丘即茈丘。"在河南泌阳县境内。

二十九年，秦复攻楚，大破楚，楚军死者二万，杀我将军景缺。

《考证》《年表》云："秦败我襄城，杀景缺。"

怀王恐，乃使太子为质于齐以求平。

《考证》"怀王恐"以下，采《楚策》。

三十年，秦复伐楚，取八城。秦昭王遗楚王书曰："始寡人与王约为弟兄，盟于黄棘，太子为质，至欢也。太子陵杀寡人之重臣，不谢而亡去，寡人诚不胜怒，使兵侵君王之边。今闻君王乃令太子质于齐以求平。寡人与楚接境壤界，故为婚姻，

《正义》 壻之父为姻，妇之父为婚，妇之父母壻之父母相谓为婚姻，两壻相谓为娅。《考证》《张仪传》云："秦与楚接境壤界"。盖当时语。中井积德曰："婚是婚娶之婚，外族为姻。"

所从相亲久矣。而今秦楚不欢，则无以令诸侯。寡人愿与君王会武关，面相约，结盟而去，寡人之愿也。敢以闻下执事。"

《考证》"以闻"二字始见，犹言"上闻"，后世臣民上书天子时用之。《仪礼·特牲礼》："馈食主人及宾兄弟群执事，即位门外。"襄二十八年，郑游吉聘楚曰："以岁之不易，聘于下执事。"《越语》"寡君勾践之无所使，使其下臣种，不敢彻声闻于天王，私下执事。"《左传》僖二十六年，展喜告齐孝公曰："寡君使下臣犒执事。"翟灏曰："执事本谓从列与事之人，致书者谦不斥尊，若云陈达其左右者耳。"

楚怀王见秦王书，患之。欲往，恐见欺；无往，恐秦怒。昭睢曰："王毋行，而发兵自守耳。秦虎狼，不可信，有并诸侯之心。"

《考证》 梁玉绳曰："《屈原传》作原语，《索隐》谓二人同谏，故彼此随录之。"

怀王子子兰劝王行,曰:"奈何绝秦之欢心!"于是往会秦昭王。昭王诈令一将军伏兵武关,号为秦王。楚王至,则闭武关,遂与西至咸阳,

《索隐》 右扶风渭城县,故咸阳城也,在水北山南,故曰咸阳。咸,皆也。

朝章台,如蕃臣,不与亢礼。

《考证》 章台,在渭南。蕃,读为"藩"。亢、抗问同。亢礼,对等之礼。《礼记》"臣莫敢与君亢礼也。"

楚怀王大怒,悔不用昭子言。秦因留楚王,要以割巫、黔中之郡。

《考证》 巫郡,四川夔州府巫山县。黔中,湖南常德以西及贵州境。

楚王欲盟,秦欲先得地。楚王怒曰:"秦诈我而又强要我以地!"不复许秦。秦因留之。楚大臣患之,乃相与谋曰:"吾王在秦不得还,要以割地,而太子为质于齐,齐、秦合谋,则楚无国矣。"乃欲立怀王子在国者。昭睢曰:"王与太子俱困于诸侯,而今又倍王命而立其庶子,不宜。"乃诈赴于齐,

《考证》 胡三省曰:"诈言楚王薨,而请太子还王楚。"

齐湣王谓其相曰:"不若留太子以求楚之淮北。"

《考证》《齐策》齐湣王作"苏秦",其相作"薛公",淮北作"下东邑"。高诱注:"薛公,田婴。下东邑,楚东邑,近齐也。"愚按:是时苏秦、田婴死已久,史公以意改,下东邑即淮北。

相曰:"不可,郢中立王,是吾抱空质而行不义于天下也。"

《考证》 郢中,楚都。

或曰：

《考证》《策》"或"作"苏秦"。

不然，郢中立王，因与其新王市曰：'予我下东国，吾为王杀太子，

《正义》楚之下国，最在东，故云下东国，即楚淮北。

《考证》胡三省曰："市，谓相要以利，如市道也。予，读与。"

不然，将与三国共立之。'然则东国必可得矣。"

《考证》"齐湣王"以下，本《齐策》。胡三省曰："三国，谓齐、魏、韩。"

齐王卒用其相计而归楚太子。太子横至，立为王，是为顷襄王。

《注》顷襄王，《楚策》作"襄王"，《鲁世家》作"倾王"，《淮南子·主术训》作"倾襄"。有谓顷襄王又称"庄王"。

乃告于秦曰："赖社稷神灵，国有王矣。"顷襄王横元年，秦要怀王不可得地，楚立王以应秦，秦昭王怒，发兵出武关攻楚，大败楚军，斩首五万，取析十五城而去。

《集解》徐广曰："年表云取十六城，既取析，又并取左右十五城也。"骃按：《地理志》弘农有析县。《正义》《括地志》云："邓州内乡县城本楚析邑，一名丑，汉置析县，因析水为名也。"

二年，楚怀王亡逃归，秦觉之，遮楚道，

《考证》胡三省曰："遮其归楚之路也。"

怀王恐，乃从间道走赵以求归。赵主父在代，

《索隐》主字亦或作"王"。《正义》父，音甫，武灵王也。

其子惠王初立,行王事,恐,不敢入楚王。楚王欲走魏,秦追至,遂与秦使复之秦。

《考证》 古钞本,使作“吏”。

怀王遂发病,顷襄王三年,怀王卒于秦,秦归其丧于楚。楚人皆怜之,如悲亲戚。诸侯由是不直秦。秦楚绝。六年,秦使白起伐韩于伊阙,大胜,斩首二十四万。

《正义》《括地志》云:“伊阙山在洛州南十九里也。”

《考证》 伊阙,山名,在今河南洛阳县西南境。

秦乃遗楚王书曰:“楚倍秦,秦且率诸侯伐楚,争一旦之命。愿王之饬士卒,得一乐战。”

《考证》 胡三省白:“乐,快意也。言一战以快其意。”

楚顷襄王患之,乃谋复与秦平。七年,楚迎妇于秦,楚、秦复平。十二年,齐秦各自称为帝;月余,复归帝为王。

《考证》 秦齐称帝,本《齐策》。

十四年,楚顷襄王与秦昭王好会于宛,结和亲。

《考证》 宛,河南南阳府南阳县。

十五年,楚王与秦、三晋、燕共伐齐,取淮北。

《考证》 淮北,今江苏海州及山东沂州地。

十六年;与秦昭王好会于鄢。其秋,复与秦王会穰。

《考证》 鄢,湖北襄阳府宜城县。穰,河南南阳府邓州。

十八年，楚人有好以弱弓微缴加归雁之上者，

《正义》 弱，小也。微，细也。缴，弋射也。归雁，北向也。言小弓细弋，射北归之雁，其矢加于背上。《考证》 归雁难射，所以为名手，不必改“归”作“鵦”。叶适曰：“弱弓微缴加归雁之上，虎肉臊而兵利身，人犹攻之。二事，皆《战国策》所无，其文无异，意刘向所序，比迁时已有遗落也。”

顷襄王闻，召而问之。对曰：“小臣之好射鵦雁，

《索隐》 鵦，音其，小雁也。

罗鸗，

《集解》 徐广曰：“吕静曰鸗，野鸟也。音龙。”《索隐》 吕静音聋，邹亦音卢动反，刘音龙。鸗，小鸟。

《考证》 中井积德曰：“罗疑亦鸟名。”

小矢之发也，何足为大王道也。且称楚之大，因大王之贤，所弋非直此也。

《考证》 方苞曰：“称，去声，衡量楚之强大也。”

愚按：直，特也。

昔者三王以弋道德，五霸以弋战国。故秦、魏、燕、赵者，鵦雁也；齐、鲁、韩、卫者，青首也；

《索隐》 亦小凫，有青首者。《考证》 中井积德曰：“青首是大凫，非小凫，然小于雁。”

驺、费、郯、邳者，罗鸗也。

《索隐》 驺费、邹祕二音。《考证》 钱大昕曰：“《孟子》书有邹穆公、费惠公，此文云泗上十二诸侯，则战国之世，小诸侯存者尚多也。”愚按:《齐策》颜斶曰:"当今之世,南面称寡者二十四。"郯、邳盖亦在其中。

外其余则不足射者。见鸟六双,

《索隐》 以喻下文秦赵等十二国,故云"六双"。《正义》 谓上秦魏燕赵齐鲁韩卫邹费郯邳者,合十二国也。《考证》《索隐》"下文"当"上文"之伪。

以王何取?王何不以圣人为弓,以勇士为缴,时张而射之?此六双者,可得而囊载也。其乐非特朝昔之乐也,

《索隐》 昔,犹夕也。

其获非特凫雁之实也。

《考证》 实,读若庭实之实。

王朝张弓而射魏之大梁之南,加其右臂而径属之于韩,则中国之路绝而上蔡之郡坏矣。

《考证》 上蔡,河南汝宁府。

还射圉之东,解魏左肘而外击定陶,

《索隐》 还,音患,谓绕也。射,音石。解,音纪买反。

《正义》 圉,音语。城在汴州雍丘县东。《考证》 圉,今河南开封府杞县南。定陶,今山东曹州府定陶县。

则魏之东外弃而大宋、方与二郡者举矣。

《正义》 言王朝张弓射魏大梁、汴州之南,即加大梁之右臂;连韩、郑,则河北中国之路向东南断绝,则韩上蔡之郡自破坏矣。复遶射雍丘圉城之东,便解散魏左肘宋州,而外击曹定陶,及魏东之外解弃,则宋、方与两郡并举。

《考证》 方与，山东济宁州鱼台县。

且魏断二臂，颠越矣；膺击郯国，大梁可得而有也。王綪缴兰台，

《集解》 徐广曰："绪，萦也，音争。兰，一作'简'。"

《正义》 郑玄曰："綪，屈也，江沔之间谓之萦，收绳索綪也。"按：缴，丝绳，系弋射鸟也。若膺击郯，围大梁已了，乃收弋缴于兰台。兰台，桓山别名也。《考证》 横田惟孝曰："膺，胸前也，盖郯当大梁前。"

饮马西河，定魏大梁，此一发之乐也。若王之于弋诚好而不厌，则出宝弓，碆新缴，

《集解》 徐广曰："以石傅弋缴曰碆。碆，音波。"《索隐》 碆作"磻"，音播。傅，音附。

射噣鸟于东海，还盖长城以为防，

《集解》 徐广曰："噣，一作'独'。还音宦。盖，一作'益'。益县在乐安，盖县在泰山。济北卢县有长城，东至海也。"《索隐》 噣，音昼，谓大鸟之有钩喙者，以比齐也。还音患，谓遶也。盖者，覆也。言射者环遶盖覆，使无飞走之路，因以长城为防也。徐以盖为益县，非也。长城当在济南。

《正义》 《太山郡记》云："太山西北有长城，缘河径太山千余里，至琅邪台入海。"《齐记》云："齐宣王乘山岭之上筑长城，东至海，西至济州千余里，以备楚。"《括地志》云："长城西北起济州平阴县，缘河历太山北冈上，经济州淄川，即西南兖州博城县北，东至密州琅邪台入海。《蓟代记》云齐有长城巨防，足以为塞也。"

朝射东莒，

《正义》 《括地志》云："密州莒县，故莒子国。《地理志》云周武王封少昊之后嬴姓于莒，始都计斤，春秋时徙居莒也。"《考证》 东莒，今山东沂州府莒州。

夕发浿丘，

《集解》 徐广曰："在清河。"《正义》《括地志》云："浿丘，丘名也，在清州临淄县西北二十五里也。"《考证》 浿丘，即贝丘，今山东青州博兴县南有贝中聚。

夜加即墨，顾据午道，

《索隐》 顾，反也。午道当在齐西界。一从一横为午道，亦未详其处。《正义》 刘伯庄云："齐西界。"按：盖在博州之西境也。《考证》 今山东莱州府平度州，有即墨故城。午道，赵东齐西交午道也。中井积德曰："午道，盖有南北之道，仍是子午道之意。"

则长城之东收而太山之北举矣。

《正义》 言从济州长城东至海，太山之北，黄河之南，尽举收于楚。

西结境于赵

《正义》 言得齐地约结于赵，为境界，定从约也。《考证》 中井积德曰："结境，犹接境也。"

而北达于燕，

《索隐》 北，一作"杜"。杜者，宽大之名。言齐晋既伏，收燕不难也。《正义》 北达，言四通无所滞碍。言燕无山河之限也。

三国布䎒，

《集解》 徐广曰："音翅。一作'属'。"《索隐》 亦作"翅"，同式豉反。三国，齐、赵、燕也。《正义》 䎒亦作"翅"，音式豉反。三国共布翅，言和同也。楚、赵、燕和同，而收关左，从不待而可成。

则从不待约而可成也。北游目于燕之辽东而南登望于越之会稽,此再发之乐也。若夫泗上十二诸侯,左萦而右拂之,可一旦而尽也。

《考证》《张仪传》张仪说楚王曰:"举宋而东指,则泗上十二诸侯尽王之有也。"《索隐》云:"边近泗水之侧,当战国之时,有十二诸侯,宋鲁邾莒之比也。"横田惟孝曰:"可一旦而尽,所谓不足射者。"

今秦破韩以为长忧,得列城而不敢守也;

《考证》 横田惟孝曰:"秦虽破韩而不能有之,徒顿兵罢士,故曰为长忧。"

伐魏而无功,击赵而顾病,

《索隐》 顾,犹反也。

则秦、魏之勇力屈矣,楚之故地汉中、析、郦可得而复有也。王出宝弓,碆新缴,涉鄳塞,而待秦之倦也,

《集解》 徐广曰:"鄳或以为'冥',今江夏。一作'黾'。"《正义》《括地志》云:"故鄍城在陕州河北县东十里,虞邑也。杜预云河东大阳有鄍城是也。"徐言江夏,亦误也。《考证》 析、郦皆在河南南阳府内乡县。

山东、河内可得而一也。

《正义》 谓华山之东,怀州河内之郡。

劳民休众,南面称王矣。

《考证》 中井积德曰:"称王,宜言'称帝',楚僭王已久矣。"

故曰秦为大鸟,负海内而处,东面而立,左臂据赵之西南,右臂傅楚鄢郢,膺击韩、魏,

《索隐》 谓韩、魏当秦之前,故云"膺击"。俗本作"鹰",非。《正义》

膺作鹰，如鹰鸟之击也。《考证》　膺，胸也，《索隐》可从。横田惟孝曰："击当作系。"

垂头中国，

《索隐》　垂头，犹申颈也。言欲吞山东。

处既形便，势有地利，奋翼鼓䎉，方三千里，则秦未可得独招而夜射也。"

《考证》　招，所谓鸟媒也。招以其类，招诱之。

欲以激怒襄王，故对以此言。襄王因召与语；遂言曰："夫先王为秦所欺而客死于外，怨莫大焉。今以匹夫有怨，尚有报万乘，白公、子胥是也。

《考证》　白公胜杀令尹子西，劫惠王，伍子胥入郢，鞭乎王坟，皆楚国事，所以取譬。

今楚之地方五千里，带甲百万，犹足以踊跃中野也，而坐受困，臣窃为大王弗取也。"于是顷襄王遣使于诸侯，复为从，欲以伐秦。

《考证》　方苞曰："此真战国之文，而不见《楚策》中。"愚按：《国策》姚本、鲍本、吴本，皆不收此章，但张本有之，盖依《史记》补入也。中井积德曰："徒鼓动楚王好战之心耳，此非良士。"又曰："射不必中，战不必胜，力劳而无获，何乐之有？况楚之衰弱，射而无获必矣。"

秦闻之，发兵来伐楚。楚欲与齐韩连和伐秦，因欲图周。

《考证》　吕祖谦曰："是时齐止余两城，为燕所围，何暇与楚连和伐秦？盖所载不能无少差也。"

周王赧使武公谓楚相昭子曰：

《集解》　徐广曰："定王之曾孙，而西周惠公之子。"

“三国以兵割周郊地以便输，而南器以尊楚，

《考证》 言欲取周室更南输楚也。冈白驹曰：“器，鼎之类。”

臣以为不然；夫弑共主，臣世君，大国不亲；

《索隐》 共主，世君，俱是周自谓也。共主，言周为天下共所宗主也；世君，言周室代代君于天下。《正义》 天下共尊，今欲杀之，故言杀共主。周世君天下，故言世君也。

以众胁寡，小国不附。大国不亲，小国不附，不可以致名实。名实不得，不足以伤民。

《考证》 冈白驹曰：“伤民，言起兵也。”

夫有图周之声，非所以为号也。”昭子曰：“乃图周则无之。虽然，周何故不可图也？”对曰：“军不五不攻，城不十不围。

《考证》《孙子·谋攻篇》云：“用兵之法，十则围之，五则攻之。”冈白驹曰：“我军五倍于彼军而后可攻，十倍于彼军而后可围。”

夫一周为二十晋，公之所知也。

《正义》 言周王之国，其地虽小，诸侯尊之，故敌二十晋也。《考证》 晋即魏。王念孙曰：“三国分晋，魏得晋之故都，故魏人自称晋国。《孟子·梁惠王》曰：‘晋国天下莫强焉。’周霄曰：‘晋国亦仕国也。’《魏策》云：‘魏武侯与诸大夫浮于西河，称曰：河山之险，岂不亦信固哉。王钟侍王曰：此晋国之所以强也。’是晋即魏也。”

韩尝以二十万之众辱于晋之城下，锐士死，中士伤，而晋不拔。

《考证》 此以一攻一者，与军不五不攻者异。

公之无百韩以图周,此天下之所知也。

《考证》 军不五不攻,周既为二十晋,非百韩以攻之则无功矣,而楚无其兵也。

夫怨结于两周以塞驺、鲁之心,

《索隐》 驺、鲁,有礼义之国,今楚欲结怨两周而夺九鼎,是塞邹、鲁之心。

交绝于齐,

《正义》 楚本与齐韩和伐秦,因欲图周;齐不与图周,故齐交绝于楚。

声失天下,其为事危矣。

《考证》 冈白驹曰:"声,即上文图周之声也。"

夫危两周以厚三川,

《正义》 三川,两周之地,韩多有之,言厚韩也。

方城之外必为韩弱矣。

《正义》 方城之外,许州叶县东北也,言楚取两周则韩强,必弱楚方城之外也。《考证》 三川,属韩。方城之外,楚北境,与韩相接。《周策》亦云:"魏有南阳郑地三川,而包二周,则楚方城之外,危。"

何以知其然也? 西周之地,绝长补短,不过百里。名为天下共主,裂其地不足以肥国,得其众不足以劲兵。虽无攻之,名为弑君。

《考证》 中井积德曰:"疑有错误。"愚按:《通鉴》作"虽然攻之者"。

然而好事之君，喜攻之臣，发号用兵，未尝不以周为终始。是何也？见祭器在焉，

《考证》 胡三省曰："谓三代相传之祭器，如九鼎之类，是也。"

欲器之至而忘弑君之乱。今韩以器之在楚，

《考证》 中井积德曰："句有错误"。

臣恐天下以器仇楚也。臣请譬之，夫虎肉臊，其兵利身，

《索隐》 谓虎以爪牙为兵，而自利于防身也。《正义》 虎有爪牙，以卫其身，若人身加兵，故其兵利身。《考证》 黄式三曰："疑兵当作'皮'，谓肉不足食而皮足衣也。"愚按：原文自通，不必改兵为皮。肉臊，喻不足肥国劲兵。兵利，喻名为天下共主。

人犹攻之也。若使泽中之麋蒙虎之皮，人之攻之必万于虎矣。

《索隐》 易攻而利大也。《正义》 野泽之麋蒙衣虎皮，人之攻取必万倍于虎也。譬楚伐周收祭器，其犹麋蒙虎皮矣。《考证》 必万于虎矣，各本作"必万之于虎"，今从《索隐》本。

裂楚之地，足以肥国；诎楚之名，足以尊主。

《考证》 以喻麋肉可食。胡三省曰："诎读曰黜，言黜其僭主之名也。"

今子将以欲诛残天下之共主，居三代之传器，

《索隐》 谓九鼎也。

吞三翮六翼，

《索隐》 翮，亦作"鬲"，同音历。三翮六翼，亦谓九鼎也。空足曰翮。六翼即六耳，翼近耳旁，事具《小尔雅》。《正义》 翮误，当作鬲，音历。《尔雅》云:附耳外谓之釴,款足谓之鬲,曲足鼎也,翼近鼎耳也。三翮六翼,即九鼎。《考证》 张文虎曰:"《索隐》引《小尔雅》,今《小尔雅》无此文。"

以高世主,非贪而何?《周书》曰:'欲起无先',

《考证》《周书》佚文。朱右曾曰:"不为物先之意。"

故器南则兵至矣。"于是楚计辍不行。十九年,秦伐楚,楚军败,割上庸、汉北地予秦。

《正义》 谓割房、金、均三州及汉水之北与秦。《考证》 胡三省曰:"汉北,汉水以北,宛、叶、樊、邓、随、唐之地。"

二十年,秦将白起拔我西陵。

《集解》 徐广曰:"属江夏。"《正义》《括地志》云:"西陵故城在黄州黄山西二里。"《考证》 今湖北宜昌府,楚西陵地。梁玉绳曰:"此缺'拔鄢邓',说见《秦纪》。"

《补正》 此一西陵,若据徐广所说,《括地志》所记与陇川的考证,以当时形势推之,均属不合。童书业先生所作《楚王酓章钟铭西鴋解》中说:"则西陵似即邓,邓者,《史记·正义》云:鄢、邓二城,并在襄州。今襄阳东北二十里有邓城,即其他(非方邓国所在地)。西陵,盖以山名,其所包范围或甚广,今襄阳、宜城间一带山地皆谓之西陵。"此种看法,合乎实际情况,足证诸说之误。

二十一年,秦将白起遂拔我郢,烧先王墓夷陵。

《集解》 徐广曰:"年表云拔鄢,烧夷陵。"《索隐》 夷陵,陵名,后为县,属南郡。《正义》《括地志》云:"峡州夷陵县是也。在荆州西。应劭云夷山在西北。"《考证》 夷陵,今湖北宜昌府东湖县。

《补》《战国策·秦策》应侯责武安君曰:"楚地方五千里,持戟百万，君前率数万之众，入楚，拔鄢、郢，焚其庙。”蔡泽曰：“白起率数万之师，以与楚战，一战举鄢、郢，再战烧夷陵。”又，顷襄王二十年，秦白起拔楚西陵，或拔鄢、郢、夷陵，烧先王之墓。《史记·六国表》：“楚顷襄王二十年，秦拔我鄢、西陵，二十一年，秦拔我郢，烧夷陵。”“秦昭王二十九年，白起击楚，拔郢，更东至竟陵，以为南郡。”《白起列传》：“后七年，白起攻楚，拔鄢、邓五城。其明年攻楚，拔郢，烧夷陵，遂东至竟陵。”《平原君列传》：“白起，小竖子耳，率数万之众，兴师以与楚战，而举鄢、郢；再战而烧夷陵；三战而辱王之先人。”

楚襄王兵散，遂不复战，东北保于陈城。

《考证》 胡三省曰：“陈即古陈国。《班志》，陈县属淮阳国。注云：‘楚顷襄王自郢徙此’。”愚按：今河南淮阳县，秦取郢为南郡。

二十二年，秦复拔我巫、黔中郡。

《考证》 复拔，《秦纪》作“取”，《通鉴》作“定”。秦于是初置黔中郡。

二十三年，襄王乃收东地兵，

《考证》 胡三省曰：“东地，盖楚之东地，淮汝之地也。”

得十余万，复西取秦所拔我江旁十五邑以为郡，距秦。二十七年，使三万人助三晋伐燕。

《考证》 张照曰：“《战国策》齐、韩、魏共攻燕，燕使太子请救于楚，楚王使景阳而救之。此云助三晋伐燕，与《楚策》异。”

复与秦平，而入太子为质于秦，楚使左徒侍太子于秦。

《正义》 左徒，官名。尔时黄歇为左徒，侍太子于秦也。

三十六年,顷襄王病,太子亡归。秋,顷襄王卒,太子熊元代立,是为考烈王。

《索隐》《系本》元作"完"。

《补》 考烈王,《列女传》作"楚考",《越绝书》作"烈王"。楚器铭文有酓肯,肯又作肯,马叔平先生谓即考烈王。

考烈王以左徒为令尹,封以吴,号春申君。

《注》《春申君列传》:"考烈王元年,以黄歇为相,封为春申君,赐淮北地十二县。"屈原在楚怀王时曾任左徒,为国王左右近臣。春申君的封地,《汉书·地理志·会稽郡》:"无锡有历山,春申君岁祠以牛。"《越绝书》亦载有此文。此书中记春申君在无锡兴造甚多,并云:"春申君,楚考烈王相也。烈王死,幽王立,封春申君于吴。三年,幽王征春申君为楚令尹,春申君自使其子为假君治吴。"

考烈王元年,纳州于秦以平。是时楚益弱。

《索隐》 徐广曰:"南郡有州陵县。"《考证》 州,今湖北武昌江夏县。

六年,秦围邯郸,赵告急楚,楚遣将军景阳救赵。

《考证》 张照曰:"《六国表》云:'春申君救赵'。"《春申君传》云:"秦围邯郸,邯郸告急于楚,楚使春申君往救。'此作'景阳',与彼互异。"梁玉绳曰:"此盖因前十五年齐、韩、魏共伐燕,燕请救于楚,楚王使景阳将而救之,见《国策》,史缘此致误。"

七年,至新中。

《索隐》 按赵地无名新中者,"中"字误。钜鹿有新市,"中"当为"市"。《正义》 新中,相州安阳县也。七国时,魏宁新中邑,秦庄襄王拔之,更名安阳也。《考证》 梁玉绳曰:"宁新中,魏地也。当在六年,又脱

‘宁’字。”

秦兵去。

《集解》 徐广曰:“年表云六年春申君救赵,十年徙于钜阳。”

十二年,秦昭王卒,楚王使春申君吊祠于秦。十六年,秦庄襄王卒,秦王赵政立。

《考证》 钱大昕曰:“秦王政之立,五国《世家》皆书,而《韩世家》独阙,此篇称‘赵政’,又与他《世家》异。”

二十二年,与诸侯共伐秦,不利而去。楚东徙都寿春,命曰郢。

《正义》 寿春在南寿州一,寿春县是也。《考证》 今安徽凤阳府寿州,楚寿春邑。

二十五年,考烈王卒,子幽王悍立。

《注》《战国策·楚策》、《史记·春申君列传》、《列女传》、《越绝书》等书中均谓幽王为春申君之子。名悍,《六国表》作“悼”,《春申君传》“索隐”作“捍”,《高祖纪》“索隐”作“择”,楚器铭文有酓感,即熊悍。

李园杀春申君。

《考证》 李园杀春申君,见《楚策》、《春申君传》。

幽王三年,秦、魏伐楚。秦相吕不韦卒。九年,秦灭韩。

《考证》 张照曰:“《韩世家》‘正义’曰:亡在秦始皇十七年,是年在楚幽之八年。”

十年,幽王卒。同母弟犹代立,是为哀王。

《考证》《表》犹作“郝”。

哀王立二月余，哀王庶兄负刍之徒袭杀哀王而立负刍为王。

《考证》 幽王即李园女弟所生，幸于黄歇，黄歇进入考烈王者，非楚统也。《列女传》以哀王为考烈王遗腹子，以负刍为考烈王弟，与《史》所言异，然亦楚裔也。

是岁，秦虏赵王迁。王负刍元年，燕太子丹使荆轲刺秦王。二年，秦使将军伐楚，大破楚军，亡十余城。

《考证》《年表》作十城。

三年，秦灭魏。四年，秦将王翦破我军于蕲，

《索隐》 机、祈二音。《正义》 音机，又音圻。《地理志》云"沛郡蕲县也"。《考证》 今安徽凤阳府宿州南。

而杀将军项燕。

《考证》 张照曰："《秦始皇本纪》作二十三年虏荆王，二十四年项燕自杀。"

五年，秦将王翦、蒙武遂破楚国，虏楚王负刍，灭楚名为(楚)郡云。

《集解》 孙检曰："秦虏楚王负刍，灭去楚名，以楚地为三郡。"《索隐》裴注频引孙检，不知其人本末，盖齐人也。《考证》 胡三省曰："秦三十六郡无楚郡，此盖灭楚之时暂置耳。"钱大昕曰："秦始皇父名楚，故《始皇本纪》称楚为'荆'，灭楚之后，未尝置楚郡也。孙氏谓灭去楚名，盖得其实。楚郡之'楚'，是衍文，或者谓三十六郡之外有楚郡者妄也。"恩按：王鸣盛、梁玉绳亦以"楚"字为衍，其说綦是，名字亦当衍。

太史公曰：楚灵王方会诸侯于申，诛齐庆封，作章华台，求周九鼎之时，志小天下；及饿死于申亥之家，为天下笑。

《考证》《左传》曰"缢"，不曰"饥"。

操行之不得,悲夫!势之于人也,可不慎与?弃疾以乱立。嬖淫秦女,甚乎哉,几再亡国!

《索隐》 几,音祈。

《索隐·述赞》 鬻熊之嗣,周封于楚。僻在荆蛮,筚路蓝缕。及通而霸,僭号曰武。文既伐申,成亦赦许。子围篡嫡,商臣杀父。天祸未悔,凭奸自怙。昭困奔亡,怀迫囚虏。顷襄、考烈,祚衰南土。

说楚都

前言

自从人类社会出现了阶级，于是就有了统治者与被统治者，统治者为了便利和巩固他们的统治，必须择一适宜的据点，作为都城。都城是发号施令的所在，并有防御自然灾害、防备敌人侵袭的作用。当某一民族的生活还没有固定下来的时候，就是说还处于游牧或渔猎生活状态时，他们的根据地常是变动不定的，文献中所说的“不常厥邑”①就是指这种情况。如夏、商、周各王朝的都邑常是迁移的。夏的都城，据古籍②记载：禹居阳城，太康居斟鄩，后相居帝邱，又居斟鄩，帝杼居原，自原迁于老邱，胤甲居西河，桀居斟鄩。殷商民族的都邑流动性也很大，《史记》中说：“自契至汤八迁。”③又说：“盘庚渡河南，复居成汤之故居，五迁无定处。”即所谓“前八后五”，详言之，尚不只此数。周的都城，略言之，后稷封邰，不窋窜于戎狄，公刘自漆沮渡渭，庆节国豳，古公亶父居岐下，王季

① 见《尚书・盘庚篇》。

② 见朱右曾、王国维校辑古本《竹书纪年》。

③ 见《史记・殷本纪》。

宅程，文王居丰，武王都镐。其后还有多次迁徙，这里从略不说了。《白虎通》[①]说："周家五迁"，这是举其大者言之。都邑常有迁徙，不惟各王朝是如此，就是占据一方的诸侯，也是这样。如晋国的都城，有翼、曲沃、绛、新田等，秦国的都邑，非子居犬邱、文公居西垂、宁公居平阳、德公居雍城、献公城栎阳、孝公都咸阳。

关于楚国的都城，古今人的说法很不一致。清人王鸣盛说："楚都有五：一丹阳、二郢、三都、四陈城、五寿春。"[②]孙文玉说："楚都有六。"[③]实际楚的都城不是像他们所说的这些。其迁移的原因，我想，前期是为了寻找更美好的所在，作为发展的根据地，即所谓"筚露蓝缕（一作荜路蓝缕，蓝缕又作褴褛），以启山林"[④]，作为据点；中期的徙迁，是为了政治或军事的关系，择一个于发展前途有更大好处的地方，作为都邑；最后，是为敌人所迫，不得不迁徙地方，以避其锋。近数十年来，关于楚都，有不少的文章发表，意见未能一致。今就楚国都城迁徙线索分述如下。

一　丹阳

《史记·楚世家》说："当周成王之时，举文武勤劳之后嗣，而封熊绎于楚蛮，封以子男之田，姓芈氏，居丹阳。"而《世本·居篇》说："鬻熊居丹阳。"关于这一点，清人宋翔凤、吕吴调阳[⑤]二人都认为《世本》所记是正确的。鬻熊居丹阳，我想是可能的，但丹阳在什么地方，说颇纷纭，后面将要谈到。鬻熊居丹阳，不是周将他封于丹阳，这是要分辨清楚的。《汉书·艺文志·道家》鬻子二十二篇，注曰："名熊，为周师，自文王以下问焉，周封为楚祖。"《列子·天瑞篇》"鬻熊"，张注云："周文王师，封于楚。"《通志·氏族略》中说："鬻系出芈姓，祝融之后，周文王师，鬻熊受封于

① 见《白虎通·迁国》。
② 见《蛾术编·说地》。
③ 见《新义录》。
④《左传·宣公十二年》。
⑤ 宋著《过庭录》、吕吴著《群经释地》。

楚，后因为氏。”楚的始受封者是熊绎，而不是鬻熊。《世本》中说：“鬻熊为文王师，成王封熊绎于楚，子孙以熊氏”，这是对的。有些书中以鬻熊为楚之始封者，那是袭讹承谬，不足凭信。上面所说的丹阳，究竟在那里呢？有以下各说：

1. 枝江说。丹阳是枝江，主张这种说法的，《史记集解》引徐广曰：“在南郡枝江县。”《正义》引颖容曰：“《传例》云：楚居丹阳，今枝江县故城是也。”《通典》谓枝江县，楚文王自丹阳徙都，亦曰丹阳。这就是说，原来的都城名丹阳，迁徙以后的新都也叫丹阳。于是日人陇川龟太郎在《史记会注考证》①中说：“今湖北宜昌府归州有古丹阳城，楚始封此，曰西楚。后徙枝江，亦曰丹阳，是为南楚，今荆州府枝江县是。”这种论断，是错误的，因为古之枝江，不是今枝江，可是信此说者还有不少的人。

2. 归州说(或巴东、秭归说)。《括地志》说：“归州巴东县东南四里归故城，楚子熊绎之始国也。又熊绎墓在归州秭归县。”《舆地志》说：“秭归县东有丹阳城，周回八里，熊绎始封也。”袁松山《宜都记》说：“秭归县，楚子熊绎之始国。”《水经》说：江水“又东，过秭归县之南，又东迳城北。”《注》说：“其城凭岭作固，二百一十步。夹溪临谷，据山枕江，北对丹阳城，城据山跨阜，周八里二百八十步。南北两面，悉临绝涧，西带亭下溪，南枕大江，险峭壁立，信天国也，楚子熊绎始封丹阳之所都也。《地理志》以为吴之丹阳。论者云：寻吴楚悠隔，褴褛荆山，无容远在吴境，是为非也。又楚子先王陵墓在其间，盖为征也。”近人夏曾佑在所作《中国历史》中也说：“楚初封之丹阳，在今宜昌境。”上面所引各说，有谓在巴东，有谓在秭归，但用归州一词可以括之。诸说中有举熊绎墓在此以为佐证的，有形容城之状况以征其说之可信的，有谓秭归县东之丹阳城，又称楚王城以定其说之可据的。这些说法，骤视之，似为可信，以历史情况衡之，很不合理。秭归古夔子国，《春秋》载鲁僖公二十六年为楚所灭，秭归既为古夔国，熊绎何能封于此呢？

---

① 实际此说出自《路史·国名纪丙》。

3. 当涂说。《汉书·地理志》丹阳郡下有丹阳县，班氏自注云："楚之先熊绎所封，十八世文王徙郢。"因此，有些人就说楚国最早的都城在今江苏和安徽两省交界的丹阳县。这个丹阳县，据近人考之，是在清代太平、宁国二府交界处，其故城在今当涂县东五十里，所以我定名为当涂说。《汉书·地理志》所说丹阳郡、丹阳县，《晋书·地理志》说："丹阳山多赤柳"，文献中多将这个丹阳写作丹杨。说楚国都城丹阳在这里，早就有人驳辨，然而信此说者，仍有其人，最近谭戒甫先生在《楚的开国史》[①]讲演中说："楚到山东后，由于周族的发展，楚又被迫向南迁徙到今江苏的丹阳，丹阳这个名称也是楚迁移时带来的。"谭老引经据典以证其说，实际这一说法是站不住脚的。

4. 丹淅说。丹、淅是两条水名，在陕西和河南境；这一地带，在陕西、河南及湖北三省交界处。丹水所经地区，古时也称为丹阳。这个丹阳和楚的关系，清人宋翔凤在所作《过庭录》中说的很清楚，兹节录如下：

> 《汉书·地理志》，丹阳郡丹阳县，楚之先熊绎所封。按汉丹阳县，为今安徽省太平府当涂县治，在禹贡扬（一作杨）州之城。视楚都郢中，东西窅远，故宋钧、郦道元皆疑汉志之文……《秦本纪》惠文王后十三年，庶长章（即魏章）击楚于丹阳，《楚世家》亦言，与秦战于丹阳，秦大败我军，遂取汉中之郡……《索隐》云："此丹阳在汉中。"胡三省云："此丹阳谓丹水之阳也。"《班志》，丹水出上洛冢岭山，东至析入钧水。地在武关之外，秦楚交战当在此。《屈原传》作大破楚军（一作师）于丹淅。《索隐》云：二水名，谓于丹水之北、淅水之南。丹水、淅水皆县名，在泓农，所谓丹阳、淅。按淅即析县，在今河南南阳府内乡境内（即今淅川县）。《水经》：丹水出京兆上洛县西北冢岭山东南，过其县南，又过商县南，又东南至丹水县入于钧。郦注：析水至于丹，故丹水会均水，有析口之称。丹水又迳丹水县故城南，县有密阳乡，在商密之地，昔楚申息之师所戍也；春秋之三户矣。杜预

---

① 1962 年 11 月 7 日在湖南师范学院讲演稿。

曰:县北有三户亭,丹水南有丹崖山,山悉赤壁,举若红云。秀天二岫,更有殊观。是战国丹阳在商州之东,南阳之西,当丹阳淅水汉之处,故名丹淅。鬻子(即鬻熊)所封(居)正在此处。

自宋氏说楚初居丹阳是丹淅之地后,历史界有很多人认为他的考证是正确的。除《过庭录》所述外,我以为丹阳就是丹淅还有以下几种证据。一、从考古的材料来说,近几年来,在丹淅一带发现了很多新石器时代遗址①,这足以说明丹淅地区很早就有人类在那里生活。目前关于这种资料发表的还很有限,我想不久的将来定有论文出现。这里既有新石器时代文化,楚族最早活动就在此地,两者必有密切关联。二、鬻熊为文王师,古籍中记载这类材料很多,一定不是虚传,鬻熊居于丹阳,丹阳就是丹淅,丹淅与丰镐距离不算遥远,文王找鬻子为师是可能的,否则,路途很远,古代交通不便,且多梗阻,文王想接近鬻子,势所难能。三、楚族起于西方说,尽管有人有不同的意见,我以为楚起西方,就是说起于丹淅,由此一步一步的向江汉平原发展,后来建为大国,其经过历程,有事实可考。有此三种理由,足补宋氏之说。

丹阳在何所,除上各说外,有人说当阳为丹阳之声讹,就是说当阳即丹阳,这一说毫无根据,不足信。数说之中,我以为丹淅是楚的发祥地,是合乎历史实际的。

二　漳沮

《墨子·非攻篇》说:"昔者楚熊丽始讨此睢山之间。"毕沅谓"讨"字当为"封"。按宝历本正作"封"。毕沅校注又说:"睢即漳沮之沮"。熊丽是鬻熊的儿子,是熊绎的祖父。由《墨子》所说,楚之先也曾在沮水、漳水地区居住过。关于沮水,《水经注》亦有记载。《水经》:"沮水出汉中房陵县东山。"《注》说:"沮水出东汶阳郡沮阳县西北景山,即荆山首也。高峰

---

①《考古通讯》1958年第三期,《河南淅川县的新石器时代遗址》。

霞举，峻崃层云。《山海经》云：金玉是出，亦沮水之所导，故《淮南子》曰：‘沮水荆山’。”《说文解字》水部：漳，南漳，出南郡临沮。段玉裁注说：“今湖北襄阳府南漳县西南六十里有临沮故城是也。”《左传》曰：“江汉雎漳，楚之望也。又楚子涉雎济江，雎即出汉中房陵之沮水。”《荆州记》说：“沮西北三十里有青溪，西北即荆山首曰景山。”由这些记载看来，漳沮二水在今湖北襄阳之南。这一带距丹淅不很远，鬻熊居丹阳，他的儿子熊丽一度到漳沮地区来往过，是可能的事。清人梁玉绳在所著《史记志疑》中说：“丽是绎祖，雎（即沮）为楚望，然则绎之前已建楚国于楚地，成王盖因而封之，非成王封绎始有国耳。”梁氏这段话说的很明确。由以上所述看来，楚之先人曾在漳沮一带盘据过是无可疑的，但史籍中少有记载，幸《墨子》书中尚存此一可贵的资料。

三　郢

郢，这个名称，古代有两种用法，一为故楚都，另为楚国都城的通称。以通称论，凡楚都皆可加上一个郢字，《越绝书》说：“郢者何？楚王治处也。”①像江陵的纪南城，又名纪郢；后迁于鄢，又名鄢郢；再迁于陈，又名郢陈；最后迁于安徽寿春，也称为郢。楚人为什么常将都城称为郢？从文字的分析，可能得到正确的解释。郢字可作邽（见《说文》）。这个省写的邽字是有来历的。甲骨文中有[illegible]字，有人释为郢字，我想是对的，那不正是省文邽字吗？郢字为什么可以省作邽呢？《说文》云：郢从邑呈声。而呈字，说文云：从口壬声。我们这样一追，就可知道壬字的意义。我国形声字，声都是有义的。由此就可了然郢字从呈，又可省作邽。这个壬字，不是十千的壬字②。壬，《说文》云：善也，从人士，士事也。一曰像物出地挺生也。甲骨文有[illegible] [illegible] [illegible]等形，正像土上生物之形，金文中有[illegible]（见《师酉敦》）刺鼎[illegible]字偏旁作[illegible]，《井人钟》圣字偏旁作[illegible]。由这些体看来壬

① 《越绝书·吴内传》卷四。

② 《说文》第十五有壬部，篆文书作主，第二十八、十千之壬作壬。

与许书第二说相符，则此字当从土，不应从士[1]。壬字不是从士，而是从土，这是合理的。我想壬字不仅像土上生物，且有高义。古代统治者建一都城，必选一地势高的地方。古有天子居山一语，就是要住在高的所在。郢字从壬，道理在此。郢字作为都城的通称，和后代的京城的京字义相近。楚族的统治者，每到一处住下就称为郢，我想就是这个道理。现在皖北的人们称寨子为郢子，这是古代楚语的遗存。其次谈郢为楚都的问题。《说文》云：郢，故楚都，在南郡江陵北十里。杜预曰：楚国都于郢，南郡江陵县北纪南城，东北小城名郢(现在通城为郢城)。

郢为楚都，然自何时迁到这里来呢？《史记·楚世家》说：楚"文王熊赀立，始都郢。"子革曰："先君僻处荆山，以供王事，遂迁纪郢。"而《世本》及《杜谱》说："武王徙郢"。《春秋地名考异》说："左昭二十三年沈尹戌曰：若敖蚡冒至于武文，土不过同，慎其四境，犹不城郢。则居郢并不始武王，疑数世经营，至武王始定耳。"关于迁于郢始自何人，暂不作论断。元人吴师道(著有《国策校正》)说："熊绎初封丹阳，武徙枝江，文都南郢"，程恩泽说："未是，枝江之徙当在熊绎时"，皆不足信。

郢是南郡的江陵，古代文献中多如此主张，近来有人认为楚郢都不在江陵。关于这一问题，在这里不作争辩，将来由考古发掘[2]的材料，自然可以得到正确的结论。江陵是古郢都，有人说就是城北约十里之遥的纪南城。《史记正义》引《括地志》说："纪南故城，在荆州江陵县北五十里(有误)。杜预云：国都于郢，今南郡江陵县北纪南城是也。《括地志》云：又至平王，更城郢；在江陵县东北六里，故郢城是也。"江陵县北和东北有两个城，一为纪南城，一为郢城。两城相距约有五华里。这两个城，纪南城大而郢城小。纪南城和郢城相距不远，为什么在古代这里出现两个城？有人用周之丰镐来作比，问题还是使人不明白。既有两城，楚的统治者住在哪一个城呢？很多的主张是纪南城，清人张琦在所著《战国策

---

① 这是商承祚的解释，引自朱芳圃《甲骨学文字编》。
② 现在湖北省正在发掘古郢城。

释地》中说："自顷襄王以上皆居此"（指平王所筑的郢城）。关于楚国的筑城经过，童书业先生有文述之[1]，我在这里不谈了。

古郢都又名南郡，何以名为南郡呢？南是古南国，南国在南郡。《逸周书·史记解》说："昔有南氏有二臣贵宠，力钧势敌，竞进事权，下争朋党，君弗能禁，南氏以分。"卢注云："有南之国在南郡。"《韩诗》叙所引周书，文和上同（见《水经注》江水所引）。但后有按韩婴说云："其地在南郡南阳之间。"《路史》说："江陵古南国，姒姓，号有南氏。"又说："殷盘庚妃姜氏，梦赤龙入怀，生子，手握南字，世长荆州，则子姓之代姒者也。汉以后曰南郡，唐曰南郡，俱托始于南国云。"江陵附近，古有南国，想为事实。今江陵城北，即纪南城附近之张家山，常有石器和陶片出现，这一带很早就有人们在这里居住是没有问题的。南国在郢，是在楚都郢之前。南国与郢的关系，由古人的名字也可以得一个旁证。春秋时，卫国有公子郢，字子南[2]。古人名和字是相应的，据此可知郢与南的关系。纪南城附近多为高岗，南国在此，似属可信。后楚人因其据点而居之，故名为南郢。

四　鄀、鄢

鄀又作若，关于鄀国的历史，《左传·僖公二十五年》说："秋，秦、晋伐鄀，楚斗克、屈御寇以申息之师戍商密。"洪亮吉说："按鄀在秦、楚界上，与晋地悬隔。且晋文方启南阳，围樊、围原，何暇会秦远伐小国。传中无一语及晋，可见晋字是衍文。杜注云：不复言晋，秦为兵主，此亦曲为之解。"洪氏所说是正确的。《方舆纪要》说："丹水城在南阳府邓州内乡县西南百二十里，去丹二百步，本古鄀国，又为商密地"。又在宜城县下说："若城，县东南九十里，春秋时鄀国，自商密迁于此，为楚附庸，楚灭之，而县其地。"定六年，"楚令尹子西迁郢于鄀"，是也。楚置鄀县，属南

---

① 见童作《春秋郢都的筑城的时代》。
② 见《左传·哀公二年》。

郡;汉因之,后汉改为鄀县。鄀国有一铜器,“鄀公敄人毁”。郭沫若考释[1]说:《左传·僖公二十五年》载,秦、晋伐鄀,楚斗克、屈御寇以申息之师戍商密。杜注:鄀本在商密,秦楚界上小国,其后迁于南郡鄀县。“今案鄀有上鄀与下鄀,国本既称上鄀而下鄀綮鼎称下蠚,可证彼鼎出于上雒(今陕西商县),地与商密接壤,则秦晋所伐者实是下鄀。上雒后为晋邑(见左传哀四年),盖下鄀为晋所灭也。南郡之鄀,汉志作若。注云:楚昭王畏吴,自郢徙此(今湖北宜城县),当即本既所谓上鄀,上下相对,必同时并存,盖由分封而然。意南郡之鄀为本国,故称上,上雒之鄀为分枝,故称下,此犹小邾之出自邾,娄而称为小吴。南郡之若,后为楚所灭,故于春秋末年,其故都竟为楚都也。两鄀传世之器均古,大率在春秋初年,或更在其前。盖其初实一强盛之国,其地当跨其河南、湖北、陕西三省所接壤处也。”郭老所说,极为明白,但和前人所考显然不同,下面再将古籍中所谈到鄀的记载,节录下来,以作参考。

《路史·国名记乙》:“鄀,子爵,旧鄀本商密,秦楚界上小国。《世本》云:允姓国,秦入之(文五年),后迁南郡。今襄之宜城西南有鄀亭山,上有城险固,鄀乡、鄀水。”《水经》:“沔水又经鄀县故城南”。郦注说:“鄀县南临沔津,津南有石山,山上有烽火台,台有大城,城即楚昭王为吴所迫,绝郢徙都之所(有作自纪郢徙都之)”。《左传·定公六年》:“迁郢于鄀。”《史记·伍子胥列传》说:“乃去郢于鄀。”《括地志》说:“楚昭王故城,在襄州乐乡县东北三十三里,去故鄀城东五里。”又说:“故鄀城东五里有楚王城,西南去乐乡县三十三里。”《元和郡县志》二十三:“襄州乐乡县,本春秋鄀国之城,在今县北三十七里鄀国故城是,在汉为鄀县地,晋安帝于此置乐乡县。”《舆地·广地》说:“故鄀城为楚所灭,昭王自郢迁焉,后复还郢,唐改为乐乡。”江永说:“今河南南阳府淅川县西有丹水故城,故鄀都也。按南郡鄀县,今湖广襄阳府宜城也,鄀故城在县东南,楚昭王尝徙

---

[1] 见《两周金文辞大系图录考释》。

鄀。”①吕吴调阳说：“国本在商密……时服于楚，至楚地之鄀，乃斗氏之祖鄀敖之所治，非鄀迁也。”②日人所作《史记会注考证》说：鄀在宜城东北九十里，有鄀县故城。

上面所述各说，颇有出入，然鄀在今宜城，很少异议，鄀故城后为楚昭王所暂居，故有楚王城之称，又名为北郢③，楚昭王为避吴逼，仓卒出奔，至鄀就鄀之故城居住，是合乎事实的。至各说之异同，拟另作文述之。

鄢字又作溤，作郾。鄢有作水名，有为县名。《左传·桓公十三年》：“楚屈瑕伐罗……及鄢。”又昭公十三传：“王沿夏将欲入鄢。”这两个鄢字有的是指地，有的是指水。伐罗及鄢，是为水名，鄢水又名夷水、蛮水（或蛮河），王沿夏将欲入鄢，此鄢，服虔说：“鄢，别都也。”吴卓信《汉书地理志补注》说：“鄢本古国，后入楚为别都，其后昭王徙郢于鄀，更称鄢郢，以鄢与鄀俱在宜城县，治相近，故称鄢郢，以别于江南之纪郢也。”《路史·国名纪丙》：“鄢：邧姓，今襄之宜城，楚之鄢都。”《读史方舆纪要》湖广宜城县下说：“鄢城在宜城县西南九里，古鄢子国，楚为鄢县……鄢，楚之别都。”江奉说：“今襄阳府宜城县南有宜城故城，即古鄢国也。”④鄢国在楚，古籍记载不详。而鄢知为鄢都，有谓楚惠王曾一度居此。唐人余知古《渚宫旧事》中说：“昭王避敌迁若，惠王因乱迁郾（即鄢字）。”惠王迁鄢，史书中亦多未书此事，或为失载。我想前人说的鄢为别都，别都就是后代的陪都，有人说楚的都城不在江陵，应该在宜城这一带，理由是，楚王常思北略，楚都城僻在南荒，北略殊多不便，这话是对的，但江陵并不是像人们所说的地卑湿，僻在南荒。江陵地区气魄雄伟，丘陵起伏，南有长江之险，西有漳水可作屏障，交通便利，江陵向北，地属平原，若有军事行动，出兵也极便利，且荆州一带，土地肥沃，物产丰富。有这些条件，可作

① 见《春秋地理考实》。

②《群经释地》。

③ 见《路史·国名记》。

④ 见《春秋地理考实》。

国都，宜城地方，远非其比。吾想楚都江陵，而在鄢北必有重兵驻扎。此鄢有别都之称的原因，我在此仅简略述之，有暇，将作专文详论。

鄀、鄢两城相距不远，楚昭、楚惠先后居此，因此两地都曾为楚之临时都城，故鄢鄀并称。在此谈一下楚迁都后是否又回纪郢。关于这一问题有两种不同的意见，有谓复归于郢的，有谓未归郢的。前一说，班固《汉书·地理志》鄀下说："楚昭王畏吴，自郢徙此，以后复还郢。"在江陵下说："故楚郢都，楚文王自丹阳徙此。后九世平王城之。后十世秦拔我郢，徙陈。"由这两条看来，班氏是主张后复归郢的。后代学者赞成其说的，实不乏其人，这里不引了。近来有人说楚自迁都后，再未回郢。我不同意这一种说法，其详也留作他文再说。

五　西阳

楚的统治者曾住过西阳，关于这一点，古籍中没有记载。此事在楚王酓章钟（有谓应作曾侯钟）铭文中见之。铭曰："佳王五十又六祀，这自西殇，楚王酓章作曾侯乙宗彝，奠之于西阳，其永时用享……"铭中这字，有释作还、作徙，又有释作迁，郭老主张这应作这，义为迁徙。其实，这些说法都通。殇即阳字，这是大家公认的，这件铜器，一般定名为楚王酓章钟，有名为曾侯钟①。刘节对于此器考证颇详，这里不引。这件铜器是楚惠王时物，薛尚功引赵明诚引《古器物》云：楚惟惠王在位五十七年，又其名为章，然则此钟惠王作无疑。《薛氏钟鼎彝器款识》说出于安陆，安陆本春秋时郧国（一作邧），《左氏》桓公十一年《传》："郧人军于蒲骚。"释文云："郧，本亦作涢，音云。"洪亮吉说："安陆、应城本春秋邧子之国。"铭文中的西殇（即阳字），必为地名。因此器出于安陆，故有人说西阳即在安陆。西阳究在何所，说颇纷歧，《说文解字》邑部，"邾，江夏郡。"段玉裁注说："江夏郡邾县，二志同。前志曰：衡山王吴芮都，今湖北黄州府城去故

---

①《古史考存·寿县所出楚器考释》。

郗城二里许是也。今大江东流，经黄州府城南，隔江相望曰武昌县（今鄂城县）。《水经》曰：江水又东过郗县南，鄂县北是也。”郦善长注曰：“楚宣王灭郗，徙居于此，王隐《地道记》，刘昭《郡国志注》皆有此说，但此事不见楚世家，时楚之强，未必灭此弹丸而居之。”《通鉴纲目》集说；“晋怀帝永嘉元年西阳夷寇江夏。”冯智舒注云：“西阳古地说，春秋时属黄国，后属楚，楚徙居于此，又名郗城。”以上所说，认为西阳就是郗城。关于这一点，我在所作《五水与五水蛮》一文，已详述了，这一西阳，楚没有在此作过都城，段氏所说是正确的。有人说：“西阳在今黄安（即红安）麻城间，楚曾居此。”钱氏所考，实为虚构。阮氏说：“此云徙自西阳者，当即自鄀还郢之时，是时越已灭吴，楚东侵，广地泗水，无所畏惧，故还旧都。西阳汉志属江夏郡，去鄀甚近，其不曰徙自鄀，而曰徙自西阳者，西阳有先君庙观，下文作曾侯宗彝，奠于西阳，其义可见。”[1]阮氏仅说西阳属江夏郡，而没指出江夏郡的某地，但说西阳去鄀甚近，可以看出他所说的西阳，不是黄州境的西阳。清人吕吴调阳在《汉书·地理志》详释中说：“西阳在今天门县东北之汤池团，楚鬻熊旧都也。”他说是鬻熊旧都，全系臆说，而谓西阳在天门县东北，庶几近之。童书业先生说：“西殇都，即鄀郢也。”[2]童先生的文章很长，不多引了。刘节也说西阳在鄀附近[3]。说西阳在鄀附近颇有道理，但未确指何所。以该器的出土地点及楚王由鄀返郢的路线看来，我想今之天门和应城交界处之汤池团即古之西阳，大致可信。

六　鄂

鄂古文作咢，又作噩。《楚世家》云“初，熊渠（熊绎五世孙）甚得江汉间民和，乃兴兵伐庸、杨粤至于鄂。”有人说[4]这个鄂就是今湖北之鄂城。

---

①《积古斋钟鼎彝器款识》卷三：《楚曾侯钟铭文铨释》。

②《中国古代地理考证论文集》：《楚王酓章钟铭西殇解》。

③《古史考存》。

④ 见《史记会注考证》《楚世家》。

熊渠有三子，立中子红为鄂王。《集解》引《九州记》曰："鄂今武昌"，正义引《括地志》曰："武昌县，鄂王旧都。今鄂王神即熊渠子之神也。"上面所说，是楚早期曾分据于此。楚王正式都鄂，史籍中无此记载，证以楚器铭文，楚曾都于此。王国维先生在《夜雨楚公钟跋文》中说："熊渠卒，子熊挚红立，后六世至于鄂。今熊鄂之器（即夜雨楚公钟）出于武昌者，武昌即鄂，盖熊渠之卒，越六世至熊鄂，犹居于此，故有其遗器。楚之中叶，曾居武昌，于史无闻，惟赖是器所出地知之耳。"楚公逆镈出土于嘉鱼，逆，孙诒让谓即熊鄂。嘉鱼与鄂城相距不远，以此器出土地点看来，足证王先生所言可信。

七 陈

《史记·楚世家》说：顷襄王"二十年，秦将白起拔我西陵。二十一年，秦将白起遂拔我郢，烧先王墓夷陵。楚襄王兵散，遂不复战，东北保于陈城。"胡三省曰："陈，即古陈国。"陈，汉属淮阳国，陈在春秋时，楚灵王七年平陈，至惠王八年灭陈。陈既为楚有，到了被迫时，故徙此为都。《汉书·地理志》江陵下云："后十世，秦拔我郢，徙东。"齐召南说："当作陈"，吴卓信补注直易为陈，东字改为陈字固属明白，不改也讲得通。《史记·楚世家》说："二十三年襄王乃收东地兵。"胡三省曰："东地，盖楚东地，淮汝之地也。"由此可知，东就是指陈地说。陈，即今河南淮阳县，自楚徙都此，有时名为郢陈，也可简称郢①。

八 钜阳

楚都钜阳，《史记·楚世家》中没有记载。而《六国年表》云："考烈王十年徙于钜阳。"《资治通鉴·秦纪》中说："楚迁于钜阳。"胡三省注说："赧王三十七年楚自郢，东北徙于陈，今自陈徙钜阳。至始皇六年，春申

① 吴熙载《资治通鉴地理今释秦纪二》："郢，河南陈州府"。

君以朱英之言，自陈徙寿春，则此时虽徙钜阳，未离陈地也。”童书业先生在《中国疆域沿革略》中说：“楚在战国时屡次迁都，由郢迁陈，又迁钜阳，最后迁都寿春。”以上所引是主张楚曾都过钜阳的。而《史记会注考证》（见《六国年表》）说：“是时楚都于陈，无徙钜阳之事。”不知何所据而有如此说法。钜阳在何处呢？有人说就是《汉书·地理志》汝南郡之细阳。一说在安徽阜阳北，又有谓在今安徽太和县东，以地势论之，当以太和之说为是。

《战国策·楚策》说：“秦果举鄢郢巫上蔡陈之地，襄王流揜于城（一作成）阳。”流揜于城阳者，就是流困于城阳。有人说这个城阳就是钜阳，这是不对的。吴师道说：“东北保于陈城，当指此。”张琦《战国策释地》说：“成阳故城在今光州息县西界，北距陈三百余里，盖自成阳而至陈，非成阳即陈也。”这是正确的说法，附记于此。

九　寿春

《史记·楚世家》说：考烈王“二十二年，与诸侯共伐秦，不利而去。楚东徙都寿春，命曰郢。”《正义》云：“寿春在南寿州，寿春县是也。”就是今安徽省的寿县。最近寿县出现了很多楚器，因该地是楚国最后的都城，故遗留下来大批宝贵的文物。

结束语

楚国屡次迁都，都是有原因的，初期的迁徙，是为了寻求便于发展的所在，于是由西北逐步到江汉平原。自鬻熊居丹阳（即丹淅），其子熊丽曾一度到达漳沮地区，周成王时仍封熊绎于丹阳。到了熊渠时，其势力有较大的发展，故分封三王，立长子康（帝系作无康、毋康）为句亶王，句亶，《史记集解》引张莹说就是江陵。中子红为鄂王，鄂地上面已经说了。少子执疵（《世本》无执字）为越（一作就，又作戚）章王，越章有说是今之江浙一带，我想这是不可能的，暂存而不论。熊鄂时曾都过鄂（一作噩），到了楚文王时，始都郢（《世本》及杜谱谓武王徙郢）。楚都郢的时间很久，直到昭王时因避吴之乱，迁都于鄀。后来回郢时，曾居住过西阳，惠王时又住过鄢。顷襄王为了避秦之逼，东北保于陈城。考烈王又由陈迁于钜阳，最后迁到寿春，不久，楚亡。这是楚都变迁的大概，前人说楚都有五或六，由我所考，实不止此数。

补记鄢、鄀地址

关于鄢、鄀两邑的地址，究在何处，我在前面虽有所述，但欠详明。古今人对于这两邑的考证，说甚分歧。林之奇说："襄阳古鄢也。"林氏所说的襄阳，是今之襄阳还是古之襄阳呢？东汉建安时所建立的襄阳，在今宜城县南十五里，现名为故襄城，俗讹作故墙城。林氏所说的，似不是指的故襄城，而是说的今之襄阳，说襄阳是古鄢，是泛指，而不是确切的地点。林说甚为含糊。

故襄城在今宜城县何处呢？《宜城县志》（清同治五年重修本）说在县南十五里。宜城自建县后，治所屡有迁移。县志说："宜城故城，在今县南九里，本古鄢国，秦置鄢县，汉改名宜城。"县志说故襄城，即鄢也。依此说，宜城故城就是襄城，也就是鄢。东汉时所建立之襄阳（即故襄城）在今县南十五里，而此又云九里，里数之差，当以何者为是呢？关于这一点，留到下面再谈。

县志载有楚王宫，说在故襄城内。又有昭王庙，说也在襄城内。宋曾巩作《韩公（韩朝宗）井记跋》云："楚故城，今谓之故墙，即鄢也。"按照以上的说法，故襄城就是古鄢都。楚昭王为吴所逼，是迁于鄀，不是迁于鄢。为什么这里有昭王庙等的遗踪呢？迁于鄢的是惠王，而不是昭王。在这个地点上说是昭王遗踪，恐是错误。

《史记·白起列传》正义云："鄢、邓二邑在襄州。"又云："鄢在襄州夷道县南九里。"按夷道县，汉置。是蜀汉宜都郡的治所，唐废。故也在今湖北省宜都县西北。古代之鄀，决不能在此。正义所云夷道县之夷字，必为率字之讹。宜城县境，古有邔邑，在县的东北，本楚邑，秦置县，梁时改为率道县，县志说："率道故城，在县北，梁置。"《括地志》说：率道县南九里有故郾（即鄢字）城，汉惠帝改为宜城。由此可知夷道当作率道。

黄盛璋先生在所作"《关于鄂君启节交通路线的复员问题》（载《中华文史论丛》第五辑）中，谓夷庿之庿，即鄢字。"谭其骧先生赞成其释。黄文说："楚之鄢城，即今宜城县南十五里郑集之楚王（皇）城，当汉江之西岸，故城仍在，有人考此地为郢，实非是。"黄先生绘有鄂君启节交通路线示意图，节录于后，鄢在宜城县南之里数，黄文谓为十五里，说是九里者，亦非。

鄢既在宜城县之南，说在率道县南，此说亦不可从。

鄀：宜城县境内有两鄀，一曰若，一日故鄀。故鄀就是原有的鄀，鄀是楚昭王为吴所逼而迁于鄀之鄀。

郦道元《水经注》说："鄀县南临沔津，津南有名山，山上有烽火台，台北有大城，城即楚昭王为吴所迫，绝郢徙都之所。"《括地志》说："楚昭王故城在襄州乐乡县东北三十三里，去故鄀城东五里。"《宜城县志·建置志》说："鄀县故城在县西南。"《秩官志》说："宜城西南有鄀亭山，上有城，险固，有鄀乡，鄀水。"

由以上的文献资料看来，楚昭王所迁居的鄀，不是故鄀。

作于 1961 年

（原载《江汉考古》1980 年第 2 期）

有关楚史的几个问题

湖北省博物馆　王善才记录

一　楚的名称

“楚”字在甲骨文里就已经有了，“舞楚”二字郭沫若认为即是“舞胥”（《殷契粹编》），杨树达则认为还是“舞楚”。楚这个地方在殷商时代已有了，魏源否定殷商武丁伐楚这件事，这是因为他未看到甲骨文。我的意见是，“舞楚”的“舞”字作“伐”讲。唐兰说“楚”是“蓋”，“蓋”与“淹”通用。古代草字头、林字头常常可以通用。关于殷商时的“楚”，是不是我们湖北地区的这个“楚”，这个问题是值得研究的。

在中国古书上，楚的名称很多，如荆楚、楚荆、荆蛮、楚蛮。现略陈六说如下。

一说秦始皇的父亲名楚，为避讳，称楚地为荆。此说时代很晚，不足为据。

二说楚国本来的国号曰荆，后来改为楚，清人顾祖禹主张，鲁僖公以前曰荆，僖公以后改为楚。由金文看，这种说法不能成立。

三说“荆”是楚国的别号，楚国称“楚”，偶而称“荆”。这亦不能成立，因为没有多少证据。

四说周人与楚人的斗争一天天厉害起来(成康以后,昭王时期),周人恨楚人,斥其恶名,不称“楚”而称“荆”。最近郭沫若颇主张这种说法。但我看来,此说证据薄弱,不尽合理,如屈原自称“荆”(见《天问》),可见“荆”不是恶名。

五说湖北境内有荆山,后来这个地名成为国号。古时此说很普遍。

六说荆楚的原意为棘围,楚人以荆楚为藩篱,故名。我的老同学、四川大学徐中舒教授主此说(见《再论巴蜀文化》)。

有人认为“荆”、“楚”是一物二名。

许慎《说文解字》释“楚”字为:“丛木,一名荆也。”

《国语·晋语》、《春秋谷梁传》均说“荆,楚也。”“楚,荆也。”即六书的转注字。

以上都是“荆”、“楚”一物二名说。然而,从严格的文字学推断,荆、楚一物二名说又不一定能成立。“荆”的金文作,“楚”的金文作,都有以植物枝条作围之意。故以上六说,以第六说比较合理。

屈原《九歌·山鬼》有“余处幽篁兮终不见天”、“杳冥冥兮羌昼晦”之句,描述楚国的竹木森森,不见天日,白昼如同暗夜。《山海经》也有类似文句。文字学家戴侗亦说,楚地到处是“荆”、“楚”,茂林修竹遍于域中,因而以此名国,此说最明了。如有一好玉称“荆山之玉”,也称“楚山之玉”,可见荆楚通用。古籍中连用“荆楚”的颇多,这是足句,如陶唐、殷商、代魏等均是此类足句。

原来长江一带不称蛮,蛮字原来没有恶意,本作“䜌”,没有“虫”字,“䜌”字是“苗”字的转变。荆蛮,是否就是楚国呢?这是值得研究的,可能是从土著而言。

荆舒·荆荼。(荼为一种开白花的苦莱,“荼”、“舒”二字为一声之转)

有人说“荆舒”就是楚国。我不同意此说。“舒”是另一国家,现在安徽还有一个舒城县;也即古代“舒”国之所在。汉代刘熙在《释名》中解释“荆”为“强也”、“警也”,带恶意,意谓荆地人爱造反。

甲骨文中有“[illegible]方”，陈梦家释“[illegible]”字为“蛮”，此说似根据不足。

吴其昌说“虎方”在江汉一带，故“虎方”即“楚方”。此说然否，还值得研究。中山大学刘节教授则认为虎方在河洛一带。

二　楚族的起源

1. 关于楚的土著，住的什么人(从略)。

2. 关于楚人的起源，司马迁在《史记·楚世家》中谈了一大篇，他说颛顼是楚之祖先，所谓“楚之先祖出自帝颛顼高阳。高阳者，黄帝之孙”①。

依《楚世家》之说，楚人为黄帝后代。若此说成立，则楚人来自黄河中游。

又有人说楚是从东方淮夷分出的一支。其根据在“熊盈”。淮夷中的一部分称“熊盈”，是为楚人先祖。胡厚宣、王玉哲先生皆持这种“楚起源于东方”之说。不同意这种说法的学人不少，我也在其列。

有人说楚起源于南方。如林惠祥在《民族史》中说，楚起源于苗蛮。徐旭生的《中国的传说时代》亦持此说。

还有一种说法是，楚人起源于西北(陕西)。清人宋翔凤写的《过庭录》说，楚起源于丹淅，后来发展到湖北中部，主张这种说法的人不少。我认为起源于西北的说法比较合理，陕西也有荆山、楚山、楚水，山东也有这样的地名。汉代的商山就是以前的楚山、荆山。

楚的祖先有颛顼、重黎(又叫火正、南正即专管火的官)。以下便是吴回(丁山先生专门考证过)、陆终，陆终有六个儿子，最小的儿子叫季连，他当首领后，其苗裔便是楚人。季连以前是神话，以后就有较明确的记载。季连以后又传了几代，楚国出了鬻熊(文王之师)，所以有人说楚国的第一个老祖先是鬻熊。祝融是官名比较合理，人名讲不通。《世本》

---

①《史记·楚世家》。

里不写鬻熊而写鬻融，这与祝融更相近。到后来，鬻熊的孙子（已入周成王时代）熊绎被封于楚，建都于丹阳。关于丹阳在什么地方和是什么人建都，这是值得研究的，有人说，最早鬻熊住丹阳，这也是可能的。

三　楚国的强大

在西周初年，楚比较小，不是重要国家。到成康以后（昭王时代），楚就有些不听天子的谕令，对周天子不是那样恭顺，于是就有昭王南征。清代学者梁玉绳的《史记志疑》，说熊丽在南漳雎漳地方已建都，所以以后熊绎被封于楚。

到熊渠时代，楚国大大发展起来了。熊渠有三子，长子叫熊康（句亶王），据考证，就在江陵，二儿子叫熊红，熊渠把鄂打下后就封二儿子熊红为鄂王。“鄂”字最早写作，在金文中写作，“鄂”字是后来加的偏旁。常见书称，鄂就在江夏，但江夏名字就比较含糊了，因黄冈、安陆、武昌都叫江夏。据我看江夏应在现在的鄂城。

第三个儿子叫执疵（越章王），越章在什么地方？有人说，就章便是越章，经过许多考证，越章在安徽境内，江西的越章并不是古时的越章。

熊通时，楚伐随。熊通自称楚武王，这是在熊渠去王号后，楚君再度称王。熊通子熊赀为楚文王。《楚世家》说楚文王“始都郢”，“郢”当为楚王所居住之城，所以以后凡是楚王建都的地方都叫郢。

郢有两个城，一个即纪南城（开始称之），到平王时在草市。

到了楚成王时期，楚国的势力更强大起来，“天子赐胙”①。天子赐胙，就是周天子赐块肉，表示周天子很看得起他。

召陵之盟　　召陵（即今河南郾城）。

泓水之战　　宋襄公讲仁义（蠢猪似的仁义），在与楚军作战时，待楚军列阵后再战，结果大败受伤，次年亡故。楚国势力更趋强盛，震撼

①《史记·楚世家》。

中原。

穆王、庄王，观兵中原，并派人问鼎之轻重，意想取代周天子。鼎为周代重器，表示等级地位。汉以后的重器是玺，不再是鼎。

到平王时期，楚国就慢慢走下坡路了。

楚昭王时，吴国伐楚，入郢的路线，是在越章登陆，从“冥隘之径”进来（见《墨子·非攻中》），在柏举打了一次大仗，麻城有一条举水，从清代起，有人说在孝感境内。有人说从南阳襄阳进来，我不同意此说。

昭王迁都于鄀，又迁都于鄢，所以又叫鄢郢。

宜城是个重要地方。

昭王迁都鄀，有人说始终未迁回去，我不同意这种说法。

四　楚的都城

统治者的根据地（即发号施令的地方）就叫都城。

商的都城迁过多次（前八后五）。楚也是如此，都城迁移过多次。前一段的迁移是寻找一个好的地方，后一个时期是受政治和军事的影响而迁都。楚的初期可能为渔猎时代，而迁都频繁。

楚最早的都城是丹阳（山南或水北为阳），鬻熊住丹阳，熊绎住丹阳的记载很多。丹阳在什么地方？一说是在湖北的枝江县，可是，现在枝江县附近并无丹山，又无丹水，这是值得研究的；一说在宜昌以上的秭归（《水经注》上写得比较清楚），近代有一历史学家著的一本《中国古代史》中也说在宜昌之归州；一说在安徽当涂，现在有许多历史学家否认这种说法。据我所知，当涂这地方叫丹阳是后来变的，因为这里生产很多的赤柳，后来有人就写成“丹杨”；另外一说是在丹淅（古时叫丹阳，因这里有条丹水），有人主张楚国最早的丹阳就在这里（如清代的宋翔凤就说此为“鬻熊之都也”）。二、四两说都有可能。我的看法是陕西与湖北交界处比较合理，因而同意在丹淅的说法。枝江为何也叫丹阳？因古时的人迁移往往将新的地方用老地名命名，这种例子很多，如虢国原在陕西，后迁到洛阳,也叫虢国。

第二个都城是漳沮(熊绎的根据地),根据墨子的记载,楚国在熊绎时已建国了。

第三迁都于郢(在现在湖北江陵附近的纪南城),古书记载有郊郢,我的体会,楚王有时跑到郢之郊野某处住一住,故名。有人说郊郢在湖北宜城附近,又有一说是在钟祥,我认为后一说较合理。钟祥《金石志》(李权撰,李权为李济的父亲)就主张在钟祥。

第四,鄀、鄢(都在现在的宜城县),宜城现有蛮水(即古寸的鄢水),昭王曾迁都这里,因在这里建过都,故叫鄢城。

第五,西阳,清代末叶在安陆发现了一批铜器,里面有一铜器"楚王酓章钟",有人称曾侯钟。它的铭文中有这样一句话:"达自西觴。"(达,金石学家作"徙"解)。

最近刘节写的一篇文章推翻此说,他认为该铜器应作鄫(缯)侯钟。鄫,原是在河南的鄫国,后迁湖北,即说是鄫国的都城,刘节说应在宜城附近。清朝的学者吕吴调阳,他说在应城或者天门。我的看法在湖北古时有两个西阳,一在应城、天门,一在黄冈境内,有人说在黄冈城外,有人说不可能,现在浠水县附近的西阳河有人说就是古西阳遗址,另在麻城与黄冈交界处有好多地名叫西阳,据我看应在黄冈境内,但楚惠王"返自西阳"的"西阳"即鄢,在今宜城。

第六,鄂(现在的鄂城县)

第七,陈(今日之淮阳县)

最近发现楚国的货币不少,现在起的名字叫郢锾,又因是方块,有人叫它金饼,在陈这地方发现的有人叫它陈爰。

第八,钜阳(现在安徽的阜阳附近)、司马光的《资治通鉴》中说过。

第九,寿春(这里发现楚器最早最多)。

楚被秦灭后,就在楚地建南郡。

周瑜有一次与孙权谈话中有这样一句话:"楚初封不过百里。"可见楚的疆域是由小到大。

楚的强盛时期，它的疆域北到了黄河南岸，西到陕西汉中，楚最后又灭了越国，向东发展到江浙一带，南到湖南境内。长沙发现楚物很多，说明长沙地方在楚时很重要。楚的疆域，清代学者顾栋高谈得很清楚。开发南方，楚有很大的功劳。楚灭越是在楚怀王时期。

云南百濮之地，有人说古时的百濮之地是在湖北监利、石首地方，在云南是后迁去的，这是事实。云南的开发者是庄，庄蹻后来因战争阻隔而未回来，在云南据地称王了。现在云南出了不少类似长江流域的文物，便证明楚文化对西南边陲的影响。

另有一说，认为到云南的不是庄蹻，而是庄豪；有人说是威王时期，有人说是顷襄王时期。

五　楚的宗法制度和姓氏

关于继承问题，殷商时代是兄终弟及，王静庵先生谈得很清楚。后来多是父死子继。一种办法是长子继承制，即立长而且要是嫡长（正夫人生的）。有时实行过少子继承制，多见于少数民族中，如蒙古就是，汉族少见。楚国是实行幼子继承制，如季连是第六子，《史记·楚世家》和《左传》中都说到，《左传》中有几处说到，“楚国之举（立），恒在少者”，“芈姓有乱，必季实立”。

“姓”和“氏”两个字有很大区别。

古时最有名的几个姓：姒、妫、姚、姜等都是从“女”字旁，这是母系氏族社会（只知其母，不知其父）留下的痕迹。

大氏族叫“姓”，从大氏族中分出的若干个小的支族叫“氏”。

如楚有芈、熊姓。屈原姓屈（先世封屈），严格说只能说屈氏，不应说姓屈。到战国以后慢慢就不清楚了。在汉以前，今天姓这个姓，明天姓那个姓，那是很平常的。楚究竟姓什么？司马迁说楚是芈姓，这可能与楚的图腾有关系。在楚国的铜器中的铭文常常是嬭、𡢁（假借字）；本来的是芈。

在历史上又说楚国的后人姓熊(这是从鬻熊来的)。有人说有一段时间姓嬭,有一段时间姓熊(姓什么不是不可变的,当时比较随便)。

送礼的铜器上常常不说姓熊而姓“酓”(歙),后人有说因这二字音相同,酓是本字。

六　楚的官制

爵,一般的说,到了周朝时有五等爵,即公、侯、伯、子、男,但还有争论。楚属哪一等?在古书上常见的称楚国为楚子,有人说楚爵是子,故称楚子,但又有人否认,“子男之田”、“姓芈氏”等话都含糊不清,楚到底是子爵,还是男爵呢?事实上,称公、侯也可以,如铜器上称楚为公、侯(如鼄等)的也不少。对楚国称子,为什么?是什么意思?现在有多种解释。

郭老在一篇甲骨文研究论文的“干支”中说,子是指动物。有些官制是楚国开创出来的,有一种官叫“敖”(楚国很特殊的官),有人解释“敖”是未成之君,有人说是楚国的一个部族的名称(如刘节就持这种说法),我的看法,“敖”字在楚国是一个尊称,到秦汉时代还有一个官名叫“连敖”(读作“引莫”)。

楚国除国君以外,最高的职位是令尹(相当秦国的丞相)。

楚国的“莫敖”、“司马”也是很重要的官职,令尹必须兼这两职,方可掌握政治和军事。楚国还有一种官叫“柱国”,这有可能是楚国创始的。隋唐时称“柱国大将军”或“上柱国”,当是从楚国官制衍来。

楚国还有一种官叫“左徒”,这也是比较重要的官。

《左传·桓公六年》说:“楚人尚左”。但这主要是指军制、葬制,而在官制和社会生活其他领域,也有“尚右”的情形。中原诸国尚右,却也并非一切尚右,尚左之俗表现亦不少。故“中原尚右,楚人尚左”之说,只是一个相对概念,不应绝对化。

七 楚国以后的湖北

在湖北境内除了楚人外，还有很多别的人。

廪君蛮从恩施发展到长阳再往东发展，到江陵地区叫做南郡蛮，以后又发展到武汉，武昌东湖边有蛮王冢(武汉大学附近)，即为物证。南郡蛮后叫江夏蛮，又发展到沔阳一带叫沔中蛮，发展到黄冈的西阳，称西阳蛮(三国东晋时叫西阳蛮)，黄安与麻城之间称豫州蛮。

廪君蛮可能与楚有关系，在隋代有镇蛮将军，说明有蛮人的名称，到唐代就没有蛮人的名称了，显系汉化了。

在南朝时建立了罗田县(原为两姓)。

南郡就是现在的江陵，古时的交通要道是：洛阳——南阳——襄阳——江陵——湖南。这一条路线很重要，如曹操驱赶刘备就在这条线上。

古时的江夏郡在安陆一带，不是武汉这个江夏，汉以后，郡逐渐缩小，如以后鄂东又划了一个西阳郡，到六朝时武汉一带已成为一个很重要的地方，当时黄鹤楼地方就有城，汉阳龟山也有城(三国时东吴据武昌这边与曹营对垒)。

鲁肃住武汉的时间很长(开始住江陵)。武汉有他的遗迹是可能的。在东晋时常常派很重要的人物驻扎武汉和江陵。东晋桓温“治江陵甚丽”，可见他把江陵又重修了一番。

桓冲(不知是桓温的儿子还是弟兄)有一度把江陵城座落在长江以南的上廪(即湖北的长阳)，后来桓玄野心很大，想篡夺东晋的皇位，但失败了。

汉口在古时叫鲁口，因汉阳龟山叫鲁山，故称鲁口，过去的汉水是从龟山的西边入江，鹦鹉洲古时在武昌。

到了梁的时代，梁武帝萧衍从襄阳发展起来，武帝死后，他的儿子纷纷争立，有一个儿子在江陵当了皇帝(即梁元帝)，他很有学问，面临亡国时(兵临城下)他还在讲学,也可见其迂腐。江陵可能有梁元帝的遗迹。

在五代时有个高季兴住在江陵,自己称王,建立南平国,历史上又称荆南,在江陵也可能有他的遗址,他在江陵烧窑制瓷器,颇有特色。

岳飞曾驻扎过武汉(即鄂州),重兵驻襄阳。

绿林起义是从当阳发展到枣阳、随县。

(讲于1962年9月8日上午)

五水与五水蛮

——两晋南北朝史札记一则

一　五水

“五水”流域，古代住有少数民族，称为“五水蛮”或“西阳蛮”。这五水究竟是哪五条水？《水经注》说：“五水，谓蕲水、希水、巴水、赤亭水、西归水……宋沈庆之于西阳上下讨伐蛮夷，即五水蛮也。”《宋书·夷蛮传》“豫州蛮”下说“豫州蛮，廪君后也……西阳有巴水、蕲水、希水、赤亭水、西归水，谓之五水蛮。”《南史·夷貊传》所载与这相同。这五条水都在大别山南麓，在现在的湖北省东部。近人丁谦说：“西阳今光山县，五水均在信阳州境。”（浙江图书馆丛书）这种说法是错误的。

巴水，今多称巴河，宋时叫西流河（王葆心《罗田靖乱补遗》）；源出湖北罗田县滕家堡巴源乡，流贯麻城、罗田、黄冈、浠水各县，至浠水县下巴河入江（下巴河古时名巴口，宋元嘉末沈庆之讨五水蛮时屯巴口，就是此地）。巴水在五水中是主要的一条水。两岸多崇山峻岭，形势险要。古代居住在这一条水附近的少数民族，名为巴水蛮。《魏书·董绍传》：“董绍，新蔡鲖阳人也。萧宝夤反于长安也，绍上书求击之，云：‘臣当出瞎巴三千，生啖蜀子。”陈寅恪先生说：“董绍乃新蔡人，自称为巴，疑其族乃五

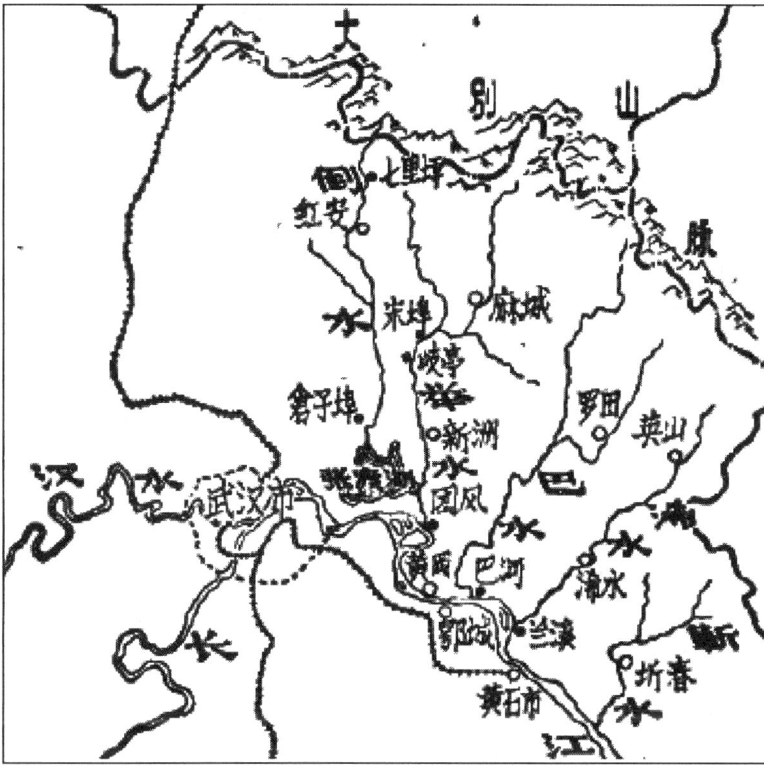

水蛮中巴水蛮也。”(《两晋南北朝史参考资料》)

蕲水,《水经注》说:“出江夏蕲春北山,南过其县西,又南至蕲口南入于江。”《通鉴》胡三省注:“水首受浠水,枝津西南流,历蕲山,出蛮中。”这些说法都欠清楚。实际上,蕲水又名蕲河,源出蕲春县东北四流山,西南流合童子河(因此蕲水也有称为童子河的)、白茅河、泥河诸水,西南至县西蕲口入江(应该说流入八里湖)。又有人说这条水是源出东北大浮(一作桴)山,这是由于一水两源的缘故。

希水,就是现在的浠水,源出英山县西南,当地人称为英山河。经罗田,又西南流,名为落翎河。过崄石,名为崄石河、古河,又名界河。入浠水县,称为浠水(希水),至兰溪镇入江。

赤亭水,《水经注》说:“举水经齐安郡西,倒水注之,又东南历赤亭下,谓之赤亭水(一作‘举水自湖陂城南流,经赤亭下,谓之赤亭水’)。南流至大江之滨，谓之举洲。”看来，赤亭水就是举水的一段。因为流过赤亭附近，所以才有此称。赤亭，我想就是现在麻城县的歧亭。有人说赤亭水一名歧亭河。赤亭今作歧亭，所以这条水的名称也改变了。

西归水，《清会典图》以为就是倒水。徐中舒说：“此水西流，谓之西归、倒归……，其义则一。”（《四川大学学报》1959 年第 2 期《巴蜀文化初论》）《湖北省通志》卷十：“山川”五：“倒水出自麻城（应为河南光山）之白沙关，经黄安（现在的红安）县，至紫潭河入黄冈（现在的新洲）界，南流石板潭，南经冯家集、李家集，又南经孔家埠、桑树嘴，又东经张渡口，入于举水。”这条水实际上是由西北向东南流，任何一段都没有西流现象。所以名为倒水，是因为以前写地理书的人没有经过调查研究，又没有将前人的著作弄清楚，人云亦云，积非成是。《水经注》中“举水经齐安郡西，倒水注之，又东南历赤亭下”一句所说的倒水，从文意来看，显然不是今天红安境内的倒水，而是另有所指的。在麻城县西，有条小河真正西流，称为倒水。《清一统志》以麻城西北的浮桥河为倒水，这是对的。红安境内的所谓倒水，往时并没有一个总名：如自白沙关流出，名为西界河；流到县城附近，名为西门河或南门河；又南流，名为紫潭河。清人易人烺《纸园丛书》中记述湖北省各县的水系，只说红安境内有紫潭河，并未采用西归水或西倒水等名称。红安境内的一条大河，名为倒水，现在已经约定俗成了，但是古时并不是这样。

二　西阳

五水蛮历史上又常称作西阳蛮。西阳之名，最早见于楚王酓章钟的铭文：“佳王五十又六祀，返自西𨛭，楚王酓章作曾侯乙宗彝，置之于西𨛭，其永时用亯。”金文家多释西𨛭为西阳。丁山考证楚王酓章就是楚惠王。如果丁氏的考证不误，这件铜器当是春秋战国之间的器物。西阳究竟在哪里？说者纷歧。有人主张在今安陆境；清人吕吴调阳又在《汉书地理志详释》中主张“在今天门县东北汤池团，楚鬻熊旧都也”。这一西阳是不是东汉及其以后的西阳，还值得研究。

按《汉书·地理志》和《后汉书·郡国志》“江夏郡”下都有西阳，但都无解释。《说文解字》“邑”部：“邾，江夏郡。”段玉裁注：“江夏郡邾县，二志同。前志曰：‘衡山王吴芮都’，今湖北黄州府城去邾城二里许是也。今大江东流，经黄州府城南，隔江相望曰武昌县（现在的鄂城县）。《水经》曰：‘江水又东过邾城南，鄂县北是也。’郦善长曰：‘楚宣王灭邾，徙居于此。’王隐《地道记》、刘昭《郡国志》皆有此说。但此事不见《楚世家》，时楚之强，未必灭此弹丸而居之。”上面所说的邾，照文意看来，是在黄州府城附近，距大江不远。但是它确切在哪里，也有不同的说法。吕吴调阳说：“邾，今黄州府北之团风司岐亭河……项羽初封吴芮为衡山王都此，《水经注》谓之举水。”这是说，邾是今麻城县的岐亭镇。但岐亭离黄州府城并不近，岐亭又不滨江，似乎与前人之说相差太远。不过，在这两种说法中，我还是同意吕吴调阳的说法。因为岐亭镇依山面河（举水），河东是平原，土地肥沃，出产丰富，交通方便，作为一个都城，是有条件的。邾即在此，似有可能。有人说邾就是西阳，《通鉴纲目集说》：“晋怀帝永嘉元年西阳夷（一作蛮）寇江夏。”冯智舒注：“西阳古地名，春秋时属黄国，后属楚，楚徙邾君于此，又名邾城。”

西阳在两汉都是县，直到西晋初还是县。《晋书·武帝纪》：“汝南王次子羕为西阳公。”《汝南王亮传》：“封子羕为西阳公。”羕传：“羕太康末封西阳公……永嘉初，复以邾、蕲春益之。”由此可以看出邾与西阳这时已经不是一地了。西阳在东晋时改为郡，一直到隋都是这样。晋时作过西阳太守的有樊峻、庾翼、邓岳、桓石秀等人。沈约在《宋书》中又说：“王弘为豫州之西阳、新蔡诸军事抚军将军，江州刺史庾登之为西阳太守。”《隋书·地理志》“永安郡黄冈”下说：“有州置曰弋州，统西阳、弋阳、边城三郡。”《百官志》说：“西阳、南新蔡、晋熙、庐江等郡置镇蛮将军。”永嘉之乱以后，江淮之间成为南北争夺的地带。这里的少数民族，对封建统治者日益加重的剥削和压迫也不断起来反抗。郡的设置，可能就是在这种情况下采取的措施。南北朝末期又有北西阳、南西阳之分，所辖的范围更大了。五水流域,可能都在西阳辖境,因而五水蛮又称为西阳蛮。

西阳郡治的治所在哪里?有人主张在黄州府城附近(今黄冈、浠水之间有西阳河,有人说西阳郡的治所就在此),又有人(如王先谦等)主张在今红安、麻城之间,但是没有指出确切的地址。我觉得后一种说法较妥;考察地理形势,歧亭镇正在两县之间。可能歧亭就是西阳郡治旧址。这一说法和邾即西阳的说法也能相符合。

三国至隋,战争不息。在动荡中治所常有移动,原不足怪。而史书记载又很简略。后来的人各以所见推断,致使说法不一,西阳的治所虽有争论,但西阳辖区在鄂东是没有问题的。

五水蛮又名"豫州蛮"或"边城郡蛮"。永嘉乱后,中原人民大批南移,东晋王朝就在南方各地侨置郡县来治理他们。东晋侨置的豫州,治所在邾,所以五水蛮又成为豫州蛮。《通鉴·梁记》又说:"武帝普通元年,边城郡太守田守德(注:《五代志》,黄冈县旧有边城郡,此正田守德所居之地)拥所部降魏,皆蛮酋也。"边城郡在五水流域内,所以五水蛮又叫边城郡蛮。

三　五水蛮

关于五水蛮的来历,《宋书·夷蛮传》和《南史·夷貊传》都有记载:"豫州蛮,廪君后也……西阳有巴水、蕲水、希水、赤亭水、西归水,谓之五水蛮。"廪君又是什么人呢?

《后汉书·南蛮传》(可能抄自《世本》)说:"巴郡、南郡蛮本有五姓:巴氏、樊氏、瞫(又作瞑、作媪,见张澍《世本稡集补注》本)氏、相氏(一作栢氏,见同上书)、郑氏,皆出于武(一作五)落钟离山(一名难留山,在长阳县西北七十八里,一说即夷陵巴山)……巴氏之务相……共立之,是为廪君……廪君于是君乎夷城(一作'于是乎君于夷城'),四姓皆臣之。"

传说中的廪君在鄂西为君,这意味着廪君蛮可能起于鄂西。他们后来向东西两方发展:向西到达巴郡,进入四川。向东到达南郡,所以有

“南郡蛮”之称；然后更向大江两岸或江北地区发展。廪君蛮到东汉时期据地甚广，因而有几种族名出现，但大半仍以所居地区为名，如南郡蛮、巴郡蛮等。

廪君这一名字是什么意思？章冠英说：“廪君的后裔，当是今日湘西北、鄂西南一带的土家。土家称虎为‘力’……与‘廪’音近。廪君死后，世为白虎，则廪君或者是虎君之意亦未可知。”(《历史研究》1957年第2期《两晋南北朝时期民族大变动中的廪君蛮》)这是一说。徐中舒说：“廪君之‘廪’，又与‘林’同；称君，乃部落酋长。”这是说，廪君是居住在森林中的部族的酋长。用声韵的道理来诠释廪字，似乎迂曲。我的推测：廪君之名，可能是照他们生产、生活的情况而取的，或者是别人所加的。按廪字的意思是仓廪或廪食(粮食)，与农业有关。可能是由于廪君的部族已经知道耕稼，进入了农业阶段，所以称酋长为廪君。

廪君蛮在发展中，分布很广，所在异名，但都以廪君为始祖。廪君又出自什么族呢？《世本》说：“廪君之先，故出巫诞也(《寰宇记》作巫蜑)。”这是一种传说。最近，赖有德说：“从地域巴郡、南郡和氏族称呼巴氏上，都可证明汉代人称巴郡、南郡蛮或廪君蛮者，都是战国时势力不小的巴人。”这个推断很有道理。史书说廪君名务相，巴氏。由姓氏看，廪君和巴人是有密切关系的。

廪君蛮向东发展的一支，先到南郡(现在的江陵一带)，后来又发展到湖北中部和东部。他们什么时候发展到这些地方，史书记载阙略。《后汉书·南蛮传》：“建武(汉光武帝年号)二十三年(公元47年)，南郡潳山(现在长阳县一带)蛮雷迁等始反叛，寇掠百姓。遣武威将军刘尚将万余人讨破之，徙其种人七千余口，置江夏界中，今沔中蛮是也。和帝永元十三年(101年)，巫蛮许圣等以郡收税不均，怀怨恨，遂屯聚反叛。明年夏，遣使者督荆州诸郡兵万余人讨之。圣等依凭阻隘，久不破。诸军乃分道并进，或自巴郡鱼腹数路攻之，蛮乃散走。斩其渠帅，乘胜追之，大破圣等。圣等乞降，复徙置江夏。”看来，许圣等东汉时迁到江夏是被迫的。以后，可能他们的同族也陆续有来的。现在武昌城东珞珈山附近

(东湖之滨)来王山有蛮王冢。王葆心考证说:“马岐山一名来王山,在武昌城东二十五里……有蛮王冢……此蛮王冢可能为南郡潳山移来者。来王当即雷迁。来、雷一声之转,所谓来往山,即雷王山也。”又说:“自后晋至南北朝,而西阳之五水蛮炽盛一时,皆建武所迁遗种也。”(《安雅》第一卷第一期《来王山蛮王墓考》)廪君蛮由鄂西迁到江夏,江夏与五水流域仅是一江之隔,很容易到达五水流域。五水流域在两汉时,地旷人稀。《汉书·地理志》说,江夏郡有十四县(西阳为其中之一),户五万六千八百四十四,口二十一万九千二百一十八。《后汉书·郡国志》说,江夏郡十四城,户五万八千四百三十四,口二十六万五千四百六十四。两志所记大致不差。一县只有万余人,说明人烟稀少。但是当地山明水秀,物产丰富,当时人们由江夏往投五水流域是很自然的。

而且,东汉王朝崩溃后,军阀混战,各据一方。江淮一带,尽为战场。江夏地区更是魏、吴对立,打来杀去的地方。《三国会要》“方城”下说:“何承天曰:‘曹魏之霸,才均智侔。江、淮之间,不居者数百里。魏舍合肥,退保新城;吴城江陵,移入南岸。”人们逃亡战祸较远的五水流域,是很自然的事。再者,永嘉乱后,晋室南迁,北方的世家大族也跟着大批南来。他们在南方定居后,上自帝王,下至官僚,穷奢极欲,对人民的剥削和压迫更一天重似一天。人民为了逃避压迫与剥削,也只有向封建统治薄弱的地方逃亡。他们往南是逃到南岭山区,往北就是逃到大别山南麓的五水流域了。

四　五水蛮的反压迫斗争及其汉化

五水蛮是当时我国南方人数众多的少数民族之一。他们在汉族封建统治阶级的歧视和压迫下,从东汉初就不断起来反抗。到了两晋和南朝,他们所受的压迫和剥削更重了,他们的反抗斗争也更多了。史书记载,晋怀帝永嘉元年“西阳夷寇江夏”,就可能是汝南王亮之子西阳公羕的爪牙在那里为非作歹(《晋书·陶侃传》)所引起的。《晋书·朱伺传》

又说:“时西阳夷抄掠。”《桓温传》说:“遣西阳太守滕峻出黄城讨蛮贼文卢等。”《宋书·沈庆之传》说:“(孝建)四年,西阳五水蛮复为寇。庆之以郡公统诸兵军讨之,攻战经年,皆悉平定,获生口数万人。”又说:“(文帝)元嘉二十九年……亡命司马黑石、庐江叛吏夏侯方进在西阳五水诳动群蛮,自淮、汝至于江、沔,咸罹其患。”从这些反面记载中,可以看出反抗斗争是连绵不断的。东晋时豫、鄂一带人民起义规模最大的一次,要算张昌所领导的那一次起义。《晋书·张昌传》说:“张昌本义阳蛮也……及李流寇蜀,昌潜遁半年,聚党数千人,盗得幢麾,诈言台遣其募人讨流。会壬午诏书发武勇以赴益土,号曰壬午兵……人咸不乐西征,昌党因之诳惑,百姓各不肯去。而诏书催遣严速,所经之界停留五日者,二千石免。由是郡、县官长皆躬出驱逐、展转不远,屯聚而为劫掠。是岁江夏大稔,流入就食者数千口。太安二年,昌于安陆县石岩山屯聚,去郡八十里,诸流人及避戍役者多往从之……江、沔间一时焱起,监牙旗、鸣角鼓以应昌。旬月之间,众十三万……江夏、义阳士庶莫不从之。”张昌起义,由河南南部的义阳,发展到湖北中部江、沔一带。五水流域在义阳与江、沔之间,张昌又是蛮族,有这两重关系,五水蛮是可能参加起义的。《通鉴·宋纪》:“(文帝)元嘉三十年戊子,诏江州刺史武陵王骏统诸军讨西阳蛮,军于五洲。”镇压的对象也是这里的人民群众。

东晋灭亡,南北朝对立,五水蛮内部阶级分化日益明显。南朝和北朝的统治者常想利用他们作为斗争的一种力量。蛮族中的上层分子想做高官,就有时依附南朝,有时依附北朝。《通鉴·宋纪》说:“(明帝)泰豫元年,大阳蛮酋桓诞拥沔水以北、滍叶以南八万余落降于魏。”注:“此即五水蛮也。宋置大阳戍于蕲阳县西,此县即汉江夏郡蕲春县也。”《齐纪》说:“(东昏侯)永元二年,大阳蛮田育丘等二万八千户附于魏。”《梁纪》说:“(武帝)普通元年,边城郡太守田守德拥所部降魏,皆蛮酋也。”这类的记载是不少的。王葆心说:“及六朝,南、北五水蛮中独巴水、浠水蛮种落最称强盛。罗田为二蛮故地,故当日南、北两朝皆欲得蛮中之雄桀,予以王、侯之封,授以刺史、太守之世职。”实际情况确是这样。

至于蛮族人民群众呢？他们为了摆脱封建压迫与剥削，逃入山林，但蛮、汉两族封建统治者的魔爪接着就伸到那里去。《晋书·陶侃传》说："夷中利深，晋人贪利，夷不堪命。"《梁书·孙谦传》说："蛮夷不宾，盖待之失节耳。""失节"，就是对蛮族人民采取了无限度的横征暴敛。这当然要引起蛮族人民激烈的反抗。在蛮族人民反抗斗争的打击下，封建统治阶级不得不表示让步，因而也比较能为蛮族人民所接受。《南史·臧焘传》附严传说："前郡守常选武人以兵镇之，严独以数门生单车入境，群蛮悦服"，就是这样的情况。

永嘉以后，汉族人民为了避乱和摆脱封建统治者的压迫剥削，也大批地逃到山中，与蛮族人民共同生活。《宋书·夷蛮传》说："宋民赋役严苦，贫者不复堪命，多逃亡入蛮。"由于蛮、汉人民长期住在一起，蛮族很自然地吸收了汉族的先进生产经验，在文化方面也受到熏染，因而和汉族渐渐地融合起来。蛮、汉的融合很早就开始了，东汉的雷迁和许圣，姓名就和汉人无异。《晋书·陶侃传》说："侃为武昌（今鄂城）太守，曾立夷市于郡东大获其利。"蛮、汉人民经常往来，有利于前者的逐渐汉化。王葆心《罗田靖乱记》说："梁以后立义州郡于罗田，其刺史、太守多以田氏为之。义州故治在今英山濒河之旧城畈，伪作休州畈，与旧县畈隔河上下相望。今旧县畈尚有田氏墓寝隧凡三，类王者之制，当是义州刺史田某氏之墓。年久土人讹作天子墓。天、田、子、氏音近故也。且当时田蛮以王封领州，在其民视之，真无异今土民之视土司多称天子……当日巴水蛮之田氏必世居罗田，故梁代即取其姓以名县也。"田氏以蛮族而为汉官，他们接受汉族文化是无疑问的，死后的墓葬也和汉族统治阶级无异。蛮族首领的汉化，对蛮族人民的汉化也有积极的影响。

五水蛮和汉族劳动人民一起，开发了五水流域。在对自然和对封建统治者的共同斗争中，蛮族人民日益汉化。由于封建统治者的民族压迫政策，东晋以还，蛮、汉间的友好往来和蛮族加速汉化的趋势，两族的差异日益缩小，到了唐朝，已经基本上没有蛮、汉之分了。

中国史学史讲稿

中国史学史目次

论三通

论史评

论最近史学之趋势

史籍之种类

中国史学史者，乃阐述吾国史学演变之学也。学者欲悉其原委，首须于汗牛塞屋之群书中，知何为史籍。是者若明，进而探究其种类，逐类研讨，而史学史之真谛即得矣。

吾国昔贤不重分类，史籍为经部之附庸，清人钱竹汀《元史·艺文志·序》云："自刘子骏校理秘文，分群书为七略"。"曰六艺者，经部也；诗赋者，集部也；诸子、兵书、术数、方技，皆子部也。《世本》、《战国策》、《楚汉春秋》、《太师公书》、《汉著记》则入之《春秋》类；《古封禅群祀》、《封禅议对》、《汉封禅群祀》入之《礼》类；《高祖传》、《孝文传》入之儒家类。是时固无四部之名，而史家亦未别为一类也"。

史籍在魏晋以前，均书归经部，自荀阮二氏出，始经史分立。宋王应麟《玉海》曰："历代国史，其流出于《春秋》。刘歆叙《七略》，王俭撰《七志》，《史记》以下，皆附《春秋》。荀勖分四部，《史记》旧事入丙部，阮孝绪《七录》，记、录、纪、史、传，由是经与史分。"后之学者，又有谓史之范围甚广，宇宙间之书，无不可目之为史。若章实斋《文史通义·易教上》曰："六经皆史也。古人不著书，古人未尝离事而言理，六经皆先王之政典也"。又《报孙渊如书》曰："盈天地间一切著作皆史也。"

上述诸说，衡之于理，未为不当。若以学术分类言之，则陷于马虎不清矣。晚近西欧学术昌明，其分类法，至为精密，可为他山之助也。吾国史部分类，各家意见极不一致，兹录其最习见者，以明其概。

四库书目分类（十五目）

正史　编年　纪事本末　别史　杂史　诏令奏议

传记　史钞　载记　时令　地理　职官

政书　目录　史评

书目答问之分类(十四目)

正史　编年　纪事本末　古史　别史　杂史　载记
传记　诏令奏议　地理　簿录　金石　史评

梁任公先生之分类(十目)

正史　编年　纪事本末　政书　杂史　传记　地理
学史　史论　附庸

本书之内容

史学史一书，吾国往昔无此著作。近日虽渐有是类书出，而精美之作，仍未一见。梁任公先生由纂中国史学史之意，惜未竟其志而卒。梁先生在其《中国历史研究法补编》中有史学史的做法，文云："中国史学史最少应对于下列部分特别注意：一、史官，二、史家，三、史学的成立及发展，四、最近史学的趋势。"

余之此编中，于史官一端，盖阙而未论，因于史学通论中已述之矣。至如史家，吾虽未专就史家立论，而于讲某史籍时而其作者之事迹，并述及之。又若史学的成立及发展，余于史评中言之。近数十年来，吾国治学风气丕变，尤于史学方面，更月异而岁不同。最近史学工之成就及趋势，不可忽而不言。就各家分类视之，史学种类固为繁多，然于各类中，正史、编年、纪事本末三种尤为重要。[①] 余于此三者，详加讨论，而其它史类，或约略言之，因内容过多，恐不能授完考也。

论正史

自司马迁作《史记》，创立各体，班固继起，仅易通史为断代，其书体制，皆步趋于长。嗣后历代作者，陈陈相因，与经相对，遂尊之为正史。是类史籍，著作宏多，蔚为大观。

---

① 黄宗羲谈君墓表云，史之体有三，年经，而人与事纬之者，编年也；以人经之者，列传也；以事经之者，纪事也。

正史之名，始于[1]《隋书·经籍志》，正史类首列司马迁《史记》，继以班固之《汉书》。《隋志·正史叙》曰："世有著述，皆拟班、马以为正史。"由此观之，所谓正史者，即纪传体也。《叙》又曰："杂史属词比事，皆不与《春秋》、《史记》、《汉书》相似，盖率尔而作，非史策之正也。"由此视之，古人所谓正史者，不唯纪传体而已，而编年之《春秋》，亦谓之正史也。到知几论史，所谓正史者，能记录一朝大典者俱属之。上有《尚书》、《春秋》、史、汉、三国，下至干宝《晋纪》、子野《宋略》（皆编年）、和苞《汉赵记》，田融《赵书》（皆伪史）皆罗致也，初不分其为纪传或编年也。故《四库总目》曰："司马迁改编年为纪传，荀悦又改纪传为编年。刘知几深通史法，而《史通》分叙六家，统归二体。则编年纪传，均正史也。其不列正史者，以班、马旧裁，历朝继作，编年一体，则或有或无，不能使时代相续，故姑置之，无他义也"。

章实斋补《史考释例》曰：《隋志》以纪传为正史，而编年则称为古史。其实马、班皆法《春秋》，命其本纪谓之春秋考纪，而著录家未之察也。唐《志》知编年之书后，世亦未尝绝，故改《隋志》古史之称而直题为编年类，事理固得其实，然未尽也。《隋志》题古史，犹示编年之体本为正也。唐志异、纪传为正史，而直以编年为编年，乃是别出编年为非正史矣。是以宋人论史，乃惜孙盛、习凿齿之伦不为正史。几于名实为倒置矣。又曰：编年之书，出于春秋，本正史也，乃班、马之学盛，而史志著录皆不以编年为正史。

自清乾隆间钦定《史记》以下至《明史》二十四部为正史，由是正史之范畴确定矣。

章实斋《论修史籍考略》："旧例以二十一家之书，同列正史，其实类例不清。马、迁乃通史也，梁武《通史》、郑樵《通志》之类属之。班固断代

[1] 梁阮孝绪，其《正史削繁》一书，今虽不传，疑其所谓正史，即《七录》所谓国史，取别于伪史者也。

专门之书也，华、谢、范、沈诸家属之。陈《志》分国之书也，《十六国春秋》、《九国志》之类属之。《南、北史》断取数代之书也，薛欧五代诸史属之。《晋书》、《唐书》集众官修之书也，宋、辽、金、元诸史属之。”

梁任公以官书为正史，然官书不限于正史，正史亦不尽官书也。

正史集结篇

何谓正史，前已言之，而正史之数，代有增加，兹略述之。

【三史】：钱大昕《十驾斋养新录》曰：《续汉书·郡国志》今录中兴以来郡县改异及春秋三史。案此三史，即《史记》、《汉书》、《东观汉记》也。《三国志·吴志·吕蒙传》注引《江表传》，“权谓蒙曰：孤统军以来，省三史诸家兵书，大有益”。

王鸣盛《十七史商榷》曰：以《史》、《汉》为三史，始于司马彪《续汉书·郡国志》，其时范蔚宗书未出，所据《后汉书》，当是谢承或华峤书。若《三国志·吴志·吕蒙传》之三史，则并无谢华所作，恐是指《战国策》、《史记》、《汉书》，逮唐陈州司法孙愐《唐韵·序》，亦称“九经三史”，此则指马、班、范矣。唐人设有三史科，以此科应举得第者颇多。

【四史】：王鸣盛《十七史商榷》曰：《史》、《汉》、《三国》，备于晋初。《晋》及《南、北朝》，完于唐太宗高宗之世，而书犹深藏广内，既无刻板，流布人间者少。故学者所习“三史”，《三国》而止。唐宋以来，学者皆曰“五经三史”，窃以为宜加以陈寿，称四史，以配五经，良可无愧，其余各史皆出其下。今坊间所刊“四史”，即以《史》、《汉》、《三国》为准。然“四史”之目，不自今始。《四库》“史钞”存目有明穆文熙《四史鸿裁》四十卷，指《左传》、《国语》、《战国策》、《史记》而言。“学部”图书目又有不知撰人《四史外戚传》四卷，则系指《晋书》、《齐书》、《魏书》、《隋书》四者。此乃自立名目，非通行四史之名也。

【五史】：唐令狐德棻尝谓高祖曰：“近代以来，多无正史，梁、陈、齐犹有文籍，周、隋遭大业乱离，多有遗缺，宜及今耳目犹接，及早修之。”《旧唐书·长孙无忌传》云：“高宗显庆元年五月，长孙无忌等上史官所撰梁、陈、齐、周、隋《五代史志》三十卷。”近罗叔言撰《五史讲义》一书，系指《史》、《汉》、《三国》、《晋书》也。

【七史】：晁公武《郡斋读书志・正史》曰：嘉祐中，以宋、齐、梁、陈、魏、北齐、周舛谬亡阙，始诏馆职雠校，曾巩等以秘阁所藏多误，不足凭以是正，请诏天下藏书之家，悉上异本，久之始集。治平中，巩校定南齐、梁、陈等三书上之。刘恕等上后魏书，王安国上周书，政和中始毕，皆颁之学官，民间传者尚少，未几遭靖康丙午之乱，中原沦陷，此书几亡。绍兴十四年，井宪孟为四川漕，始檄诸州学官，然往往亡阙不全，收合补缀，独少《后魏书》十许卷。最后得宇文季蒙家本，偶有所少者，于是七史遂全，故命眉山刊行焉。

王鸣盛《十七史商榷》曰：七史者，《隋书》先已校成，想《晋书》又在前，故不及。

【八史】：赵翼《廿二史札记》卷九曰：南北八朝史，《宋书》成于齐，《齐书》成于梁，《魏书》成于北齐，其余各史皆唐初修成，然虽成于唐初，而天下实未尝行也，观苏洵等《进陈书表》云：“《陈书》与《宋书》、《魏》、《齐》、《梁》等书，传之者少，秘书所藏亦多脱误。嘉祐六年，始诏校雠，因臣等言‘恐馆阁所藏不足以完，请诏京师及天下藏书家，悉上之’。”至七年冬，始稍稍集，因得藉以参校。又刘攽等校《北齐书》云：《文襄纪》，其首与《北史》同，而未多取魏孝静帝纪，其与侯景书，则载《梁书・侯景传》内，此外序列尤无伦次，盖原书已散佚，后人杂取《北史》及《高氏小议》等书以补之者，是宋时并已失其原本，虽购之天下，亦终无由订正也。可见各正史在有唐一代，并未行世。盖卷帙繁多，唐时尚无镂版之法，必须钞录，自非有大力者不能备之，惟南北史卷帙稍简，钞写易成，故天下多有其书，世所见八朝世迹，惟特此耳。

【十史】：钱大昕《十驾斋养新录》曰：《宋史・类事・类》有《十史事语》十卷，《十史事类》十二卷，李安《上十史类要》十卷。《十史》者，自三国至隋十代三史也，马、班、范三家不在其数。

【十三史】：《十驾斋养新录》曰：《宋史・艺文志・文史类》有吴武陵

《十三代史驳议》十二卷,《目录类》有宗谏《注十三代史目》十卷,商仲茂《十三代史目》一卷,《类事类》有《十三代史选》三十卷。吴武陵,唐人。盖唐时以《史记》、前后《汉书》、《三国志》、晋、宋、齐、梁、陈、魏、齐、周、隋《书》为十三代史也。

【十五史】:《十七史商榷》曰:孙愐《唐韵·序》又称史、汉、三国志、晋、宋、后魏、周、隋、陈、梁、两齐书。案其所举凡十有三,不数南北史故也,兼数则为十五。

【十七史】:《十七史商榷》曰:《史》、《汉》、《三国》备于晋初,直至宋仁宗天圣二年,方出禁中所藏《隋书》,付崇文院雕版,嘉佑六年并梁、陈等史,次第校刊,其工盖至英宗方粗就。观校者称仁宗云云,则可见历代年迹,粲然明著。然其中如《魏书》,以学者陋之而不习,亡逸不完者已无虑三十卷,校者各疏于逐篇之末。《北齐》亦多阙者,《宋书》第四十六卷亦阙,盖皆以《南、北史》补之。又改刘昫《旧唐书》为《新唐书》,改薛居正《五代史》为《五代史记》,合乃为十七史。《宋史·艺文志·史钞类》有周护《十七史赞》三十卷,不知作者《名贤十七史确论》一百四十卷。十七史之名,始见于此。《十驾斋养新录》曰:宋人于十三史之外,加以《南北史》及《唐五代》,于是有十七史之名。

【十八史与十九史】:《十驾斋养新录》曰:元曾之先撰《十八史略》二卷,盖于十七史之外益以宋事也。明初临川梁孟寅益以元事,称《十九史略》。

【二十一史】:顾炎武《日知录》曰:宋时只有十七史,今则并宋、辽、金、元四史为二十一史,但辽、金二史尚无刻本,南北齐、梁、陈、周书,人间传者亦罕,故前人引书多用《南、北史》及《通鉴》,而不及诸书,亦不复宋、辽、金者,以行世之本少也。嘉靖初,南京国子监祭酒张邦齐等请校史书,十一年七月成。至万历中,北监又刻二十一史,其版视南稍工,而士大夫遂家有其书。

《十七史商榷》曰:明嘉靖初南国子监祭酒张邦齐、司业江汝璧等请校刊史书,欲差官购索民间古本,部议恐滋烦扰,世宗命收监中十七史旧版考对修补，仍取广东《宋史》版付监，《辽》、《金》二史无版者，求善本翻刻，十一年七月成，总谓二十一史。

《十驾斋养新录》曰：万历中，北监刊二十一史，其版视南监稍工，然校刊不精，讹舛甚多，且有不知而妄改者。

陆启浤《客燕杂记》云：监版二十一史修于万历二十三年，颇无差伪，崇祯十二年重修之，古字难读，悉遭改易。

【二十二史[1]】：《日知录》曰：《旧唐书》病其事之遗阙，《新唐书》病其书之晦涩。尝兼二者刻之为二十二史，盖于二十一史外，增加《旧唐书》也。钱大昕《二十二史考异》即为《史记》、《汉书》、《后汉书》、《三国志》、《晋书》、《宋书》、《南齐书》、《梁书》、《陈书》、《魏书》、《北齐书》、《周书》、《隋书》、《南史》、《北史》、《唐书》、《新唐书》、《五代史》、《宋史》、《辽史》、《金史》、《元史》，改舍《新五代史》，而增续《汉书》（考异所列之数为二十三[2]，因续《汉书》并入《后汉书》中，为二十二）。

【二十四史】：会刻书目云：乾隆四年，钦定二十四部，皆为正史，命武英殿校刻。同治元年，新会陈氏复刻殿本。道光十七年武英殿重修，并刻辽、金、元三史。二十四史者，乃《史记》、《汉书》、《后汉书》、《三国志》、《晋书》、《宋书》、《南齐书》、《梁书》、《陈书》、《魏书》、《北齐书》、《周书》、《隋书》、《南史》、《北史》、《旧唐书》、《新唐书》、《旧五代史》、《新五代史》、《宋史》、《辽史》、《金史》、《元史》、《明史》。

---

① 赵翼《二十二史札记》所列之二十二史即《史记》、《汉书》、《后汉书》、《三国志》、《晋书》、《宋书》、《齐书》、《梁书》、《陈书》、《南史》、《魏书》、《齐书》、《周书》、《北史》、《新/旧唐书》、《五代史》、《宋史》、《辽史》、《金史》、《元史》、《明史》。

② “二十三史”，《二十二史札记》卷二十一云：我皇上开四库馆，命诸臣就《永乐大典》中甄录排纂其缺逸者，则采宋人书中之征引薛史者补之，于是薛史复为完书，仍得列于正史，遂为二十三史。数此二十三史者，乃《日知录》所云之二十二史加《旧五代史》也。

《清史稿・邵晋涵传》云：集薛五代史成，呈御览，馆目请仿刘昫《旧唐书》之例，列二十三史，刊布学官，诏从之。

张元济百衲本《史记》后序云：逊清文治盛，称乾隆高宗初立，成明史，命武英殿开雕，至四年竣工，继之者二十一史。其后又诏增刘昫《唐书》与欧宋新书并行，越七年遂成武英殿二十三史。

【二十五史】:《元史》以短期内修成,其间乖误百出,学者病之,柯凤荪先生《新元史》成,人咸谓可入正史之林。民国七年,徐世昌为大总统时,明令以是书加入正史,是以近日有二十五史之称。

【二十六史】:近有以赵尔巽《清史稿》加于二十五史而名为二十六史者。

正史分论

史记

【作者生平事迹】

司马迁①字子长,汉左冯翊夏阳人,即今陕西韩城县。自谓生龙门,耕牧河山之阳。年十岁,则诵古文,二十而南游江淮,上会稽,探禹穴,窥九疑,浮于沅湘,北涉汶泗,讲业齐鲁之都,观孔子之遗风,乡射邹峄,厄困鄱、薛、彭城,过梁楚以归。于是任为郎中,奉使西征巴蜀以南,略邛、筰、昆明,还报命。

是岁,天子始建汉家之封,而太史公留滞周南,不得与从事,故忧愤且卒。适使返,见父于河洛之间,卒三岁,为太史令,紬史记石室金匮之书,五年而当。太初元年十一月甲子朔旦冬至,天历始改,建于明堂,诸神受记,于是论次其文。七年遭李陵之祸,幽于缧绁,身毁不用矣。故述往事,思来者。于是卒述陶唐以来,至于麟止,自黄帝始。(以上节录《史记·太史公自序》)

太史公生卒年月不可考,王鸣盛《十七史商榷》云:以其行事推之,生在汉景帝中,卒于昭帝初。王静安先生《太史公系年考》,谓生景帝中五年,其卒年绝无可考。惟据《汉书·宣帝纪》载,武帝后元二年遣使杀长安狱囚,内谒者令郭穰夜至郡邸狱云云。案《续后汉书·百官志》知,内谒者令即中书谒者令,亦即中书令,然则其时迁已不再中书,计当前卒

① 生于汉武帝建元六年(公元前135年),卒于征和三年(公元前90年)。

矣，大约迁之年，代与武帝相终相始也。

【《史记》之名称】

《史记》一书，又名《太史公传》。《史记·龟策传》褚先生曰："臣以通经术，受业博士，以高第为郎，幸得宿卫，出入宫殿中十有余年。窃好《太史公传》"。

又作《太史公书》。《史记·孝武帝纪》注韦棱曰：《褚颉家传》云"少孙宣帝时为博士，事大儒王式，故号为"先生"，续《太史公书》"。

又作《太史公记》。《汉书·杨敞传》："敞子忠，忠弟恽，恽母，司马迁女也。恽始读外祖《太史公记》，颇为《春秋》。"

又作《太史公》。《汉书·艺文志》"冯商续太史公篇"韦昭曰："冯商受诏续《太史公》十余篇，在班彪别录。"《艺文志》有《太史公》百三十篇。

应劭《风俗通》或称《太史记》，考"史记"为古时泛称古史也[①]。自《三国志·魏志·王肃传》载明帝问王肃"司马迁以受刑之故，内怀隐切，著《史记》，非贬孝武，令人切齿"之语，始以共名为专名。刘子玄撰《六家篇》云："迁因鲁史旧名，目之曰《史记》。"张守《节论史例》曰："古者帝王，右史记言，左史记事，言为《尚书》，事为《春秋》，太史公兼之，故名曰《史记》"。似不免虑之一失。

【内容】

《史记》所述，上自黄帝，下迄汉武。有谓《春秋》之后，沿为编年、纪事二种。记事者，以一篇记一事，而不能统贯一代之全；编年者，又不能即一人而各见其本末。司马迁参酌古今，发凡起例，创为全史。本纪以序帝王；世家以记侯国；十表以系时事；八书以详制度；列传以志人物，然后一代君臣政事，贤否得失，总会于一编之中。自此例一定，历代作史者，遂不能出其范围，信史家之极则也。（见《廿二史札记》卷一）

《十七史商榷》卷一云："司马迁创立本纪、表、书、世家、列传体例外，

---

① 梁玉绳《史记志》疑谓"史记"之名出于班彪父子，观《汉书·五行志》及《班彪传》可见。《公羊》僖公二年，宫之奇谏曰，《记》"唇亡齿寒"。解话曰："记，《史记》也"。

后之作史者，递相祖述，莫能出其范围”。

《史记》体例，说者多谓为创，其实乃述而非作。本纪为编年体，本于《春秋》，而其名则本于《禹本纪》，古又有《尚书世纪》，迁用其体，以序帝王。表则昉于周之谱牒。书则本于《尚书》“禹贡”、“洪范”、“吕刑”等篇，史迁以纪朝章国典。世家，《史记·卫世家》赞：“余读世家言”云云，是杜《史记》以前，已有此体，迁用之以纪王侯诸国。列传，古书凡记事立论及解经者，皆谓之传，传有以时为纲者，如《左传》；又有以人为纲者，此体杜史以前已有之，如《史记·伯夷列传》曰：“其传曰，伯夷叔齐，孤竹君之二子也”。

秦嘉谟《世本辑补》云：《史记》之本纪世家列传，皆本于世家。

朱希祖《史学通论》谓表与书亦本于世家，谓表为表里字，世表之表，乃谱之假借字。世本有帝系及王侯大夫谱，即表之所本。《世本》有《作篇》，记占验、饮食、礼乐、兵农、舆服、图书、器用、艺术之原，《史记》八书，即本于此。

【十篇有录无书】

《汉书·司马迁传》谓，《史记》内十篇有录无书。颜师古注引张晏曰：迁没后，亡《景纪》、《武纪》、《礼书》、《乐书》、《兵书》、《汉兴以来将相年表》、《日者列传》、《三王世杰》、《龟策列传》、《傅靳列传》，凡十篇。元、成间，褚少孙补之，因此有“马迁《史记》未卒业，本未为完书”。又有谓史公已订成全书，其十篇之缺，乃后人所遗失，非史公未及成而有待于后人补之也。梁任公先生《读〈史记〉》云：“《史记》之有缺，非亡佚，而原缺也。而今本乃百三十篇，一无所欠，其果为迁书之旧耶，否耶？”

《廿二史札记》谓，褚少孙补《史记》不止十篇，文繁不录。康有为《伪经考》卷二云：“当成帝时，东平王宇以叔父之尊，上疏求太史公书，朝廷不与，则外人见者绝少，其唯刘歆肆行窜入至易也”。

【注家】

宋裴骃，松之子，以徐广《史记音义》粗有发音，殊恨省略，乃采九经诸史，并《汉书》及众书之目，而为《史记集解》。唐司马贞撰《史记索隐》，凡三十卷,新旧《唐书》无贞传。《十驾斋养新录》谓贞与贾徐诸人谈议,当在中睿之世,计其年辈,盖在张守节之前矣。张守节作《史记正义》。守节两《唐书》亦无传,而其《正义序》,称开元二十四年八月,杀青斯竟。

【思想】

司马谈为道家,马迁思想受道家影响,有朴素唯物思想,如迁常云“自然之势”。又用经济观点解释历史事件,如在《货殖列传》及《平准书》中常论及经济作用。

汉书

【作者】

班固,字孟坚,年九岁能属文。及长,遂博贯载籍,九流百家之言,无不穷究。所学无常师,不为章句。永平初,东平王苍以至戚为骠骑将军辅政,开东阁,延英雄,时固始弱冠,乃奏说苍,苍纳之。父彪卒,归乡里。固以彪所续前史未详,乃潜精研思,欲就其业,既而有人上书显宗,告固私改作国史者。有诏下郡,收固系京兆狱,尽取其家书。固弟超恐固为郡所核考,不能自明,乃驰诣阙上书,得召见,具言固所著述意,而郡亦上其书。显宗甚奇之,召诣校书郎,除兰台令史,与前睢阳令陈宗、长陵令尹敏、司隶从事孟冀,共成《世祖本纪》。迁为郎,典校秘书。固又撰功臣、平林、新市、公孙述事,纪列传二十八篇,奏之。帝乃复使终成前所著书,自永平始受诏,潜精积思二十余年,至建初中始成。

《史通》“正史篇”云:固后坐窦氏事,卒于洛阳狱,书颇散乱,莫能综理。其妹曹大家博学能属文,奉诏校叙。又撰高才郎马融等十人,从大家受读,其八表及天文志等,犹未克成,多是待诏东观马续所作。《后汉书·曹世叔妻传》云:“兄固著《汉书》,其八表及天文志未及竟而卒,和帝诏昭就东观藏书踵而成之。”有谓《汉书》全出班固之手,后世以八表及天文志或以昭作,或以为马续作,皆未可信,昭与续仅为校辑而已。

【名称】

《汉书·叙传》曰:“探纂前记,缀辑所闻,以述《汉书》,为《春秋》考纪

(即帝纪),表志传凡百篇。"又述,《叙传》曰"凡《汉书》"。观此,知《汉书》之名,乃班固自完也。《金楼子·聚书篇》云:"又使孔昂写得《前、后汉》、《史记》、《三国志》"。《汉书》加前字,始见于此。

班书又名《西汉书》,见《旧唐书·李德裕传》。

【内容】

班固撰书凡百篇,后人分为一百二十卷(帝纪十三卷,表十卷,志十八卷,列传七十九卷)。卢文弨《读史札记》云:唐以前人,于古书卷目,往往不敢轻改。《汉书》本一百卷(十三纪八表十志七十传),师古注之,则其文繁矣。或析为二,为三,为五,分计之,当为一百二十卷。而颜氏并不改百卷之旧,一卷之中只以上、中、下别之。

《汉书》内容,自高祖,终于王莽,十有二世,二百三十年,为断代之史。赵瓯北《廿二史札记》云:《汉书》,武帝以前,纪传多用《史记》原文,惟移换之法,别见剪裁。又云:武帝以前,王侯公卿,皆用《史记》旧文,间有《史记》无传而增之者。

《汉书》体裁,虽依马迁之旧,而名称略有变易。为本纪,《汉书》只用纪字;十志,犹《史记》之八书也。

【注家】

《十七史商榷》曰:据叙例,注《汉书》者,师古以前,凡五种,一服虔,二应劭,三晋灼,四臣瓒(朱希祖有臣瓒姓氏考,见《中国史学》第一期),五蔡谟。师古据此五种,折衷而润色之。

《旧唐书》七十三卷本传:颜籀,字师古,齐黄门侍郎之推孙也。其先本居乡邪,世仕江左。及之推,历事周、齐,齐灭,始居关中。

师古贞观十一年为秘书少监,时承乾在东宫,命师古注《汉书》,解释详明,承乾表上之。《本传》又言:师古叔父游秦撰《汉书决疑》十二卷,为学者所称,师古注《汉书》,多取其义。今叙例竟不及游秦,全书中亦从未一见。《本传》载师古典刊正,引后进为雠校,抑素流,先贵势,富商大贾亦引进之。物论称其纳贿。太宗谓曰:"卿学识可观,但事亲居官,未为清论所许。"师古之为人如此。攘叔父之善而没其名,殆亦其一弊乎?

(《新唐书》一百九十八卷《儒学师古传》与《旧唐书》略同)

唐时,房玄龄以颜师古所注《汉书》文繁,令敬播掇其要,为四十篇。

后汉书

【作者】

范晔,字蔚宗,顺阳人,泰之第四子,少好学,善为文章,尝为征南大将军檀道济司马,后因事左迁为宣称太守,不得志,乃删众家《后汉书》,成一家之言。陈振孙《直斋书录解题》谓,范氏删取《东观汉记》以下诸家之书,以为一家之作。王先谦《后汉书集解述略》谓,范书因于华氏之六事,大都寥寥数句,不关纪传正史,实因峤辞未善,而加以改正,不得因此遂谓其悉本华书。

【名称】

范蔚宗《狱中与甥侄书》云:"既造后汉,转得统绪"。据此,则《后汉》之名,范所自命,"书"字亦范自加,盖取与班氏《前汉书》相应,此云《后汉书》,乃骈文省字法也。

【内容】

《史通·正史篇》曰:晔作《后汉书》,凡十纪,十志,八十列传,合为百篇,会以罪被收,其十志未成而死。《隋志》著录其书作九十七卷,两《唐志》皆作九十二卷,唯《宋志》作九十卷,与今本合。梁人刘昭曾为范书作注,凡得一百八十卷。昭以范书无志,乃取司马彪续汉书之八志,并为作注,得三十卷,以补其阙。今《后汉书》一百三十卷(内帝后纪十二卷,列传八十卷,志三十卷,共一百三十卷)。

【注家】

卢文弨《钟山札记》云:《续汉书》乃晋司马彪所著,书不传,而志三十卷附范蔚宗《后汉书》之后而传。梁剡令刘昭又为之注,于彪本注,进为大字,其所未备,注以补之,故称注补。毛氏汲古阁刻本尚不以续志间范书之中,而监本乃欲与《史》、《汉》一例,遂移置列传之前,且不题司马彪之名,又易刘昭"注补"为"补注",皆失本来史目矣。

《十七史商榷》卷二十九云：《梁书·文学传》刘昭，字宣卿，平原高唐人，幼清警，外兄江淹早称赏之……集《后汉》同异，注范蔚宗书一百八十卷，世称博悉……昭注范氏纪传、司马氏志，今世所行纪十三卷，志三十卷，传八十卷，即其本也……唐章怀太子贤（高宗第六子名贤，字明允，谥章怀）既用其本改其注矣。于志仍用昭注。注纪传易，注志难，避难趋易也……为章怀太子注范蔚宗《后汉书》者，张大安、刘讷言、格（《郡斋读书志》作“革”）希元、许叔牙、成玄一、史藏诸、周宝宁等……唐刘知几《史通》第五卷云：范蔚宗之删《后汉》，简而且周，疏而不漏，盖云备矣。而刘昭采其所捐以为补注，言书非要，事皆不急，譬人有吐果之核、弃药之滓，愚者重加捃拾，洁以登荐，持此为工，多见其无识也……

三国志

【作者】

陈寿，字承祚，巴西安汉人，少师古同郡谯周，仕蜀为观阁令史。入晋累官至治书侍郎御史。撰《三国志》、《古国志》及《益都耆旧传》等书，晋惠帝元康七年卒。

《晋书·陈寿传》云：寿撰魏吴蜀《三国志》凡六十五篇，时人称其善叙事，有良史之才。夏侯湛时注《魏书》，见寿所作，便坏己书而罢。张华深善之，谓寿曰：“当以《晋书》相付耳。”其为时所重如此。范頵等表曰：“陈寿作《三国志》，辞多劝诫，明乎得失，有益风化，虽文艳不若相如，而质直逼之。”

《寿本传》论曰：“丘明既没，班马迭兴，奋鸿笔于西京，骋直词于东观。自斯已降，分明竞爽，可以继明先典者，陈寿得之，江汉英灵，信有之矣。”

【内容】

《郡斋读书志》曰：《三国志》六十五卷，《魏》四纪，二十六列传；《蜀》十五列传；《吴》二十列传。以魏为纪，而称汉、吴曰传，又改汉曰蜀，世颇讥其失。

陈寿作《三国志》，取法《国语》，三国并传，各依国势，略示区分。魏帝称纪，后称皇后；蜀则称主、称后；唯吴孙权称主，其余称名，妻称夫人。承祚此等区分，或有正统归魏之思，再为处境若斯，不得不尔。

司马温公《与刘道原书》云：周、秦、汉、晋、隋、唐皆当混一天下，传祚后世子孙，微弱播迁，犹承祖宗之业，今全用天下法，临统诸国，其余蜀、魏、吴、宋、齐、梁、陈、魏、齐、周五代诸国，地丑德齐，不能相一，名号匹敌本非君臣者，皆用列国法。至如刘备虽曰承汉，然族属疏远，不能纪其世数名字，亦犹宋高祖自称楚元王后，李升自称吴王恪后，是非难明，今并同之列国，不得以汉光武、晋元帝例为比，陈寿《三国志》或此亦此意也。

【名称】

据《陈寿传》文，则知“三国志”之名，乃寿自定。唯吴列蜀前，《晋书》误倒，非寿原本然也。六十六卷，《晋书》作六十五篇，古人“卷”与“篇”义常通。

【注家】

《十七史商榷》卷三十九“裴松之注”曰：《宋书》六十四卷《裴松之传》云：“字世期，河东闻喜人。年二十拜殿中将军、员外散骑侍郎……元嘉三年……上使注陈寿《三国志》。松之鸠集传记，增广异闻，既成，奏上。上喜曰：‘此为不朽矣’。”

《廿二史札记》卷六云：宋文帝命裴松之采《三国》异同，以注陈寿《三国志》……其表云：寿书铨叙可观，然失杜于略，时有所脱漏。臣奉旨寻详，务在周悉，其寿所不载，而事宜存录者，罔不毕取；或同说一事而辞有乖杂、或出事本异，疑不能判者，皆钞内以备异闻。此松之作注大旨，在于搜辑之博，以补寿之阙也。其有伪谬乖违者，则出己意辨正，以附于注内。

松之以救寿书简略为己任，其注所引书凡五十余种（又作百四十余种）。网罗宏博，六朝旧籍今所不传者，尚一一见其崖略。《四库提要》评裴松之注曰：引诸家之论，以辨是非；参诸家之说，以核伪异。传所有之事，详其原委；传所无之事，补其阙失；传所有之人，详其生平；传所无之人，附以同类。松之之作，乃开注家新例，若王皞之注《唐余录史》（见《书录解题》），朱彝尊之注《五代史》，此遵用此法也。

钱大昕《廿二史考异》列举裴注所引书名凡百四十种，文繁不录。

唐刘知几《史通·补注篇》云：少期集注国志，以广承祚所遗。而喜聚异同，不加刊定，恣其擊难，坐长烦芜。观其书表献，自比蜜蜂兼采，但甘苦不分，难以味同萍实者矣，子玄之评，未为无当。

晋书

【作者】

《旧唐书·房玄龄传》云：贞观十八年，玄龄与褚遂良受诏重撰《晋书》。于是奏请许敬宗、来济、陆元仕、刘子翼、令狐德棻、李义府、薛元超、上官仪等分功撰录，以臧荣绪《晋书》为主①。李淳风修天文、律历、五行三志；太宗自著宣、武、陆机、王羲之四论，于是总题曰“御撰”。

《直斋书录解题》云，《唐书·艺文志》：修《晋书》有房玄龄等二十人，其凡例则发于敬播。

《十七史商榷》卷四十三云：《晋书》作者最多，王隐则有《晋史》，虞预则有《晋书》，孙盛则有《晋阳秋》，干宝则有《晋纪》，邓粲则有《元明纪》，谢沈则有《晋书》，翟凿齿则有《汉书春秋》，徐广泽有《晋纪》，郗绍则有《晋中兴书》。自徐广以上八家，并见今《晋书》八十二卷，而广与郗绍俱见《南史》三十三卷。其后齐臧荣绪括西、东晋为一书，纪录志传凡百一十卷，见《南齐书·高逸传》，又见《南史·隐逸传》。梁沈约亦作《晋书》百一十卷，见《梁书》约本传。夫王隐等以晋人记晋事，载录未全，固必须改作，即沈约在臧荣绪之后，卷数又同，谅不过润色，臧书亡佚，犹未足深惜。若臧荣绪既勒成司马氏一代事迹，各体具备，卷帙繁富，谅有可观，

① 余友冉晋叔先生作《唐修〈晋书〉撰人考》，其结论谓“重修《晋书》的撰人共有二十四个，即唐太宗、房玄龄、褚遂良、许敬宗、来济、陆元仕、刘子翼、卢承基、李淳风、李义府、薛元超、上官仪、崔行功、辛丘驭、刘元之、杨仕卿、李延寿、张文恭、令狐德棻、敬播、李安期、李怀俨、赵弘智等。”

即以垂世，有何不可。乃唐贞观中，房玄龄奏令狐德棻重修《晋书》，德棻为先遣，其类例既多所诹定。而河东人敬播又同定之，其余则预东者凡十有八人，共撰此书，见《新唐书》一百二卷及一百九十八卷。于是，遂号其书为太宗御撰，而荣绪之书竟废，吾为荣绪愤之。

《廿二史札记》卷七云：唐初修《晋书》，以臧荣绪本为主，而兼考诸家成之。今据《晋》、《宋》等书列传所载，诸家之为《晋书》者，无虑数十种……当唐初修史时尚俱在，必皆兼综互订，不专据荣绪一书也。

【内容】

《晋书》有帝纪十，志二十，列传七十，载记三十，共一百三十卷。《史通·正史篇》云："纪十，志二十，列传七十，载记三十，并叙例目录，合为百三十二卷"。

"载记"之名，始用于《晋书》。后《汉书·班固传》谓，固撰新市、平林、公孙述等僭伪事，为载记若干篇。此《晋书》载记之所本也。

论《晋书》者，谓当时修史诸人，皆文咏之士，好采诡谬碎事，以广异闻，又史论竞为艳体，此其所短也。然当时史官如令狐德棻等，皆老于文学，其纪传叙事，皆爽洁老劲，迥非《魏》、《宋》二书可比。而诸僭伪载记，尤简而不漏，详而不芜，视《十六国春秋》不可同日语也。其列传编订亦有斟酌。

宋书

【作者】

沈约，梁武康人，字休文，笃志好学，博通群籍，善属文，仕宋及齐，累官司徒左长史。沈自言年二十许便有选述之志，又终身史职，故于累朝掌故周晰条贯。其自序称于齐武帝。永明五年春，被敕撰《宋书》，至六年二月纪传毕功表上之。

《十七史商榷》卷五十三曰：约卒天监十二年，年七十三，永明五年，年四十五。《约传》言："百日数旬，革带移孔，精神素非强健，四十七八，已值衰暮，其书一年便就，何速如此？盖《宋书》自何承天、山谦之、苏宝生、徐爰递加撰述，起义熙，迄大明，已自成书。约仅续成永光至禅让十余年事，删去桓元、谯纵、卢循、马鲁、吴隐、谢混、郗僧施、刘毅、何无忌、魏咏之、檀凭之、孟昶、诸葛长民十三传而已。玩约上书表自见，本极径省，故易集事。”

《廿二史札记》卷九云：沈约于齐永明五年奉敕撰《宋书》，次年二月即告成，共纪、志、列传一百卷。古来修史之速。未有若此者。今案其自序而细推之，知约书多取徐爰旧本而增删之者也。宋著作郎何承天已撰《宋书》纪传，止于武帝功臣，其诸志，惟天文、律历，此外悉委山谦之。谦之亡，诏苏宝生续撰，遂及元嘉诸臣。宝生被诛，又以命徐爰。爰因苏、何二本，勒为一史。起自义熙之初，迄于大明之末，其臧质、鲁爽、王僧达三传，皆孝武所造。惟永光以后，至亡国十余年，记载并缺。

今《宋书》内永光以后纪传，盖约等所补也。其于爰书，稍有去取者。爰本有晋末诸臣及桓元等诸叛贼并刘毅等与宋武同起义者，皆列于《宋书》，约以桓元、谯纵、卢循身为晋贼，无关后代；吴隐、郗僧施、谢混义止于前朝，不宜入宋；刘毅、何无忌、诸葛长民、魏咏之、檀凭之志在匡晋，亦不得谓之宋臣，故概从删除。是约所删者，止于此数传，其余则皆爰书之旧，是以成书若是之易也。

【内容】

《宋书》有帝纪十，志三十，列传六十，共一百卷，沈约修《宋书》特重文人，全书以一传独为一卷者，有谢灵运、颜廷之、袁淑、袁粲。

约上书表云：“本纪、列传，缮写已毕，合志表七十卷，臣今奏呈。所撰诸志，须成续上”。据此，则纪传先成，志系续上。今约书纪十卷，传六十卷，适合七十卷之数，外有志三十卷，而无表，与《梁书》本传所云“著《宋书》百卷”适合，则上书表中“志”、“表”二字乃衍文也。

南齐书

【作者】

萧子显，字景阳，齐高帝道成之孙，豫章王嶷之子，好学工文。子显作《齐书》，有所本。《廿二史札记》卷九有《齐书旧本》一文，兹录之：

《齐书》亦有所本，建元二年，即诏檀超与江淹掌史职。超等表上条例："开元纪号，不取宋年，封爵各详本传，无假年表。立十志：律、历、礼、乐、天文、五行、郊祀、刑法、艺文，依班固；朝会、舆服，依蔡邕、司马彪；州郡依徐爰；百官依范蔚宗；日蚀旧载五行，应改入天文志。帝女应立传，以备甥舅之重。又立处士、列女传。"诏内外详议，王俭议，以为"食货乃国家本务，至朝会，前史不书，乃伯喈[①]一家之意，宜立食货，省朝会。日月应仍隶五行。帝女若有高德绝行，当载《列女传》，若止于常美，不立传"。诏"日月灾隶天文，余如俭议"。此齐时修国史体例也。又有豫章熊襄著《齐典》，沈约亦著《齐纪》二十卷，江淹撰《齐史》十志，吴均撰《齐春秋》，俱见各本传。今按萧子显《齐书》，但有礼乐、天文、州郡、舆服、祥瑞五行七志（礼志、乐志合为一，故又作七志），而食货、刑法、艺文仍缺。列传内亦无帝女及列女，其节义可传者，总入于《孝义传》。改"处士"为"高逸"，又另立《幸臣传》，其体例与超、淹及俭所议者，皆小有不同，盖本超、淹之旧而小变之。超传内谓"超史功未就而卒，淹撰成之，犹未备也"。此正见子显之修《齐书》，不全袭前人也。

【名称】

《齐书》又名《南齐书》，因易于《北齐书》混，故加"南"字以区别之（称《南齐书》者，见宋章俊卿引《馆阁书目》及曾巩叙）。

《史通》谓之南史。

【内容】

《南齐书》有纪八，志十一，列传四十，合五十九卷。《梁书·萧子显传》云：著《齐书》六十卷。《隋书·经籍志》亦作六十卷。其作六十卷者，子显欲仿沈约，自序一卷附于后，未及成而未列入耶？

章俊卿引《馆阁书目》云：《南齐书》本六十卷，今存五十九卷，亡其一。

---

① 蔡邕。

梁书

【作者】

《梁书》作者，今本署名者为姚思廉、魏徵等。

姚思廉，本名简，以字行。魏徵，字玄成，曲成人。按《梁书》本为姚察所撰，其子思廉续成之。而察又本之梁之国史也。察之《梁书》虽据国史，而行文则自出炉锤，直欲远追班、马。盖六朝争尚骈俪，即序事之文，亦多四字为句，罕有用散文单行者，《梁书》则多以散文行之。

《十七史商榷》卷五十三云：姚察在陈为吏部尚书，当陈宣帝太建末，即奉敕撰《梁史》。入隋，历太子内舍人、秘书丞、北绛公，始自吴兴迁居关中，为雍州万年人。察学兼儒史，见重于二代。当隋文帝时，尝访察以梁、陈故事，察每以所论载奏之。于是开皇九年，敕并成梁、陈二史，遣内史舍人虞世基索本上进，藏于内殿，而书犹未成，临亡属之思廉继其业。思廉少仕陈，为扬州主簿，入隋为汉王府参军……贞观初，迁著作郎、宏文馆学士。三年又受诏，与秘书监魏徵同撰梁、陈二史，思廉采谢炅等诸家梁史，续成父书……成《梁书》五十卷……魏徵虽裁其总论，其编次笔削，皆思廉之功也。

《旧唐书·令狐德棻传》谓："德棻尝从容言于高祖曰：'窃见近代已来，多无正史，梁、陈及齐，犹有文籍，至周、隋遭大业离乱，多有遗阙。当今耳目犹接，尚有可凭。如更数十年后，恐事迹湮没。陛下既受禅于隋，复承周氏历数，国家二祖功业，并在周时。如文史不存，何以贻鉴今古？如臣愚见，并请修之'。高祖然其奏，下诏……大理卿崔善为、中书舍人孔绍安、太子洗马萧德言可修梁史……贞观三年，太宗复敕著作郎姚思廉修梁、陈史……武德已来创修撰之源，自德棻始也"。察修撰之源虽德棻始，梁、陈二书，实思廉专典其事。

【内容】

本纪六卷，列传五十卷，合为五十六卷。然《梁书》本纪凡四，以《武帝本纪分》三卷，故为六卷。《四库提要》云：《旧唐书·经籍志》及思廉本传,俱云五十卷。《新唐书》作五十六卷。刘子玄《史通》谓:"姚察有志撰勒,施功未周,其子思廉,凭其旧稿,加以新录,述为《梁书》五十六卷,则《新唐书》所据为思廉编目之旧,《旧唐书》误脱'六'字审矣。"

陈书

【作者】

《四库提要》云:刘知几《史通》谓:"贞观初,思廉奉招撰成二史,弥历九载,方始毕功"。而曾巩《校上序》谓:"姚察录梁、陈之事,其书未就,属子思廉继其业。武德五年,思廉受诏为《陈书》。贞观三年,论撰于秘书内省。十年正月壬子,始上之。"是思廉编辑之功,固不止于九载矣。知几又谓:"《陈史》初由顾野王、傅縡各为撰史学士,太建初中书郎陆琼续撰诸篇,姚察就加删改。是察之修史,实兼采三家。考《隋书·经籍志》有顾野王《陈书》三卷、傅縡《陈书》三卷、陆琼《陈书》四十二卷,即察所据之本。而思廉为《傅縡》、《陆琼》传详述撰著,独不言其修史,篇第殊为疏略。至《顾野王传》撰国史纪传三百卷,与《隋志》卷帙不符,则疑《隋志》舛伪,思廉所记,得其真也。"

【名称】

《梁书》又作《梁史》。

【内容】

本纪六卷,列传三十卷,合三十六卷。案《陈书》凡五本纪,《高祖本纪》分上、下二卷,故及六卷。曾巩《陈书·序》,晁公武《郡斋读书志》皆谓六本纪,误。

南史

【作者】

李延寿,字遐龄,相州人。《唐会要》云:"先是宋、齐、梁、魏、齐、周、隋天下分隔,南方谓北为'索虏',北指南为'岛夷',互相诋毁,延寿父思所以改正,事未成而卒。延寿乃续父业,谓之《南史》、《北史》,百八十篇,详于北而略于南，以唐承隋，隋承周故也。”

《南》、《北史》原委，见于李延寿自序：其父大师，少有著述之志，以宋、齐、梁、陈、魏、齐、周、隋南北分隔，南谓北魏“索虏”，北谓南为“岛夷”，其史皆详于本国，而略于他国，欲仿《吴越春秋》体编年纪之。客于侍中杨恭仁家，有宋、齐、梁、魏四代史，因渐次编辑，未毕而没。延寿欲继先志，适杜颜师、孔颖达佐修名下，因及齐、梁、陈等五代旧事目所不睹者，合之家中旧本，参订编次，尚多所阙。贞观十五年，令狐德棻奏延寿同修《晋书》，因复得入内府勘究宋、齐、魏三代之事。十七年，褚遂良又奏延寿佐修《隋书》十志，因益及披寻校勘。时史局中梁、陈、周、齐、隋《五代史》已毕，以“十志”未成，故未颁行。延寿不敢使人钞录，乃手自缮写。又于此正史外，参考杂史一千余卷，然后成书。前后凡十六年，既迄事，呈令狐德棻阅毕，始表上之，时已高宗之世，此《南》、《北史》始末也。

【内容】

本纪十卷，列传七十卷，合八十卷。

魏书

【作者】

魏史始作于邓渊，崔浩、高允相继修辑，皆编年体。至李彪、崔光，乃分纪传，崔鸿、王遵业为之续补，温子昇作《孝庄纪》，王晖业撰《辨宗室录》。官私所撰不一，其人至天保二年，魏收承敕博采诸家，勒成《魏书》。

《十七史商榷》卷六十五云：“魏收《魏书》撰成于齐文宣帝天保五年，史称褒贬肆情，时论不平。范阳卢斐、顿丘李庶、太原王松年，并坐谤史，受鞭配甲坊，众口沸腾，号为‘秽史’。时仆射杨愔、高德正用事，收皆为其家作佳传，二人深助之，抑塞诉辞，不复重论，亦未颁行。收既以魏史招怨，齐亡之后，盗发其冢，弃骨于外。隋文帝以收书不实，命魏澹、颜之推、辛德源别撰。炀帝又敕杨素、潘徽、褚亮、欧阳询别撰。愚谓魏收手笔虽不高，亦未见必出诸史之下，而被谤独甚，乃其后改修者甚多，而总不能废收之书，千载而下，他家盖已亡，收书岿然特存，则又不可解。”

魏自拓跋珪创业，至孝武帝与高欢不协，乃西关入中，依宇文泰，欢别立，善见未帝，是为东魏，而孝武为西魏。魏收在北齐修《魏书》，欲以齐继魏为正统，故自孝武后，即以东魏孝静帝继之，而孝武后诸帝不复作纪。故今亡《魏书》，乃魏及东魏之史也。魏澹作《魏书》，以西魏为正统，自是正论。惜其书不传，清人谢启昆另撰《西魏书》，以次于《魏书》之后。

【内容】

帝纪十二，列传九十二，志十，共一百三十卷。帝纪十二为卷十四，以太武帝、孝文帝两纪，各分上、下卷也。列传九十二为卷九十六。志分二十卷。共一百三十卷。

北齐书

【作者】

李百药，字重规，定州安平人，安平公德林之子也。《史通·正史篇》曰：李德林在齐预修国史，创纪传书二十七卷。至开皇初，奉诏续撰，增多齐史三十八，以上送官，藏之秘府。贞观初，敕其子中书舍人百药仍其旧录，杂采他书，演为五十卷。

《廿二史考异》云："百药修史在唐贞观初，乃南监本每卷首题云'隋太子通事舍人李百药撰'，明人之无学如此。"

《十七史商榷》卷六十五云：唐太宗贞观元年，李百药受诏撰《北齐书》，十年成。案：《旧唐书·李百药传》，"修齐史成"，非谓《齐书》，且无"北"字，王氏误。

《北史·王邵传》论久在史官，既撰《齐书》，兼修《隋典》……《史通·载言篇》云："王邵撰《齐》、《隋》二史，其所取也，文皆诣实，理多可信。"

【名称】

《北齐书》又称为《齐史》，见上引《史通·正史篇》(《旧唐书·李百药传》亦作《齐史》)。《郡斋读书志》、《直斋书录解题》均题为《北齐书》，加"北"以别于南朝之萧齐，殆始于宋人。

【内容】

本纪八卷,列传四十二卷,共五十卷。

周书

【作者】

《陔余丛考》云:《周书》叙事繁简得宜,文笔亦极简劲,本令狐德棻所撰也。德棻在当时修史十八人中最为先进,各史体例皆其所定,兼又总裁诸史(北齐、周、隋、梁、陈、五代史),而《周书》乃其一手所成。武德中诏修各史,德棻已奉与庾俭修《周书》。贞观中再诏修诸史,德棻又奉敕与岑文本修《周书》。继又引崔仁师佐修,是同修者虽有数人,而始终其事者,德棻也。李延寿南、北二史,亦先就正于德棻,然后敢表上,则可知德棻宿学,为时所宗矣。

【内容】

本纪八卷,列传四十二卷,共五十卷。

北史

【作者】

李延寿,其事迹已见前。

【内容】

本纪十二卷,列传八十八卷,共一百卷。《四库提要》曰:《北史》一百卷,《文献通考》作八十卷,误也。

《北史》所载为魏、齐、周、隋四代之事,其文悉本旧史,延寿自谓除其冗长,捃其菁华,若文之所安,则因而不改,不敢苟申管见。

隋书

【作者】

《史通·正史篇》曰:初太宗以梁、陈及齐、周、隋氏并未有书,乃命学士分修，使秘书监魏徵总知其务，凡有赞论，徵多预焉。始以贞观三年创造，至十八年方就。合为《五代纪传》，并目录凡二百五十二卷。书成，下于史阁。唯有十志，断为三十卷，寻拟续奏，未有其文。又诏于志宁、李淳风、韦安仁、李延寿同撰。其先撰史人，唯令狐德棻重预其事。太宗崩没，刊勒始成，其篇第虽编入《隋书》，其实别行，俗呼为《五代史志》。

《十七史商榷》卷六十五云：《隋书》纪、传，每卷首题特进魏徵上，志则题太尉长孙无忌等奉敕撰，其实贞观十五年命诸臣修志，无无忌名，直至永徽三年无忌始受诏监修，见本传。盖书已垂成，无忌适逢其会，因而表进，遂题名卷端也。内《天文》、《律历》、《五行》三志独出李淳风笔。《五行志》序相传是褚遂良作。案本传，未尝受诏撰述，盖但为一序而已。

同书又云：其同撰《隋书》有颜师古、孔颖达、许恭宗三人。

《新唐书》一百九十八卷云：敬播，河东人。贞观初，颜师古、孔颖达撰次《隋史》，诏播诣秘书内省参纂。

有云列传为颜师古、孔颖达等所作。

【名称】

《隋书》，《史通》作史志之部分，称《五代史志》。

【内容】

帝纪五，列传五十，志三十（本为十志，分为三十卷）。

旧唐书

自天福六年至开运二年六月成书，历时四年四月。

【作者】

《廿二史札记》卷十六有《旧唐书源委》一文，兹录之：

晋出帝开运二年六月，监修国史刘昫、史官张昭远以新修《唐纪》、志、列传并目录凡二百三卷上之。赐器币有差（《晋纪》）。此《旧唐书》所以首列刘昫名也。然薛、欧二代，俱不载其有功于《唐书》之处，但书其官衔监修国史而已。盖昫为相时，《唐书》适讫功，遂由昫表上，其实非昫所修也。

唐末播迁，载籍散失，自高祖至代宗尚有纪传，德宗亦存实录，武宗以后六代，唯武宗有实录一卷，余皆无之(《五代会要》)。梁龙德(龙德，后梁末帝)元年，史馆奏请："令天下有记得会昌以后公私事迹者，钞录送官，皆须直书，不用词藻，凡内外臣僚奏行公事，关涉制置沿革，有可采者，并送官。"(《晋纪》)①

唐长兴中，史馆又奏："宣宗以下四朝未有实录，请下两浙、荆、湖等处，购募野史及除目朝报，逐朝日历、银台事宜、内外制词、百司簿籍上进，若民间收得或隐士撰成野史，亦命各列姓名请奏赏。"从之。(《后唐纪》及《五代会要》)。闻成都有本朝实录，即命郎中庾传美往访，及归，仅得九朝实录而已(《后唐纪》)。

可见《唐书》因载籍散佚，历梁、唐数十年未溃于成，直至晋始成书，则纂修诸臣搜剔补缀之功不可泯也。今据薛、欧二史及《五代会要》诸书考之：

晋天福五年，诏张昭远、贾纬、赵熙、郑受益、李为光同修唐史，宰相赵莹监修。(《晋纪》)莹以唐代故事残阙，署能者居职，纂补实录及正史。(《莹传》)贾纬丁忧归，又奏以刑部员外郎吕琦、侍御史尹拙同修。(《晋纪》)莹又奏请："据史馆所缺《唐书》实录，下敕购求。况唐咸通(懿宗)中宰相韦保衡与薛仲、蒋伸、皇甫焕(一作'燠')撰武宗、宣宗实录，皆因多事，并未流传。今保衡、裴赞(撰僖宗、懿宗两朝实录)现有子孙居职，令其进纳，量除官赏之。会昌(武宗)至天祐(昭宗)，垂六十年，李德裕平上党，有武宗伐叛之书；康承训定徐方，有武宁本末之传。凡此之类，令中外臣僚有撰述者，不论年月多少，并许进纳。"从之。(《五代会要》)是此事赵莹为监修，综理独周密，故莹本传谓："唐书二百卷，莹首有力焉。"

昭宗一朝全无纪注。天福中，张昭远重修唐史，始有《昭宗本纪》。(《五代史补》)是张昭远于此事搜辑亦最勤，故刘昫上《唐书》时，与昭远同署名，昭远寻加爵邑，酬修史之劳也。(《晋纪》)

---

① 此引文应出自《梁纪》。——编者注

贾纬长于史学，以武宗之后无实录，采次传闻，为唐年补录六十五卷，入史馆，与修《唐书》。(《纬传》)今《旧唐书》会昌以后纪传，盖纬所纂补。

又赵熙修《唐书》成，授谏议大夫，赏其笔削之功。(《熙传》)

是则《旧唐书》之成，监修则赵莹之功居多，纂修则张昭远、贾纬、赵熙之功居多，而《刘昫传》并不载经书修书之事，今人但知《旧唐书》为昫所撰，而不知成之者乃赵莹、张昭远、贾纬、赵熙等也，故特标出之。

《唐书》源流尚有：

高祖至武宗十六朝实录

韦述《国史》

柳芳《唐史》

温大雅《大唐创业起居注》

裴庭裕《东观奏记》

贾纬《唐朝补遗录》

颜云、罗知猷、陆希声、司空图、钱翊、冯渥等，同撰《宣懿僖三宗实录》

《十七史商榷》卷六十九云：吴缜《进新唐书纠谬表》云："唐室三百年，传世二十帝，兴衰之迹，未有完史。暨五季天福之际，有大臣赵莹之徒，缀辑旧闻，次序实录，草创卷帙，粗兴规模，仅能终篇，聊可备数。我仁宗皇帝临文咨嗟，申命名儒讨论润色，积十有七年，成二百余卷"。案《旧唐书》向来皆云出刘昫，宋刻每卷首列昫名，此乃以为赵莹。《新五代史·杂传·刘昫传》当后唐有"监修国史"之言，"国史"即《唐书》，至《赵莹传》则无此语，薛居正《旧五代史·莹传》：莹于后唐位尚卑，晋高祖时方为门下侍郎、同平章事、监修国史。后唐以唐为本朝，故称《国史》，至石晋革命，似不及复名国史。但此书始自唐明宗之长兴，成于晋出帝之开运，历年宰辅，皆领其事，俱以监修列衔，晋人遂仍其故称，而吴缜因有赵莹修《旧唐书》之语。

《十驾斋养新录》卷六云：予尝疑《五代史·刘昫传》不载修《唐书》事，后读《义门读书纪》谓昫在唐明宗朝为门下侍郎，监修国史，国史即《唐书》也。《义门》此言，欲以补缝欧公之阙，今考之，殊不然。庄宗自祖父以来，附唐属籍，灭梁之后，祀唐七庙自称中兴，以唐史为国史，固其宜矣。但宰相监修国史，沿唐故事，虽有监修之名，初无撰述之实，昫之监修，不过宰相兼衔而已。《五代会要》：晋天福六年二月，敕户部侍郎张昭(本名昭远。后以避刘智远讳，但名昭)、起居郎贾纬、秘书少监赵熙、吏部郎中郑受益、左司员外郎李为先等修撰唐史，仍令宰臣赵莹监修。其年四月纬丁忧，以吕琦为户部侍郎，尹拙为户部员外郎，令与张昭等同修唐史。开运二年，史馆上新修前朝李氏书、纪、志、列传共二百二十卷，并目录一卷，赐监修宰臣刘昫、修史官张昭、直馆王申等缯綵银货各有差。其云前朝李氏书，避晋高祖嫌，名权易之耳。修《唐书》乃在后晋之世，初命赵莹监修，莹罢相(按赵莹此时出任节镇)而昫代之。何氏未考《五代会要》，乃臆造此说耳。欧公于赵、刘二传俱不及监修，而于《贾纬传》云："与修《唐书》"，盖以监修无秉笔之职，例不当书。如《新唐书》刊修，但载欧、宋二人传，何尝及监修之曾公亮哉？此史家之成例，不可议其缺漏。

《日知录》卷二十六云：(《旧唐书》)纂于刘昫，后唐末帝清泰中为丞相，监修国史。至晋少帝开运二年其书始成(原注)。《册府元龟》言，户部侍郎张昭远、起居郎贾纬、秘书少监赵熙、史部郎中郑受益、左司员外郎李为光等修，上并赐缯綵银器，并及前朝刘昫，当时避晋高祖嫌，名或谓之《李氏传》。

【名称】

《旧唐书》一名《唐史》，又做《李氏书》，均见上文。其名为"旧唐书"者，宋曾公亮《进新修唐书表》有语"省于旧"之文，其后刘、欧二书率以旧、新为别。

【内容】

本纪二十，志三十，列传一百五十，凡二百卷。

新唐书

【作者】

《廿二史札记》卷十六云：宋仁宗以刘昫等所撰《唐书》卑弱浅陋，命翰林学士欧阳修，端明殿学士宋祁刊修，曾公亮提举其事，十七年而成，凡二百二十五卷。修撰纪、志、表，祁著列传。故事，每书首只用官尊者一人，修以祁先进，且于《唐书》功多，故各署以进。(《修传》)祁奉诏修《唐书》十余年，出入卧内，尝以稿自随，为列传百五十卷。(《祁传》)论者谓《新书》事增于前，文省于旧。此固欧、宋二公之老于文学，然难易有不同者。《旧书》当五代乱离，载籍无稽之之际，掇拾补葺，其事较难。至宋时，文治大兴，残编故册，次第出见，观《新唐书・艺文志》所载唐五代事，无虑数十百种，皆五代修《唐书》时所未尝见者，据以参考，自得精详。又宋初绩学之士，各据所见闻，别有撰述。如孙甫著《唐史记》七十五卷，每言唐君臣行事，以推见当时治乱，若身历其间，人谓终日读史，不如一日听孙论也。又赵瞻著《唐春秋》五十卷，赵邻几追补《唐实录》会昌以来《日历》二十六卷，陈彭年著《唐纪》四十卷。(以上见《宋史》各本传)诸人博闻勤采，勒成一书，多见精核，欧、宋得藉为笔削之地。又吕夏卿熟于唐事，博采传记杂说数百家，又通谱学，创为世系诸表，于《新唐书》最有功。(《宋史・夏卿传》)宋敏求尝补唐武宗以下六世实录百四十卷，王尧臣修《唐书》，以敏求熟于唐事，奏为编修官。(《宋史・敏求传》)是刊修新书时，又及诸名手倾助，宜其称良史也。

《十七史商榷》卷六十九，宋、欧修书不同时，云：

吴缜《新唐书纠谬》自序云："《唐书》纪、志、表则欧阳公主之，传则宋公主之……"愚考二公修书不相通知，其实乃本不同时也。考《宋史》第二百八十四卷《宋祁传》，言其修《唐书》在仁宗天圣之晚年，历明道、景祐、宝元、康定，至庆历中告成，以书成进左丞云云。凡阅十余年，自守亳州，出入内外，常以稿自随。此言十余年，而吴缜则云十七年，又言二十年。又第三百十九卷《欧阳修传》于"迁翰林学士俾修《唐书》"一段之下，即继之以“知嘉祐二年贡举”云云，则修之修《唐书》乃在嘉祐之前至和年间事，距祁稿成时相去已十余年，其下又继以“加龙图阁学士、知开封府。旬月，改群牧使。《唐书》成，拜礼部侍郎、兼翰林传读学士”，而此下又接云“修在翰林八年”云云，则修书凡历六七年之功书成，上距祁稿成约又二十余年矣。更证之以《欧阳公年谱》，逐年凿凿指出至和元年甲午八月戊申，诏公修《唐书》，嘉祐五年庚子七月戊戌，上《新修唐书》二百五十卷，庚子推赏，转礼部侍郎。然则二公修书不同时明矣。吴言十七年者，专指初次宋所修而言，云二十年者，合前后两次所修而言。祁与其兄庠同登第授官，史言天圣初，而欧公之登第授官则天圣八年，年辈名位稍在其后，祁不为纪、志、表，非以让欧，盖用其所长，先撰各传，馀姑阙如。欧学问文章，与祁异趣，成名之后，天下重之甚于祁，未必肯壹遵祁轨躅，上二百五十卷时，恐或有改窜祁稿者。

吴缜《自序》哲宗元祐四年作，中有云“书自颁行，迨今几三十载”。又云“方《新书》来上，朝廷付裴煜、陈荐、文同、吴申、钱藻校勘。若校勘止于执卷唱读，案文雠对，则二三胥吏足办，何假文馆之士？必讨论击难，刊削缮完，乃称其职，而五人者曾无建明，但袭故常，惟务喑默，自后遂颁之天下”。案自元祐四年逆溯至嘉祐五年恰三十年，盖上进未几即颁行，然则宋虽撰传，而总汇裁定，实出欧公一手。

又有宋祁不仅传列传，且有纪、志。王得臣《尘史》[①]云：宋祁别撰纪、志。高似孙《史略》亦云，祁虽作百五十传，亦曾自作纪、志，今宋氏后居华亭者有其书。

《新唐书》之资料：

宋敏求：《唐武宗以下六世实录》

孙甫：《唐史记》

陈彭年：《唐纪》

① 王得臣又有《挥尘录》。

赵邻几:《会昌以来日历》

旧五代史

【作者】

《十七史商榷》卷九十三云:《宋史》第二百六十四卷《薛居正传》:"太祖开宝五年,自吏部侍郎、参知政事,兼淮南、湖南、岭南等道都提举三司水陆发运使,又兼门下侍郎,监修国史,又监修五代史,逾年毕,赐以器币。"其下乃云"六年拜门下侍郎。平章事"云云。第二百十卷《宰辅年表》则于五年书"居正加参知政事兼提点三司,淮、荆、湖、岭南诸州水陆转运使事",于六年四月戊申书"居正自参知政事加监修《五代史》",九月书"居正自吏部侍郎、参知政事加门下侍郎、同平章事,仍兼都提点湖南等路转运使事、监修国史"。如传,则似居正之监修国史、《五代史》皆在五年矣。窃谓《传》之文有误,而《表》又有传写之误,何则?《玉海》第四十六卷《艺文》门引《中兴书目》云:"开宝六年四月二十五日戊申,诏梁、后唐、晋、汉、周五代史宜令参政薛居正监修,卢多逊、扈蒙、张澹、李穆、李昉等同修。七年闰十月甲子,书成,凡百五十卷,目录二卷,赐器帛有差。其事凡记十四帝五十三年,为纪六十一,志十二,传七十七。"此与《年表》所书之目俱合,可以无疑。监修必系六年,非五年。

《廿二史札记》卷二十一云:宋太祖开宝六年四月,诏修梁、唐、晋、汉、周《书》,其曰《五代史》者,乃后人总括之名也。七年闰十月,书成,凡一百五十卷,目录二卷,监修者为司空同中书门下平章事薛居正,同修者为卢多逊、扈蒙、张澹、李昉、刘兼、李穆、李九龄。(见《宋史》及《郡斋读书志》、《玉海》所引《中兴书目》)皆本各朝实录为汇本,此官修之史也……至金章宗泰和七年,诏只用《欧史》,于是《薛史》渐湮,惟前明《永乐大典》多载其逸文,然已割裂淆乱,非薛史篇第之旧。恭逢我皇上开四库馆,命诸臣就《永乐大典》中甄录排纂,其缺逸者则采宋人书中之征引薛史者补之。于是《薛史》复为完书,仍得列于正史,遂成二十三史之数。今覆而按之,虽文笔迴不逮《欧史》,然事实较详,盖《欧史》专重书法,《薛史》专重学识，本不可相无。以四五百年久晦之书，一旦复出，俾考古者得参互校订，所以嘉惠后学，诚非浅鲜也。

案乾隆四十年七月初三日，进书表，其列名编辑之事者，有陆锡熊、纪昀、邵普涵等三人，其实邵普涵所辑也。《清史稿·邵普涵传》云："在史馆时，见《永乐大典》采薛居正《五代史》，乃荟萃编次，得十之八九，复采《册府元龟》、《太平御览》诸书，以补其缺，并参考《通鉴长编》诸史及宋人说部、碑碣，辨证条系，悉符原书一百五十卷之数。"

近闻《薛史》原书世有存者①，往岁商务印书馆揭文征求，迄今其原作未出，是乃学术之一憾事也。张元济《史记·后序》云："曩闻赣南故家尚存缺帙。"

【名称】

本名《梁、唐、晋、汉、周书》，其曰《五代史》者，后人总结名之也。陈振孙《直斋书录解题》称《欧史》为《新五代史》，则《旧五代史》之名当亦始于宋代矣。

【内容】

《梁书》二十四卷，《唐书》五十卷，《晋书》二十四卷，《汉书》十一卷，《周书》二十三卷，《世袭列传》二卷，《僭伪列传》三卷，《外国列传》二卷，志十二卷，凡为纪六十一卷，志十二卷，传七十七卷，共一百五十卷。

新五代史

【作者】

《玉海》引《中兴书目》云：《五代史记》欧阳修撰……修没后，熙宁五年八月十一日，诏其家上之。十年五月庚申，诏藏秘阁。《宋史》本传云，奉诏修《唐书》纪、志、表，自撰五代史纪，《薛史》系官书，而《欧史》则私撰也。

《郡斋读书志》云：《五代史记》七十五卷，皇朝欧阳修永叔以薛居正

① 章太炎谓，在皖人汪允中家，后转于丁乃扬家。

史繁猥失实，重加修定，藏于家。永叔没后，朝廷闻之，取以付国子监刊行。《国史》称其可以继班固、刘向，人不以为过……

【名称】

欧史本名《五代史记》，《郡斋读书志》、王应麟《玉海》均仍以其名称，《直斋书录解题》、《宋史·艺文志》作《新五代史》，高似孙《史略》作《欧阳修五代史》，亦作《五代新史》。案：欧公此书，欲追从太史公书，故以“史记”为名。

【内容】

本纪十二卷，列传四十五卷，考（即志）三卷，世家十卷，《十国世家年谱》一卷，《四夷附录》三卷，共七十四卷。

【注家】

徐无党注。《南江书目》云，徐无党注，发明义例，疑亲得修所口授者，然有解诂，而不详故实与音义，是亦史注之别体也。王得臣《挥尘录》云，吴缜初登第，因范景仁而请于文忠，愿予官属之末，文忠以其年少轻佻拒之。逮《新书》成，指摘瑕疵，为《纠谬》一书，又撰《五代史纂误》，以正《欧史》之失，已亡佚。请四库馆臣自《永乐大典》中辑出《五代史记纂误》三卷。

宋史

【作者】

《元史·顺帝纪》云：至正三年三月，诏修辽、金、宋三史，以中书右丞相脱脱（又做托克托）为都，总裁官铁木儿塔识、张起岩、欧阳玄、吕思诚、揭傒斯为总裁官。五年十月辛未，《辽》、《金》、《宋》三史成，右丞相阿鲁图进之（脱脱于四年五月辞官，阿鲁图继为右丞相）。

案：《辽》、《金》、《宋》三史非一时所成，故《新元史·惠宗本纪》云：“至正三年三月，诏修《辽》、《金》、《宋》三史。四年三月，中书右丞相脱脱等表进《辽史》一百一十六卷。十一月，中书右丞相阿鲁图表进《金史》一百三十七卷。五年十月辛未，阿鲁图表进《宋史》四百九十六卷。至是，三史告成。”《元史》所举总裁官有误，考《宋》、《辽》、《金》三史总裁官皆列脱脱衔，以脱脱乃都总裁官也，其余则铁木儿塔、贺惟一、张起岩、欧阳玄四人总裁三史，吕思诚则第总裁《辽史》，而二史不与；揭傒斯则总裁《辽》、《金》二史，而《宋史》不与，李好文、王沂、杨宗瑞则总裁《宋》、《金》二史，而《辽史》不与。今三史卷首具载可考也。

元代修《宋》、《辽》、《金》三史，成之不及三年，其实三史皆有旧本也。宋亡后，董文炳在临安主留事，曰："国可灭，史不可灭。"遂以宋史馆诸记注书归于元都，贮国史院（见《元史·董文炳传》）。此《宋史》旧本也。

【名称】

《元史·托克托传》云："以义例未定，或欲以宋为世纪，辽、金为载记，或以辽立国在宋先，欲以辽、金为北史，宋太祖至靖康为《宋史》，建炎以来为《南史》，各持论不决。"至顺帝时，诏宋、辽、金各为一史，于是"宋史"一名遂定。

【内容】

本纪四十七，志一百六十二，表三十二，列传二百五十五，凡四百九十六卷。

《宋史》繁芜，《辽》、《金》二史多阙略，昔人有欲重修者，元末周以立因三史体未当，欲重修而未能。明正统中，其孙叙思继先志，乃请于朝，诏许自撰，诠次数年，未及成而卒。（《明史·周叙传》）

嘉靖中，廷议更修《宋史》，以严嵩为礼部尚书兼翰林学士董其事。（《严嵩传》）然亦未成书也。

惟柯维骐《宋史新编》合三史为一史，以宋为主，而辽、金附之，并列二王于本纪，褒贬去取，义例颇严，阅二十年始成。（《柯维骐传》）

又祥符王维俭，字损仲，尝苦宋史芜秽，手自删定为一书。（《王维俭传》）

据列朝诗序，谓"损仲家图籍已沉于汴梁之水"。

辽史

【作者】

元时脱脱等，已见前述。

契丹本荒野之俗，记载夙少。至兴宗时，耶律孟简上言：“本朝之兴，几二百年，宜有国史以垂后世。”兴宗始命置局编修。主其事者有耶律古裕（一作“谷欲”）、耶律庶成、萧罕嘉努（一作“萧韩家奴”）等。至天祚帝干统三年，又诏耶律俨[①]纂太祖以下诸帝实录，共成七十卷，于是辽世事迹粗备。金熙宗皇统中，又诏耶律固、伊喇因（一作“移剌因”）、伊喇子敬（一作“移剌子敬”）等续修《辽史》，而卒业于萧永琪，共纪三十卷，志五卷，传四十卷，皇统七年上之。此金时第一次所修也。章宗又命伊喇履提控刊修《辽史》，党怀英、郝俣充刊修官，伊喇益、赵沨等七人为编修官，凡民间辽时碑志及文集，悉送上官。同修者又有贾铉、萧贡、陈大任等，泰和元年，又增三员，有改除者，听以书自随。怀英致仕后，昭大任继成之。（俱见各本传）此金时第二次所修也。

至元修《辽史》时[②]，耶律俨及陈大任二本俱在，《后妃传·序》云：“俨、大任《辽史·后妃传》大同小异，酌取以著于篇。”而历象闰考中，并注明俨本某年有闰，大任本某年无闰。尤可见其纂时悉本俨、大任二书也。

【内容】

本纪三十卷，志三十二卷，表八卷，列传四十五卷，国语解一卷。

金史

【作者】

至正四年十一月，阿鲁图表进《金史》，脱脱以前中书右丞相仍都总裁，列在阿鲁图后，然修史人衔名仍为脱脱，以其为都总裁也。[③]

《廿二史札记》卷二十七云：《金史》叙事最详核，文笔亦极老洁，迥出《宋》、《元》二史之上。说者谓多取刘祁《归潜志》、元好问《壬辰杂编》以成书，故称良史。然《好问传》：“金亡后，累朝实录在顺天张万户家，好问

---

① 《辽史》取材：耶律俨《实录》内有帝纪、志、列传。陈大任《辽史》内有帝纪、志、列传。《契丹国志》。

② 元修《辽史》之总裁官位帖睦尔达世、贺惟一、张起岩、欧阳玄、吕思诚、揭傒斯六人。

③ 元修《金史》之总裁官，除修《辽史》之六人外，增李好文、杨宗瑞、王沂。

言于张，欲据以撰述，后为乐夔所沮而止”。是好问未尝得实录底本也。今《金史》本纪即本张万户家之实录而成。

【名称】

《金史》。

【内容】

本纪十九卷，志三十九卷，表四卷，列传七十三卷，凡一百三十五卷。清乾隆时，校正《金国语解》一篇。

清施国祁《金史详校序》曰：“文笔甚简，非《宋史》之繁芜；载述稍备，非《辽史》之阙略；叙次得实，非《元史》之讹谬。”

元史

【作者】

明太祖洪武二年，得元十三朝《实录》（元朝实录自太祖至宁宗，凡十五种，而名为“十三朝实录”者，除未即位之《睿宗实录》及《顺宗实录》也），命修《元史》，以宋濂、王祎为总裁。二月，开局天宁寺。八月，书成，而顺帝一朝史独未备。乃命儒士欧阳佑（是时采书之官尚有黄盅、范于幰、吕复诸人）往北平采遗事。明年二月，诏重开史局，阅六月，书成。

明修《元史》，洪武二年先成本纪三十七，志五十三，表六，传六十三，目录二。翌年续成纪十，志五，表二，传三十又六，厘分附丽，共成二百一十卷。

朱彝尊《曝书亭集·徐一夔传》云：一夔，字大章，天台人。以文见知，危素授以建宁教授。牒吴元年六月，诏儒臣纂礼书，敕中省举素志高洁、博古通今士，非深知经术者勿遣，于是一夔首被征。开局于天界寺，草创既就而还。会《元史》成，而元统后无事迹可征收，有事续修，王祎以一夔荐，一夔报以书，曰：“近代论史者莫过于日历。日历者，史之根底也。至起居注之设，亦专以甲子起例。盖纪事之法无逾此也。元则不然，不置日历，不置起居注，独中书置时政科。遣一文学掾掌之，以事付史馆。及易一朝，则国史院据付修《实录》而已，其于史事固甚疏略。幸而天历间虞集仿《六典》法，纂《经世大典》，一代典章，文物粗备。是以前局之史，既有十三朝《实录》，又有《经世大典》可以参稽，廑而成书。若顺帝二十六年之事，既无《实录》可据，又无参稽之书，惟凭采访以足成之。窃恐事未必核，言未必驯，首尾未必贯穿也”。

有谓，《元史》本纪为依据元朝历代实录，而作志类为依据《经世大典》，列传为依据元代编纂之《后妃传》与《功臣传》。

《十驾斋养新录》云：《五行志》，胡翰撰，其《序论》载文集中。《外国传》则宋僖撰，《静志居诗话》载其《寄宋学士诗》云“修史与末役，乏才愧群贤。强述《外国传》，荒疏仅成篇”。谓自高丽以下悉其手笔，然此数篇最为浅率……

前书卷九又云：《元史》纂修始于明洪武二年，以二月丙寅开局，八月癸酉告成，计一百八十八。其后续修顺帝一朝，于洪武三年二月乙丑再开局，七月丁未书成，计一百四十三。综前后仅三百三十一日，古今史成之速，未有如《元史》者；而文之陋劣，亦无如《元史》者。盖史为传信之书，时日促迫，则考订必不审，有草创而无讨论，虽班、马难以见长；况宋、王词华之士，征辟诸子皆起自草泽，迂腐而不谙掌故者乎……

《日知录》卷二十六云：《元史》《列传》八卷速不台，九卷雪不台，一人作两传。十八卷完者都，十九卷完者多拔，亦一人作两传，盖其成书不出于一人之手。《宋濂序》云：洪武元年十二月，诏修《元史》，臣濂、臣祎总裁。二年二月丙寅开局……顺帝时无《实录》可征，因未得为完书。上复诏仪曹遣使行天下，其涉于史事者，令郡县上之。三年二月乙丑开局……凡前书又所未备，颇补完之，总裁仍濂、祎二臣，而纂录之士独赵壎，终始其事，然则《元史》之成，虽不止于一时一人，而宋、王二公与赵君亦难免于疏忽之咎矣……

【名称】

《元史》。

【内容】

本纪四十七卷，志五十八卷，表八卷，列传九十七卷，共二百十卷。

按：《元史》乃两次修成，第一次成纪三十七卷，志五十三卷，表六卷，传六十三卷；二次成纪十卷，志五卷，表二卷，传三十六卷，合计之为二百十卷。

元史史料来源表

元史篇名	史料根据	备　　考
太祖本纪	太祖实录	元朝秘史、圣武亲征录
太宗本纪	太宗实录	元朝秘史、圣武亲征录
定宗本纪	定宗实录	成宗朝追修
宪宗本纪	宪宗实录	成宗朝追修
世祖本纪 14	世祖实录 210	姚遂、李谦、王浑、张昇、马绍、张九思、李之绍
成宗本纪 4	成宗实录 56	元明善、程钝大、邓文源、畅师文
武宗本纪 2	武宗实录 50	元明善、苏天爵
仁宗本纪 3	仁宗实录 60	元明善、曹元用、袁桷、廉惠山、海牙
英宗本纪 2	英宗实录 40	谢端、曹元用、马祖常、廉惠山、海牙
泰定本纪 2	泰定实录	成遵、王结、张起岩、欧阳玄
明宗本纪 1	明宗实录	成遵、谢端
文宗本纪 5	文宗实录	成遵、王结、张起岩、欧阳玄、苏天爵
宁宗本纪 1	宁宗实录	谢端
顺帝本纪 10	第二次补修	
天文志 2		郭守敬
五行志上		郭守敬等
五行志下	第二次补修	
历志	授时历议	李谦
历志	授时历经	许衡、王恂、郭守敬等

续　表

元史篇名	史料根据	备　　考
历志	庚午元历	耶律楚材
地理志 6	大元一统志	
河渠志 1		郭守敬、欧阳玄、河防记
河渠志 3	第二次辅修	
礼乐志 5	经世大典　第七礼典　上	
祭祀志	经世大典　第七礼典　郊祀宗庙　社稷等门	
祭祀志 6	第二次补修	
舆服志 3	经世大典　第七礼典　上　舆服	
选举志 4	经世大典　第七礼典　上　学校　艺文　贡举等门	
百官志	经世大典　第五治典	
百官志 8	第二次补修	
食货志	经世大典　第六赋典	
食货志 5	第二次补修	
兵志 4	经世大典　第八政典(后半部)	
刑法志 4	经世大典　第九宪典	
后妃表	经世大典　第四帝系表	
宗室世系表	经世大典　第四帝系表	
诸王表	经世大典　第四帝系表	
公主表	经世大典　第四帝系表	
三公表　上	经世大典　第五治典篇三公章	
三公表　下	第二次补修	
宰相表　上	经世大典　第五治典篇宰相年表	
宰相表　下	第二次补修	
后妃列传一 宗室列传二 功臣传七二	至正八年 吕思诚　贺惟一　张起嚴　杨宗瑞　黄潜等 修后妃　功臣列传	

续　表

元史篇名	史料根据	备　考
儒学列传二 良吏列传二 忠义列传四 孝友列传二 隐逸列传一 列女列传二		
释老列传一	济①世大典　第七典礼　下　释道二类	
方技工艺传一 宦官列传一 奸臣列传一 叛臣列传一 逆臣列传一		
外国列传三	经世大典	

新元史

【作者】

柯劭忞，字凤荪，山东胶州人，修《新元史》，三十年始成。

自宋、王《元史》成，即有不满其内容者，至清邵远平作《元史类编》，钱大昕作补《氏族表》、《艺文志》，魏源作《元史新编》，洪钧著《元史译文证补》，屠寄成《蒙兀儿史记》，柯劭忞作《新元史》。

【名称】

日本东京帝国大学文学部东洋史学系教授会柯劭忞《新元史审查报告》曰：本论文名为《新元史》，此可知"新元史"之名乃柯先生之自定也。

【内容】

本纪二十六，表七，志七十，列传一百五十四，共二百五十七卷。

① 疑为《经世大典》。——编者注

明史

【作者】

《清史稿·艺文志序》曰，顺治时即有议修《明史》之诏，惟其时区宇未宁，日不暇给，是以石渠未建，犹未遑焉。

《廿二史札记》卷三十一云：近代诸史自欧阳公《五代史》外，《辽史》简略，《宋史》繁芜，《元史》草率，惟《金史》行文雅洁，叙事简括，稍为可观。然未有如《明史》之完善者。盖自康熙十七年，用博学宏词诸臣分纂《明史》，叶方蔼、张玉书总裁其事，继又以汤斌、徐乾学、王鸿绪、陈廷敬、张英先后为总裁官，而诸纂修皆博学能文、论古有识。后玉书任志，廷敬任本纪，鸿绪任列传，至五十三年，鸿绪传稿成，表上之，而本纪、志、表尚未就，鸿绪又加纂辑。雍正元年再表上，世宗宪皇帝命张廷玉等为总裁，即鸿绪本，选词臣再加订正，乾隆初始进呈，盖阅六十年而后讫事。古来修史，未有如此之日久而功深者也。惟其修于康熙时，去前朝未远，见闻尚接，故事迹原委多得其真，非同《后汉书》之修于宋，《晋书》之修于唐，徒据旧人记载而整齐其文也。又经数十年参考订正，或增或删，或离或合，故事益详而文益简。且是非久而后定，执笔无所狥隐于其间，益可征信，如元末之《宋》、《辽》、《金》三史，明初之修《元史》，时日迫促，不暇致详，而潦草完事也……

明末余姚黄宗羲辑《明史案》二百四十四卷，于《明史》立三例：一、国史取详年月；二、野史取当是非；三、家史备官爵世系。又阅明人文，集二千余家，成《明文海》四百八十二卷，典章人物一代渊薮。《明史》规模缔构于宗羲，其所著者，关史事者宣付史馆；史局大案，必咨之。弟子鄞县万斯同博通诸史，尤熟于明代掌故，康熙诏修《明史》，徐元文为监修，延斯同至京师，以布衣参史局，诸纂修以稿至，主者皆送斯同复查。元文后，张玉书、陈廷敬、王鸿绪等位总裁官，皆延请有加礼。《明史稿》五百卷，斯同所手定也。

阮葵生《茶语客话》云：修《明史》之时，延万季野至京师主其事。时万老矣，两目尽废，而胸中罗全史，信口衍说，贯串成章。时钱亮工尚未达，亦东海门下士，才思敏捷，受而籍之。钱昼则征逐朋酒，夜则晋接要津，夜半始归室中。季野据高足床上坐，钱就坑几前执笔，随问随答，如瓶泻水。钱据纸疾书，笔不停辍，十行并下。而其间受托请移衮钺，乘机损益点窜，诸史官之传记，略无罅漏。史稿之成，虽经史官数十人之手，而万与钱实尸之。万以老，诸生系国史绝续之寄，洵非偶然……

《明史》纂修自顺治二年五月起，至雍正十三年十二月成书。（有谓《明史》成于乾隆四年七月，其实此时乃武英殿刊刻《明史》之时，非成书之时也。）

而纂修各官分撰篇目，有尤侗、毛奇龄、汤斌（斌撰天文志、历志、五行志……）、方象瑛、朱彝尊、施闰章、汪琬、沈珩……

太祖本纪、高文昭章睿景纯七朝后妃传至江东李文进、龙大有列传四十七篇，出汤荆岘；成祖本纪出朱竹垞；地理志出徐健庵；食货志出潘次耕；历志出吴志伊、汤荆岘；艺文志出尤西堂；太祖十三公主至曹吉祥传一百二十九篇，出汪尧峰；熊廷弼，袁崇焕、李自成、张献忠诸传，出万李野；流贼、土司、外国诸传出毛西河。（见梁任公《中国近三百年学术史》）

姜宸英《刑法志》。（见《昭代名人尺牍小传》）

【名称】

《明史》。

【内容】

本纪二十四卷，志七十五卷，表十三卷，列传二百二十卷，凡三百三十二卷。

清史稿

【作者】

清史馆馆长赵尔巽[1]，其于《发刊缀言》云：尔巽承修清史于十四年

---

① 尔巽乃赵尔丰之兄，《清史稿》有传；其父文颖，《清史》亦有传。尔巽光绪三十四年为四川总督。

矣。任事以来，慄慄危惧。盖既非史学之专长，复值时局之多故，任大责重，辞谢不获，蚊负贻讥，勉为担荷。开馆之初，经费尚充，自民国六年，政府以财政艰难，锐减额算。近年益复枯竭，支绌情状，不堪缕述，将伯呼助，垫借俱穷。日暮途远，几无成书之一日。窃以为清史关系一代典章文献，失今不修，后来益难著手，则尔巽之罪戾滋重。瞻前顾后，寝馈不安，事本万难，不敢诿谢。乃竭呼籥，幸诸帅维持，并敦促修书同人黾勉从事，获共谅苦衷，各书义务，竭蹶之馀，大致就绪。本应详审修正，以冀减少疵纇。奈以时事之艰虞，学说之庞杂，尔巽年齿之迟暮，再多慎重，恐不及待。于是于万不获已之时，乃有发刊《清史稿》之举，委托袁君金鎧经办，数月后当克竣事。诚以史事繁钜，前史每有新编，互证得失。《明史》之修，值国家承平，时历数十年而始成，亦不无可议之处，诚戛戛乎其难矣。今兹史稿之刊本，未臻完整，夫何待言。然此急就之章，较诸元史之成，已多时日。所有疏略纰缪处，敬乞海内诸君子切实纠正，以匡不逮，用为后来修正之根据……中华民国十六年丁卯八月二日，赵尔巽时年八十四岁。

尔巽，汉军正蓝旗人，为清史馆馆长，兼代馆长为柯劭忞，总纂有王树枏、吴廷燮、夏孙桐等，此书有以孙中山先生革命为不当，故国民政府曾一度禁止发行，现已有数处刊印矣，因与正史体例同，故述之。

【名称】

原名《清史稿》。

【内容】

本纪二十五卷，志一百四十一卷，表五十三卷，列传三百一十五卷，共五百三十四卷，后增志、传，各五百三十六卷。

清史分纂姓名

一、本纪二十五卷，柯劭忞总纂

太祖纪	邓邦　述	金兆蕃　稿	奭良　复辑
太宗纪	邓邦　述	金兆蕃　稿	

世祖纪　邓邦　述　　金兆蕃　稿

圣祖纪　邓邦　述　　金述蕃　稿　　奭良　复辑

世宗纪　邓邦　述　　金兆蕃　稿　　奭良　复辑

高宗纪　吴廷燮　稿

仁宗纪　吴廷燮　稿　奭良　复辑

宣宗纪　吴廷燮　稿

文宗纪　吴廷燮　稿　　奭良　复辑

穆宗纪　吴廷燮　稿　李哲明　复辑

德宗纪　瑞洵　稿　李哲明　复辑

宣统纪　瑞洵　稿　奭良　复辑

二、志一百三十五卷王树枏总纂

天文志　十四卷　柯劭忞　稿

灾异志　五　卷　柯劭忞　稿

时宪志　五　卷　柯劭忞　稿

地理志　九　卷　冯熙　秦树声　王树枏　复辑

礼志　　十二卷　张书云　王大钧　万本端　分稿

乐志　　八　卷　张采田　稿

舆服志　四　卷　何葆麟　稿

选举志　八　卷　张启后　袁励准　朱希祖　分稿　张书云复辑

职官志　六　卷　全兆丰　骆成品　李景濂　徐鸿宝　分稿

食货志　六　卷　姚永朴　李岳瑞　李哲明　吴怀清　分稿

河渠志　四　卷　何葆麟　稿

兵　志　十二卷　俞陛云　秦望澜　田应璜　袁克文　分稿

刑法志　三　卷　王式通　等　分稿　许受衡　复辑

艺文志　四　卷　章钰　吴士鉴稿　朱师辙　复辑

交通志　四　卷　罗惇曧　等　分稿　吴　复辑

邦交志　八　卷　李家驹　吴广霈　刘树屏　分稿　戴锡章

复辑

三、表五十三卷　吴廷燮总纂

皇子表　五卷　吴士鉴　稿

公主表　一卷　吴士鉴　稿

外戚表　一卷　吴士鉴　稿

诸臣封爵表　五卷　刘师培　稿

大学士表　二卷　吴廷燮　稿

军机大臣表　二卷　唐邦治　稿

部院大臣表　十卷　吴廷燮　编

疆臣表　十二卷　吴廷燮　编

藩臣部表　三卷　吴廷燮　编

交聘表　二卷　吴廷燮　编

四、列传三百十六卷　夏桐荪　金兆蕃　总辑

后妃传　一卷　邓邦述　金兆蕃　奭良　稿

诸王传　七卷　邓邦述　金兆蕃　奭良　稿

大臣传　二百五十三卷　众手分稿　马其昶　金兆丰　复辑　金梁补

循吏传　四卷　夏桐孙　复辑

儒林传　四卷　缪荃荪　马其昶　稿　金梁补

文苑传　三卷　马其昶　稿　金梁　补

忠义传　十卷　章钰　复辑

孝义传　三卷　缪荃荪　稿　金兆蕃　复辑

遗逸传　二卷　缪荃荪　王树枬　稿　金梁　复辑

艺术传　四卷　夏桐孙　复辑

畴人传　二卷　陈年　稿　柯劭忞　复辑

列女传　四卷　金兆丰　复辑

土司传　六卷　缪荃荪　稿

藩部传　八卷　吴廷燮　吴燕绍　稿

属国传　四卷　韩朴　存稿

廿二史札记·各史例目异同

古者，左史记言，右史记事。言为《尚书》，事为《春秋》。其后沿为编年、记事二种。记事者，以一篇记一事，而不能统贯一代之全；编年者，又不能即一人而各见其本末。司马迁参酌古今，发凡起例，创为全史。本纪以序帝王，世家以记侯国，十表以系时事，八书以详制度，列传以志人物，然后一代君臣政事，贤否得失，总汇于一编之中，自此例一定，历代作史者遂不能出其范围，信史家之极则也。魏禧序《十国春秋》，谓："迁仅工于文，班固则密于体。"以是为《史》《汉》优劣。不知无所因而特创者难为功，有所本而求精者易为力。此固未可同日语耳。至于篇目之类，不必泥于一定，或前代所有而后代所无，或前代所无而后代所有，自不妨随时增损改换。今列二十二史篇目异同于左：

本纪

古有《禹本纪》、《尚书世纪》等书。迁用其体以叙述帝王。惟项羽作纪颇失当。故《汉书》改为列传，《三国志》亦但有《魏纪》而吴、蜀二王皆不立纪，以魏为正统也。《后汉书》又立《皇后纪》，盖仿史汉《吕后纪》之例，不知史迁以政由后出，故高纪后，即立后纪。至班固则先立孝惠纪，孝惠崩，始立后纪。其体例已截然，以少帝既废，所立者非刘氏子，固不得以伪主纪年，而归之于后也。若东汉则各有帝纪，即女后临朝，而用人行政皆编在帝纪内，何必又立后纪？《新唐书·武后》已改唐为周，故朝政则编入后纪。宫闱琐屑事，仍立后传，较有斟酌。《宋史·度宗本纪》后，附瀛国公及二王，不曰帝而曰瀛国公、曰二王，固以着其不成为君，而犹附于纪后，则以其正统绪余，已登极建号，不得而没其实也。至马令、陆游《南唐书》作李氏本纪、吴任臣《十国春秋》，为僭大号者皆作纪，殊太滥矣。其时已有梁、唐、晋、汉、周称纪，诸国皆偏隅，何得亦称纪耶？《金史》于太祖本纪之前，先立世纪以叙其先世，此又仿《尚书世纪》之名，最为典切。

世家

《史记·卫世家》赞:“余读世家言”云云,是古来本有世家一体,迁用之以记王侯诸国。《汉书》乃尽改为列传(按《班固传》改世家为列传,系其父彪变例)。传者,传一人之生平也,王侯开国,子孙世袭,故称世家。今改作传,而子孙嗣爵者,又不能不附其后,究非体矣。然自《汉书》定例后,历代因之,《晋书》于僭伪诸国数代相传者,不曰“世家”,而曰“载记”,盖以刘、石、苻姚诸君有称大号者,不得以侯国例之也。欧阳修《五代史》,则于吴、南唐、前蜀、后蜀、南汉、北汉、楚、吴越、闽、南平皆称世家。《宋史》因之,亦作十国世家。《辽史》于高丽、西夏,则又变其名曰“外记”。

表

《史记》作十表,仿于周之谱牒,与纪传相为出入。凡列侯将相三公九卿功名表著者,既为立传,此外大臣无功无过者,传之不胜传,而又不容尽没,则于表载之。作史体裁,莫大于是。故《汉书》因之,亦作七表。以《史记》中三代世表、十二诸侯年表、六国表皆无与于汉也。其余诸侯,皆本《史记》旧表,而增武帝以后沿革以续之。惟外戚恩泽侯表,《史记》所无。又增百官公卿表,最为明晰。另有古今人表,既非汉人,何烦胪列。且所分高下,亦非定评,殊属赘设也。《后汉》、《三国》、《宋》、《齐》、《梁》、《陈》、《魏》、《齐》、《周》、《隋》及《南、北史》皆无表。《新唐书》宰相、方镇、宗室世系三表。薛《五代史》无表。欧《五代史》亦无表。但有十国世家年谱。《宋史》有宰相、宗室二表,《辽史》立表最多,有世表、皇子表、公主表、皇族表、外戚表、游幸表、部属表、属国表。多则传可省,此作史良法也。《金史》宗室、交聘二表。《元史》后妃、宗室世系、诸王、公主、三公、宰相六表。《明史》诸王、功臣、外戚、宰辅、七卿,共五表。后人有因各史无表,而补之者:伏无忌、黄景作诸王、王子、功臣、恩泽侯表。边韶、崔寔、延笃作百官表,皆不传。袁希之又有汉表,熊方有后汉表,李焘作历代宰相年表。皆所以补前人之缺。近人万斯同又取历代正史之未著表者一一补之,凡六十篇,益以《明史》表十三篇,最为详赡。

书志

八书乃史迁所创，以纪朝章国典。《汉书》因之，作十志。律历志则本于律书、历书也。礼乐志则本于礼书、乐书也。食货志则本于平准书。郊祀志则本于封禅书也。天文志则本于天官书也。沟洫志则本河渠书也。此外又增刑法、五行、地理、艺文四志。其后律历、礼乐、天文、地理、刑法，历代史皆不能无。《后汉书》改地理为郡国。又增礼仪、祭祀、百官、舆服四志。《三国》无志。《晋》、《宋》、《齐》书大概与前书同。惟《宋书》增符瑞志。《齐书》亦有祥瑞志。《梁》、《陈书》及《南史》无志。《魏书》改天文为天象，地理为地形，祥瑞为灵徵，余皆相同，而增官氏、释老二志。《齐》、《周》及《北史》皆无志。《隋书》本亦无志，今志乃合梁、陈、齐、周、隋并撰者。其艺文则改为经籍。《新唐书》增仪卫、选举、兵制三志。薛《五代史》志类有减无增。欧《五代史》另立司天、职方二考，亦予天文、地理而变其名也。《宋史》诸志与前史名目多同。惟《辽史》增营卫、捺钵、部族、兵卫诸志，其国俗然也。《金》、《元》二史志目与《宋史》同，惟少艺文耳。《明史》志目与《宋史》同，其艺文志内，专载明人著述，而前代书流传于世者不载。

列传

古书凡记事、立论及解经者，皆谓之传，非专记一人事迹也。（说见《陔余丛考》）其专记一人为一传者，则自迁始。又于传之中，分公卿将相为列传，其儒林、循吏、酷吏、刺客、游幸、滑稽、曰者、龟策、货殖等，又别立名目，以类相从。自后作史者，各就一朝所有人物传之，固不必尽拘迁史之旧名也。如《汉书》少刺客、滑稽、日者、龟策四传，而增西域传。盖无其人不妨缺，有其事不妨增。至外夷传则又随各朝之交兵通贡者而载之，更不能尽同也。惟货殖一款，本可不立传，而《汉书》所载货殖，又多周秦时人，与汉无涉，殊亦赘设。《后汉书》于列传，儒林、循吏、酷吏外，又增宦者、文苑、独行、方术、逸民、列女等传。《三国志》名目有减无增。《晋书》改循吏为良吏，方术为艺术，不过稍易其名。又增孝友、忠义二传。其逆臣则附于卷末，不另立逆臣名目。《宋书》但改佞幸为恩倖。其二凶亦附卷末。(二凶:刘劭、刘浚)《齐书》改文苑为文学,良吏为良政,隐逸为高逸,孝友、忠义为孝义,恩倖为倖臣,亦稍变其名。其降敌国者,亦附卷末。《梁书》改孝义为孝行,又增止足一款。其逆臣亦附卷末。《陈书》及《南史》亦同。惟侯景等另立贼臣名目。《后魏》改孝行为孝感,忠义为节义,隐逸为隐士,宦者为阉宦,亦稍变其名。其刘聪、石勒、晋、宋、齐、梁俱入外国传。《北齐》各传名目,无所增改。《周书》增附庸一款。《隋书》改忠义为诚节,孝行又为孝义,余者与前史同。而以李密、杨玄感次列传后。宇文化及、王世充附于卷末。《北史》各传名目大概与前史同,增僭伪一款。《旧唐书》诸传名目,亦与前史同,其安禄山等,亦附卷末,不另立逆臣名目。《新唐书》增公主、藩镇、奸臣三款。逆臣中又分叛臣、逆臣为二,亦附卷末。薛《五代史》增世袭一款。欧《五代史》另立家人、义儿、伶官等传。其历仕各朝者谓之杂传。又分忠义为死节、死事二款。又立唐六臣传。盖五代时事多变局,故传名亦另刱(创)也。《宋史》增道学一款及周三臣传,余与前史同。《辽史》改良吏为能吏,余与前史同,另有国语解。《金史》无儒学,但改外戚为世戚,文苑为文艺,余与前史同。另有国语解。《元史》增释老,余亦与前史同。《明史》各传名目亦多与前史同,增阉党、流贼及土司传。

论编年体

吾国古史,厥惟编年。编年之祖,首推《春秋》。《谷梁传》曰:"《春秋》编年,四时具,然后为年,上尊天纪,下正人事。"此编年之意也。《崇文总目·编年》云:"春秋之后,继以战国,诸侯交乱,而史官废失,策书所载纪次不完,司马迁始为纪传书志之体,网罗千载,驰骋其文,其后史官悉用其法……"自司马迁作《史记》,纪传体之史,大盛于吾国,而编年体之制作,似未若纪传体之辉煌。

然自《春秋》以还,亦有体大思精之作,梁任公《中国历史研究法》曰:

"与纪传体并时者为编年体。账簿式之旧编年体,起原最古……其内容丰富而有组织之新编年体,旧说以为起于《左传》。虽然,以近世学者所考订，则左氏书原来之组织殆非如是。故论此体鼻祖，与其谓祖左氏，毋宁谓祖陆贾之《楚汉春秋》。惜贾书今佚，其真面目如何，不得确知也。汉献帝以《汉书》繁博难读，诏荀悦要删之；悦自述谓：'列其年月，比其时事。撮要举凡，存其大体；以副本书。'又谓：'省约易习，无妨本书'。语其著作动机，不过节钞旧书耳。然结构既新，遂成创作盖纪传体之长处，在内容繁富，社会各部分情状，皆可纳入；其短处在事迹分隶凌乱，其年代又重复，势不可避。刘知几所谓：'同为一事，分为数篇，断续相离，前后屡出……又编次同类，不求年月……故贾谊与屈原同列，曹沫与荆轲并编。'此皆其弊也。《汉纪》之作，以年系事，易人物本位为时际本位，学者便焉。悦之后，则有张璠、袁宏之《后汉纪》，孙盛之《魏春秋》，习凿齿之《汉晋春秋》，干宝、徐广之《晋纪》，裴子野之《宋略》，吴均之《齐春秋》，何元之《梁典》……（现存者仅荀、袁二家）。盖自班固以后，纪传体既断代为书；故自荀悦以后，编年体亦循其例。每易一姓，纪传家既为作一书，编年家复为作一纪，而皆系以朝代之名，断代施诸纪传，识者犹讥之；编年效颦，其益可以已矣。宋司马光毅然矫之，作《资治通鉴》，以续《左传》。上纪战国，下终五代，千三百六十二年间大事，按年纪载，一气衔接。光本邃于掌故（观所著《涑水纪闻》可见），其别裁之力又甚强（观《通鉴考异》可见）。其书断制有法度。胡三省注而序之曰：'温公遍阅旧史，旁采小说，抉擿幽隐，荟粹为书。而修书分属，汉则刘攽，三国讫于南北朝则刘恕，唐则范祖禹，皆天下选也，历十九年而成。'其所经纬规制，确为中古以降一大创作。故至今传习之盛，与《史》、《汉》埒。后此朱熹因其书稍加点窜，作《通鉴纲目》，窃比孔氏之《春秋》，然终莫能夺也。光书既讫五代，后人纷纷踵而续之；卒未有能及光者，故吾国史界，称前后两司马焉。"

《资治通鉴》撰著之原委

【作者】

司马光字君实，陕川夏县人。父池，天章阁待制。光生七岁，凛然如成人，闻讲《左氏春秋》，爱之，退为家人讲，即了其大旨。光历事英宗、神宗、哲宗三朝，大用于元祐际，奋身许国，揭万代之规模，张胆极言，切一时之利病。资治体则已详于《通鉴》，举事要则咸备于《历书》。因患历代史繁，人主不能遍览，遂为《通志》八卷以献，英宗悦之，命置局秘阁，续其书。神宗名之为《资治通鉴》。

司马光何为而作《资治通鉴》耶？观其《进资治通鉴表》中之自述，可以知其作书之意也。其言曰："臣性识愚鲁，学术荒疏，凡百事为，皆出人下，独于前史，粗尝尽心，自幼至老，嗜之不厌。每患迁、固以来，文字繁多，自布衣之士，读之不遍，况于人主，日有万机，何暇周览？臣常不自揆，欲删削冗长，举撮机要，专取关国家兴衰，系生民休戚，善可为法，恶可为戒者，为编年一书，使先后有伦，精粗不杂……"

由光文推之，光之作书者，由于性喜史书，欲有所贡献；再由于感旧史之繁重，欲作简要之通史，以备人主之观览；三由于欲藉史实对君主进规谏，俾励精图治也。

【通鉴编集之经过】

《通鉴》原名《通志》，前已言之。神宗赐名为《资治通鉴》，并为之序，始有今名。光以治平三年受诏撰《通鉴》，至元丰七年十二日戊辰，书成奏上，凡越十九年而后毕。光于《进表》云："……为编年一书。使先后有伦，精粗不杂，私家力薄，无由可成。伏遇英宗皇帝，资睿智之性，敷文明之治，思历览古事，用恢张大猷，爰诏下臣，俾之编集。臣夙昔所愿，一朝获伸，踊跃奉承，惟惧不称。先帝仍命自选辟官属，于崇文院置局，许借龙图、天章阁、三馆、秘阁书籍，赐以御府笔墨缯帛及御前钱以供果饵，以内臣为承受，眷遇之荣，近臣莫及。不幸书未进御，先帝违弃群臣。陛下绍膺大统，钦承先帝志，宠以冠序，锡以嘉名，每开经筵，常令进读。臣虽顽愚，荷两朝知待如此其厚，陨身丧元，未足报塞，苟智力所及，岂敢有遗！会差知永兴军，以衰疾不任治剧，乞就冗官，陛下俯从所欲，曲赐容养，差判西京留司御史台及提举西京嵩山崇福宫，前后六任，仍听以书局自随，给之禄秩，不责职业。臣既无他事，得以研精极虑，穷竭所有，日力不足，继之以夜，遍阅旧史，旁采小说、简牍盈积，浩如渊海，抉擿幽隐，校计毫厘。上起战国，下终五代，凡一千三百六十二年，修成二百九十四卷。又略事目，年经国纬，以备检寻，为目录三十卷。又参考群书，评其同异，俾归一途，为《考异》三十卷。合三百五十四卷，自治平开局，迄今始成，岁月淹久……"

读光之《进表》其书，编集之原委即了然矣。然此书之成，由于王安石之得势，而促成司马公成此巨制也。

《通鉴》分修诸子

《通鉴》内容浩瀚，卷帙繁多，《四库全书总目》云："其残稿在洛阳者，尚盈两屋。"即此可知收集之勤也。温公作此书时，多得通儒硕学之助，宋邵伯温《闻见录》谓：《通鉴》以《史记》、前后《汉书》属刘攽，以唐逮五代属范祖禹，以三国、六朝至隋属刘恕（晁说之《嵩山集》言"三国历七朝至隋"，《通考·经籍》改作"九朝"）。胡注《通鉴》序言："汉则刘攽，三国、南北朝则刘恕，唐则范祖禹。"又有谓，周秦八卷本温公自修，原名《通志》，温公与范帖云"恕修五代"（《温公集·与刘道原书》谓："道原五代长编，计不日可成。"全谢山有《通鉴分修诸子考》）。

温公之作《通鉴》，得力于此三人甚多，兹收此三人之事迹约略言之。

刘恕，字道原，其先世京兆万年人。祖受为临川令，葬于高安，因家焉。恕年十八登进士第，初为巨鹿主簿，寻迁知和州、翁源二县。会司马光受诏修《资治通鉴》，奏以恕同司编纂，转著作郎。熙宁四年，以忤王安石，乞终养，改秘书丞，仍令就家续成《通鉴》外纪，遂终于家。

刘恕长于史学，极为温公所推重。读司马光《十国纪年序》云："寻诏光编次历代君臣事，仍谓光曰：'卿自择馆阁英才共修之'。光对曰：'馆阁文学之士诚多，于精专史学，臣得而知者，唯和川（应作'州'）令刘恕一人而已'。上曰：'善'。退即奏召之，与共修书。凡数年，史学之纷错难治者，则以诿之，光蒙成而已。"

刘攽字贡父，号公非。与兄敞同登庆历六年进士第，官至中书舍人，史称攽未冠通五经。司马光修《资治通鉴》，自辟所属，极天下之选，而任《史记》、前后《汉书》者，攽也。苏轼草制，称其能读典、坟、丘、索之书，习知汉、魏、晋、唐志故，其为人所推重如此。

范祖禹字淳甫，一字梦得，华阳人，嘉祐八年进士。治平中，司马光修《资治通鉴》，祖禹为编修官，分掌唐史，在洛十五年不事进取。书成，光荐为秘书省正字。祖禹著有《唐鉴》二十四卷，上自高祖，下迄昭宣，撮取大纲，系以编断，为卷十二，后吕祖谦为作注，分为二十四卷。

【通鉴之内容】

《通鉴》之作，乃上续左氏，其所以讬始于威烈王二十三年命韩、赵、魏为诸侯者，《郡斋读书志》谓："不敢续《春秋》之故"。而《文献通考》一百九十三卷采《容斋随笔》云："司马公修《通鉴》，辟范梦得为官属，尝以手帖论绩述之要，大抵欲如《左传》叙事之体。"《通鉴》自周威烈王二十三起，至后周世宗显德六年止，凡一百十三主，一千三百六十二年。其书详节则为周纪五卷，秦纪三卷，汉纪六十卷，魏纪十卷，晋纪四十卷，宋纪十六卷，齐纪十卷，梁纪二十二卷，陈纪十卷，隋纪八卷，唐纪八十一卷，后梁纪六卷，后唐纪八卷，后晋纪六卷，后汉纪四卷，后周纪五卷，此外又有《通鉴目录》三十卷，《通鉴考异》三十卷。

【通鉴之蓝本】

司马光著《通鉴》以十七史为依藉，除于正史外，兼采有关之杂史，《治平资治通鉴事略》云："正史之外，旁采他书"。光于《进通鉴表》云："遍阅旧史，旁采小说。"《四库总目》云："其采用之书，正史之外，杂史至三百二十二种。"

【通鉴之影响】

司马公之《通鉴》，誉之者谓为中古以降一大创作，非过论也。故其影响极大，史汉之后，纪传体尊为正史。《通鉴》之后，继作者踵作，其影响殆可与史、汉并肩而无愧。

【关于《通鉴》之注释及补订者】

《通鉴》网罗宏富，体大思精，而名物训诂，浩博奥衍，非浅学所能通，故注释尚。司马光门人刘安世尝撰《音义十卷》，世已无传，今之所传以元时胡三省注为最有名。

胡三省注：

《四库全书总目》云："南渡后注者纷纷，而乖谬弥甚。至三省乃汇合群书、订讹补漏，以成此注。元袁桷《清客集》载《先友渊源录》称'三省天台人，宝祐进士，贾相馆之。释《通鉴》三十年，兵难稿三失。乙酉岁，留袁氏家塾，日手钞《定注》。己丑寇作，以书藏窖中免。'桷称《定注》，今作《音注》，疑出三省自改。三省又称，初依经典释文例，为广注九十七卷。后失其书，复为之注，始以考异以所注者散入《通鉴》各文之下。历法、天文则随目录所书而附注焉。"

《资治通鉴释文辨误》十二卷：

《四库总目》云："元胡三省撰《通鉴释文》本南宋时蜀人史炤所作，浅陋特甚。时又有海陵所刊释文，称司马康本。又蜀广都费氏进修堂版行《通鉴》，亦以注附之，世号'龙爪通鉴'。皆视史炤本略差，而实相蹈袭。三省既自为《通鉴音注》，复以司马康释文本出伪讬，而史炤所作伪谬相传，恐其疑误后学，因作此书以刊正之，每条皆先举史炤之误，而海陵本、龙爪本与之同者，则分注其下，其已见于此书者，《音注》之中即不复著其说。"

《十七史商榷》卷一百云："平心论之，炤诚不能无误，但首创音释，实属有功。胡自揣用力已深，其注足以传世，恨炤先有《释文》，既攘取之，又攻击之，隐善扬恶，用心私曲，却所不免，后人遂因胡之《释误》，欲废炤书，今幸尚存而无镂版，恐终归泯灭。"

三省学长于地理，以阎氏若璩之卓识亦极推之，而其余一切亦略皆贯通。

《通鉴胡注举正》一卷，清陈景云（字少章）撰。《四库总目》云："是书皆参订胡三省《资治通鉴音注》之误，凡云十三条，而所正地理居多，颇为精核。"

《通鉴地理通释》十四卷，宋王应麟撰。《四库总目》云："是书以《通鉴》所载地名，异同沿革，最为纠纷，而险要陒塞所在，其措置得失，亦足为有国者成败之鉴，因各为条例，釐定成编……其中徵引浩博，考核明确，而叙列朝分据战攻，尤一一得其要领，于史学最为有功。”案是书虽题曰《通鉴》，实是泛考古今地理，不专释《通鉴》，大略本《通典》。

《通鉴答问》五卷，亦王应麟撰写。《通释》俱刻附《玉海》后。

《通鉴问疑》一卷，宋刘义仲作。义仲，道原子，字壮舆。

上述各书乃为《通鉴》作注释，除此外，复有依《通鉴》而稍加变更而另成名目者，有朱熹之《通鉴纲目》，袁枢之《通鉴纪事本末》，均为受温公书影响所成之作也。

【关于续《通鉴》者】

《通鉴》终于周显德六年，五代以后事则阙如，后之爱《通鉴》者乃起而续之，今择其著者言之。

《续资治通鉴长编》五百二十卷，宋李焘著。《四库全书总目》云：焘博极群书，尤究心掌故，以当时学士大夫各信所传，不考诸实录正史，家自为说，因踵司马光《通鉴》之例，备采一祖八宗事迹，荟萃讨论，作为此书。以光修《通鉴》时先作《长编》，焘不敢言《续通鉴》，故但谓之《续资治通鉴长编》。

《建炎以来系年要录》二百卷，宋李心传撰。《四库总目》云：心传，字微之，井研人，官礼部侍郎。是书述高宗朝三十六年事迹，仿《通鉴》之例，编年系月，与李焘《长编》相续，宁宗时曾被旨取进……

《宋九朝编年备要》三十卷，宋陈均撰。《四库总目》称：均，字平甫，号云岩，莆田人。端平初有言是书于朝者，敕下福州宣取，赐均官迪功郎……其书取日历、实录及李焘《续资治通鉴长编》删繁撮要，勒成一帙，兼采司马光、徐度、赵汝愚等十数家之书，博考互订，始太祖至钦宗，凡九朝事迹。

《续宋编年资治通鉴》十五卷，宋刘时举撰。《四库总目》云：时举里贯无考……是书所记，始高宗建炎元年，迄宁宗嘉定十七年，当成于理宗之世。

《通鉴外纪》十卷，目录五卷，刘恕撰。司马公《通鉴》书不及周威烈王之前，考古莫知，适从恕欲，以“包牺至未命三晋为诸侯”为《前纪》，本朝一祖（太祖）四宗（太宗、真宗、仁宗、英宗）一百八年可请实录、国史于朝，为《后纪》。恕因不能作后纪，故“前纪”改名“外纪”。

《通鉴续编》二十四卷。《四库全书总目》云：旧本题元陈桱撰。桱，字子经，奉化人，流寓长洲，后入明为翰林编修……题元人者误也……桱以司马氏《通鉴》、朱子《纲目》并终于五代。其周威烈王以上虽有金履祥《前编》，而亦断自陶唐。因著此书，述盘古至高辛氏，以补金氏所未备，为第一卷。次摭契丹在唐及五代时事以志其得国之故，为第二卷。其二十二卷皆宋事，始自太祖，终于二王，以继《通鉴》之后。故以“续编”为名。

《御批通鉴辑览》一百十六卷，乾隆三十二年，清臣奉敕撰。《四库总目》云：是书排辑历朝事迹，起自黄帝，讫于明代。编年纪载，纲目相从。目所不该者，则别为分注于其下。而音切训诂、典故事实，有关考证者，亦详列焉。

《资治通鉴后编》一百八十四卷，清徐乾学撰。《四库总目》云：是编以元、明人续《通鉴》者陈桱、王宗沐诸本，大都年月参差，事迹脱落。薛应旂所辑，虽稍见详备，而如改《宋史》“周义成军”为“周义”，以胡瑗为朱子门人，疏谬殊甚。皆不足以续司马光之后。乃与鄞县万斯同、太原阎若璩、德清胡渭等，排比正史，参考诸书，作为是编……其书起宋太祖建隆元年，迄元顺帝至正二十七年。凡事迹之详略先后有应参订者，皆依司马光例，作《考异》以折衷之，其诸家议论足资阐发者，并采系各条之下。间附己意，亦依光书之例，标曰“臣乾学曰”以别之……年经月纬，犁然可观，虽不能遽称完本，而视陈、王、薛三书，则过之矣。

《宋元资治通鉴》一百七十五卷，明薛应旂撰。《四库全书总目》云：是编续司马光《资治通鉴》而作，朱彝尊《静志居诗话》尝讥其孤陋寡闻。为王偁、李焘、杨什良、徐梦莘、刘时举、彭百川、李心传、叶绍翁、陈均、徐自明诸家之书，多未寓目。并《辽》、《金》二史亦削而不书。唯道学宗派特详尔。今核其书，大抵以商辂等《通鉴纲目续编》为蓝本，而稍摭他书附益之。于《宋》、《元》二史，未尝参其表志。故于元丰之更官制，至元之定赋法，一切制度，语多阘略，于本纪、列传亦未条贯，凡一人两传，一事互见者，异同详略，无所考证，往往文繁而事复。

其他补《通鉴》周威烈王以前事迹者，有金履祥《通鉴前编》十八卷，明杨时伟《春秋编年举要》等，不一一列举，而毕沅之《续通鉴》、夏燮之《明通鉴》，其精密远过前人矣。

【关于《读通鉴论》者】

《读通鉴论》，王船山作。船山，名夫之，字而农，明衡阳人，崇祯末举乡试。入清，浪游不仕，后愈隐晦，最后归衡阳石船山，学者称“船山先生”。船山因《通鉴》所纪史实而发为议论者，全书计十六书，附《宋论》十五卷。

史论文章易尚浮议，而船山是书斯弊较少，所发议论多合情理，不为矫激之言。昔梁任公先生语人曰：“读《通鉴》，可兼读王船山之《读通鉴论》，以助读者之兴。”是书为学者所重视可知矣。

推荐阅读陈垣《书〈全谢山通鉴分修诸子考〉后》。

论纪事本末体

《四库书目》云：古之史策，编年而已，周以前无异轨也。司马迁作《史记》，遂有纪传一体，唐以前亦无异轨也。至宋袁枢，以《通鉴》旧文，每事为篇，各排比其次第，而详序其始终，命曰《纪事本末》，史遂又有此一体。夫事例相循，后谓之因，其初皆起于创。其初有所创，其后即不能不因。故未有是体以前，微独纪事本末创，即纪传亦创，编年亦创。既有是体以后，微独编年相因，纪传相因，即纪事本末亦相因也。因者既于二体之外，别立一家。今亦以类区分，使自为门目。凡一书备诸事之本末，与一书具一事之本末者，总汇于此。其不采纪事本末之名，而实为纪事本末者，亦并著录。

《文史通义·书教篇》曰：“司马《通鉴》病纪传之分而合之以编年，袁枢纪事本末又病《通鉴》之合，而分之以事类。按本末之为体也，因事命篇，不为常格，非深知古今大体，天下经纶，不能网罗隐括、无遗无滥。文省于纪传，事豁于编年，决断去取，体圆用神，斯真尚书之遗也。”

清闵萃祥《汇刊七种纪事本末序》曰：“古者记事之书，左氏、司马氏尚矣。左氏以事系年，创编年之始例；司马氏变为纪传，则又以事系人。为体虽殊，而记事一也。后之史家，未有能出其范围者。顾古之为史，事简而易明；后世多务，记说弥繁，综一年之所聚，萃一人之所为，累纸盈寸，起讫未穷。且年不一事，事不一人，端绪既繁，引申非易，学者欲求一事之本末，原始而要终，则编年者患其前后隔越；纪传者患其彼此错陈，自非传观强识，融会于中，有未易明其条例者矣。袁氏有见于此，乃作《通鉴纪事本末》，揭事为题，类聚而条分，首尾详备，巨细无遗，一变编年纪传之例，而实会其通，诚记事之别格，而史学之捷径也。继是而作者，则有陈氏邦瞻之《宋元纪事本末》，谷氏应泰之《明史纪事本末》，高氏士奇之《左传纪事本末》，杨氏荣之《三藩纪事本末》，张氏鉴之《西夏纪事本末》。于是乎上下古今，举编年纪传，所有莫不提纲挈领，灿然大备。”

《十七史商榷》卷一百云：《通鉴纪事本末》四十二卷，宋建安袁枢机仲撰。《宋史》第三百八十九卷《枢传》云：“枢喜读《资治通鉴》，苦其浩博，乃区分其事。而贯通之。”赵与筹序云：“《通鉴》以编年为宗，《本末》以比事为体。编年，则虽一事而岁月辽隔；比事，则虽累载而脉络贯联。故读《通鉴》者如登高山，泛巨海，未易遽窥其涯崖。得《本末》而阅之，则根干枝叶，绳绳相生，不待反复他卷而了然在目。故《本末》者，《通鉴》之户牖也。”今考此书分《通鉴》为二百三十九事，一事为一篇，颇便下学，觉《纲目》不作无害，而此书似不可无。若乃有《通鉴》，又有金履祥之《通鉴前编》，有《纲目》，又有南轩之《纲目前编》，而且有《通鉴前编》，又有沈朝阳之《前编纪事本末》，蛇足不已，则吾不欲观之矣。

梁任公先生《中国历史研究法》云：善钞书可以成创作。荀悦《汉纪》而后，又见之于宋袁枢之《通鉴纪事本末》。编年体以年为经，以事为纬，使读者能了然于史迹之时际的关系，此其所长也。然史迹固有连续性，一事或亘数年或亘百数十年，编年体之纪述，无论若何巧妙，其本质总不能离账簿式。读本年所纪之事，其原因在若干年前者或已忘其来历，其结果在若干年后者苦不能得其究竟，非直翻检为劳，抑亦寡味矣。枢钞《通鉴》，以事为起讫，千六百馀年之书约之为二百三十有九事。其始亦不过感翻检之苦痛，为自己研究此书谋一方便耳。及其既成，则于斯界别辟一蹊径焉。杨万里叙之曰："搴事之成，以后于其萌。提事之微，以先于其明。其情匿而泄，其故悉而约。"盖纪传体以人为主，编年体以年为主，而纪事本末体以事为主。夫欲求史迹之原因结果以为鉴往知来之用，非以事为主不可。故纪事本末体，于吾侪之理想的新史最为相近，抑亦旧史界进化之极轨也。章学诚曰："本末之为体，因事命篇，不为常格，非深知古今大体天下经纶，不能网罗隐括，无遗无滥。文省于纪传，事豁于编年。决断去取，体圆用神……在袁氏初无其意，且其学亦未足语此……但即其成法，沈思冥索，加以神明变化，则古史之原，隐然可见。"(《文史通义·书教篇》)其论当矣。枢所述仅局于政治，其于社会他部分之事项多付阙如。其分目又仍涉琐碎，未极贯通之能事，然彼本以钞《通鉴》为职志，所述不容出《通鉴》外，则著书体例宜然。即提要钩玄之功，亦愈后起而愈易致力，未可以吾侪今日之眼光苛责古人也。枢书出后，明、清两代踵作颇多。然谨严精粹，亦未有能及枢者。

上引各家之文，论纪事本末体之缘何而作，是体之长处何在，均详言之矣。睹章实斋之言谓，纪事本末一体，盖本于《尚书》，实即《尚书·金縢》、《顾命》之演变也，有袁氏创纪事本末体，未知亦有所本也。古之世本，即纪事本末体也。又若元魏时，常山王遵曾孙晖招集儒士崔鸿等，撰录百家要事，以类相从，名为《科录》，亦纪事本末体也。要之，古人以事为经之作，不乏人作，惟至袁枢，而此体大显耳。

自袁氏《通鉴纪事本末》出，仿作者有明冯琦《宋史纪事本末》，明陈邦瞻《元史纪事本末》[1]，明张鉴《西夏纪事本末》，清高士奇《左传纪事本

[1]《四库提要》云，冯琦欲仿《通鉴纪事本末》，论次宋事，分类相比，以续袁枢之书，未就而没。后又南昌刘曰梧得其遗稿，因属邦瞻，增订成编，大抵本于琦著者十之三，出于邦瞻者十之七。

末》,李有棠《辽史纪事本末》、《金史纪事本末》,谷应泰《明史纪事本末》,倪在田《续明史纪事本末》,彭孙贻《明朝纪事本末补编》,杨陆荣《三藩纪事本末》。

纪事本末体略如上述,复有仿本末体而义例特殊者,如清代马骕《绎史》是也,其书录开辟至秦末之事,每卷以一事标目,详其始末,此乃纪事本末体之微变者。

论三通

吾国史籍繁博,而纪传、编年、纪事本末三者,为史中三大体例,前已述之。除此三者外,有专言政事或典制之书,亦为学者必习之籍。昔者杭世骏课士必以"四通",谓杜佑《通典》、郑樵《通志》、马端临《文献通考》、司马光《资治通鉴》也。而曾国藩亦尝语人曰:"人而不读'四通',何以为通人?"此所谓"四通"者,于《通典》、《通志》、《通考》之外,益以秦蕙田之《五礼通考》,摈《通鉴》而不数焉,"三通"之见重于学者,由是可见也。

"三通"之名,为近来所习用,然三书之内容颇不相类,故自《宋志》以讫,《四库全书总目》列《通志》于"别史"。"别史"者,乃陈振孙①《书录解题》所创立,以处上不至于正史、下不至于杂史者。《通志》政事、典制兼言,故列于别史中也。如此类集,亦非得宜,因《通志》中之纪传、谱略兼而有者,可入别史,若仅有其略,则又入于政书类矣。是以近者称《通志》为总辑史者。(见金毓黻《中国史学史》)此乃迩时所创之新名也。《通典》、《通考》二书,目录家列于政书类,以其书专言典制也。政书之名,始用于钱溥②《祕阁书目》。后之著录家多其名《通典》、《通志》、《通考》三书,自来分类者,皆分别部居,而世又习以"三通"连称,故吾仍以旧说,以

① 宋时人,字伯玉。
② 明松江人。

“三通”[①]标目。

《通典》二百卷　唐杜佑撰

佑，字君卿，京兆万年人。先，刘知几之子秩，于开元末采经史百家之言，倂周礼六官所职，撰分门书三十五卷，号曰《政典》，大为时贤所赏，房琯以为才过刘更生。杜佑得其书，以为条目未尽，因广其所阙，参以开元礼，勒成《通典》二百卷，凡分八门：曰食货，曰选举，曰职官，曰礼，曰乐，曰兵刑，曰州郡，曰边防。所载上溯唐虞，讫于唐之天宝，肃代以间有沿革，亦附载注中。

《通志》二百卷　宋郑樵撰

樵，字渔仲，兴化军莆田人（今福建），好著书，不为文章自负，不下刘向、扬雄，居夹漈山，谢绝人事，学者称“夹漈先生”。（刘壎《隐居通议》云“自号夹漈”）《四库提要》云：“通史之例肇于司马迁。故刘知几《史通》述二体则以《史记》、《汉书》共为一体，述六家则以《史记》、《汉书》别为两家；以一述一代之事，一总历代之事也。其例综括千古，归一家言；非学问足以该通，文章足以熔铸，则难以成书。梁武帝作《通史》六百二十卷，不久即已散佚。故后有作者率莫敢措意于斯。”樵负其淹博，乃网罗旧籍，参以新意，撰为是编，凡帝纪十八卷，皇后列传二卷，年谱四卷，略五十一卷，列传一百二十五卷。其平生之精力，全帙之菁华，惟在二十略而已。《通志》二百卷在宋时，唯二十略通行于世，博学如马端临亦未睹全书。元时而世最易者仍为二十略。二十略者，一曰氏族，二曰六书，三曰七音，四曰天文，五曰地理，六曰都邑，七曰礼，八曰谥，九曰器服，十曰乐，十一曰职官，十二曰选举，十三曰刑法，十四曰食货，十五曰艺文，十六曰校雠，十七曰图谱，十八曰金石，十九曰灾祥，二十曰草木昆虫。

---

①《四库提要·通志下》云，与杜佑、马端临并称“三通”。

《文献通考》三百四十八卷　元马端临撰

端临，字贵舆，江西乐平人，宋宰相廷鸾之子也。咸淳中，漕试第一，会廷鸾忤贾似道去国，端临因留侍养，不与计偕。元初，起为柯山书院山长，后终于台州儒学教授。是书凡《田赋考》七卷，《钱币考》二卷，《户口考》二卷，《职役考》二卷，《征榷考》六卷，《市籴考》二卷，《土贡考》一卷，《国用考》五卷，《选举考》十二卷，《学校考》七卷，《职官考》二十一卷，《郊社考》二十三卷，《宗庙考》十五卷，《王礼考》二十二卷，《乐考》二十一卷，《兵考》十三卷，《刑考》十二卷，《经籍考》七十六卷，《帝系考》十卷，《封建考》十八卷，《象纬考》十七卷，《物异考》二十卷，《舆地考》九卷，《四裔考》二十五卷。

其书以杜佑《通典》为蓝本。（录《四库提要》）其自序云：凡叙事，则本之经史而参之以历代会要，以及百家传记之书，信而有证者从之，乖异传疑者不录，所谓文也。凡论事，则先取当时臣僚之奏疏，次及近代诸儒之评论，以至名流之燕谈，稗官之纪录。凡一话一言，可以订典故之得失，证史传之是非者，则采而录之，所谓献也。其载诸史传之纪录，而可疑稽诸先儒之论辨而未当者，研精覃思，悠然有得，则窃注己意，附其后焉，命其书曰《文献通考》。为门二十有四，卷三百四十有八，此书门类既多，卷繁帙重，未免取彼失此，然其条分缕析，使稽古者可以案类考，又其所载宋制最详多，《宋史》各志所未备，案语亦多能贯穿古今，折衷至当，虽稍逊《通典》之严简，而详赡实为过之，非郑樵《通志》所及也。

自“三通”书出，后世继作者，清乾隆三十二年敕撰《续通典》。杜佑《通典》终于天宝之末，《续通典》则自唐肃宗至德元年，讫明思宗崇祯末年。《清通典》则自清初至乾隆五十年。

乾隆三十二年，又敕撰《续通志》二十略。其内容：二十略自五代始，讫于明，其纪传自唐始，讫于元，辽、金附之。又有《清通志》不撰纪传，仅有二十略，其目与郑志同。

清乾隆十二年，敕撰《续文献通考》。马氏《文献通考》讫于宋之嘉定，明臣王圻起而继作，为《续文献通考》二百五十四卷，门类颇多增扩，然识解乖驳，援据芜杂，高宗命廷臣加以改作，成《续文献通考》二百五十卷，自宁宗以后，讫于明庄烈帝，其采取王圻旧本者十分不及其一。《清文献通考》所录，自清开国，讫于乾隆五十年，又有《续清文献通考》者，清末刘锦藻撰，其书起于乾隆五十一年，讫于宣统三年，全书四百卷，门类同《清文献通考》，惟增外交、邮传、实业、宪政四门。

论史评——即推理派

史评一门，西欧各国史学界均极重视，用作史学之南针，而是类著作号称侈颐。吾国向称为史学最发达之邦，而史评专书寥寥无几。自欧风东渐，有欲效仿他人之长而倡导之者，值此启蒙时期，佳作仍未多睹。吾国史评之书虽不若他书之多，而亦有一二部尚可称道者，如刘子玄之《史通》、章实斋之《文史通义》是也。有谓世怪此等人之少，不知此等人必值史学趋向大变之时，而后失其势不能多也（吕思勉《史通评》）。

近代著录家多别立史评①一门。史评有二，一为批评史迹者，二为批评史书者。梁任公先生“史书分类第九”，“史论”析为三类：曰理论，如《史通》、《文史通义》等是也；曰事论，为历代史论，《读通鉴论》是也；三曰杂论，如《廿二史札记》、《十七史商榷》是也。吾之史评者，专指理论类也，他两项暂存而不述。

吾国史学理论之书，要以刘、章二家之作为最善美且有条理系统，非若片言简文之可比也。兹收二家史学分述之。

刘知几，字子玄，以避玄宗嫌，名故以自字行，彭城人，幼年父藏器，为授古文《尚书》，业不进，及闻诸兄讲《春秋左氏传》，则能辨析所疑，以为书能如是，读之何难，由遂通览群史，擢进士第，盖其喜治史学，嗜之若

① 姚永朴《史学研究法·史原章》：考史评之类，有三，一为论史之体例，后世如《史通》是也；一为论史之书法，后世如尹起莘《纲目发明》、刘友益《纲目书法》、张自动《纲目续麟》是也；一为论史之人物事迹，后世如范祖禹《唐鉴》、胡寅《读史管见》是也。其发源皆起于三传。

饥渴,殆出于天性也。武后时,官著作佐郎,转左史。曾以本官兼修国史,历中宗、睿宗,至玄宗立,又除著作郎,累官至左散骑常侍。开元九年,遭贬谪,卒年六十一。刘氏治史之经过,其于自序中详述之,苟欲知其究竟,一读是文可也。

刘氏著作之存于今者,厥惟《史通》。《四库提要》"史部史评类"云:"此书成于景龙(中宗年号)四年。凡内篇十卷,三十九篇。外篇十卷,十三篇。盖其官秘书监时与萧至忠、楚客等争论史事不合,故发愤而著书者也。其内篇《体统》、《纰谬》、《弛张》三篇,有录无书。考本传称著《史通》四十九篇,则三篇之亡,在修《唐书》以前矣。内篇论史家体例,辨别是非。外篇则述史籍源流,及评古人得失。文或与内篇重出,又或抵牾。观开卷《六家篇》,首称自古帝王文籍,外篇言之备矣。是先有外篇,乃撷其精华以成内篇,故删除有所未尽也。"按提要作者所见,《史通》为内府藏本,与今上海涵芬楼影印之明万历刊本文有不同。万历刊本此两句作"自古帝王编述文籍,史言之备矣"。若万历刊本为刘氏原文,则提要之推测非确论矣。

《史通》之名,其原序云:"昔汉世诸儒集论经传,定之于白虎观,因名曰《白虎通》。予既在史馆而成此书,故便以《史通》为目。且汉求司马迁后,封为史通子,是知史之称通,其来自久。博采众议,爰定兹名。"

论史之书,其途有二,一曰扬榷利病,一曰阐明义例。扬榷利病者,主于分析,阐于义例者,贵乎综合,二者相资,未何偏废。或谓《史通》一书以扬榷利病为职志,善于用析,以演绎法为论列者,此为知其一不知其二之言也。刘氏于外篇之首,冠以《史官建置》及《古今正史》二篇,序而列之,以明源流所自。内篇首述六家、二体,以明史学之类。若《史通》者,以史官、正史、六家、二体为内外篇之纲领,论史者之总枢也。盖非洞究源流,则史例无以明。所谓阐明义例,贵乎综合,诚亦莫大乎是,岂仅主于分析以扬榷利病为职志哉?又若自内篇题目以下,迄于自序,而内篇终焉,外篇则为杂作。刘氏论史,好指陈利病,言非一端,亦非绝口不谈义例。或谓其专扬榷利病为职志,似非真达《史通》之旨也。《四库提要》谓："内篇皆论史家体例，辨别是非，外篇则述史籍源流，及杂评古人得失"。是言得之。

自《史通》出后，有为其注释者，如明王惟俭之《史通训故》，清黄叔琳之《史通训故补》、浦起龙之《史通通释》。浦氏书后出，又用力勤，故最精密，然勇于改字，又所下按语染时批点之习，是其小疵。近人陈汉章有《史通补释》二卷。吕思勉之《史通评》，虽名为评，实为注补也。有为其刊正者，最早则为唐柳灿之《史通析微》十卷，又名《柳氏释史》。明人陆深有《史通会要》三卷。清人纪昀有《史通削繁》，删去刘氏《载言》、《表历》、《疑古》、《点烦》四篇，以其缪于圣人，故删去之。纪氏之为，有谓生于专制之时，不得不尔。有为《史通》续作者，近人张尔田撰《史微》内篇八卷，名似《续史通》，其书乃以明诸子之出于史，与专治史学者有别，不得谓为《史通》之伦也。最近又瑞安宋慈抱撰《续史通内外篇》，内篇凡二十篇，外篇凡五篇。

章实斋之史学

吾国论史之书，夙称精审者，唐有刘知几之《史通》，清有章学诚之《文史通义》，千载相望，骈号绝作。刘、章二氏，虽同为史论名家，然亦有相异者。刘知几别出经生而自成史家，章学诚综赅经学而贯以史例，刘氏之业专，而章氏之学大者，其不同者一也。刘知几著书言史法，章学诚发凡籀史意，刘氏之裁断有法，而章氏之议论入微，其不同者二也。刘知几议馆局纂修之制，章学诚明一家著述之法，刘氏之论备，而章氏之道尊，其不同者三也（《章氏家书·二》曰："吾于史学盖有天授，自信发起例，多为后人开山，而人乃拟吾于刘知几。不知刘言史法，吾言史意；刘议馆局纂修，吾议一家著述。截然两途，不相入也"）。明乎章氏之不同于刘氏而后，可与读章氏之书。

清代学术，自顾亭林先生提倡实学后，朴学大兴，而汉学大师踵起，蔚为风气。章学诚生于举世溺于训诂、音韵、名物、度数之时，谓"君子学以持世，不宜以风气为轻重"。（《文史通义》外篇，家书五）治学蕲于明道，立言必有宗旨。道之不离于事，将以实事求是，砭宋儒之空。明经之不外于史，亦以疏通致远，救汉学之碎。理贵实证，言不离宗，又推其说，施之于一切立言之书，而条其义例，比于子政，辨章旧闻，一人而已！大抵"章氏之学，其缜密繁博，或不逮休宁、高邮诸儒远甚！即其文事僿蔓，亦不如孔广森之博，然识足以甄疑似，明正变，提要挈领，卓然有以见夫经史百家之支与流裔而得大原，则有非休宁、高邮诸儒所能谛言者！盖休宁、高邮诸儒之学精于核；而章氏之学善于推。休宁、高邮诸儒之学审于析；而章氏之学则密于综。休宁、高邮诸儒所用以为学之术径，惟章氏能会其通；亦惟章氏能匡其敝！（刘承幹《章氏遗书序》）汉学之风大盛，章氏则召世疾。（详见张尔田《章氏遗书序》）乾嘉之世，而敢与朴学相对抗者，浙东之史学为最有力之支也。

章学诚，字实斋，浙江会稽人，乾隆戊戌进士，官国子监典籍。其先世由浦城迁居山阴，再徙而籍道墟，称"道墟章氏"，后又自道墟迁居绍兴府城，至学诚盖百年矣。父镳，字骧衢，号励堂，乾隆壬戌进士，官湖北应城知县。少孤，喜读书，而家不能购书，则借读于人，随手笔记录，孜孜不倦，晚年汇所劄记，殆盈百帙。尝得郑氏《江表志》及五季十国时杂史数种，欲钞存之，嫌其文体破碎，随笔删润，文省而义意更周，仍其原名，加题为《笔氏别本》。又喜习书，缮五经文，作方寸楷法，尤喜《毛诗》、《小戴氏记》，凡写数本，手不知疲，尝恨为此二事所掣，不得专意劄录所未见书。每还人所借，有劄未尽者，怅怅如有所失，盖好且勤也如是。然聚书无多，仕官所厉，随身三数千卷，最重余姚邵廷采念鲁《思复堂文集》。廷采及事同邑黄宗羲梨洲讲肄宗阳，而学问则贯串群史。盖衍浙东学派之绪，而为镳家学之所自出也。

浙东学术，始余姚黄宗羲，盖出山阴刘宗周蕺山之门，而开鄞县万斯大充宗、斯同季野兄弟经史之学；再传而得鄞县全祖望谢山，三传而得余姚邵晋涵二云，皆以史学有闻于当世；而晋涵，廷采从孙，与学诚雚好。学诚之学，可谓集浙东学术之成者；其好学深思，于史学盖有天授，壹本之于父镳。镳尝辨《史记》索隐，谓十二《本纪》法十二月，十《表》法十二干诸语，斥其支离附会。而学诚时年未弱冠，亦议邓氏《函史》上下篇卷，分配阴阳老少为非；特未能据笔为说耳。然幼而多病，一岁中，铢积黍计，无两月功，资又椎鲁，日诵才百余言，犹汲汲不中程，十四受室，尚未卒业《四子书》！顾拙于记诵，神于解会。初镳之聚徒授经也，评点诗文，为及门称说，深辟村塾传本之谬执训诂；独究立言宗旨。听者罕会。而学诚尚为群儿嬉戏左右，闻父言，则私心称喜决疑质问，间有出成人拟议外者。年十六，侍镳官应城官舍，童心未歇，从学于江夏柯绍庚公望；绍庚工书，善举业，而学诚则无意于应举文，独好为诗赋，绍庚意以为恨，曰："文无古今，期于通也。时文不通，诗古文辞，又安能通也？"顾学诚不屑其言。春秋佳日，宾从联骑出游，归必有所记述，见者相与叹赏，学诚益喜自命。又取《春秋左氏传》删节事实。镳见之乃诲曰："编年之书，仍用编年删节，无所取裁。曷用纪传之体分其所合？"于是力究纪传之史，而辨析体例，日夜钞录《春秋内外传》及衰周、战国子史辄复以意区分，编为纪表志传，作东周书凡百馀，自命史才，大言不逊。然于文字承用转词助语，犹未尝一当也。

自以读书当得大意，方年少气锐，专务涉猎，四部九流，泛览不见崖涘，好立议论，高而不切，攻排训诂，驰骛空虚，盖未尝不惘然自喜。独怪休宁戴震东原振臂而呼曰："今之学者无论学问文章，先坐不曾识字。"既骇其说，就而问焉，震应之曰："予弗能究先天后天、河洛精蕴，即不敢读'元亨利贞'；弗能知星躔岁次、天象地表，即不敢读'钦若敬授'；弗能辨声音律吕、古今韵法，即不敢读'关关雎鸠'；弗能考三统正朔、周官典礼，即不敢读'春王正月'。"学诚闻震言则大愧，徒以天性高朗，沉潜不足，故于训诂考质多所忽略，而神解精识，乃能窥及古人所未到处。年二十岁，购吴兆宜《注庾开府集》。中有"春水望桃花"句，注引《月令章句》"三月桃花水下"。既为镳所见，则抹去注而评于下曰"望桃花于春水之中，神思何其绵邈"！学诚读之，颇觉有会，回视《吴注》，意味索然矣。自后观书，遂能别出意见，不为训诂牢笼，虽时有鲁莽之弊，而古人大体，乃实有所窥。廿一二岁，骎骎向长，纵览群书，于经训未见领会，而史部之书，乍接于目，便似夙所攻习，意所不惬，辄批抹涂改，疑者随时劄记以俟参考。尝谓“读书劄记贵在积久贯通”。自称“廿三四时所笔记者，后虽亡失，然论诸史于纪、表、志、传之外，更当立图；列传于儒林、文苑之外，更当立史官传。此皆当日之旧论也。惟当时见书不多，故立说鲜所征引耳。其识之卓绝，则有迨老不能易者。”年二十三，始游北京，应顺天乡试，自是三应举，三报罢。年二十八，始读《史通》。既累举不得意，肄业国子监，乃问学于大兴朱筠竹君。筠既通儒硕望，一见许以千古，独言及时文，则曰：“足下于此无缘，不能学，然亦不足学也。”学诚请益，曰：“家贫亲老，不能不望科举。”筠曰：“科举何难？科举何尝必要时文。由子之道，任子之天，科举未尝不得。即终不得，亦非不学时文之咎也。”与曩者所闻柯绍庚言不同。乃大服，顾旅困不能自存，遂依筠以居，咤傺无聊甚，然由是得见当世名流及一时闻人之所习业，讨论讲贯，备知学术源流同异以证曩昔之所治学，有幼时所见，至是证其至当不可移者。乃知一时创见或亦有关天授，特少小学力未充，无所取证，不能发挥尽致耳。从此所学益以坚定。

年三十一，为乾隆三十三年，中顺天乡试副榜，而国子监司业仁和朱芬元春浦为同考官，见学诚对策言国子监志之得失，惊叹不已，怪六官师儒，安得遽失此人。于是名稍稍闻。既而朱筠以翰林侍读学士出提督安徽学政，与偕者胥一时名士，而学诚与焉，所与上下议论，欣合无间者，最称邵晋涵。时学诚方学古文辞于朱筠，苦无藉手，晋涵辙据前朝遗事，俾学诚试为传记以质文心，其有涉史事者，若表志、记注、世系、年月、地理、职官之属，凡非文义所关，覆检皆无爽失，由是与晋涵论史契合隐微，没齿不贰。然晋涵长于学，而学诚善于裁。方当乾隆御宇，四库馆开，广献书之路，遗籍秘册，荟萃都下，学士侈于闻见之富，别为风气，讲求史学，非马贵与之所为整齐类比，即王应麟之所为考逸搜遗。独学诚语于晋涵曰：“史学不求家法，则贪奇嗜琐，但知日务增华，不过千年，将恐大地不足窖架阁矣。”晋涵闻之，抚膺叹绝。欲以斯意刊定前史，自成一家。时议咸谓前史榛芜，莫甚于元人修宋、辽、金三史，而措攻则《宋史》尤难。

晋涵虽慨然自任，尝据宋事与史策流传大违异者凡若干事，燕闲屡为学者言之。学诚因言：“俟君书成，余更以意为之，略如二谢、司马诸家之《后汉》，王隐、虞预之《晋书》，各自为家，敢抉择于后人。”晋涵曰：“何如?”学诚曰：“当取名数事实，先做比类长编，卷帙盈千，可也。至撰集为书，不过五十万言，视始之百倍其书者，大义当更显也。”晋涵曰：“如子所约，则吾不能，然亦不过三倍于君，不至骛博而失专家之体也。”学诚曰：“愿闻立言宗旨。”晋涵曰：“宋人门户之习，语录庸陋之风，诚可鄙也。然其立身制行，出于伦常日用，何必废耶？世之士大夫博学工文，雄出一代，而于辞受取予、出处进退之间，不能无箪豆万种之择，本心既失，其他又何议焉？此著宋史之宗旨也。”学诚闻其言而耸然。

然晋涵尝为总督湖广尚书镇洋毕沅秋帆谌定所撰《宋元通鉴》，以续司马光书，则请姑标《宋元事鉴》，言：“《说文》史训记事，又《孟子赵注》亦以天子之事为天子之史，见古人即事即史之义。”宛转迁避，盖取不敢遽续司马光书，犹世传李焘所续，谦称为《长编》尔。

学诚尝以马、班而后，二十一家义例不纯，体要多舛，世士以博稽言史，则史考也；以文笔言史，则史选也；以故实言史，则史纂也；以议论言史，则史评也；以体裁言史，则史例也。唐宋至今，积学之士，不过史纂、史考、史例；能文之士不过史选、史评。其间独推刘知几、曾巩、郑樵皆良史才，生史学废绝之后，能推明古人大体。然郑樵有史识而未有史学，曾巩具史学而不具史法，刘知几得史法而不得史意。故欲偏察其中得失利病，为校雠之学，上探班固、刘向，溯源官礼，下赅《雕龙》、《史通》，甄别名实，品藻流别，约为科律，为《文史通义》一书。

《文史通义》者，章氏著书以明“文史通”之义尔。昔人论刘勰知文不知史，刘知几知史不知文，读章氏书，而文史可以各识职矣。

章氏之著《文史通义》，始于乾隆三十七年，自以辨论之间，颇乖时人好恶，故不欲多为人所知。至嘉庆时，始择其近情而可敢者，稍刊一二，以为就正同志之质，亦尚不欲遍示于人。学诚死后三十一年，即道光十二年，其书始大部刊行，至民国九年，章氏之学始渐显于世，而章氏遗书亦于是年刊行焉。

近人有将章氏全书约为五类者：曰通论，如原道、原学等是也；曰穷经，经解、易教等是也；曰核史，史德、文释等是也；曰衡文，言公、文集等是也；曰校雠，宗刘、互著等是也。章氏之学包蕴甚富，命名“文史”即见其非专论史学也。若就其论史之语言之，其贡献之大者，一为主“六经皆史”之说，二为记注、撰述之分离，三为通史之倡导，四为方志学之建立，五为校雠学之阐明。此外，章氏尝以“因事命篇”为作文之极则。而于袁枢之纪事本末，章氏盛赞之，以为体圆用神，真得《尚书》之遗也。章氏此种主张，极合于近世新史学之体例。章氏于史学上贡献特多宜乎，为迩时治失者所推崇，虽有疵短之者（如王壬秋、李慈铭等是也），然无损其为魁杰也。

总之，吾国关于史学理论之书，夙称善少，其故盖由于文士立言务求相胜。品骘讥弹，学者不取，是以史论之作极稀也。有谓：“世皆怪此等人才之少，不知此等人必直史学趋向大变之时而后生，其势不能多也”。（见吕思勉《史通评》）

论史学之趋势

古人云，一代有一代之文学。征之往昔，是言不诬。文学如此，史学亦然。有谓学术之丕变由于风气之转移。吾以风气之形成，必先有他力为之启导，如近廿馀年来新史学之出现于吾国者，乃受欧风之激荡，学者借他山之助以治国史，于是蔚为风气，史学界为之新。此学风者，乃受西学东渐之赐也。又若近年来，国人对于上古史之整理，此风气之起，固一面受外来学说之影响，他方又为因古物之发现，予一整理之资也。王静安先生于《最近二三十年中国新发见之学问》文中有云：“古来新学问起，大都由于新发见。有孔子壁中书出，而后有汉以来古文家之学。有赵宋古器出，而后有宋以来器物、古文字之学。惟晋时汲家竹简出土后，即继以永嘉之乱，故其结果不甚著。然同时杜元凯注《左传》，稍后郭璞注《山海经》，已用其说。而纪年所记禹益伊尹事，至今成为历史上之问题。然则中国纸上之学问赖于地下之学问者，固不自今日始矣。”故吾曰学术风气之形成非偶然也，最近史学之趋势，本此以寻，不难获其端绪也。

一、史前史之研究

史前史之研究，在西洋早即蔚为风气而成绩卓著，吾国史学界向不注此。近廿余年来，始为治史者所重视，值此萌芽之时，成绩虽未大著，而探讨有人，亦为可庆幸事也。兹收近廿馀年研究之所得，约略述之。

脱里波留(Tripolje)①石器遗址

陶器花纹相同，觉近东与远东古陶器关系甚密。河南古址与近古址之间必有连接之迹。甘肃有发见石器可能性。民国十二年，安特生、白万玉前往考古，查于青海沿岸遗址、河谷遗址（贵德黄河河谷、西宁河谷、洮河河谷），四时定的葬地遗址（在洮河西岸），镇番西部沙漠中的沙漠遗址，所得石器甚多，粗陶于沙井，镇番发见鬲为丰富，由是综合前后发见，为六大时期：

一、新石器时代末期与新石器时，及铜器时代过渡期：

1. 齐家期（宁定县）
2. 仰韶期
3. 马厂期（甘肃碾伯县）

紫铜器时代，及青铜器时代初期：

4. 辛店期（甘肃洮沙县）
5. 寺窪期（狄道县）
6. 沙井期（镇番县）

遗存时间自西元前三千五百年至一千五百年

西阴村遗存之发现

民国十五年，清华大学研究院李济、袁复礼二先生往陕西夏县西阴

① 位于今南俄罗斯。——编者注

村灰土岭考查，发掘所得有石斧、石铲、石刀、石硾、石镞，又有骨镞、骨针、骨簪、骨锥及雕刻之骨环，粗陶中有绳纹，彩陶有各种彩色花纹，此外有猪骨、贝壳片及蚕茧化石，时间为新石器时代。

城子崖遗存之发现

民国十九年，中央研究院考古组李济、董作宾、梁思永、吴金鼎等，与山东省政府合作，发掘山东历城县东龙山车站北城子崖石器时代文化。在谭城下层所得遗物，陶器粗糙，以豆为多，尚有鬲、玉，及与殷墟相类之卜骨，有钻灼无刻字。石器有石斧、石锛、石镞、石刀、石铲。骨器有骨锥、骨针、骨簪。陶器有鬲、鼎、斝，有黑陶及白陶。此次所发掘上层为铜器时代遗址，系古之谭城，下层为新石器时代遗址。

除上述各重要发现外，民国十九年，南京古物保存所卫聚贤、张凤、王庸，于南京栖霞山西北甘夏镇掘得石斧、石钁，石锛、石凿、石钟、石刀、石钺，石镞、石环、石扣；骨器、陶器均甚多。定为新石器时代遗存。

鄂尔多斯遗存之发现

民国二十二年，天津北疆博物院法国神父李桑（E. Lisent），于鄂尔多斯黄土层中发现灶址、羚羊、鸵鸟卵、犀、袋鼠与石灰岩之石器，及纤美小形之碧玉石器氏，定为五万年前人类之遗物。

此外有滨田耕作之于貔子窝（辽宁），八木奘三郎之于石碑岭（长春），驹井和爱之于元宝山（张家口）、龙口三宁屯（宁安西南）等地发掘于史前遗存，所得均伙。

民国三十六年，夏裴文中与古生物学家尹赞勋于甘肃洮河流域发现史前人类遗址多处，采得古物二十馀种。此次发现以古代人类居住之石灰住室最重要。

二、古史之补正

吾国上古史之纷乱，人皆知之，几不可理董，晚近地不爱宝，古器寖出，可为治古史之资料。由是，学者不以其纷繁而却步，研究上古史之风气反日盛一日，兹述大略。

以甲骨文字而整理殷商史

王静安先生于《最近二三十年中中国新发见之学问》中云："殷虚甲骨文字，此殷代卜时命龟之辞，刊于龟甲及兽骨上。光绪戊戌己亥间，始出于河南彰德府西北五里之小屯。其地在洹水之南，水三面环之。《史记·项羽本纪》所谓'洹水南，殷虚上'者也。初出土后，潍县估人得其数片，以售之福山王文敏。文敏命秘其事，一时所出，先后皆归之。庚子，文敏殉难，其所藏皆归丹徒刘铁云。铁云复命估人搜之河南，所藏至三四千片。光绪壬寅（廿八年），刘氏选千余片，影印传世，所谓《铁云藏龟》是也。丙午（光绪卅二年），上虞罗叔言参事始官京师，复令估人大搜之，于是丙丁以后所出，多归罗氏。自丙午至辛亥，所得约二三万片。而彰德长老会牧师明义士（T. M. Menzies）所得亦五六千片，其余散在各家者尚近万片。近十年中乃不复出。其著录此类文字之书，除《铁云藏龟》外，有罗氏《殷虚书契前编》、《殷虚书契后编》、《殷虚书契菁华》、《铁云藏龟之余》，日本林泰辅博士之《龟甲兽骨文字》、明义士之《殷虚卜辞》（The Oracle Records of the Waste of Yin），哈同氏之《戬寿堂所藏殷虚文字》，凡八种。而研究其文字者，则瑞安孙仲容比部，始于光绪甲辰（卅年）撰《契文举例》。罗氏于宣统庚戌（二年）撰《殷商卜贞文字考》，嗣撰《殷虚书契考释》、《殷虚书待问编》等。尚承祚氏之《殷虚文字类编》，复取材于罗氏改定之稿。而《戬寿堂所藏殷虚文字》，余亦有考释。此外，孙氏之《名原》亦颇审释甲骨文字，然与其《契文举例》皆仅据《铁云藏龟》为之，故其说不无武断。审释文字自以罗氏为第一，其考定小屯为故殷虚，及审释殷帝王名号，皆由罗氏发之。余复据此种材料作《殷卜辞中所见先公先王考》，以证《世本》、《史记》之为实录；作《殷周制度论》以比较二代之文化。然此学中所可研究发明之处尚多，不能不待于后此之努力也。”

王先生此文出后，有关于甲骨文字之新作者甚多，此类著不唯审释文字，于治古史有莫大之助也。王先生由《殷卜辞中所见先公先王考》旋扩为《古史新证》一书，此风一开，治者踵起，如郭沫若《中国古代社会研究》，多取材于甲骨，又作《甲骨文字研究》二册，其中多有关古史。郭氏又作《卜词通纂》一卷，《考释》三卷，徐协贞作《殷契通纂》，朱芳圃《甲骨文商史编》，胡厚宣作《甲骨学商史论丛》。

而殷虚遗物之发掘方兴未艾，诸家研究之所得，于殷代之世系、方国、文化、制度、风俗、政治、社会产业、征伐器诸端益为明瞭。凡旧史之阙漏，前人所不知者，皆得补苴与纠正矣。学者向此途努力者甚多，将来成绩或更辉煌也。

以金文而研究古史

古代彝器为治文字学及史学所重视，古即如此。许叔重《说文解字叙》中已言之矣。而成为专门学问，则自北宋始，如欧阳修之《集古录》，赵明诚之《金石录》，薛尚武之《钟鼎彝器款识》，聂崇义之《三礼图》，吕大临之《考古图》，王黼之《宣和博古图》。自宋代以还降至元明，学者趋重玄谈，研究金文之风骤衰。至清乾隆中叶以后，治此学者风起云涌，如阮元、翁方纲、孙星衍、钱大昕、瞿中容、李宗瀚、吴荣光、鲍康、陆耀遹、黄易、陈介祺、吴式芬、刘心源、吴大澂、王懿荣、端方、吴云、潘祖荫、武亿、严可均、张挺济、李遇孙、刘喜海、徐谓仁、杨守敬、毕沅、罗振玉、王静安等，此乃卓卓大者。阮元以古器铭文有“甲乙”等字者定为商器。吴清卿《窸斋集古录》则以“甲乙”等字为祭器之数，多不标商器，然于《亚形母癸敦跋》中云：“商器文简，多象形文字。”吴氏书中有不标年代，存疑之意也。民国五年，上虞罗氏著《殷虚古器物图录》一卷，附说一卷，后又作《殷文存》。北平王氏作《续殷文存》。杭州邹氏著有《周金文存》。十九年，关百益先生著《殷虚古器物存真》第一集，附《图考》一卷。嗣后，中央研究院在安阳续有发掘，所得铜器见载于发掘报告者甚侈。以此治史之文散见于报章、杂志者不一而足，而著成专书者，如郭沫若之《中国古代社会研究》、《殷周青铜器铭文研究》、《金文丛考》、《金文大系》等书，以金文为治古史之资，此风已臻极盛，将来成绩之彪炳可预期也。

三、四裔史之研究

吾国境内，古今多外族居住，如匈奴、鲜卑、突厥、回纥、契丹、女真、西夏、蒙古等。各族不惟有悠久之历史，且有广大之土地，而各族中有专书记其往事者，有或附于诸史之内，语焉不详，且多讹误。自清中叶以后，有不满昔人之作书而重为之作者接踵而起，后又受外来之资料，益助长之。而吾国近数十年来，古今外族遗文之发现，更促治此之盛。王静安先生《最近二三十年中中国新发见之学问》中云："中国境内，古今所居外族甚多，古代匈奴、鲜卑、突厥、回纥、契丹、西夏诸国，均立国于中国北陲，其遗物颇有存者，然世罕知之，惟元时耶律铸见突厥特勤碑及辽太祖碑。当光绪乙丑（十五年），俄人拉特禄夫访古于蒙古，于元和林故城北访得突厥阙特勒碑、苾伽可汗碑、回鹘九姓可汗碑三碑。突厥二碑皆有中国、突厥三种文字，回鹘碑并有粟特文字。及光绪之季，英、法、德、俄四国探险队入新疆，所得外族文字写本尤侈。其中除梵文、佉卢文、回鹘文外，更有三种不可识之文字。旋发见一种为粟特语，而他二种则西人假名之曰第一语言、第二语言。后亦渐知为吐火罗语及东伊兰语（发明粟特语者为法人哥地奥 Rodert Gauthiot。吐火罗语者，为西额 Sieg 及西额林 Sieging 二氏，东伊兰语则为伯希和之所创通也。又释阙特勤碑之突厥语，为丹麦人汤姆生 Thomson）。此正与玄奘《西域记》所记三种语言相合。粟特语即玄奘之所谓窣利，吐火罗即玄奘之睹货罗，其东伊兰语，则其所谓葱岭以东诸国语也。当时粟特、吐火罗人多出入于我新疆，故今日犹有其遗物。惜我国人尚未有研究此种古代语者，而欲研究之，势不可不求之英、法、德诸国，惟宣统庚戌（二年）俄人柯智禄夫大佐于甘州古塔得西夏文字书。而元时所刻河西文《大藏经》，后亦出于京师，上虞罗福苌乃始通西夏文之读。今苏俄使馆参赞伊凤阁博士

(Ivanoff)更为西夏语音之研究,其结果尚未发表也。"

近世东西洋各国学者,以古器物、古文字学、古代语言研究吾国边疆各民族史,风气极盛,成绩斐然。国人受此激荡,奋起直追者颇不乏人。近廿年来,除翻译外国名著以补吾国史书所载之不足者外,学者以他人之法治异族之史,又以辽、金、元三史之简略讹误,得前人所未见之资料,以补正三史之阙舛。

如王静安先生之《鞑靼考》、《萌古考》、《西游记校注》、《圣武亲征录校注》、《蒙鞑备录笺证》、《黑鞑事略笺证》。沈乙庵之《蒙古源流笺证》(张尔田增补并校审)。又有《元朝秘史注》。陈垣有《元西域人华化考》。皆为蒙古史史料之研究。

近陈寅恪、王静如两先生精通西夏图书,凡河西文《大藏经》悉能译读。吾国于西夏史尤属简陋,今后收集西夏遗文,译其文意,以作该史之资,将来之成就未可限量也。

民国十九年、二十年间,热河省主席汤玉麟发掘辽陵,得圣宗、兴宗时哀册石刻。先是法人牟里(Mull,一译"闵宣化")游历辽陵,亦发见辽兴宗帝后二哀册,皆契丹国书也。汤氏所发见者,为圣宗及仁懿皇后、钦爱皇后汉文哀册,又道宗帝后汉文及契丹国书两种哀册。契丹国书之二石皆五六百字,然治是者不能明其音读,以是可贵之史料,尚不能利用也。

近年又发见女真国书,一为河南开封之宴台碑,二为吉林之金太祖誓师碑,三为辽宁海龙杨木山之收国二年碑,四为柳河界之金太祖大破辽军、息马立石碑,皆汉文与女真国书并刻,此亦为研究女真史之可贵史料也。

近人丁文江等考究西南夷之语文,著为《爨史》。自东邻日本出师侵略中国中原,各大都邑相继沦陷,学者为避烽火,争竞西南各省,由是西南各民国之语文习尚为治史者所乐取。近十年来,苗、猺等族之史、文散见于各书报者,时有所见,其成就未可菲薄。

现努力于四裔史者甚众,此亦为吾国史学趋势之一也。

疑古派之治史

疑古风气发生于吾国甚早。往者不论，清代此风犹上升未歇。如崔述推翻秦汉以来传说中不足信之事实，稍后又有康有为、崔适怀疑经史。晚近顾颉刚重张是帜，以“层累地造成的古史”之见解，将传说中之古史详细说明。奉之者以此式一立，而中国古史伪误之部分始有澄清之希望，而真信之史迹亦始有建立之可能矣。近代疑古派对于古史均以怀疑态度视之，其中之大者，一为尧舜之存疑，二为夏禹之有无，兹分述之。

一、尧舜之存疑

尧舜向为儒家所奉拜，其事迹具见于《尧典》、《舜典》。成书自来，说者不一。曾巩《南齐书序》谓：“为尧舜时人所修”。刘逢禄《尚书今古文集》卷一谓：“为夏史官所修。”魏源《书古微》卷一谓：“为周史官所修”。然据墨子《明鬼篇》所称之“《尚书》首夏书，其次商周之书”。似墨子所见之《尚书》以夏书为首篇，并无《尧典》。赵翼《陔余丛考》定《尧典》为后世追述之词，颇为可。《尧典》既不足信，而所载之尧、舜、禹之有无成问题矣。日本白鸟库吉为“尧舜禹抹杀论”，市村瓒博士为“质尧舜禹抹杀论”以难之。吾国对于是问题，以一九二三年二月顾颉刚始（见《读书》杂志九期《顾氏与钱玄同先生论古史书》），旋引起各方辩论，两方驳辨虽烈，然无正确之结论，是问题之解决尚有待于地下遗物之发掘不可。

二、禹之有无

近廿余年来，上古史中除尧舜有无问题之外，而争论最烈者，为禹之有无问题。自顾颉刚提出无禹问题后，成为吾国史学界轩然大波。然禹之事迹见于古籍及铭文较尧舜为多，如《尚书》中之《尧典·大禹谟》、《禹贡》等篇，固属可疑，而《书·立政》有“以陟禹之迹”，《吕刑》有“禹平水土”，《诗·文王有声》有“丰水东注，维禹之绩”，《閟宫》有“缵禹之绪”，《殷武》有“设都于禹之绩”，《论语》有“禹吾无间言”。是经传中述禹者甚多，而顾氏以禹之传说起于西周，尧舜起于春秋，至在楚越民族中，禹之神话更多,此种史料未可一概抹杀。禹铸鼎,见于《史记·封禅书》。夏后开铸,见于墨子《耕柱篇》,《齐侯铸钟》铭文有:“咸有九州,处禹之堵。”《秦公敦》铭文有:“宅禹賚(迹)”,王静安先生《古史新证》定为齐景公、秦共公物。而禹又见《春秋》金文,顾氏因《说文》有“禹,虫也,从内,象形,兽足蹂地也”之语,遂谓禹为九鼎上所铸动物之一,约为蜥蜴之类;又因《商颂》“洪水芒芒,禹敷上下方”之语,遂谓禹为上帝所派之神而非人;又因《论语》有“禹稷躬稼而有天下”之语,遂谓禹为耕稼国家之王。自其说出后,辨之者、讥之者大有其人。总之,治学固贵怀疑,而若好奇立异,望文生训,则为为学之大忌。顾氏所办之《古史辨》,迄今犹在续出,足征疑古风气尚弥漫于史学界也。

以唯物论解释历史

自马克斯[①]著《资本论》,用生产方法分自古以来经济制度为四大阶段,德人 A. Thalheimer[②] 所著 Introduction to Dialectical Materialism Ch. Ⅻ,ⅩⅢ 所归纳为公式如下:一、原始社会的生产方法;二、奴隶社会的生产方法;三、封建社会的生产方法;四、资本社会的生产方法。本此公式而治史者,谓经济为下层建筑,而文化制度等为上层建筑物,如下层发生变动,而各上层建筑物无不随之而变动,以此为治学之方法,名为唯物史观派。

吾国近三十年来,学术界受此影响甚巨,以此方法治中国史者不乏其人。如郭沫若氏之《中国古代社会研究》及其一切著作,无不执此法以衡历史。又若陶希圣、萨孟武等之“新生活派”,即以此法治史相号召。晚近翦伯赞、周谷城等所作《中国通史》亦取此道。而一般青年以此为法,嗜之者众,此亦吾国史学新趋势也。

---

① 即马克思。——编者注
② 即塔尔海玛,著有《现代世界观》等。——编者注

通史之编纂

吾国旧日所谓通史,《史记》一书实为嚆矢,其组织不为今人所满意。历史中缺乏良好通史,已为国人所周知,而需要之急迫,有刻不容缓之势,其所以难产者,盖有故也。通史义例之洪纷,其大因也。

何炳松《通史新义·序》云:"吾国近年来,史学界颇受欧化潮流之激荡,是以努力于通史编纂者颇不乏人。其对于西洋史学原理之接受,正如一般政治学家、经济学家、新文学家同,一时顿呈饥不择食、活剥生吞之现象。偏而不全、似是而非之通史义例,因之遂充斥于吾国现代之史著中。彼曾习统计学者,以为研究历史应用统计法焉;彼曾习生物学者,以为研究历史应用进化说焉;彼曾习自然科学者,以为研究历史应用因果律焉;彼曾习经济学者,以为研究历史应用经济史观焉;彼曾习论理学者,以为研究历史应用分类法焉。一时学说纷纭,莫衷一是,大有处士横议、百家争鸣之概,诚不可谓非吾国史学界复兴之朕兆也。"

何氏之言,确为吾国未能产生良好通史之大因。比来中国人思想复杂,作者与读者各有主观。故同一通史也,甲谓之是,而乙谓之非,作者乏良史之才,常详其所长而忽其所短。近数十年来,坊间所出通史多矣,而学者仍叹无通史可读,通史之在吾国仍为急切问题,而国人自此努力者日多,完美之著作或不难诞生也。

通史者何?有谓为普遍史之称,又有谓取古今史实之全部,而为概括之记述,以求其时间之递嬗、空间之联系为原则者,是谓之通史,其文贵简要有序。

通史意义究若?章实斋《答客问》云;"史之大,原本乎《春秋》。《春秋》之义,昭乎笔削。笔削之义,不仅事其始末,文成规矩已也。以夫子'义则窃取'之旨观之,固将纲纪天人,推明大道。所以通古今之变,而成一家之言者,必有详人之所略,异人之所同,重人之所轻,而忽人之所谨,绳墨之所不可得而拘,类例之所不可得而泥,而微茫杪忽之际,有以独断于一心,及其书之成也,自然可以参天地而质鬼神,契前圣而俟后圣,此家学之所以可贵也。"

何炳松氏以此为通史之定义,实未尽当。而章氏谓“通古今之变”,则为通史之要义。何氏固因美人鲁滨孙《新史学》第六篇,以历史为连续性,而断代不妥。本此以撰通史者,有章太炎之《中国通史略例》、梁任公先生所拟《中国通史》目录,此皆建议之作,新通史之出现尚待国人之努力焉。

专史之编纂

何谓专史?即专门史之谓也。自全部史实中,抽出其一部,而为比较详尽之记述,其于时间之递嬗、空间之联系,亦以范围收缩之故,而易于寻求者,是之谓专史,文贵详尽,比次应有法。

吾国专史之作,若昔之《通典》、《通考》,继之则有述学术渊源之《明儒学案》、《宋元学案》,最近有各种专史之产生。

专史之重要,不唯可洞悉一事之原委,而有关他史亦极重大。梁任公先生于《中国历史研究法补编·绪论》中云:“无好专史,即无好通史。若各专史完美,合之即为一良好通史矣。通史为近日学术界最迫切之要求,而专史之需要,亦为当今极须努力之工作。”梁先生分专史为五项:一为人的专史;二为事的专史;三为文物的专史;四为地方的专史;五为断代的专史。后述各种专史之作法,文长不录。

专史之作,吾国早即有之,前已述之。而近日受欧风之影响而作者,如雨后春笋,不乏佳著。哲学史有胡适之《中国哲学史大纲》,冯友兰《中国哲学史》;经学方面有皮锡瑞《经学史》;文化方面有柳诒徵《中国文化史》;文学方面有王静安先生《宋元戏剧史》。此间仅举数种以见其概。国人自此迈进者日多,无待覼缕焉。

冯永轩日记

一九三五年由武汉赴新疆途中日记[1]

五月七日　晴

车抵大同，天已微明，丹叫我起来，我觉没有睡足，仍蒙头高卧——睡在上铺，“高卧”二字甚恰。

车经丰镇，正午抵平地泉，平地泉即绥远之集宁县，元时为集宁鲁。据说民国八年平绥路修道苏集（丰镇辖地）的时候，预备在平地泉村设二等车站，该地民众坚决反对，后将车站移到老洼嘴（集宁县的旧名），因备案为平地泉车站，故相仍为改。乡民无知举动，清末举办新政多方阻挠，时至民国，犹复如此，可发一笑！

前进抵卓资山，“卓资”一作“卓子”，前进为武川县的下营，又前进到白塔车站，塔离车站约数里，据云浮屠七级，高二十丈，莲花为台，中嵌金世宗时阅经人姓名，俱汉字。前行遥见归绥新城，午后一时半抵归绥车站。

---

① 此日记已残缺，仅剩1935年5月7日至6月24日从大同至迪化（即乌鲁木齐）之日记。

下车后，有中西旅社接客的，因没来过此地，不知什么旅馆可住，于是雇车到旧城中西旅社。二时半到，旅社就绥远饭店旁边，行李卸下。休息约一小时，雇车到新绥汽车总站。该站在北门外宽巷子，入门后由门房引到牟主任处。牟是山东人，说话不太好听，我还没有说出原委，他就说你快转去，不要在绥远候，最近两个月绝没有你们坐的车，就是最近有车，也要运义军家属，你们也不得坐。我说了些请他通融的话，他强硬如故，既然如此，再不愿多说。

扫兴而出，自听了老牟这一番话，宛如当头一棒，途中思来想去，悔不该来！到了旅社同丹谈交涉经过，她听了毫无结果，也起悽然之感！

五时叫饭吃，绥远吃的东西口味甚淡，入新交涉既不如意，食物又不合口，越是觉得塞北穷苦，不可久居。食毕，丹又到汽车站去见老牟，结果是和我一样。不得已，就写快信到天津总公司询问究竟。又拍一电报到新疆请少丹兄设法。办毕，就展被就寝。

在绥远

五月八日　晴

绥远天气与口里迥异，现在已在初夏了，每晚睡时须盖棉被。晨起穿棉衣。漱洗毕，时已九点，我又到汽车公司和老牟交涉。我委婉的说，我们是新省要我们去办教育的。一提此事，他就发牢骚。他说许多人是去办教育，其实多一个大字不识，我认为他是当场侮辱我，我简直不可以理喻，又无结果而反。心境不快，南归之念遂起。

绥远城内喇嘛庙很多，且甚有名。十时许，我偕丹及二子往观。旧城内最有名的是大召、小召、舍力图召及五塔召。“召”是“召提”的省称，颜师古等《慈寺碑》有云“招提攸葺”，杜工甫《游龙门奉先寺》诗云“已从招提游，更宿招提境”，可见唐时就有此名。《僧史》云：“魏太武始光元年，创造伽蓝，立招提之名。”又《僧辉记》云：“招提者，梵言拓门提奢，唐言四方僧物，但传笔者，讹拓为招，去门奢留提字，即今十方住持耳。”又《唐会要》云：“官赐额为寺，私造者为招提兰若。”案“拓”与“招”形近而讹为“招”,“招”与“召”通,今绥远多用此“召”字。

大召在旧城西南大召街。蒙古人叫做依克召。依克是“大”的意思,召就是寺庙。庙又叫无量寺。寺内辟为共和市场,有点像北平前门外的天桥,开封的相国寺。内多小贩,大半是卖食物的,篷内设备,极不清洁。进寺内见喇嘛数十人正在盘坐念经,时而锣鼓喇叭齐奏,有一蒙古幼女,年约廿,在旁进香。寺内供释迦牟尼像,布置华丽,灿烂耀目。寺的大门悬有“九边第一泉”一匾,书法苍老,寺前百馀步有玉泉井,上有九孔,传说康熙到此马渴,以蹄抉地,泉即涌出。此事颇类武昌的卓刀泉。无稽之谈,不足为信,出大召至舍力图召。

舍力图召一名锡拉图召,雍正四锡拉图胡图克图居此。故名锡拉图召,舍力图召是其转名。胡图克图是喇叭之道行高尚的意思。康熙三十五年西征至此,赐名延寿寺,寺中御制碑文,大殿悬有阴山古刹一匾,字法苍古。该寺地址宏阔,为绥市各寺之冠,闻大殿壁画甚好,未得一视,仅在殿前摄一影而出,出到小召。

小召在舍力图召之东,相距约百馀步。蒙古人称曰“巴甲召”,巴甲是“小”的意思,又名崇福寺。康熙三十六年纳依齐讬音呼图克图所建。康熙征准噶尔凯旋驿于此。院内有御制碑文,纪平准功绩,文长不录。据云寺之盛时,殿宇峙立,雕梁画栋,今多倾圮,颓败已甚。绥远有俗语:“大召不大,小召不小。”由这句可知小召与大召可相伯仲了。闻寺中藏有康熙帝的甲胄,见寺门深闭,未去一看,寺前大半都是卖东西的,听说有古董商性质。

看了以上三寺,觉得有些疲倦,遂反寓了。时已十二点多,午餐后在寓休息,兼看冰心女士《平绥游记》。这时心绪不佳。身居塞外茫茫无识,实在寂寞。信步到城外省党部,后又到省立图书馆,管理员王君为人谦下,引导参观,馆内书籍无多,而布置尚属雅洁,我问王君绥远有没有湖北人,他介绍了几个,并写明住所,内中屠先生在绥最久,现住新城留园内,我出馆雇车往访。

绥远旧城原是土默特旗,明代嘉靖间为俺答所据,隆庆间封俺答为义顺王，封其妻三娘子为忠顺夫人。相传旧城为忠顺夫人所筑，称之曰“归化”。今北门巍然独存，时正重修。而土城大半拆毁，旧城在清时是汉人居住地，商业发达，今民政、财政两厅在此。

新城距旧城约五里，中有马路，往来甚便。此城为清乾隆四年所筑，设绥远城，省府及教育、建设两厅在焉。城内是清代将军驻所，中多满人。自革命后，满人他迁，城内空旷，俨如荒村。

车抵留园，屠先生已到省府办公，由屠先生同乡萧先生接见，谈了些关于绥远的事情，出来又到省府。省府在鼓楼之北，形式矮小，但尚清洁。又传达引到屠先生办公处。屠先生名义源，作官多年，见面很冷淡，我看他似无热情，不愿久坐，辞别回寓，心益烦闷。晚餐后，在寓看《平绥游记》到篇末，记有清华毕业学生蒋恩钿在绥省立一女师范教书，看了大喜欲狂，打电话问蒋先生是否在校，蒋先生来接，请我即刻去谈。我雇车往谒，相谈约两小时之久，蒋女士是一位有为青年，我与她有同学之谊，见面好像故知，她说绥远有清华八九人，归绥中学就有六位，许明日介绍见面。我在清华时，没听说绥远有同学，所以有昨今两天的苦闷。时已十一点，拜别回寓，与丹谈述蒋女士，她听了也欣喜。在这里，我要感谢冰心女士了。十二点就寝。

五月九日　晴

今天是国耻纪念，绥市没有表示，身居塞外，动多愁苦。察绥前途危险，惜居是土者多无觉悟。午前在寓读王树枏所作之《新疆小正》。午饭毕，恩钿女士来约往归绥中学。及抵校霍世休同学(校长)接谈，于是米景沅、左登金、王鸿逵、郭清寰、李玮各同学都来，谈了些关于同学的状况，丹同蒋李两女士到翟家花园去看海棠。丹等回来了，大家一同到西北饭店，同学们的盛意，实在感激，谈起汽车问题，同学们都愿帮忙交涉。六时许各散回寓，晚仍阅《新疆小正》。

五月十日　晴

晨起阅冯承钧所作《西域地名》一书。午饭后赴女师参观，该校规模尚小，而办事尚属勤恳。由恩钿同学处借了顾颉刚所作之《王同春开发河套记》、吴文藻所作《蒙古包》各一册回寓。晚间在寓阅《王同春开发河套记》，是书文笔流畅，王的历史也颇奇特，读之不忍释手。王的功绩甚多，兹不录写。

五月十一日　晴

绥远天气变化无常，今天大风陡起，飞尘翳目。午前在寓阅书未出，午后一人往视五塔召。

五塔召在绥市东南隅，即慈灯寺，蒙古人名叫“塔布斯普尔罕召”。“塔布”是“五”的意思，“斯普尔罕”是“塔”的意思。汉人称曰“五塔召”，又名“新召”。清雍正五年建，十年赐名慈灯寺。我从侧门入，寺内狼藉不堪，殿顶五塔矗立。寺旁见工人用羊毛制细绳，仿如南方人之抽丝。其法极笨，叹我国工业不进步，市场充斥外货。晚间在寓阅《新疆礼俗志》。

五月十二日　晴

午前在家阅书。午后恩钿女士偕张宣泽先生来。张是四川人，字梅生，北平军分会派他为驻绥代表。举止端详，且甚诚实，乃一有为青年。绥市居民恶习极深，吸鸦片的举目皆是。烟土竟然公买，闻城外多植阿芙蓉。据本地人说，旧城共分六区，而一区之内就有四五十家烟馆。听了实在可怕！私娼特多，此地称私娼为“破鞋”。在街行走的少女，十有八九是破鞋。有人说，一女有三丈夫，就算贞节女，其糟的程度可想而知。张君居是两载，一无沾染，诚可贵也！张君愿与汽车公司交涉，我很感激。蒋女士详述来绥经过，绥远风气闭塞，社会不堪明瞭。她初有很多误会，经长久奋斗，现已冰消云散了。谈了约三小时，张赴汽车公司，蒋返学校。四时许，天津总公司来信，准我们乘此次车西去，大家欢喜无既！六时许，左、葛两同学来问汽车交涉结果，彼等均愿帮忙。晚间恩钿女士来电话说，张先生交涉结果尚好，我说天津已有信来，想老牟再不致为难了。

五月十三日　阴

昨夜狂风怒吼，天气骤寒，今晨开门外视，瓦楞上铺有白雪，寒气袭人，我颇惊讶！初夏的天气，犹见飞雪，这是南方人梦想不到的。吃了早点，持天津总公司信往见牟主任，老牟见我态度忽变和蔼，说了许多客气话。我暗中发笑，何前倨而后恭呢？我大谈这几年生活概况，他越是谦下，既准下次搭载。遂出公司赴新城省府往谢张先生。寒风扑面，远山全白，忽忆及唐人东方虬诗，“胡地无花草，春来不似春”。因是有感，遂急成一绝：

暮春发鄂渚，周遭草木深。
故园春已尽，塞外始逢春。

时约十时抵省府，张君接见，并介绍湖北同乡赵、曾两秘书来谈。十二时许反寓。午餐毕，小睡二时许，与丹及二子到街上闲玩。我幼居河南，深爱豫人性之古朴忠诚，九年来长住武昌，痛恶湖北人的叫嚣。今来北方，还是羡北人的直爽，而行动蠢笨，远不及南方人的活泼。处这竞争剧烈的世界，蠢笨也非绝生存。因此常为北人担心。绥远人不爱清洁，衣服有自做成后至毁没有洗一次，殊为可笑。晚间在寓看开发西北及西北问题的刊物。

五月十四日　晴

天气新雨后，风不扬尘，与丹商游昭君墓。买些点心，雇车前往，九时出发。墓在城南二十里，当大黑河之南，现有绥昭汽车路，交通甚便。丹与二子乘车，我在后追随，车夫姓冯，安徽人。他说十几岁逃出当兵，转战南北，又曾经商蒙古，颇能说蒙古话，当即告诉我给我几句，并谈蒙古人习惯风俗。车夫体壮，拉车不费力气，我在后有点赶忙。清风徐来，空气新鲜，见农人正扬种，从湖北起程，时麦已冒穗，经一月，而塞外始种，南北相差之远，令人骇异！

昭君墓一名汉明妃墓，一名青冢，杜甫《咏怀古迹》五首之第三首云：群山万壑赴荆门，生长明妃尚有村，一去紫台连朔漠，独留青塚向黄昏。石崇《明君词序》云："明君本昭君，触晋文帝讳改焉。"

青塚之名，《归州图经》云："胡地多白草，昭君塚独青"。乡人思之，为立庙。青塚之名，除见杜工部咏古迹诗外，唐柳中庸《征人怨》诗云："岁岁金河复玉关，朝朝马策与刀环，三春白雪归青冢，万里黄河绕黑山。"

昭君，湖北兴山人，杜工部《负薪行》云："若道巫山女粗丑，何得此有昭君村。"《寰宇记》云："归州兴山县有王昭君宅，即此邑人也。"故曰昭君之县。村连巫峡，香溪在邑界，即昭君所游。《方舆胜览》云"归州东北四十里有昭君村"，《琴操》云："昭君死胡中，乡人思之，为之立庙，庙有大柏，又有捣练石在庙侧溪中，今香溪也，庙属巫山县。"

昭君墓之所在地，论论纷纷。《香溪一统志》云，昭君在古丰州西六十里，除绥远南二十里有昭君墓外，包头西五十里亦有昭君墓，今属五原县。在包头西北，今不甚显，在归绥南者，自辽史列于地理志，文人学士，喜登临凭吊。据绥远友人云：绥市南之昭君墓，系仅葬鞋一双，包头西之墓，较为可靠。旅中无书，未得详考，以俟异日。

墓高如山，登巅可以望远，墓前有石碑，多俗不可耐。玩了约两小时，吃了点心，摄了两片，遂兴尽反寓。途中车夫说了许多关于昭君墓的神话，全不可信。同一事体，因知识有别，信仰就生差异，各地都是如此。归途中徐行神怡，五时抵寓，晚饭后，在寓作日记及阅书。

昭君嫁单于，《洪北江诗话》中所记的一段，颇有价值，抄录于后：

王昭君赐单于一事，琴操之言最得其实，云：王昭君者，齐国王襄女也。年十七献元帝，会单于遣使，求一女子。帝谓后宫欲至单于者起，昭君喟然而叹，越席而起，乃赐单于。是昭君之行盖由自请，而《西京杂记》

妄以为事毛延寿，说最鄙陋，而世俗信之，何耶？余曾有一绝正之云：“奇重请尺组，奇女请和戎，莫信无稽说，媸妍出画工。”

五月十五日　晴

自游昭君墓归来，两腿微痛。因此不愿外出，整日在寓写信看书。阅日人藤田丰八郎所作之《西北之古地研究》，因有所感。日人对我国边疆早就注意研究，而我国人士还蒙然不知。我辈身为学子，对此应负责研究，以期国人知如何开发西北，此次赴新即以此为鹄的。丹午后到女师范去看蒋女士，我在寓照料小孩。

五月十六日　晴

晨十时有湖北同乡王君新从广西来，欲在绥谋一枝栖。谈了一时之久，浩从平来，王君辞出。午后蒋女士来谈，她详述她来绥的目的。听了她的奋斗经过，深佩其人。五时许同到丰轩吃饭，是馆为教门，在绥很负盛名。吃了后，果知名不虚传。绥远人多喝代酒，其味道似花雕。食毕回寓，继看《西北古地研究》。

五月十七日　晴

昨夜许久未睡，今晨起得特别的迟，午后在寓看书。四时少丹兄由新来电，文云督座准提前附车。

五月十八日　晴

晨起漱洗毕，到街上闲逛，在书局买了一把信纸即回寓。午后屠义源先生来访，谈了些关于他在绥的经过，他曾作过几任知事，又曾作过几任于长。现年五十以上，见人面似冷酷，实亦诚恳。人在宦海中浮沉过久，态度多变淡漠，屠先生当然不能例外。他约我们明天到他家吃便饭，却之不恭，只得允许。他说住绥砲二十一团团长李载青是黄安东屋嘴人，丹的外祖父家即是该村，想此人必与我们有关系。屠先生去后当即雇车往访，适未回公馆，投二刺而归。

五月十九日　晴

晨七时起，八时和丹同往李载青，他最近为检阅很忙，又没得见。午前在寓看《新疆访古录》。午后五时到新城屠先生家吃饭。屠先生欲绥以终老，故名其园为留园。他说绥中小学教科书由上海各书局出，多不适用。

李团长之侄明科来玩，谈起家乡事情，大家都很兴高采烈。晚间继续看书，十一时睡。

五月二十日　晴

晨八时许铁钧（明科字）同杜医官来，谈了约两小时，约我们大小到麦香村吃饭，此馆在绥远最著名。味确是不错，饭毕回寓，晚五时李团长也请到麦香村吃饭。有九舅娘作陪，谈了许多话，食毕，团长及九舅娘同到旅社来谈，团长在陕西有三十多年，自幼从军，人极慷慨，且富经验，分别后在寓写信。

五月二十一日　晴

晨八十铁钧来，九时许同到二十一团访杜医官。参观大砲，据云：都是山西兵工厂出品。出来又到小召，喇嘛开了正殿，引我们参观。引着我们的喇嘛都能说中国话，王树枏《新疆礼俗志》云：蒙古人有兄弟三个，就须有两个去当喇嘛。王谓并无此事。我看别的书上说，有兄弟二人，就得有一个去当喇嘛，绥远友人也是这样说。王书谓无此事，我即生疑窦，当问喇嘛是否有此事。年长的喇嘛说："在康熙时规定有兄弟三人，就要有两个去当喇嘛，现在随便。"大召盛时，喇嘛几千人之多，所念的经是用皮纸写的，一块块的，不相联缀。外用木版夹看。据友人说绥远多破鞋（私倡），居住喇嘛太多，也是原因之一，喇嘛是无妻室的，当性欲高张时，就去嫖娼，听之不为无理。出寺回寓，饭后在寓休息，四时许到团长公馆，室内清洁，这是在塞外不易见到的。六时许吃饭，谈了些关于人生处世的话，八时许回寓。

五月廿二日　晴

晨起在寓看《西北地方与文人》，记河套开渠的事，王同春的名字其中也有，但不很详细。王同春真是了不得的人才，他是一个老粗出身（北方人叫不识字的人为“老粗”），而做出伟大的事业，绥远地方的人，几乎无人不知。他的女儿叫“二老财”，也是干才，有河套穆桂英之称。我在绥远常听友人谈他们父女的故事。十时许北平同仁堂少老板乐绍虞来访，他在绥远开一药铺，名宏达堂。他与李团长是亲戚，于是他和我也攀亲戚，谈起他家的生意，其状实在可以惊人，可算得中国药铺中托剌司了。下午三时回看，顺便认识公安局白局长，他们都喜抽烟打牌，我不愿多坐，遂一人回寓。同旅社有为李执一先生，是河南淮阳人，北平警高毕业，谈吐不错，近日来时常往来。他的同学有几个在绥作警察工作，他们很清楚地方风俗。李先生由哪些听得，于是转说给我听。绥远表面虽似堂皇，而人民生活之苦，人民嗜好之深，听了实在痛心！老子云：“天地不仁，以万物为刍狗。”绥市之不景气，我国到处皆是，但未若此地之深。人民何辜，遭此不幸。晚间在灯光下讲故事给两小孩听。

五月廿三日　晴

晨起天气清和，同丹等到北门外龙泉公园去玩。公园距城约里许，路旁植树，叶像才出，塞外风光，由此可知其寒了。龙泉公园俗名卧龙冈，据云：前几年有一农人在土包处挖，于是水即涌出，土人疑为有神，后来建设厅在此修了两个茅亭，凿一水池，辟有稻田，隙地遍种杨树，于是每晚游人麕集，其实以南方人眼光看之，值不得看，沙碛荒寒，龙泉公园居然也成了胜景。十二时许回寓。午后在寓未出，继阅《西北地方与人文》。

五月廿四日　阴

今天天气阴沉，整日在家未出。看《绥远分省调查概要》一书。晚间蒋女士来谈，我发表我的开发西北的主张，晚间雨不住的下，绥远天久未雨，这次可说是甘霖。绥远人民都极喜悦。

五月廿五日　阴

街上路途泥泞不堪，宏达堂请我吃饭，我以习惯和他们不同，不愿去应酬。德浩一人去了，我在家照料小儿。晚间领二子到理发店理发，那里面的人，个个面带烟色，声音也不清晰，我同丹笑说，这些都是瘾君子。人们无知，他们不知他们不幸，而还要自沉苦海，他们可恶，政府当道也不能辞其咎！他们在里理发，我一人顺北门大道前行，走约里许，没见什么，于是回头约丹等回寓。浩由宏大堂归来，说我没去，乐先生很不高兴，我说欲使人人高兴那才难啦！

五月廿六日　晴

雨复新晴，灰尘绝迹，听说民政厅后园甚雅，九时许同德浩、执一、天琪往游，即抵大门，由该厅职员孙祝三领导游览。是园名叫怿园，慈禧太后之父惠徵在此做过道尹（民政厅即前道尹公署），西太后儿时随父在任，常在后园游玩，继任者筑亭曰懿览亭以为纪念。亭后有一土冈，上有一亭，登此可以眺远，今天天气清明，五十里路外的喇嘛洞，历历入目，亭旁有屋，孙先生说是西太后祖父读书处，下有两块大白石，说是慈禧儿时常在上面坐玩。后来又到了大仙庙，内陈从前的仪仗。孙君说此地人极信神，没衙门内有大仙庙。登屋一看，幙内坐一满人式年老人之泥像，下来又到亭内坐玩。园内种花木，在塞外真是难得。午后蒋女士来谈，六时许，丹到李团长家。九时回来。

五月廿七日　晴

是新晴的天气。早起觉得有点冷。绥远地当寒带，现已入夏了。而气候极似鄂中之新春。上午在家看书，午后到城外省立图书馆看报，馆内阒静无人，我久没阅读报章，在那儿尽情翻阅。绥远设省不久，所以既无省志，复无县志，最近由民众教育馆作了一《绥远各县调查概要》，内容大致还好。四点时候步行回寓。晚饭复在家谈天。

五月廿八日　晴

早起在寓看书，午后铁钧来约我们到城外龙泉公园去玩，大家慢慢的走，刚到那里，只见西北方黑云涌起，我们就赶紧转回来。晚饭后在寓阅书。

五月廿九日　阴

自到绥远，每天都到馆中吃饭，口味与我们不合，且觉得不洁。上午铁钧来了，谈起此事，他说可到团长公馆去借汽炉，自炊，说了他就回去拿。下午五时，他拿来了，并带些面来，在绥似长居久安之慨，但西行无期，我甚急灼。

五月卅日　晴

早起在家看书，午后又到大召去逛，后来在街上走时，见本地所织的呢和毯，粗不美观，而颜色尚不俗，手工业能以产此，已算可贵。

五月卅一日　晴

每天苦闷无聊，到第一中学米君处去借了一部杜诗、《文选李注义疏》二本。作遣闷的东西。傍晚恩钿女士又来了，谈了好久始散。

六月一日　晴

绥远这几天颇见热闹，各处设招待处，而“破鞋”（妓女之别名）也大形活涌。蒙古各旗王公也陆续来绥，听说王委员长应钦要来。各旅馆都设为招待所，每天只见招待的各先生们走进走出。街道也比以前清洁了，各召的门前写上某王的住所，我住的中西旅社也被设为招待处，出进的人顿形踊跃，大非从前的寂静样子。我无事就街上去逛逛，宪兵们也加多了。靠左边走也执行较严了。

六月二日　晴

早起在寓未出，听说今天阅兵，我因无心看热闹，所以没去观光，在寓和小儿们谈天。

六月三日　晴

往西开的汽车，听说决定明天开，我收拾东西，交还在各戚友处借来的物品，又向各处去辞行。整整的忙了一天，晚上铁钧又来谈了。黄昏时候已将行李送到汽车局，新绥汽车的办事态度欠和蔼，当我们东西没有送去的时候，百方说不准多带，我检之又检，将要带去的物件寄回家中，在中国这个国度里，旅行真是不易，不仅使行人物质上有极大损失，并给精神上一大刺激，中国动不动说一动不如一静，现在方了解这话的来历了。

绥哈道上

六月四日　晴

在鸡声没鸣的时候，起来收拾行李。三时半由中西旅社到新绥汽车站，久盼不得的西行的日期，现在方算是实现了。七时半车将开动，秩序毫无，旅客大为不便。这次西开的车共有八辆，内有轿车一个，丹和珮和縠儿都在内，我和浩及琪儿在另外一车上。同伴有依势欺人者，我们也在被欺之列，一时很觉气愤，过后也就一笑置之。出绥远城，经过大青山（即阴山），车在山上爬上爬下进度很慢。时已正午了，车达武川。我国地图多将武川绘在阴山之南，真是荒唐之极。武川范围极大，远不若内地的一大乡村。车出武川，渐入平原，而满目荒凉，不见青草。时已至夏，尚且这样，秋冬两季更可想而知了。唐柳中庸说“黄砂碛里本无春”

一点儿也不错。这时天气比从前较冷了，稍高的山上还有积雪。时约三点的时候，车陷在泥坑中，费了许多时的工夫才拉出来，车停在荒野，有几个蒙古女郎到车旁来玩，长辫皮衣，这套装束南方人是没见过的。这时天起乌云，将要落雨。车就加速度的前开。走到召河，天已微雨，并也暮色苍茫，同行人们就决定在此住一宿。召河是因由喇嘛召得名，只有两三家住户。我们一家人就在一个蒙古女子开的店中住，里面脏极了。这个店主妇，是一个寡妇，姿态并不恶劣，其行为甚浪漫，听说她有几个姘头，在蒙古人看起来这不算奇事。晚上雨止，极目的平原上，见那成群结队的骆驼，颈系铁铃，走时铛铛作响，又有那无数百灵鸟，在空中飞旋，其声宛转好听。在这沙漠上有了这些点缀，可破孤寂。晚餐用驼粪烧好了，大家都饥得发慌，争去取食，古人说饥不择食，而今目及了。

六月五日　晴

天尚未亮，就被人催起，收拾行李，准备开车，在六点时，车就行发动。昨天在车上呕吐了几次，极为难过，今晨调换方向，免去晕眩。车出召河，路上十分平坦，车行极快，在日上三竿时候，百灵庙已呈见我的目前。百灵庙一作贝勒庙，此处是内蒙古政治中心，蒙政委员会设在此处。车刚抵百灵庙，有蒙兵前来上税，停了约半点钟，手续完毕，就到新绥汽车站，途中看见蒙人在山上驰马，其快如飞。车抵站后，蒙人老幼都来参观。听说此地蒙人多盗窃，车夫叫我们留心。我几天虽比昨天好，但仍晕呕。站内极脏，且蒙兵时出时进，异常拥挤。大家都吃了饭，时已正午。我在此作了一封家信，摄了两张影片。车开了，我改座在车的楼里，须出洋十元。出百灵庙即渡一小河，再上山坡，路极坦夷，车跑甚速，行约六十里，见后面一辆车没来，有两辆又开转探听。回到离百灵庙十里路的地方，有一辆车停在那里，始知车夫东西遗失在百灵庙，转去取物。在车旁有两蒙古包，我到里面一看，方知里面尽是欧美各国的人民，陈设甚好，且人都和蔼。内有美国人、法国人、瑞典人。有一位曾于斯文赫定同伴游历过新疆。取物人来，车又前进，走有十几里处，见有汽车翻倒，有四人受伤。出门真是不易，我见了内心不觉就起了恐惧心。前面的车见后面的车不去，都开转来了，车坏了人伤了，于是决议折回百灵庙。回转到百灵庙，时已半晚，帐篷支起，大家就篷内住宿。地下尽是马粪，臭不可言。我约了一位同伴，找一位蒙政委员会的职员作向导，去参观百灵庙。庙的范围有两三里录的宽大，内有几重大殿。旁有许多小屋房。是剌麻住所。殿颇堂皇，听说是康熙时修的，出了庙，就到蒙政委员会处一游。庙旁有很多蒙古包，里面有云王德王的住所。云王是委员长，德王是秘书长，云王年老，一切大权都在德王手中。他俩都不在家，我在王君处休息了一会，就回站了。蒙古迷信綦深，尤轻视妇女。说百灵庙附近向不准妇女停留，认女子是秽物，若在此住，就将此处弄脏了。我想还有别的用意，喇嘛终生不娶，要是有妇女在此住，就不免有嫖荡的行为，绥远的喇嘛十之八九有花柳病，不就是一个明证吗？百灵庙傍山面河，河内有水缓流，闻不准人民在里面洗澡涤东西。河东是市镇，有邮局，有无线电台，有杂货店，在此处作买卖的都是山西人。河西是百灵庙。两旁有很多蒙古包，住有蒙兵。黄昏时，我登山远望，只见庙宇金碧辉煌，诚一壮观。山下垒石，插一小旗，名曰鄂博，是蒙人每年竞赛的场所。百灵庙附近山上产煤，听说王爷不准开采，怕是走了风水。蒙人性忠厚，但喜行窃，所以有人说“蒙古好，眼界小”。晚间在一个店闲坐，看蒙古人买东西的情况，他们喜欢别人的小便宜。买东西的时候，不是将店里的小物件明拿一点儿，就是暗地里偷一点儿，自以为得计，其实卖东西的人，早知有此。由物价高抬中已将所失的扣回。这些事久住蒙古的人是如此说，今日我亲眼见到了，果然不差。

六月六日　晴

昨天翻的那辆车回绥远修理，须候那车转来才能西开，今日决定不走了。借着这个机会到各处去参观。早晨起来，领着一家大小到河边去玩，在水里洗涤手幅，见有几百蒙古兵在旁下操。我走近一看，其奇形怪状，活像一群乞丐，有的着长袍，有的穿短衣，有的戴帽，有的光着头。教官头有长辫，戴瓜皮帽。口唱蒙语，兵们立正开步走，全不对，这些武装同志们有什么用处呢？蒙人吃的是牛羊肉，路旁尽是白骨，又听说他们要是死了人，就弃之中野，任野兽大饱一餐，如许久没野兽照顾，全家就认为不利，必须请喇嘛念经祈祷。又听说百灵庙对面的山谷中，从前每天晨夕，总有美妙的音乐奏着，康熙皇帝有一次到此，听了音乐，就问所以然，据说此处将要出皇帝。康熙听了大惊，想方法要破此风水。于是就在百灵庙的大殿上修一阳物，正对那仙女们住的山谷。从此仙女们远扬，音乐再也听不着了。这件事姑妄听之吧！蒙古水极稀少，此处有水萦带，无怪是重要所在。午饭后又到镇上去玩，见有由西人将要建筑的百灵庙饭店基址。范围不很小。市上买的东西极贵。像罐头一类的东西，在武汉值三角者，此处非一元不卖。晚五时往绥远休息那辆车转来了，准备明晨西开。

六月七日　晴

晨三时，就被人催起，收拾行李，微明时车就开，出了百灵庙约二十里，弥望平原，车行甚速，时已亭午，在车上遥望前面有一极大森林，及到附近，是一荒野，如是者数次，开始我不解其故，细思：或即物理学上之反映。沙漠上很少青草，但路的两旁却绿茵如毯，其他就是不毛之地了，在午后约二时许，我们的车中有一辆坏了，大家议论纷纷。有主张转回百灵庙的，有主张前进的，有主张在此静候的。结果有一辆回百灵庙，我们在这旷野中搭起帐篷，在此等候。此处有两个蒙古包，里面有老年夫妇二人，他们有子女各一，有羊数百，有头牛三十多只围绕蒙古包，是用羊马粪作的块砖，大概是预备过冬的。包旁有一井，水很清冽。这家人老夫妇俩勤恳的工作，少女照料羊群，而少年男子，则骑马外游。听说蒙古人的男子地位极优裕，每天走东逛西，而女子就一天到晚不得休息。晚上我走上山巅，看波浪似的小山，全无草木，内蒙全部荒寒固然是自然的赐予，同时也是人为摧残。牧畜生活，很容易使土地变作沙碛。站在天空地阔的山上，清风徐来，连日来的劳顿，几全消掉。晚饭吃的是稀粥，里面常见羊粪，我吃不饱，内心很觉不快。天黑了，我一人在帐篷外踱来踱去，直到更深人静，我才入内去睡。

六月八日 晴

东方红日还没升起，篷内的小孩儿们都闹起来了，我本想多睡一下，但是也不能再睡了。洗了脸，我与丹同到蒙古包的前后一游，他们白天都到野外去牧牛牧羊，房内空无一人。我与丹携手又到山巅，谈了些关于人生问题，玩了约两小时，始缓缓步归。蒙古人一早将牛羊赶出去，到正午全部都回来喝水，那小女孩将水打入水槽里，牛羊都来吸饮。打水的器具是皮作的。大概是用了午饭，又将牛马赶出。小女孩一人督队，随跟大犬几个。到了黄昏时节就回来了。他们过的真是日出而作，日入而息的生活。

六月九日 晴

早上起来，没有事做，只有和家人及同伴们谈谈闲话。有时逛逛山景，在这平凡的地方，除了感觉着自然界的伟大，别的一无可取，转回的车来了，并添了一辆，少停，车都一齐开了。至黑沙图时已是下午两点了，此处住有王靖国军队，并有通包头的汽车，我们在此休息约一点钟，车就开了。黄昏时车抵乌泥乌苏，此处也住有王靖国的军队。晚饭后，我到一个蒙古包里去睡，今天共走四百多里。

六月十日 晴

早五时车开。今天途多沙滩，车时被陷，沙漠中虽无奇景，但有时望前面像一片汪洋，又远处山谷中涌出万顷波涛，宛如一大瀑布，此景时见，询之同伴，多不能解释，是不是光学上的乱反射，只有存疑。到松稻巅时已正午，少停又开，傍晚达海牙阿马图。此处有很多的蒙古包，是作买卖的。我戴[1]丹到一店家，买了一点酒，借以遣愁。

---

① 此处应为“带”。

六月十一日　阴

天刚亮时，狂风大作，车开了，途中多沙，车时被陷，进行十分困难，自今天起，途中不见青草，只有一片黄沙，今天仅几十里路，车就停了。

六月十二日　晴

天还亮就出发了。今天沙漠还多，进行甚慢，正午抵阿卜敦，前面不远就是银根，这两地方紧接外蒙。银根一带是一片沙碛，上多碎石，有奇形怪状的石子，我拾了不少。

傍晚时有几个车都陷入沙中，我就步行至班定陶赖盖。到了站，弄点儿水洗洗脸，班定陶赖盖的意思，据说班定是某佛，陶赖盖是帽子。因此处有一小山，形似佛帽，故有此名。此处很有几家山西商人，我们出了一点钱，自己作了一顿饭吃了。其中有一商人，曾在外蒙经商。后因事变，被迫出境。谈起来，他有愤怒的气概。此人颇有常识，且知注音符号。从前我常说中国人没有冒险性，今天和这几个人谈了话，知道他们出死入生，在这广大沙漠中经营他们的事业，也不能不佩服他们的精神伟大了。今夜月白风清，谈了许久，才回帐篷。

六月十三日　晴

车至十一时才开，途仍多沙漠，车常被陷。近几日所走的道全是砂碛，正是内外蒙交界处的一带大沙漠。黄昏时车抵察罕典礼俗，他的意思是白芨芨草。此处有几个蒙古包，也有山西人在此处作买卖。有一个蒙古包里面没有住人，据说从前在里面死了几个人，现在没有人敢到里面去。今晚月白风清，我吃了晚饭，就在帐篷外散步。

六月十四日　晴

晨起车开，道较平坦，途中我与白某因误会而有小冲突，他常仗势欺人，我实在看不下去。傍晚达二里子河，此地又名乌兰爱里根，靠近居延海有一小河直通其中。后绥远到哈密至此是一半，此书新绥汽车设的有分站，中央设的有无限电台，办事人是南方人。河旁有许多砂丘，上长胡桐，许久不见草木，今天看见了青枝绿叶，很为可爱！车夫们买了一只羊，杀了煮食，我不喜其味，未尝染指。饭后我到砂丘上去玩，后来又到河中洗脚。听说这里砂丘常常移动，如果有一阵大风吹来，它就移到别处。开车的准备在此休息一天，晚上到电台里面去听广播。

六月十五日　阴

昨夜起了大风，天亮时更加狂吼，篷内铺的被子都为砂子掩覆。外面黄砂蔽天，无处可去，只好跑到汽车前面楼内暂避。午后风稍煞，我同一家大小到河边洗衣被，晚饭在外面散步至十时方入内就寝。

六月十六日　晴

微明时由二里子河出发，走了十几里路，沙漠甚松，车行不快，又行约三十里，就看见一片碧绿的居延海。车子几绕此海的三面，如能从海上经过，可省二百里的路程。途中很多灌木，形似柏树，都不成材。我拾了一棵，其质不坚。蒙人以此作柴，俗曰“加刚”。今天所走的道路，有极难走的，有极平坦的，有为黄泥铺平的道路，比之通都大邑的柏油路还好。车在这种道上行走，其快如飞，晚上到了一块极平坦的地方，车就在此停了。此处没有人住，且无井。车上用石油筒带来的水，吃喝时闻着一股煤油味，实难下肚。

六月十七日　晴

晨起出发，正午时抵芦草井子。站设在一个破关帝庙内。除此庙外，别无住户。新绥汽车公司派有一人在此受站，旁有一井，井水不好，吃了的人，轻者大便是黑色，重者就要生病。丹到井边洗物，有同伴彭某故意寻衅，丹百方忍受！没起风波。这次旅行，常受仗势欺人的压迫，只有以忍了之。晚到石板井子，我甚疲惫，饭罢就寝。

六月十八日　晴

天已大明，车始出发。途中很多小山，沙漠中有小树，晚抵火烧井子。

六月十九日　晴

早六时出发，此处是安西地界，设有一卡，来往商人，都要在此上税。听说从前有一商人经此，他在内地买的有一箱纸烟，价值四十元左右，到此上税要六十元。商人说："我这件货价仅值四十元，而你要六十元，我不带了。将这件货送给你吧。"上税的人说："如果真送给我，那还得交二十元大洋才行。"我国各地官吏，任意妄为，真是可恶！时约十一点，抵公婆泉，新绥汽车公司设有油站。此处也是安西地界。设有税局。山上有一土寨，据说三年前有一股土匪在此盘踞，这寨及土房是他们建筑的。至今尚完整，正午时遇一群从新疆回内地的商人，说新省近来很好，午后三时到新省地界，山岭渐多，但都是童山。日尚未落时，车抵鸭子泉，此地井水甚多，决在此住宿。此处距哈密仅三百里，明天一定可到。晚饭后，大家议给车夫酒资，我们一家共给十四元。

六月二十日　晴

晨起出发，路极平坦，走不及百里，23 号车翻了，车上幸无乘客，东西损坏不少。这两次车翻，都是极平坦的地方。大概是在平坦地方，客车的人多很疏忽。

到庙儿沟的时已达正午，山有一座庙宇，听说是宗教家的避暑处，距哈约数十里的地方人烟渐稠，但路是沙漠，车很难行。再前行，看到青葱的树木，碧绿田园，流水清浅，维族老少妇女夹道观望。路旁有杏树，同伴有摘取的。到了哈密，只见破败的土城，残坏土房，大概是近几年新疆变乱的遗痕。车抵站时，各族人士展于目前，五光十色，奇形异样。这种风光，是长江流域所见不到的。不久保安局来检查完毕，我们到承顺店暂住。这店是尧乐博士司令设的招待处。有兵几人在里面招待我们，也很舒服自在。近十几天来，风尘仆仆，身上尽是灰尘，极感不适，要了点水，洗了洗。晚七点时吃饭，蔬菜很可口。今天琪儿的生日，旅途中没有东西给他玩耍，留在到迪化再讲吧！

在哈密

六月廿一日　晴

晨起漱洗毕，尧司令来访谈了许久，尧司令别去，我们就用早餐，吃的稀饭面包，菜很有味，这是自从出了绥远所未尝到的。饭后，我同浩及宋先生去拜刘行政长，坐了一下，又去拜访尧司令。司令部、行政长衙门、县公署都在旧城，里面很萧条，两湖会馆及定湘王庙也在其中。到了司令部，尧司令出来接见，谈了不久，就到汽车局去取箱子。我又到保安局去拜访杜、蓝两局长，坐了一下，就出来去看同路的张绩廷先生。

起初我看见定湘王庙很不明白，后来才知道当左文襄平定新疆时，所领的全是湘军，他们多崇拜定湘王，所以大军所到的地方就立庙供奉。听说新疆各地都有定湘王庙，又名王爷庙。

这次新省的变乱是发端于哈密，而哈密也糜烂最重，至今虽渐恢复，但市面仍现凋零气象。

晚五时许，尧司令及刘行政长公宴这一次来的人们，我们一家大小都去了，筵席甚好，有几样东西是内地吃不到的，吃了约两小时之久，宴罢回寓。店中喂了几只孔雀，小儿们极喜去看。

哈密是新省东方门户，出口的东西吐鲁番的棉花、葡萄干、杏干为大宗，店中存的棉花很多，是准备运甘肃去的。

迪哈道上

六月廿二日　晴

晨起整理行装准备上车，尧司令来送行，别后就赴车站，七时许车开，我们坐在车后，颠簸异常，经过回城旁见有高大的浮屠式的坟墓。路中灰尘很大，在车坐了不久，几为灰尘所埋，我不可耐，下去坐在别的车上，那知这车尾上振动比前更凶，痛苦极大，我欲回转。后同伴另想办法，换坐在车的前上部前方才稍好，出门真是不容易，我这次旅行，实在是受有生以来没有受过的痛苦！午后三时许，就到七角井，听说此处有设治居，但办事不在此处。七角井在乱山环抱中，有一土城，倾圮不全，里面的破落土房，没有居人，仅住兵一连，以资镇守。我们住在一间破土房里，脏极了。

七角井子有两条道可通迪化，一是经鄯善、吐鲁番，一是经木垒河、古城子、孚远，据说夏天车走古城子等地，冬季经吐鲁番，在古城子与七角井之间有一个地方名叫大石头，每到冬天为雪所封，故不能通行，现已消开了，明天定走北道。

从哈密出来，沿途的房屋都是四壁，没见一人，战后的疮痕阅之令人心酸，听说这次事变，各族相复仇杀，毫无意义的损失了几多的群众。

六月廿三日　晴

微明出发，经过山谷中，望见红日升起。正午时抵木垒河，市面很小且甚萧条，看县长率领人们出来求雨。我吃一碗面，每碗五十两，鸡蛋每个也是五十两。车开了，午后四时抵古城子。老奇台离此尚数十里，在站停了很久，听说县长设的招待处在文庙。于是我们移至文庙。吃的是稀饭，丹吃不饱。此处有两湖会馆，我同浩进去看看，里面有一个黄陂人，有一个湖南人，都是年老力衰，每天的吃喝很难谋得。异乡得此，不禁起无限感慨！萧县长来到招待处，谈了片刻就走了。后来保安局长张局长及殷肇湘来了。送些食品，谈了不久就分别了。古城子就是奇台县的所在地，为北疆重镇，商务也很发达，但是我看街上萧条得很，谈不上是重镇。

六月廿四日　晴

早上起来萧县长在馆中预备了些菜和面，同伴们都去吃了一顿，七时许车开了，新疆是天然的汽车道路，路极平坦，车行甚速。经孚远，途中渠水很深，车走不易，麦已渐黄，农人很忙。此时江南一带，麦早割了，而新疆有的尚青。气候不同，生物也就有迟有早了。距孚远十几里，有一千佛洞。在车上可以望着。听说里面有大佛一尊，是唐时物，惜无机会往阅。车抵阜康少停，听说此处产酒，途中闻着酒气。车开了，行进如飞，到古牧地时，省内已有各要人至此迎候。少停，车开了，午后四时达迪化，车到车站，来了一队军人扬言："有督办的电报就不检查。"果然还是和督办有关系的人们都平平安安的走了。留下来的几个商人和我们在那里候他们检查。翻箱倒箧，实在令人感觉不快，最好笑的是我受北平同仁堂的嘱托带了几张广告到新疆，检查的科长及其他的人们说："这重要，带局细看。"又有人说："不必带。"又有人说："重要。"结果还是拿去，他们能力如何，由这件事就可知道了。

张太太及式婉们来迎。收拾行李，坐汽车到厅，近两月来的露宿风餐的生活是告一段落了。

一九三六年由新疆返武汉途中日记[1]

东归记(民国二十五年春)

四月十八日

在迪化住了将近一年，除了去年年底到塔城一游，费时约一个月，其余的时间都消磨在乌鲁木齐。新疆政府对于新去的人们，不准回家。我从不知道有这么一回事，自到新省，才听着这惊人的消息。当时前思后想，万分焦灼！我本为好游而到新疆，那知陷于囚犯似的生活，这是如何的不幸啊！我虽处于这种苦境中，而每天总是千方百计应付当局能放我东归。好容易省府通过的进关案，一些熟人们都来给我道贺，大家都说我是多么幸运，他们俨如模范监狱中无期徒刑的囚人。

德浩在伊犁没得一见，彀儿放在教育厅，我同琪儿东归。回忆起去

① 此日记亦残缺不全，仅剩 1936 年 4 月 18 日至 4 月 26 日之日记(由乌鲁木齐至哈密)。

年来时一群同伴，而今仅两人回去，骨肉分离，泪不禁自下！

今天是乌垣的植树日，各机关的人们都到西公园植树去了，我九时许到汽车站，候了约三小时车才装置就绪。现在因奇台一带的积雪很多，车不能走，这次仍翻天山经吐鲁番达哈密。这一趟道是我没去过的，今得走新途径，是一件可喜的事。

十二时许车由迪化开了，经过南大街和南关。这些地方都是我常游的区去。古诗云："黄莺留人浑相识，欲别频啼四五声。"何况是万物之灵的人类呢！

近来天气渐渐地温暖了，迪化城里沟渠涓涓始流。车出南关，在山谷中行走，不见青草，只见童山。午后一点二十分抵柴火铺，芨芨遍野，远望着极像一片黄沙，面前有一带碧水，大概是积雪所融成的，这是在隔壁中希见的东西。居民尽是维吾尔族，生活简陋，极不清洁。

晚五时许到达坂城，"达坂"是"岭"的意思，因此城靠近天山，故有此名。很早就听说此地比别处冷些，现在真是觉得比迪化寒得多了。此地是军事上的重镇，前几年新疆内战迭起，此城屡受重创，所以迄今人烟稀少，市面非常萧条，简直不如内地的一个破村落。我同琪儿进了一个回回饭馆，下了两碗，吃了两个缠头馕（维吾尔族人作的面饼），膻气熏人，真是难以下咽。饭后到街头眺望，见天山麓乌云密布，气象的是雄浑森严。天黑了，回店整顿行李，在一土台上就寝，臭气逼人，颇难入梦。

四月十九日

早六时起身，昨晚睡在土台上，不惟臭气难闻，且灰尘之大几将被面遮住不见，店家连水就不供给，但是索钱尚多，同行的人都和店主争吵，结果我给二百两银子完事。一出达坂城，路上尽是泥坑，前面的车陷入泥中，费了两小时的工夫始出。前进即为山口，地势确是险要。山中有一土城，为清代安集延酋妥明所筑以抗大军，周不过里许，闻近无居人。车至此，经行深谷中，有淙淙的水声在山下流着，此时真有山环水复疑无路的佳况，不觉愁苦少释。车有时走入狭途，在上面向下望，实在有点可怕！听说去年冬有一汽车翻下，死伤十余人。在山谷中走约三四小时，到一某腰站，有维吾尔人卖食物，站旁有一小溪，清洁可爱。同行的维族同胞下车喝溪水啖馕以充饥，我甚赞他们的生活简便。车出山谷，天空中灰尘极多，望着究似大雾，这大概是天久不雨的原因。到吐鲁番境，真是赤地千里，而沿沟渠的草木已青，很像江南仲春的气象，绝不似迪化冰天雪地样子。途中多由吐鲁番运往迪化卖菜的商人，都是用小骆驼载。车至天马寺，水从井中流出，树木很多，且颇整齐。午后三时抵吐鲁番，到此天气骤热，夹衣几不能用。车到站，保安局派人来检查。费了几多唇舌，犹要翻箱倒箧的看，真是麻烦！车站在农林试验场，在新旧二城之间，下车少事休息，即到新城饭馆吃饭。街道清洁整齐，沟渠直贯城中，街上都搭有凉篷。吃的是羊肉面，味还不错。此地确是热，吃饭时我仅穿着夹制服，然汗流不止。饭后在街头闲逛，欲寻求古物，但一无所得。吐鲁番有新旧两城，相距有三里路。新城为商业中心，旧城多住军及各政治机关。今天颇感疲惫，晚六时许就睡了。

四月二十日

晨六时起身，车出站，经旧城，出城就是水渠，在车上看见一条条的坎井，其工程之大，真令人惊服。吐鲁番若是没有这种设备，一定是一片焦土。

车行道上，灰尘极大，车至胜金口时，见些崇高的山都为黄土所积成。清季在吐鲁番发掘出六朝人及唐人写经。字尚完好，论者谓有神灵呵护，这是迷信。此地终年不下雨，土质为黄土层，地下物历久而不坏，并非奇事。沿途古迹很多，惜车不停止，未得流览。十一时抵鄯善，大家分头去用午餐。吃毕，我在街上逛一逛，一切情形大不如吐鲁番。听说此地瓜干很有名，我买了两卷。车离鄯善，只见沟渠纵横，麦子将出土，其后比吐鲁番冷。午后三时抵七角台，有一土城，尚巍峨存在，听说是安集延某酋所筑。出七角台，车行山谷中，天气骤冷，比之吐鲁番、鄯善差得多。天下小雨，时又昏黑，无店可宿，大家都很焦急！七时许，抵西盐池，此地仅有矮屋两间，中住数十人，且脏到万分，我颇以为苦。新疆的气候非常特别，有的地方非常冷，有些地带则极热。有人说炎凉只在咫尺间，由我今天所得的经验，确非虚语。

四月二十一日

早五时半由盐池出发，风怒吼不止，身上穿着皮袄尚觉不暖。八点时达七角井子。这里是由哈密至此分路的所在，去年曾在此住宿过。此地为一设治局，省府所委的官吏住木垒河，因此地太苦，所以不愿来。城外全是碱地，不生五谷。车在此停了约两小时，我在一家饭店里去吃了一些不生不熟的饭。吃完车开。午后四时抵三堡。此处哈密尧司令设有缉察，专探访由省来人。探清则用电话报告，如无问题，然后准向前进。尧乐博士与盛督办积怨较深，故成对立形势。车停一破院中，我到一邻近人家去买饭吃，这一家是汉族，甘肃人，彼此的言语尚通，倒是一件快意的事。

四月二十二日

早六时起身，车行甚速，十一时抵哈密。车到城门口，有兵士挡住不准进，听说等到报告保安局和司令部以后，然后才许进。候了约一小时，兵们懒洋洋地站着，简直没一点尚武精神。不一下看见出来一大队人，里面有尧司令、刘行政长带着各机关的人员到龙王庙去植树。他们过去，我们才能入站。车到站后，保安局、司令部、行政长公署三方面的检查员蜂拥前搜索检查，验明了护照，检查了行李，放的井井有条的各物，翻得七上八下，完毕，才雇人将行李送到店里。检查的人对我尚存客气，对同来的人甚至衣服中、裤子里兜要抹一抹。今天确实有些疲倦，在店中休息。

四月二十三日

吃了饭到旧城区访刘行政长，他是鲁委员长绳伯的外甥。我在迪化一年,和鲁先生往来最多。鲁先生是甘肃人,在新疆多年,历任府道各职,为人极忠实,且善书画,家中收藏甚富,我常去赏鉴。刘行政长也知道我与鲁先生的关系,故对我甚厚。见面就谈哈密的情形,经费又非常困难,他言外的意思很不想干。新省作官实在不易,如没有家境裕如,定会将人饿死。刘行政长留我吃便饭,谈了约五小时,出来顺便到新绥汽车公司去打听最近是否有到肃州去的车子。结果:得着过几天再看的话而归。去年来新是从蒙古草地来的,我这次回去想经过甘陕看一些另外的地方。新绥汽车公司距兰州段是最近才得新疆省政府通过的,所以组织尚没就绪。我取道甘肃的心已决,有许多人劝我仍走绥远,我坚不允从。午后在店里没出去。同伴中有是从前东北义勇军的官长的,谈些义勇军在东北抗日纪律如何的糟,不得民众的同情和援助,所以才失败。我听了后,十分难过!

四月二十四日

早六时起身,吃毕饭去拜谒尧司令,在他的公馆里会着了,请他帮助交涉汽车的事,他都允许帮忙。尧是哈密警备司令,名尧乐博士(译音)。听说他的父亲是湖南人,母亲是央哥子(缠头女子名)。他曾经同他的母亲回到湖南过,因某种关系,又回到哈密。他曾经到许多地方,所以汉话说得极好。性爽直,但殊粗野。民国十九年新疆乱起,他就是发难人。那时是金树仁主新,在哈密的汉人官吏强占维族的土地,维族人起来反抗,当时由现在省副主席和加尼孜同尧司令领导,杀官吏,在哈密宣布独立,金主席派盛世才来剿,和尧奔窜山中,盛班师回省,和尧又出来勾结住肃州的马仲英。新疆大乱从此起矣。现在新省已经统一了,尧司令常怕盛督办解决他,所以心怀不安,每日戒备。听说他最近将山里面哈萨都组织成军,一旦有事,就可应战。尧司令毫无军事知识,军容简直像乞丐,又加他勇而无谋,绝不是盛督办的对手。午后在店没出。

四月二十五日

午前到保安局谒杜局长，杜是甘肃人，听说是流氓出身，因会刺探消息，得升为局长。见面略事寒暄就出来了。当我到哈密的时候，有许多人告诉我以少说话，尤其是对保安局的人。杜为人狠毒，不讲面情，哈密人畏之如蛇蝎。新疆各处都设有保安局，其权非常的大，有人说等于俄国的格别务。听说近改名为公安局。新疆这种设施的利害我不敢批评，而给人以触手皆禁的政治，是否有当，有待事实证明。午后在店里看书没出去。

四月二十六日

午饭毕与同伴游新城，城中住户不多，到处阑珊不堪。出城门过一小溪，前进一二里许到了回城。城是土筑，尚巍峨可观。进了城门，街道甚脏，尤呈破落气象。居民尽是维族。街中有一八扎（缠头的礼拜寺），门前有一碑，全系维文。后到回王宫，宫在①

① 今存日记到此中止。

冯永轩先生生平大事记

冯德清(1897—1979),字永轩,一字永宣,后以字行,湖北黄安(今红安)人。父执辈名讳及生平不详。有一姊,名讳亦不详。有一弟,名唤德浩,年幼永轩约七八岁,曾就学燕京大学,后定居新疆。先生妻名张秀宜(1901—1971),字稚丹,亦湖北黄安人,与先生育有五子,依次唤作天琪、天玮、天璋、天瑾,天瑜。

编辑中,参考镜借《红安县志·冯永轩篇》(冯天琪撰),《〈近代名人墨迹〉卷首语》(冯天瑜撰),《〈史记楚世家会注考证校补〉序》(冯天瑜撰),及永轩先生日记残篇等,特此致谢。

1897 年

9 月 21 日,生于湖北黄安(今红安)城关附近冯家畈的一个中农家庭。

1904 年

半耕半读,入私塾,从此就读八年。

1913 年

始就读于河南省立第三师范附小(河南信阳与湖北黄安邻接处)。

1916 年

以卓异成绩毕业从附小毕业，因其刻苦好学而又家道清贫，族中决定以族产资助，方得升入中学河南省立第三师范。

1921 年

以优异成绩毕业于河南省立第三师范，并破格留校任教。

1923 年

始求学于武昌师范大学（今武汉大学前身）。得黄侃先生指导，奠定了古文字学、训诂学的根基。

1925 年

以同等学力投考清华学校研究院国学门，录取为第一期学员，与王力、高亨、刘盼遂、方壮猷、徐中舒等同期同学。

受业于梁启超、王国维先生，专攻历史考据学，入学不久，研究方向即聚焦于“诸史中外国传之研究”。

王国维在具体指导先生研究时，特开过一张书单，内含《蓬莱馆地理丛书》（丁谦著）、《元史译文证补》（洪钧、广雅丛书）等。

清华国学院期间，先生开始收藏生涯。

1926 年

由王国维先生指导，以论文《匈奴史》从清华学校研究院国学门毕业。其时，梁启超、王国维两位导师题诗相赠。梁先生赠一幅楹联：“遥山向晚更碧，秋云不雨常阴”，乃集北宋词人周邦彦、孙洙句而成。王先生录写陶渊明《饮酒》第二十首的前半部分相赠：“羲农去我久，举世少复真。汲汲鲁中叟，弥缝使其淳。凤鸟虽不至，礼乐暂得新。洙泗辍微响，漂流逮狂秦。《诗》《书》复何罪，一朝成灰尘。区区诸老翁，为事诚殷勤。”

1927年

始任教于武汉中学。

与同乡、好友董必武共事，常畅论中国与世界前途，交谊甚厚。在武汉中学指导的几名学生，后成为黄麻起义的领导者，先后牺牲。

大革命期间，主持国共合作的党义研究所。常以教师身份启迪和资助当时党义研究所的进步青年（如相随工友詹才芳等）参加革命，与进步人士结下不解之缘。

1928年

是年春，与张稚丹女士在武汉恋爱结婚。张女士其时在汉口任小学教员。

大革命失败前后，先生掩护、资助共产党员多人，自己也面临险境，不得不离开武汉，辗转沙市、宜昌等各地，以教书为业，如曾任教于宜昌省立第四中学。

1929年

是年六月，先生长子冯天琪出生。

1930年

先生始任教于武昌省立女子高中，张稚丹女士此时在武昌省立第九小学等校教书。先生在武昌筑有一套四室居所，除妻儿外，与其母（其时已患腿疾）、其姊同住，同时经常接济冯、张子侄辈四五人以及老家亲戚若干。

1933年

先生次子冯天玮（后名张式谷）出生。

1935年

张稚丹女士之长兄张馨（号敬丹）时任新疆教育厅厅长，膝下仅有二女而无无子，先生决将次子过继于张馨，又因有研究西北史地之志，欲实地考察西北，是年春决意前往新疆。

4月，先生偕张稚丹女士、冯德浩、冯天琪、冯天玮，从武汉出发，先乘火车至北平，再换乘汽车西向大同、归绥（今呼和浩特）等地，由北线行进。

途中，5月7日至6月3日滞留归绥，据先生1935年由汉赴新疆途中日记残篇，情形如下：

5月7日，车微明时分抵大同，后经丰镇，正午抵平地泉（即绥远之集宁县，元时为集宁鲁），前进抵卓资山（“卓资”一作“卓子”），再前进为武川县的下营，又前进到白塔车站，见归绥新城，午后一时半抵归绥车站。先生雇车到旧城中西旅社，继见新绥汽车总站牟主任，牟请先生转去勿候，称两月之类无先生所需之车。张稚丹女士央求亦无果。先生遂写快信询问天津总公司，并拍电报到新疆请张馨设法。

5月8日，先生偕妻儿往观绥远旧城大召、舍力图召、小召。午餐后在寓休息，兼看冰心《平绥游记》。其后到城外省党部，后又到省立图书馆，由王姓管理员引导参观，王为先生介绍了几位在绥远之湖北人，并写明住所。先生赴新城留园探访在绥最久的屠义源，因屠到省府办公而未遇，由屠之同乡萧先生接见。后由传达引到屠先生办公处。晚餐后，在寓看《平绥游记》到篇末，见书中记载清华毕业学生蒋恩钿任教于绥省立一女师范。经电话联系，先生雇车往谒蒋女士，相谈约两小时。先生由此知绥远有清华八九人，归绥中学就有六位。

5月9日，在寓读王树枏所作之《新疆小正》。午饭毕，与蒋恩钿前往归绥中学。与校长、清华同学霍世休交谈，又遇米景沅、左登金、王鸿逵、郭清寰、李玮等清华，相与谈。张稚丹女士同蒋、李引至翟家花园看海棠。后诸人一同到西北饭店用餐。各位同学均表示，愿帮先生交涉前行汽车事宜。

5月10日，阅冯承钧《西域地名》。午饭后赴女师参观。由蒋恩钿处借阅顾颉刚《王同春开发河套记》、吴文藻《蒙古包》。

5月11日，先生午后独自往视五塔召。晚间在寓阅王树枏《新疆礼俗志》。

5月12日，蒋恩钿偕北平军分会驻绥代表张宣泽来。谈约三小时。当日四时许，先生接天津总公司来信，获准乘最近一趟车西去。

5月13日，天气骤寒，飞雪忽现，先生遂成一五绝。持天津总公司信往见新绥汽车站牟主任。赴新城省府往谢张宣泽，张为先生介绍湖北同乡赵、曾两秘书，相与谈。晚间，先生在寓阅有关西北及西北开发的刊物。

5月14日，先生偕妻儿，雇车游观绥远昭君墓。

5月15日，阅日本人藤田丰八郎《西北之古地研究》。

5月17日，接张馨由新疆来电。

5月18日，先生与屠义源谈。

5月19日，是日晨，先生与张稚丹女士同访住绥砲二十一团团长李载青(黄安东屋嘴人)，未得见。午前，先生在寓看《新疆访古录》。午后五时，到新城屠先生家吃饭。李团长之侄许明科(字铁钧)来玩，与先生谈起家乡事情。

5月20日，晨八时，许明科同杜医官来，与先生谈约两小时。食毕，李团长等人到先生旅社来谈。分别后，先生在寓写信。

5月21日，先生一行参观大砲，后又至小召。当日，喇嘛开了正殿供先生等人参观。午后四时许，先生至李团长公馆。

5月22日，晨起在寓看《西北地方与文人》。十时许，北平同仁堂少老板乐绍虞来访，乐与李团长是亲戚，在绥远开一药铺，名宏达堂。

5月23日，先生偕妻儿等人游玩北门外龙泉公园。

5月24日，整日在家未出。看《绥远分省调查概要》一书。晚间，蒋恩钿来谈，先生发表其开发西北的主张。

5月26日，游绥远民政厅后园。

5月27日，午后到城外省立图书馆看报。

5月29日，许明科从李团长公馆处借来汽炉，并赠送面等食物，供先生一家自炊,先生叹“在绥似长居久安之慨”。

5月31日,到第一中学借阅杜诗、《文选李注义疏》。

6月3日,听闻往西开的汽车次日将行,先生一家收拾行装,交还从各戚友处借来之物品,又向各处去辞行。黄昏时候将行李送到汽车局。

6月4日至24日,先生与弟德浩、妻儿乘坐汽车,在绥迪道上度过20天,由归绥,经大青山、武川、百灵庙等地,最北到居延海,终至迪化(又称乌鲁木齐)。由先生日记,知情形如下:

6月4日,为防沿途土匪,西开车辆共有八辆,编队前行,不得分散。内仅有客车一辆,其余皆为货车。张稚丹女士与次子乘坐客车,先生及弟德浩、长子天琪在一货车上。同伴有依势欺人者,先生及家人亦在被欺之列,一度气愤。车出绥远城,经大青山(即阴山),一路在山间攀爬,进度很慢。正午时抵达武川。下午三点,车陷泥中,费时许久方才出坑。日暮时到召河,先生一家入住蒙古女子所开旅店。

6月5日,车出召河,抵百灵庙。先生在此作家信一封,摄影两张。车开后,先生向司机出洋十元,得以改坐在货车之驾驶室内。由百灵庙前行六十里后,车队中有一辆车的司机因物品遗失,回转去取,其余车等候时,先生走入车旁之两蒙古包,见到一群欧美人士,美、法、瑞典皆有,其中一人还曾伴斯文赫定同游新疆。前行后忽有一车翻到,再次折回百灵庙,滞留过夜。先生约同伴,找一蒙政委员会之职员作向导,参观百灵庙。出庙后,参观蒙政委员会。先生找到蒙古云王、德王之住所,但二人均不在家。

6月6日,前日所翻车辆回绥远修理,其余车须停留等候。先生借机会到处参观。当日晨起,先生领一家大小游至河畔,在水中洗涤衣物,在此见数百名蒙古兵在旁下操。

6月7日,车离百灵庙,不久又有车坏须修,其余车在旷野中搭起帐篷等候。

6月8日,先生与张稚丹女士携手游至山巅,“谈了些关于人生问题”,玩了约两小时。

6月9日,车开,至黑沙图,黄昏时抵达乌泥乌苏。晚饭后,先生等人就寝于一个蒙古包。当日共前行四百多里。

6月10日,沿途多沙滩,车不时被陷,正午时抵达松稻巅,傍晚达海牙阿马图。

6月11日,当日狂风大作,途中多沙,车仍然不时被陷,进行困难。自此日起,途中不见青草,先生仅见一片黄沙,车行几十里路后停下。

6月12日,车至沙漠,进行甚慢,正午抵阿卜敦,复至银根,此地紧接外蒙。傍晚,数辆车陷入沙中,先生步行至班定陶赖盖。找到几家山西商号,先生一家出钱自炊。先生识其中一山西商人,曾在外蒙经商,后因事变被迫出境,与之相谈许久。

6月13日,途中仍以沙漠居多,黄昏时车抵察罕典礼俗。

6月14日,先生与白某因误会而有小冲突。傍晚抵达二里子河(又名乌兰爱里根)。

6月15日,当日大风,篷内铺盖都为砂石掩覆。室外黄砂蔽天,先生无处可去,入汽车驾驶室内暂避。午后,风稍息,先生同一家大小到河边洗衣被。

6月16日,至居延海。

6月17日,正午时抵芦草井子。张稚丹女士到井边洗物,有同伴彭某寻衅,张女士百方忍受,终于未起风波。当日晚抵达石板井子。

6月18日,是晚抵达火烧井子。

6月19日,过安西地界,约上午十一点抵公婆泉,午后三时入新疆地界。日落之前,车抵鸭子泉,先生在此住宿。

6月20日,当日出发百里后,一车又翻,正午时抵达庙儿沟。到哈密后,先生一家入住承顺店,此店是尧乐博士司令所设之招待处。当日是冯天琪的六岁生日,先生惜“旅途中没有东西给他玩要”。

6月21日,尧司令来访谈许久。饭后,先生同德浩等人拜访刘行政长,续访尧司令。又到保安局去拜访杜、蓝两局长,后访同路的张绩廷。

晚五时许，尧司令及刘行政长公宴款待所有来客，先生一家大小皆赴宴。

6月22日，午后三时抵达七角井。先生一家落脚于一间脏破土房内。

6月23日，正午时抵木垒河，先生见当地县长率人在街面求雨。午后四时抵古城子。先生入住文庙，县长设的招待处即在此。先生与弟德浩拜访两湖会馆，遇一个黄陂人，一湖南人。萧县长至招待处与先生相谈片刻。后来保安局长张局长及殷肇湘来，相赠食品，与先生稍谈。

6月24日，车经孚远，抵阜康少停，午后四时抵乌鲁木齐。张馨夫人及女张式婉、张式琰出迎先生一行。

到后，先生任新疆师范学校校长、新疆编译委员会委员长。与包尔汉等新疆政要、文化人交游。并入民间搜集古籍、文物，获左宗棠条幅、杨增新信札等清民之际名人墨迹不少。

是年冬，张稚丹女士赴苏联塔什干师范大学学习俄文。

是年底，先生出乌鲁木齐，至塔城游观，费时约一月。

1936年

先生在乌鲁木齐居住近一年，除塔城外未去他地。

在新疆渐久，先生发觉新疆督办盛世才并非善辈。为逃离险境，先生以种种借口央求盛世才，称母亲病重、夫妻失和而不能共存，盛氏终答应放行。

是年，冯德浩在伊犁，冯天玮已更名张式谷，过继给张家。先生唯有携长子天琪离开新疆，经河西走廊返鄂。据先生《东归记》残篇，所知4月18日至26日情形如下：

4月18日，十二时许车由乌鲁木齐开出，经南大街及南关，晚五时许至达坂城，此地非常寒冷。先生在一土台上就寝，能闻到臭气，该店主不向旅客供应水。

4月19日，车出达坂城，前面车辆尽陷泥坑，费两小时始出。路过险境，见无人区。入吐鲁番境内。

4月20日，车离鄯善，午后三时抵七角台，山谷中天气骤冷且降小雨，七时许抵西盐池，先生与天琪宿于脏小矮屋中，与数十人共挤。

4月21日，当日狂风怒吼，先生身穿皮袄尚觉不暖。八点时达七角井子。午后四时抵三堡。

4月22日，十一时抵达哈密。到站后，接受保安局、司令部、行政长公署三方检查员搜索检查。先生行李俱被翻乱，完毕后入住当地旅店。

4月23日，先生到旧城区访刘行政长(新疆省政府秘书长鲁绳伯之外甥)，应邀共餐，谈约五小时。后至新绥汽车公司打听赴肃州车辆，未果。午后，从旅店同伴中，先生听闻东北义勇军抗日情形，“十分难过”。虑及去岁来新疆取道蒙古草地，先生欲在返途中见识甘陕别外，尽管新绥汽车公司距兰州段获新疆省政府通过不久，组织尚没就绪，仍力排众议，毅然取道甘肃，不再走绥远。

4月24日，访尧司令于其公馆，请帮助交涉汽车事，获允许。

4月25日，至保安局谒杜局长，略事寒暄。

4月26日，午饭后与同伴游哈密新城。又到“回王宫”。

后至兰州，先生一小客栈内被蝎咬伤脚部，幸无大恙。7月，先生与天琪抵达武汉。

是年，张稚丹女士在苏联产下第三子冯新道(后名天璋)，后取道西伯利亚、远东海参崴，得以回武汉与先生团聚。

1937年

先生任教于武汉。时值董必武主持武汉八路军办事处工作，先生向该办事处推荐数十名知识青年赴延安，这批人后来均成为中共干部。

是年，日寇入侵，先生举家离武昌，生活用品尽量缩减，而藏书及字画等文物全数带走，乘木船东下，先住竹林湾，遇长江发大水，村落一半被淹，树上蛇蝎盘踞。后迁往黄冈山区张家湾(张秀宜女士老家)，抵达后开箱柜晒书籍。

抵鄂东山区后，先生开办私塾。曾在张氏祠堂为李显军部队讲课。李显军为鄂东诸种抗日武装中一股部队的头领，土匪出身，惯于打家劫舍，又识字不多。过年时，李显军率部挑着酒肉前往私塾，见到先生，纳头便拜。

在鄂东山区期间，先生与湖北罗田人、方志学家王葆心先生(1867—1944)时常切磋鄂东史地及楚史诸问题。

乡居期间，除开办私塾外，先生还种菜、砍柴、拣香菇，饲养猪、羊、鸡鸭，以维持全家生计。然日军反复“扫荡”鄂东山区，先生曾在八里湾附近眼见日军从村前经过，不得不带领家里多次“跑反”(即逃难)，衣物等抛却不少，而藏书、文物则始终保存完好，乡间亲友为此肩挑背扛，出力甚勤。李显军亦在日寇袭来时，派部下帮先生转移藏书、文物。

是年，先生三子新道曾掉进污水塘，经抢救脱险。

1938 年

2 月 20 日(农历正月廿一)，先生第四子出生，命名启圣(后名天瑾)，取“殷忧启圣，多难兴邦”之意。

1939 年

在位于黄冈三解元(三里畈)的鄂东联合中学执教，兼任高中部主任。张稚丹女士在联中任初中语文教员。

1940 年

是年，先生继续执教鄂东联合中学。

张稚丹女士上半年在鄂东行署教育科当科员，秋季回湖北省立第二高中[①]女生宿舍当管理员。

---

① 鄂东联合中学后拆分为湖北省立第二高中和湖北省立第二师范，前者为今之黄冈中学。

1941 年

任教于湖北省立第二高中任教,并任校长。

在校运动会上,先生夺得短跑百米冠军。

1942 年

是年下半年,先生任湖北省立第二高中训育主任。其后,先生拒绝当局要求,不肯加入国民党,联合湖北省立第二高中的数学教师丰道济、王文锦、张旋平几位名师集体辞职。鄂东行署派出四名高官、两名勤务员骑马来到租住在岩后湾的先生家,劝驾挽留至深夜。然先生不改其志。

在鄂东山区辞职无薪留居数月后,经友人介绍,先生赴安徽学院(位于安徽省立煌县,今金寨)历史系任教授。路途艰辛,先生翻山越岭,全靠步行到达立煌。后又特地回到鄂东山区,推荐并带领前湖北省立第二高中教师丰道济、张旋平等人赴安徽学院任教。

此一时期,先生正式开始楚史研究。

是年,先生第五子奎元(后名天瑜)出生于黄冈山区。

1943 年

先生继续任教于安徽学院历史系,而张稚丹女士仍在湖北省立第二高中女生宿舍当管理员,仍住岩后湾。

1944 年

上半年,张稚丹女士因湖北省立第二高中人事斗争而失业。是年秋,湖北省立第二高中原领导被调走,张稚丹女士回到工作岗位,在女生部(位于黄冈麻冲河)当职员。而先生仍在安徽学院任教授。

1945 年

抗日战争胜利后,先生辞去安徽学院教授职位,率全家返回武汉。

返汉时，木船之中所运物品，主要仍然是藏书和文物。

由于战前住宅在抗战中被烧毁，仅剩大门边的两间小屋。先生归汉后，遂先租、后买下张稚丹女士之同事（倪校长）的物业，即今日之矿局街23号。

是年，先生在武汉实验中学、湖北省第二临时中学（位于武汉远郊区）两校兼课，每日步行到校（赴湖北省第二临时中学须沿铁路步行约二十里），黎明即起，踏月而行。某次途中，遇三名歹徒，先生空手应付，因青少年时练过武术，歹徒落荒而逃。

1946 年

受聘于位于西安小雁塔附近的西北大学，任历史学教授。

此一时期，先生展开西北史地研究，其所著《西北史地论丛》多成稿此期。并撰成讲稿《中国史学史》。

先生在西北大学与黄文弼交往甚密，频携在西安就学的长子天琪赴黄家谈叙。

先生常与天琪徜徉于西安小巷的旧书摊前、古董店内，寻访古籍文物，乃至去茂陵等处拾拣残破的秦砖汉瓦，收获颇丰，毕生藏品得于此者不少。

其间，先生对国民党政府抗战胜利后的腐败十分不满，多有尖锐批评，被当局戴上“红帽子”，常被国民党青年军复员学生尾随、盯梢、“造访”。

是年春，湖北省立第二高中搬至湖北浠水下巴河，张稚丹女士任初中教员，仍与冯家其余诸子留居湖北。

1948 年

4 月 11 日，与卢怀琦、卢宗护、高元白等宴请吴宓于西安东大街天生楼[1]。

---

① 吴宓：《吴宓日记》（第十册），吴学昭整理，北京：三联书店，1998 年，第 377 页。

是年，为便于与在鄂之妻儿团聚，先生离开西北大学，赴长沙湖南大学任历史系教授。

1949 年

中华人民共和国建立前夕，先生辞去湖南大学历史系教授职位，回到武汉，与家人会聚，先任职于湖北省文保会。

先生曾在 1927 年前后资助湖北党义研究所工友詹才芳，詹其后进入黄埔军校受训。是年 5 月，作为解放军将领的詹才芳南下，曾在武汉"遍寻冯先生"，因先生其时不在汉，二人遂失之交臂。

1950 年

先生始执教于武汉实验中学。

1954 年

调入湖北师范专科学校(后改为武汉师范学院)，任历史系教授。

先生继续系统研究楚史，收藏古籍文物的情志也有增无已。

1956 年

在学生高维岳(曾就读于湖北省立第二高中、安徽学院)的力劝下，先生加入中国民主同盟。

1957 年

"反右"运动开始，时为武汉师院历史系教师、任院工会主席的高维岳，曾奉令主持过鸣放大会，在运动中立即被打成右派。由于先生在一些场合表示，"高是老实人，不该整他"。矛头遂马上指向先生，他被戴上"以盟代党"等大帽子，被指"积极配合右派分子恶性发展民盟"，"推动'改院'学潮(要求把"武汉师范专科学校"改为"武汉师范学院")"，而先生又自觉"无错可认"，更被视作"态度顽固"。

1958 年

是年初，在“反右补课”中，先生被戴上最后一批右派帽子，受到不公正对待，停发工资，只得基本生活费，以六十开外的高龄，下放到农场劳动。

1960 年

在天津大学上学的冯天璋，因受一个在南开大学读书的中学老同学的“反动集团案”牵连而被捕。

1961 年

冯天璋被天津市法院定案为“现行反革命集团成员”，劳动教养处分。先生再三考虑后，提笔给董必武写信求救，董写信给河北省省长刘子厚。后者派了秘书去办理，

是年，先生被摘掉右派帽子。

1962 至 1969 年

1962 年 10 月，天津市法院重审冯天璋案，天璋被撤销处分，在天津市板桥农场直属大队工作。

先生此一时期潜心研究楚史，1962 年在《江汉学报》上发表论文《五水与五水蛮》。后又撰定《史记楚世家会注考证校补》一本。还曾对江陵出土文物作出重要阐释。最终撰著成“楚史”文稿，全书约四十万言，冯天瑜曾在 1963 至 1965 年间协助先生誊抄。

其间连续几年，北京大学考古系组织赴鄂考古队专程来拜访先生，请教江陵考古问题，先生还曾带他们实地勘察。

六十年代中期，先生及张稚丹女士先后退休。先生以“摘帽右派”，张女士以“右派家属”开始了无休无止的被街道居委会“专政”的历程。随父母同住在武汉的第三子冯天璋，亦承受了磨难。

1965 年，张稚丹女士在社教运动后被工作组指派为街道读报员。后

来某次劈柴时因忙于去读报，不慎扎瞎左眼。

“文革”初期“扫四旧”，先生丰富的古籍收藏也一再遭到扫荡，散佚、毁坏不少。1966 年，街道居委会的“造反派”用板车拉走先生珍藏的书籍、论著和苦心经营多年的《楚史》文稿(后不知所终)。

为减少损失，冯天璋和冯天瑜通知张稚丹女士长年工作过的湖北省图书馆，该馆以麻袋装、板车运方式抢救走部分藏书。而先生收藏的字画，因其一向放在几只破旧的大箱子里，置于家中阁楼上，抄家“扫四旧”者未能发现，大部得以保存。

1969 年，在“战备”的名义下，先生及其张稚丹女士被遣散回已无直系亲属的故乡湖北红安张家湾，幸得众乡亲热忱接待，方获安身之地。

1971 年

长子冯天琪被派遣到新疆。

是年 7 月，张稚丹女士因病猝死。

先生半身不遂，近乎瘫痪，从农村回武汉医治，与冯天璋一家三代挤居一室。

1977 年

先生家中所藏的“二十四史”等大型史籍数千册，悉数捐献给湖北大学图书馆。

北京大学考古系组织赴鄂考古队复来拜访，由先生卧床指导。

1979 年

是年，先生被平反、改正。

2 月 10 日，先生病逝于家中。

2 月 16 日，湖北省洪山殡仪馆举行先生追悼会。

是年底，冯天瑜将先生珍藏的古币捐赠给湖北大学博物馆。

启　　事

20世纪初短暂存在过的清华国学院，已成为令后学仰视与神往的学术丰碑。而三年前本院浴火重生，继续秉承“独立之精神，自由之思想”，且更强调“中国主体”与“世界眼光”的平衡，亦广受海内外关注与首肯。

本院从复建之日起，即以“清华国学书系”为“院史工程”，亟欲缀集早期院友之研究成果，通过分册整理，真切展示昔年历程之艰辛与辉煌。现据手头之不完备资料，本套“书系”中分册出版文存四十九种，以整理下述前贤之著述：

梁启超、王国维、陈寅恪、赵元任、李济、吴宓、梁漱溟、钢和泰、马衡、林志钧、梁廷灿、赵万里、浦江清、杨时逢、蒋善国、王力、姜亮夫、高亨、徐中舒、陆侃如、刘盼遂、谢国桢、吴其昌、刘节、罗根泽、蓝文徵、姚名达、朱芳圃、王静如、戴家祥、周传儒、蒋天枢、王庸、冯永轩、徐景贤、卫聚贤、吴金鼎、杨筠如、冯国瑞、杨鸿烈、黄淬伯、裴学海、储皖峰、方壮猷、杜钢百、程憬、王耘庄、何士骥。

本“书系”拟另辟汇编本两册，收录章昭煌、余永梁、张昌圻、汪吟龙、黄绶、门启明、刘纪泽、颜虚心、闻惕生、王竞、赵邦彦、王镜第、朱右白、陈守实等先贤之著述。

本“书系”已被列入国家“十二五”重点出版规划。为使其中收入的每部文存，皆成为有关该作者的“最佳一卷本”，除本院同仁将殚精竭虑外，亦深盼各界同好与贤达，不吝惠赐“书系”所涉之资料、线索，尤其是迄未付梓或散落民间的文字资料、照片、遗物等。此外，亦望有缘并有志之士，能够以各种灵活之形式，加入此项工程，主动承担某部文存的汇集与研究。如此，则不光是清华国学院之幸，更会是中国学术文化之幸。

惟望本“书系”能继先贤之绝学，传大师之薪火，为创造中国文化的现代形态，收到守先待后之功。

清华大学国学研究院

2012年8月11日